btb

Volker Hage versammelt in diesem Band Leben und Werk
der großen literarischen Stimmen der vergangenen Jahrzehnte:
Günther Grass, Christa Wolf, Philipp Roth, Imre Kertész, Joyce
Carol Oates und v. a. mehr. Als Literaturredakteur der »Frankfurter
Allgemeinen«, der »Zeit« oder dem »Spiegel« hat er während
seiner beruflichen Karriere viele Schreibende persönlich getroffen.
Immer wieder geht es Hage in diesen Porträts um die Frage des
autobiografischen Hintergrunds, der Mühsal des Schreibens und
der Freude am fertigen Werk, der Krisen, Brüche und
des Selbstverständnisses. Ihm gelungen sind so »Texte voller
Leichtigkeit, die Lust und Leid der Schreibenden ausloten«.
(*Die Presse*, Wien)

VOLKER HAGE, 1949 in Hamburg geboren, zählt zu den renommier-
testen deutschen Literaturkritikern. Seine journalistische Laufbahn
begann er als Kulturredakteur der »Frankfurter Allgemeinen
Zeitung«, danach arbeitete er als Literaturchef der »Zeit« und später
des »Spiegel«. Er ist Autor mehrerer Schriftstellerbiografien und des
international beachteten Standardwerks »Zeugen der Zerstörung.
Die Literaten und der Luftkrieg«. Darüber hinaus lehrte er als
Gastprofessor an deutschen und amerikanischen Universitäten.
Bei Luchterhand erschienen die Romane »Die freie Liebe« und
»Des Lebens fünfter Akt«.

Volker Hage

Schriftstellerporträts

btb

INHALT

AUFTAKT MIT PORTRÄTS
MARCEL PROUST

Er war ein hübscher Junge, ein schöner junger Mann, wohlgelitten, beliebt. Schon im Gymnasium suchte er die Freundschaft von Söhnen der besseren Kreise, vornehmlich des Adels.
Er verliebte sich gern in ältere Frauen oder zumindest doch
solche, die unerreichbar waren: gern auch die Freundinnen
seiner Freunde. Er konnte schwärmen, nicht nur für Mädchen
und später Männer und Knaben, er himmelte auch Künstler
an: Schriftsteller, Maler, Musiker. Dem Komponisten Gabriel
Fauré schrieb er in einem Brief: »Monsieur, nicht nur liebe,
bewundere und verehre ich Ihre Musik, ich war vielmehr und
bin in sie verliebt.«

Marcel Proust wollte Schriftsteller werden. Aber wie?
Anatol France, dessen umfangreiches literarisches Werk er in
jungen Jahren bewunderte, sagte zu ihm: »Das ist ganz einfach,
mein lieber Marcel. Als ich so alt war wie Sie, war ich nicht
hübsch und beliebt wie Sie, ich ging nicht in die Gesellschaft,
sondern blieb zu Hause und las in einem fort.« Der elegante
junge Mann dagegen, Sohn eines Arztes, trieb sich mit Vorliebe in den Pariser Salons der Belle Époque herum, in den
höheren und höchsten Etagen der Gesellschaft. Er schrieb
zwar auch, veröffentlichte Bücher, Aufsätze, Zeitungsbeiträge.
Doch nichts deutete darauf hin, dass er es eines Tages auf sich
nehmen sollte, das große Epos des Jahrhunderts zu schreiben.

Beliebt? Nicht immer kam er gut an, bisweilen wurde sein
Hang, die Nähe bestimmter Kreise und Personen zu suchen,
als aufdringlich empfunden. Der Gräfin Élisabeth Greffulhe
zum Beispiel, der er 1893 mit Anfang zwanzig erstmals begeg-
nete und danach mit Hilfe seines Freundes Robert de Montesquiou, eines Cousins der Bewunderten, näherzukommen

trachtete, mochte das gar nicht. Später erinnerte sie sich an ihn (sie überlebte Proust um dreißig Jahre): »Sein unaufhörliches Umschmeicheln gefiel mir nicht. Es war da etwas an ihm, das ich wenig anziehend fand. Und hinzu kam noch der Unfug mit der Fotografie von mir; stets und ständig belästigte er Robert damit, er möge ihm ein Bild von mir verschaffen.«

Dass man sich fotografieren ließ, war damals noch eine relativ neue Leidenschaft, der vor allem die besseren Kreise mit großem Eifer anhingen. Freilich hielt man solche Porträts unter Verschluss. Sie galten als privat und intim. »Man gab sie nicht an Außenstehende weiter«, befand auch die Gräfin, die das Vorbild für gleich zwei Figuren in Prousts Romanwerk *Auf der Suche nach der verlorenen Zeit* abgab – als Herzogin und als Prinzessin eines fiktiven Adelsgeschlechts Guermantes.

Die Gesellschaft von Paris ließ sich im Fotoatelier Nadar ablichten. Es war Mitte des 19. Jahrhunderts von Felix Nadar gegründet und gegen 1880 von dessen Sohn Paul übernommen worden. Der machte es zu einem höchst vornehmen Atelier, das mit anspruchsvollen Porträts bald zu Ruhm kam. Auch die Familie des Arztes Adrien Proust ließ sich dort ablichten – wie nahezu sämtliche Persönlichkeiten aus jenen Kreisen, für die der Sohn Marcel sich so brennend interessierte. Der junge Schriftsteller versuchte, an möglichst viele dieser Bilder heranzukommen. Er sammelte Fotos der Menschen, die ihn umgaben. Niemand verstand so recht, warum, zunächst vielleicht nicht einmal er selbst.

Dann, mit Mitte dreißig, zog er sich ganz plötzlich aus dem gesellschaftlichen Leben zurück, »blieb zu Hause«, wie es ihm einst Anatol France anempfohlen hatte, und arbeitete nahezu ununterbrochen an seinem Hauptwerk *À la recherche du temps perdu*, fünfzehn Jahre lang, bis zu seinem Tod im November 1922. Er verließ das mit Kork gegen Lärm isolierte Zimmer nur noch, um sich eines Details zu vergewissern, das sein Gedächtnis oder ein Foto nicht hergab: ob das nun die Geste einer bestimmten Person oder die Möbel eines Salons war. Dazu mischte er sich noch einmal unter Menschen. Sonst galt für ihn: »Das wahre Leben, das endlich entdeckte und aufgehellte, das einzige von uns wahrhaft gelebte Leben, ist die Literatur: jenes Leben, das in gewissem Sinne bei allen Menschen so gut wie bei dem Künstler in jedem Augenblick wohnt.« So sagt es der Ich-Erzähler in Prousts Riesenepos, das mehr als 200 Romanfiguren enthält und mehr als 4000 Seiten umfasst.

Dieser Erzähler heißt Marcel wie sein Schöpfer und ist doch nicht einfach das Abbild des Schriftstellers, genauso wenig wie der Romanzyklus insgesamt reale Personen der Pariser Gesellschaft schlicht nachbildet. Aber die Existenz der gesammelten Porträts ist zu verlockend, als dass ein Proust-Liebhaber sie einfach ignorieren könnte – auch wenn diese historischen Fotos die lebendige Figurenzeichnung und Tiefenschärfe des epischen Wunderwerkes nicht wirklich erklären können, das zwischen 1913 und 1927 nach und nach erschien und das der Zurückgezogene vor seinem Tod immerhin noch abschließen konnte.

Erst spät kam die Nachwelt auf die Idee, im Fotoarchiv des Ateliers Nadar einfach einmal nach den Porträts jener Menschen zu fahnden, die Proust zu Vorbildern seiner Figuren nahm, wobei er nicht selten mehrere Personen zu einer vermengte. Es war ein Amerikaner, William Howard Adams, der diese Bilder zuerst in einem Buch veröffentlichte, zunächst 1984 in den Vereinigten Staaten, vier Jahre später folgte unter dem Titel *Prousts Figuren und ihre Vorbilder* eine deutsche Ausgabe. Beglückt über seinen Fund schrieb Adams im Vorwort: »Betrachten wir die außergewöhnliche Kundenliste Nadars im Blick auf Proust, so will es erscheinen, als habe der Schriftsteller, zum Vorteil späterer Generationen, mit dem Fotografen ein abgekartetes Spiel getrieben, um die Porträts seiner Welt festzuhalten, sodass wir das Rohmaterial, wovon sich Proust für seinen großen Roman inspirieren ließ, verstehen können.« Wohlgemerkt: das Rohmaterial, denn das alles wäre nichts und vergessen, wenn nicht dieses wunderbare Werk der

Weltliteratur daraus erwachsen wäre und alle möglichen Quellen hinter sich gelassen hätte.

Die Zeitgenossen aber, die sich wiederzuerkennen glaubten, waren erbost. Auch Robert de Montesquiou, der einst das Foto seiner gräflichen Cousine besorgen sollte und sich in der Romanfigur Baron de Charlus wiedererkannte. Er war ein Bekannter, wie Proust ihn sich wünschte: Angeblich reichten seine Adelsverbindungen bis zu den Merowingern zurück. Der Graf war – wie sein Spiegelbild im Roman – ein eigenwilliger Kauz und Künstlern ein guter Gesprächspartner. Im Roman heißt es über ihn: »Es gibt Fälle, in denen zur Vervollständigung der Personenbeschreibung eine phonetische Wiedergabe unerlässlich wäre; die Schilderung der Persönlichkeit des Baron de Charlus läuft jedenfalls Gefahr, unvollständig zu bleiben, weil eben dies feine, leichte Lachen fehlt.« Wenn es stimmt, was Prousts Haushälterin Céleste Albaret später in ihren Memoiren schrieb, so konnte der Romancier sein vermeintliches Opfer nur schwer beruhigen.

Als Vorbild für jenen Swann, nach dem der erste Teil des Romanwerkes *Du côté de chez Swann* heißt (mal als *In Swanns Welt*, mal als *Unterwegs zu Swann* übersetzt), gilt Charles Haas, ein Elegant der Belle Époque, ein wohlhabender Müßiggänger und gesellschaftlicher Aufsteiger, den Proust beneidete und bewunderte – wobei er lange bestritt, ihn als Vorbild genommen zu haben. Die Geschichte der unglücklichen Liebe Swanns zur Edelprostituierten Odette, die er eifersüchtig bis zur Raserei verfolgt (»Seine Liebe war, wie die Chirurgie es nennt, inoperabel geworden«) und am Ende sogar heiratet, ist die bekannteste Episode aus der *Recherche*, nicht zuletzt durch Volker Schlöndorffs Verfilmung. In Odette, der Romanfigur, verschmelzen mehrere reale Personen, eine davon war Laure Hayman, eine berühmte Kokotte, in die Proust wohl auch selbst einmal verliebt war, der er jedenfalls noch Jahre nach der ersten Begegnung glühende Liebesbriefe schrieb. An den realen Charles Haas aber, ob nun Vorbild oder nicht, erinnerte man sich lange nach dessen Tod als Swann-Haas – ähnlich wie Jahrzehnte später dem wichtigen Ort aus Prousts Kindheit, Illiers, einfach der fiktive Name Combray angehängt wurde, unter dem er in der *Recherche* auftaucht: das Städtchen in der Region Centre-Val de Loire nennt sich heute stolz Illiers-Combray.

Und doch geht von den historischen Fotos ein Zauber aus, da sie nun einmal für Proust Bedeutung hatten und durch die Verwendung im Werk veredelt sind. Und so schaut man gerührt auf diese Menschen, auf Jeanne Pouquet etwa, das Mädchen mit der Lockenpracht, in das Proust verliebt war, »wie man es mehr nicht sein kann«, und das eines der Vorbilder für die kleine Gilberte im Roman abgab. Der Schriftsteller schickte der jungen Frau Jahre später sogar einen Vorabdruck aus dem Buch, mit genau jener Passage, in der sich Marcel, der Ich-Erzähler, an die erste Begegnung erinnert: »So klang dicht neben mir der Name Gilberte auf, mir geschenkt wie ein Talisman, der mir vielleicht erlauben würde, eines Tages diejenige wiederzufinden, die er aus einem eben noch ganz ungewissen Bilde zu einer wirklichen Person umgeschaffen hatte.«

Auf einem anderen Porträt steht in langem Gewand die wohl letzte der Damen aus der Pariser Gesellschaft, die Proust verehrte, bevor er sich dann zurückzog, um daheim in seinen Romankosmos einzutauchen, die Prinzessin Helene Soutzo. Sie war, wie er selbst schrieb, »die einzige Frau, der es zu meinem Unglück geglückt ist, mich dazu zu bringen, meine Wohnung zu verlassen«. Oder Graf Henri Greffulhe: Er, Sohn aus einer belgischen Bankiersfamilie, galt etwas in der Pariser Gesellschaft. Er verdränge mehr Luft als jeder gewöhnliche Sterbliche, hieß es von dem Mann mit gewaltigem Bart. Der Graf und seine Frau Elisabeth, eine geborene Prinzessin de Caraman-Chimay, gaben Proust die entscheidende Anregung für den Herzog und die Herzogin Guermantes, das gesellschaftliche Doppelgestirn in der Welt des Romans.

Sein Leben lang beharrte Proust vergeblich auf dem Wunsch, ein Porträt der Comtesse Greffulhe in Händen zu halten. Er ließ einfach nicht locker: »Ich bin zu krank, um Ihnen länger zu schreiben, erlaube mir aber, Sie an meine Bitte um eine Fotografie zu erinnern.« Und er führte weiter aus: »Um sie mir zu verweigern, hatten Sie einst einen äußerst schlechten Grund vorgeschoben, nämlich dass eine Fotografie die Schönheit der Frau festhalte und damit erstarren lasse. Aber ist es nicht gerade schön, einen strahlenden Augenblick festzuhalten, das heißt, ihn zu verewigen?« Natürlich war das nicht hilfreich, und nicht lange vor seinem Tod resignierte er. Er begehre nun kein Bildnis mehr, wie er es »zu oft verlangt habe«.

Im Archiv des Pariser Ateliers fand sich auch ein Foto von Proust selbst in jungen Jahren, als er noch nicht schreibend auf der Suche nach der verlorenen Zeit in seinem lärm- und lichtgeschützten Zimmer unterwegs war. Da steht mit Scheitel und Lippenbart der hübsche Marcel neben seinem jüngeren Bruder Robert, zu dem er zeitlebens nur eine oberflächliche Beziehung unterhielt. Umso enger und liebevoller war stets seine Bindung an die Mutter, die stolz zwischen beiden Söhnen thront und mit großer Nachsicht die immer exzentrischer werdende Lebensweise ihres Erstgeborenen akzeptierte.

Nicht um Fotografien aber, nicht um Abbilder geht es am Ende, sondern um jene Innenbilder, die der Erzähler im Leser hervorruft. Das Werk des Schriftstellers, heißt es am Ende dieser in jeder Hinsicht riesigen *Recherche* des Marcel Proust, sei doch »lediglich eine Art von optischem Instrument, das der Autor dem Leser reicht, damit er erkennen möge, was er in sich selbst vielleicht sonst nicht hätte erschauen können«.

NICHT ERFINDUNG,
SONDERN BESEELUNG

THOMAS MANN

In Kalifornien, unweit von Hollywood, hatte sich der ins Exil getriebene Schriftsteller Thomas Mann noch einmal ein Haus bauen lassen, und dort erreichte ihn 1951, er war Mitte siebzig, die Nachricht von der in Deutschland publizierten Jubiläumsausgabe der *Buddenbrooks*: fünfzig Jahre nach der Erstveröffentlichung des Romans im Oktober 1901. Die deutsche Gesamtauflage seines »Familienromans« war damit auf 1,8 Millionen geklettert, und der Autor, dem Deutschland in den Exiljahren seit 1933 »doch recht fremd geworden« war, notierte am 26. November 1951 gerührt: »Bei den Deutschen, so hämisch sie oft sind, schließlich einzig Verständnis.«

Wollte er geliebt werden? Ausgerechnet von den Deutschen, denen er den Pakt mit Hitler nicht verzeihen konnte? Er hatte sein Haus in München zurücklassen müssen und den Verlust »der gewohnten Lebensbasis« als Schock erlebt, ebenso wie die gleich nach 1933 gegen ihn gerichteten »kläglichen Aktionen daheim, Ausbootungen, Absagen«. Es war ein quälendes Paradox: Deutsche Bürger, die den Roman über das Bürgertum doch ihm verdankten, hatten Thomas Mann aus Deutschland vertrieben und ihm seine Würde abgesprochen, ausgerechnet ihm, der so viel auf sein »Deutschtum« gab, der die deutsche Sprache liebte und beherrschte wie kaum einer.

Er war, wie sein Held Tonio Kröger, ein »verirrter Bürger«, hin- und hergerissen zwischen »Anständigkeit und Abenteuertum«. Und er war ein deutscher Schriftsteller, den die mystische »Altertümlichkeit« der deutschen Seele faszinierte, aber auch abstieß, als sie sich in der »hysterischen Barbarei« des Nationalsozialismus entlud. Wie ihn als Künstler die »Sehn-

13

sucht nach den Wonnen der Gewöhnlichkeit« im bürgerlichen Alltag nie losgelassen hat, so suchte er auch immer wieder die Anerkennung durch das Land seiner Herkunft und die Auseinandersetzung mit dessen Dämonen.

Ob der Künstler der Antipode des Bürgers ist, ob er seiner Kunst das Leben, auch die Liebe opfern muss, das war für ihn von Anfang an eine große Frage gewesen, die er schon in seinen frühen Novellen *Tonio Kröger* (1903) und *Der Tod in Venedig* (1912) gestellt hatte – und nun erst wieder in seinem in den USA geschriebenen, in Deutschland spielenden, auf Deutschland zielenden Roman *Doktor Faustus* (1947), der Geschichte eines Teufelspakts. Der Künstler sei der Bruder des Verbrechers und des Verrückten, heißt es darin – und über den Romanhelden, den Komponisten Adrian Leverkühn: »Wen hätte dieser Mann geliebt? Einst eine Frau – vielleicht. Ein Kind zuletzt – es mag sein ... Wem hätte er sein Herz eröffnet, wen jemals in sein Leben eingelassen?«

Das war ein Stück Selbstporträt, und dennoch schrieb Thomas Mann 1950 in einem Brief die Worte: »Unbeliebt soll man sich machen bei den Dummen und Schlechten, und ich habe es immer unbedenklicher, rücksichtsloser getan, je älter ich wurde. Aber ungeliebt war ich nicht, bin ich nicht, will ich nicht sein, leugne, es zu sein.«

Drei Fehleinschätzungen

Noch einmal ein halbes Jahrhundert später, 100 Jahre nach dem Erscheinen seines ersten und bis heute erfolgreichsten Romans, wurde der Schöpfer zum Fernsehhelden: in dem TV-Dreiteiler *Die Manns* von Heinrich Breloer und Horst Königstein, verkörpert durch den Schauspieler Armin Mueller-Stahl, der ihm ein liebevolles, überraschend gütiges Gesicht lieh. Aus Anlass der ersten Ausstrahlung dieses Films durch den Fernsehsender Arte schrieb der Literaturkritiker Marcel Reich-Ranicki in der

»FAZ«: »Thomas Mann, er, der Emigrant, der in Deutschlands Unglück Deutschlands Glück war – jetzt erst ist er ganz heimgekehrt. Diese Heimkehr ist ein nationales Ereignis.« Lebendig unterstützt wurde die freundliche Mann-Verkörperung im Film durch die eingestreuten Erinnerungen von Elisabeth Mann Borgese, der (in einem Wort des Vaters) »Letztausharrenden« der sechs Dichterkinder: Sie wusste als Kronzeugin und hellwache Gesprächspartnerin Breloers Liebevolles, ja geradezu Zärtliches über ihren Vater zu berichten.

Thomas Manns Heimkehr als Fernsehstar war das TV-Ereignis der Vorweihnachtszeit 2001: Allein die erste Folge auf Arte sahen rund anderthalb Millionen Zuschauer, für den elitären Kulturkanal das drittbeste Ergebnis seiner Geschichte. Und für die ARD war es ein gutes Zeichen: Dort lief der Film wenig später an drei Abenden zur besten Sendezeit, insgesamt mehr als fünf Stunden. Die Geschichte einer Schriftstellerfamilie wurde zelebriert als kulturelles Großereignis.

Thomas Mann, der 1955 bald nach seinem 80. Geburtstag in der Schweiz gestorben ist und dessen »unbezweifelbare Sehnsucht« es war, »den Lebenskreis zu runden«, wäre entzückt gewesen. Sein Roman *Buddenbrooks* hatte sich inzwischen allein in deutscher Sprache mehr als vier Millionen Mal verkauft, die Weltauflage wird auf rund zehn Millionen geschätzt. Im Jubiläumsjahr 2001 hatte sich der Verkauf laut Auskunft des Verlags S. Fischer gegenüber dem Vorjahr verdoppelt.

Die Buchhandlungen waren pünktlich zum TV-Event gut gerüstet, die Schaufenster voll mit Werken aus der literarischen Werkstatt der Familie Mann und über sie. Denn nicht nur Thomas Mann, auch seine Mutter, seine Brüder (Heinrich und Viktor) und seine Kinder hatten geschrieben. Und über sie alle ist ebenfalls jede Menge geschrieben worden. Er aber, Thomas Mann, war und ist es in erster Linie, der einer ehemaligen Lübecker Kaufmannsfamilie zum glänzenden Comeback verhalf, zu einer Erfolgsstory, die das 20. Jahrhundert auf beispiellose Weise gespiegelt und geprägt hat. Und so drehte sich am Ende doch wieder einmal alles hauptsächlich um ihn, den bedeutenden deutschen Schriftsteller.

Der Aufstieg der Manns zur großen deutschen Dichterdynastie begann mit drei Fehleinschätzungen. Die erste betrifft den Vater von Thomas und Heinrich Mann, den erfolgreichen Kaufmann und Senator, der 1891 überraschend im Alter von 51 Jahren gestorben war und ein Testament hinterlassen hatte, in dem er seinen beiden Ältesten jegliche literarische Begabung absprach: Heinrich, dem Erstgeborenen, sagte er »träumerisches Sichgehenlassen« nach. Von Thomas glaubte er, dass der sich in einen »praktischen Beruf« hineinfinden werde. Nur dem jüngsten Sohn, Viktor, gerade ein Jahr alt, traute er offenbar einiges zu (»Das Kind hat so gute Augen«).

Der junge Thomas dachte gar nicht daran, sich der väterlichen Einschätzung zu beugen, ging vielmehr vorzeitig von der Schule ab und zog, die Firma in Lübeck war inzwischen verkauft worden, Richtung Süden: nach München, wo die Mutter fortan lebte, weiter nach Rom, wo auch sein Bruder Heinrich sich als Schriftsteller übte. Er schrieb nun ebenfalls, kürzere Prosastücke zunächst, und er plante vieles, darunter eine kürzere *Knabennovelle*, die Geschichte eines »sensitiven Spätlings« namens Hanno.

Das war die zweite Fehleinschätzung. Die Arbeit am Manuskript, begonnen im Oktober 1897, Thomas war 22 Jahre alt, nahm überraschende Form und Dimension an: Aus einer knappen Vorgeschichte, in der der Autor kurz auf Hannos Ahnenreihe eingehen wollte, erwuchs eine komplette Generationensaga – gespeist aus vielerlei Informationen über die eigene, seit 1775 in Lübeck ansässige Kaufmannsfamilie.

Knapp drei Jahre später, es war im Sommer 1900, hatte er den Roman abgeschlossen. Thomas Mann nannte ihn *Buddenbrooks* und schickte das dicke, beidseitig mit violetter Tinte beschriebene Konvolut nach Berlin, zum Verlag von Samuel Fischer: das einzige Exemplar, das er hatte, per Post – immerhin als Wertpaket.

Die Antwort des Verlegers war die dritte Fehleinschätzung: Er glaube nicht, schrieb Fischer, dass sich viele Menschen finden würden, die Zeit und »Concentrationslust« hätten, einen Roman dieses Umfangs zu lesen. Seine Empfehlung: um die Hälfte kürzen! Dem aber widersetzte sich der Autor entschieden und ohne sich lange zu bedenken.

Und so erschien 1901 tatsächlich, zunächst in zwei Bänden, jener Roman, in dem der »Verfall einer Familie« (wie der Untertitel lautet), die Krise des Bürgertums am Beispiel der fiktiven Lübecker Familie Buddenbrook erzählt wird – für Thomas Mann die Keimzelle seines eigenen märchenhaften Aufstiegs, Fundament einer neuen, am Ende weitaus bedeutenderen Großfamilie, weit entfernt vom Kaufmännischen, dennoch als paradoxe Neuauflage gutbürgerlicher Lebensform inszeniert.

Poet mit Personal

Es wäre falsch, den Abstieg der Romanfamilie mit dem Schicksal der realen Lübecker Kaufmannsfamilie Mann gleichzusetzen: Während die Firma der Buddenbrooks unter Wert liquidiert wird und der letzte Buddenbrook, Hanno, romanwirksam in jungen Jahren an Typhus stirbt, blieb der Mutter der beiden Schriftstellersöhne nach dem testamentarisch verfügten Verkauf des Mannschen Familienunternehmens genug Vermögen, um als Witwe in München nicht zu darben und ihre fünf Kinder gut zu versorgen: Neben den drei Söhnen waren da noch die Töchter Julia, Lula genannt, und Carla.

Sohn Thomas aber wollte, bewusst oder unbewusst, höher hinaus, wollte die Geborgenheit im Bürgertum für sich selbst ins Leben zurückholen – nicht bloß im Roman rückblickend als gefährdete, scheinbar verlorene Welt rekonstruieren. Und er war sich über die eigenen Impulse durchaus im Klaren, als er selbstbewusst, den wachsenden Erfolg der *Buddenbrooks*

im Rücken, um die wunderschöne, acht Jahre jüngere Mathe-
matikstudentin Katia Pringsheim warb, seine »Märchenbraut«
und eine der besten Partien Münchens. Über das fürstliche An-
wesen der Familie Pringsheim in der Arcisstraße wusste er sich
einzugestehen: »Die Atmosphäre des großen Familienhauses,
die mir die Umstände meiner Kindheit vergegenwärtigte, be-
zauberte mich« – dort fand er auch das »im Geiste kaufmänni-
scher Kultureleganz Vertraute« wieder.

Und entsprechend richtete er sich das Leben zusammen mit
seiner Ehefrau Katia ein (die Heirat fand 1905 statt), seiner
lebenslangen Gefährtin und intimsten Vertrauten. Sie war, wie
es der gemeinsame Sohn Golo 1986 formulierte, »die größte
Liebe seines Lebens und jene, die bei weitem am längsten dauerte«. Die Dichtersgattin – auf ihrem Briefkopf stand später
»Frau Thomas Mann« – unterstützte ihren Ehemann in seinen
großbürgerlichen Träumen nach Kräften. »Die Buddenbrooks,
das sind doch keine Herrschaften!«, so soll sie mehr als einmal
gesagt haben. Für sie waren die Romanfiguren aus dem baldigen Bestseller lediglich (laut Golo Mann) »gute Bürgersleute in
einer kleinen Stadt«, und das war zugleich ein Urteil über die
Vorfahren ihres Mannes. Sie war anderes gewohnt und hatte
anderes vor. Thomas Mann war es nur recht.

Ein Poet mit Personal: Er speise schon zum Morgentee
Zuckerbrötchen und trage fast ausschließlich Lackstiefel, behauptete Thomas Mann 1907 von sich, ein wenig selbstspöt-
tisch zwar, doch auch mit Selbstbehagen: »Mein Hausstand ist
reich bestellt, ich befehle drei stattlichen Dienstmädchen und
einem schottischen Schäferhund.« Und da wohnten die Manns
noch lange nicht in der nach ihren Wünschen gebauten Villa in
der Poschingerstraße, die 1914 bezogen wurde.

Beide Eheleute stammten aus kinderreichen Familien; Katia
hatte vier Geschwister wie ihr Mann, lauter Brüder. Sie selbst
brachte sechs Kinder zur Welt (außerdem gab es zwei Fehl-
geburten) – jeweils als »Pärchen«, wie die Mutter sagte, in auf-
einanderfolgenden Jahren: 1905/06 Erika und Klaus, 1909/10

Golo und Monika, 1918/19 schließlich Elisabeth und Michael. Sechs Kinder – und das bei diesem »ichwärts gekehrten väterlichen Wesen« (Monika Mann), bei einem Schriftsteller, dem die Arbeit nicht eben leicht von der Hand ging (Thomas Mann: »Ein Schriftsteller ist ein Mensch, dem das Schreiben schwerer fällt als allen anderen Leuten«): Das ist nur einer der Widersprüche dieses an inneren Gegensätzen, Spannungen, Irritationen so reichen Dichterlebens.

Noch erstaunlicher war vielleicht die von den Kindern später immer wieder hervorgehobene Liberalität in Thomas Manns Haus, ein Gewährenlassen, das in schrillem Gegensatz zu jeder bürgerlichen Wohlanständigkeit stand. Die Kinder kehrten zwar noch als Erwachsene immer wieder gern für kürzere oder längere Zeit ins Elternhaus zurück, aber niemand wurde festgehalten, eigentlich auch niemand erzogen. Ob sie, die Kinder, »letzte, verwöhnte Sprösslinge einer hoch intellektualisierten Bourgeoisie« seien, fragte sich der junge Klaus Mann Anfang der dreißiger Jahre. Er fand seine Kindheit, obwohl »nach außen noch ziemlich behütet«, »fragwürdiger, gefährdeter«, als man sich eine »bürgerliche Kindheit« gemeinhin vorstelle.

Ins unselig Bohemehafte gedrängt

Die Geschichte der Manns ist nicht bloß eine von gewaltigen literarischen Leistungen und hoher Arbeitsdisziplin, sondern auch von Drogenmissbrauch, Selbstmorden und sexueller Not – und eine, um die sich zahlreiche Legenden ranken. Behauptungen einzelner Forscher allerdings, dass es zum Geschwister-Inzest kam oder der junge Thomas Mann in Italien sich eines Tier- oder gar Menschen-Blutopfers schuldig machte, sind nie schlüssig belegt worden. Dennoch: »Was für eine sonderbare Familie sind wir!«, notierte Klaus Mann 1936 im Tagebuch. »Man wird später Bücher über uns – nicht nur über einzelne von uns – schreiben.« Im selben Jahr offenbarte er auch, immerhin schon ein beachteter junger Schriftsteller: »Ich bejahe jede Verschwendung, die ich mit meinen Kräften getrieben habe, und treibe. Hierher gehört sowohl die wahllose Unzucht, als auch die Neigung zum Gift.«

Was sollte Thomas Mann dem entgegensetzen? Hatte nicht schon ein Pastor in Lübeck nach dem Tod des Senators die ehemals so wohlgelittenen Manns eine »verrottete Familie« genannt? Die Mutter war als Witwe in München nicht unbedingt durch züchtigen Lebenswandel aufgefallen, ebenso wenig deren Töchter.

Beide Schwestern von Thomas Mann nahmen sich später das Leben: Carla, die wenig erfolgreiche Schauspielerin, 1910, mit 28 Jahren; Lula, Mutter dreier Töchter und morphiumsüchtig, 1927. Carlas Freitod war – nach dem frühen Tod des Vaters – ein schwerer Schock, der Thomas Manns bürgerliche Sicherheit ins Wanken zu bringen drohte; ihm schien durch die Tat »unsere Verankerung gelockert«. Zugleich beklagte er Carlas »stolzen und spöttischen Charakter«, nannte sie »entbürgerlicht« und »ins unselig Bohemehafte gedrängt«. Es gab eben doch Grenzen, und weder der Selbstmord (für den Dichter kein so fremder Gedanke, früh schon bekannte er »Sympathie mit dem Tode«) noch die Einnahme von Rauschgift ließen sich mit Manns durchaus liberaler Vorstellung von Bürgerlichkeit in Einklang bringen.

So auch bei Ehefrau Katia: Ihr galt die Drogensucht von Klaus als das »Kleinbürgerliche«, für dessen offen zur Schau gestellte Homosexualität galt das nicht, Freunde von Klaus wurden daheim willkommen geheißen. Es hat nichts genützt: Auch er, Klaus Mann, nahm sich 1949 das Leben – als erstes der Kinder Thomas Manns; viele Jahre später, in der Silvesternacht 1976/77, folgte ihm der jüngste Sohn, Michael, der sich zunächst als Musiker hervortat und in den USA spät noch zur Germanistik wechselte.

Eine erstaunliche Familie in jeder Hinsicht – das Wort von der »amazing family«, 1939 von dem britischen Diplomaten und Schriftsteller Harold Nicolson in die Welt gesetzt, machte bald die Runde und wurde später von den Manns selbst gern aufgegriffen; auch die Eltern verwendeten es in Briefen an die Kinder. »Jeder Zoll ein bürgerlicher Dichterfürst« sei Thomas Mann schon in der Weimarer Republik gewesen, befand Marcel Reich-Ranicki, und: »Was den Briten ihre Windsors, das sind den Deutschen, jedenfalls den Intellektuellen, die Manns.«

Gewiss hat die Faszination, die diese Familie bis heute umgibt, auch mit Voyeurismus zu tun: Wo sonst lassen sich derartige Einblicke hinter die Fassade einer Familie tun? Kaum von seinen besten Freunden wisse man so viel wie von Thomas Mann, schrieb Hermann Kurzke, einer der zahlreichen Mann-Biografen. Und das gilt keineswegs nur für die zentrale Figur dieser Familie, den fleißigen Tagebuch-Schreiber Thomas Mann. Vielmehr war das Motto der Manns insgesamt: jeder über sich, jeder über jeden – und keineswegs immer freundlich. Klaus Harpprecht, ein anderer Mann-Biograf, nannte das »die eingeborene Taktlosigkeit der Familie Mann«.

Das begann schon früh mit den Brüdern Heinrich und Thomas Mann, den bedeutendsten Schriftstellern der Familie, aber viele Jahre lang auch erbitterten Konkurrenten. So schrieb 1904 Thomas in einem Brief über den vier Jahre Älteren, dessen »künstlerische Persönlichkeit« provoziere bei ihm Hass, seine Bücher seien in so außerordentlicher Weise schlecht, »dass sie zu leidenschaftlichem Widerstand herausfordern«. Und wenn sein Bruder Heinrich 1915 in einem Essay über Zola schrieb, es sei »Sache derer, die früh vertrocknen sollen, schon zu Anfang ihrer zwanzig Jahre bewusst und weltgerecht hinzutreten«, so sah sich der erfolgreiche *Buddenbrooks*-Autor wohl nicht ganz zu Unrecht gemeint.

Noch 1938 hielt Thomas Manns Sohn Klaus in seinem Tagebuch fest, der Vater sei gegenüber Heinrich (den er sehr schätzte) oft »gedankenlos-grausam« – und setzte die Frage hinzu: »Wem gegenüber nicht?« Es war nicht leicht, ein Sohn Thomas Manns zu sein. Den Töchtern fiel es bei Weitem nicht so schwer, an ihn heranzukommen, ihn liebevoll, ja zärtlich zu erleben: Erika, der Ältesten, und mehr sogar noch Elisabeth, der Jüngsten und ihm erklärtermaßen Liebsten (»Das Kindchen unendlich rührend, wie immer«).

Wenn die Gefahr drohte, dass der junge Golo allein mit dem Vater, vor dem er in Jugendjahren »große Scheu« hatte, zu Abend essen musste, dann notierte er sich vorher ein paar Punkte, »damit das Gespräch nicht stockt und ein schreckliches Schweigen entsteht«. Als er das einmal seinem Bruder Michael beichtete, lachte der nur: »Ich mache es genauso!« Michael Mann erinnerte sich später an die lange Familientafel in dem großen Haus, die der Vater wie selbstverständlich dominierte: Die Jüngeren »saßen am andern Ende der Tafel mit unserem Kinderfräulein und durften nicht mitreden, außer wenn wir gefragt wurden«. Nur ein einziges Mal in der Münchner Zeit ist es offenbar vorgekommen, dass dort, »wo sonst nur der lübische Hausherr und Familienvorstand saß« (Golo), ein anderer Platz nehmen durfte: Es war der von Thomas Mann geschätzte Kollege Hugo von Hofmannsthal – eine Auszeichnung für den Gast.

Auch das Schlafzimmer des Vaters wagte der kleine Michael nur ein einziges Mal zu betreten, nämlich 1929, als die Mutter ihn und Elisabeth vorschickte, um dem Ruhenden die Nachricht vom Nobelpreis zu überbringen. Da gab es dann keine Probleme, keinen Protest. Sonst aber: Fürchterlich war »das Donnerwetter, wenn wir ihn gestört hatten«, wie Sohn Golo später in seinen Erinnerungen schrieb. »Wir mussten uns nahezu immer ruhig verhalten; am Vormittag, weil der Vater arbeitete, am Nachmittag, weil er da erst las, dann schlief, gegen Abend, weil er sich wieder ernsthaft beschäftigte.« Doch er erwähnte zugleich, und nicht ohne Neid, dass es kein von seinem Bruder Klaus verfasstes Buch gegeben habe, »das der Vater nicht genau gelesen, auf das er ihm nicht auf das Eingehendste, Verständnisvollste geschrieben hätte«. Erst nach Lektüre der väterlichen Tagebücher stellte Golo Mann fest, dass der Schein wohl getrogen hatte: »Ich schäme mich manchmal, wie nett er da über die Söhne schreibt. Ich wusste das nicht.«

Freilich hatte sich Thomas Mann gern über den Knaben lustig gemacht. So etwa am Tag des eigenen 44. Geburtstags, der Junge war damals zehn: Aus diesem Anlass gab es ein familiäres Ratespiel daheim. Im Tagebuch heißt es dazu: »Golo hatte nach allgemeiner Überzeugung an der Thür gehorcht; er verriet sich durch merklich erheuchelte Combinationen. Seine Falschheit sehr komisch.« Aber spätestens von 1933 an war der zweitgeborene Sohn, damals frisch bei Karl Jaspers promoviert (er hatte Philosophie und Geschichte studiert), neben Ehefrau Katia und Tochter Erika zum wichtigsten Gesprächspartner im Schweizer Exil geworden, wobei Thomas Mann sich allerdings noch im September des Jahres darüber »erregt und verstimmt« zeigte, dass auch Golo »eine Äußerung von mir gegen das Hitler-Deutschland« herbeisehne.

Doch schon bald häufen sich Eintragungen wie: »Mit ihm manches über die Politik.« Offenbar war der »gute Golo« auch als Anreger, Zuhörer und Beiträger, was die Mannsche Produktion anlangt, gern willkommen. So diktierte der Vater 1936 »nach einem Entwurf Golos« einen »Beitrag über den Frieden«, und später setzte der Dichter einfach seinen Namen unter vom Sohn Verfasstes, wie 1949 unter eine Buchkritik für die »New York Times« – die hundert Dollar Honorar reichte er brav weiter: »Übergab Golo dankbar den Check. Freute sich sehr.« Und doch: an tieferen Signalen der Herzlichkeit seitens des Vaters mangelte es in all den Jahren, im Tagebuch und wohl auch sonst. Thomas Mann mag die nach dem Zweiten Weltkrieg wachsende Rivalität der Geschwister Erika und Golo bedauert haben – ein wenig dürfte er sich auch in der Gewissheit gesonnt haben, dass dabei nicht zuletzt um seine Gunst gerungen wurde. Als die Tochter sich im September 1949 über die »völlige Herzlosigkeit« ihres Bruders beklagte, widersprach die Mutter Katia »mit Recht«, wie der Vater zwar einräumte und notierte, um dann doch etwas wenig Schmei-

chelhaftes über den Sohn folgen zu lassen: »Ich verberge mir
etwas Defekthaftes auch in diesem respektablen Falle natürlich
nicht.«

Indiskretion des Genius

Den »Zauberer« nannten ihn, halb bewundernd, halb neckend,
die Älteren, »Tommy« wurde er von den Jüngsten genannt,
bis die Mutter einschritt und eines der Kinder den dann prak-
tizierten Vorschlag machte, einfach »Herr Papale« zu sagen.
Thomas Mann, ein Monstrum? So nannte ihn wohl gelegentlich die Ehefrau, sprach auch gern vom »verrückten Mann«,
jedoch: Die Legende vom gefühlskalten Familienvater, der
die Seinen dazu missbrauchte, um hinter bürgerlicher Fassade
ungestört literarischen und homoerotischen Träumen nachzu-
hängen, ja, andere zu Drogen und in den Selbstmord trieb, hat
sich mittlerweile weitgehend erledigt – nicht zuletzt durch die
Zeugenschaft der Tochter Elisabeth.

Die Familie war für Thomas Mann auch für das eigene
Schaffen von nicht geringer Bedeutung: als stets bereite Zuhörer häuslicher Lesungen aus dem Entstehenden, auch als
Mitarbeiter wie Ehefrau Katia, die Briefe für ihn formulierte
und in frühen Jahren seine Manuskripte tippte, oder wie
Tochter Erika, die als regelrechte Lektorin eine, so der Vater,
»geschickte Dämpferin alles pedantischen Zuviels« war – vor
allem aber waren die Familienangehörigen auch Stofflieferan-
ten, Quelle der Inspiration. So hat er auch nie ein Geheimnis
daraus gemacht, dass *Buddenbrooks*, sein ruhmreicher Debütroman, sich nicht zuletzt geschickter Plünderung der familiären Umgebung und Ahnenschaft verdankt – wie ähnlich
übrigens die beiden Frühwerke des Bruders Heinrich: *In einer
Familie* (1894) und *Im Schlaraffenland* (1900). In Hinblick auf
Thomas Manns Novelle *Unordnung und frühes Leid* (1925)
bezeugen gleich mehrere Mann-Kinder, dass die Wiedergabe

der Wirklichkeit – im Mittelpunkt steht ein häusliches Tanzfest in den Wirren der Inflationszeit – »an Genauigkeit kaum zu überbieten ist« (Michael Mann).

Vor allem Tochter Elisabeth konnte sich in Lorchen wiedererkennen, der fünfjährigen Professorentochter, die sich beim Tanz in einen Studenten verliebt und so das frühe Leid der Sehnsucht spürt, das auch der hilflose Vater, dessen Lieblingskind die Kleine ist, nicht lindern kann. Noch im Schlaf des Kindes, so muss er erleben, zittert »ein verspätetes Schluchzen« nach. War es so? »Das will ich meinen. Ich kann mich genau erinnern«, sagte die geistesgegenwärtige alte Dame gleich in der ersten Folge des Films *Die Manns* über ihr viele Jahrzehnte zurückliegendes Erlebnis mit einem Freund des Hauses. »Die Geschichte war genau so. Er hat mich dann auf den Arm genommen und mit mir getanzt, und das war über die Maßen herrlich. Und mein Vater war ein bisschen eifersüchtig.« Dann lachte Elisabeth Mann Borgese, noch immer ganz beglückt: über die eigene Erinnerung vielleicht oder aber das liebevolle Bild, das der Vater von ihr in seiner Novelle gezeichnet hatte – eine ganz zauberhafte Szene in Breloers Film.

Es sei nicht die Gabe der Erfindung, »welche den Dichter macht«, hat Thomas Mann sein Verfahren verteidigt, sondern die der »Beseelung«. Und wenn Ehefrau Katia einmal vorsichtig Protest gegen »die Darstellung des Intimsten« anmeldete (auch in diesem Fall ging es um die Familie und die Kinder), so wurde im Tagebuch dazu gleich angemerkt: »Dieses Intimste ist jedoch zugleich das Allgemeinste und Menschlichste, und übrigens kenne ich solche Bedenken gar nicht.«

Denn alles wurde ihm Stil, wurde Form. Er wollte ein Werk schaffen, nicht Autobiografie betreiben – das sah nur gelegentlich so aus. Thomas Mann wusste viel zu viel über die untergründigen Spannungen zwischen Realität und Fiktion, als dass er naiv glaubte, die Wirklichkeit sei einfach in Literatur umzusetzen – und das Literarische habe umgekehrt nichts Wirkliches an sich. Die Literatur wurde sein Leben, aber er sah sein Leben auch als Roman. Und alles, was dazugehörte, wie die Familie, ebenso. Konnte er sich dabei nicht auf ein großes Vorbild berufen, jenen Goethe, an dem er alles maß, vor allem sich selbst? Hatte der nicht die Verlobte eines Freundes als unerreichbare Lotte in seinem *Werther* zu Literatur gemacht? Diese Charlotte Kestner nun ließ Thomas Mann 1939 als Heldin seines ersten Romans auferstehen, den er aus dem amerikanischen Exil heraus veröffentlichte: eine alte Dame, die den großen Goethe wiedersehen möchte.

So fern von Deutschland – und dann *Lotte in Weimar*! Das muss ihm großes Vergnügen bereitet haben: etwa wie er den Sekretär Goethes der Besucherin, die doch längst stolz darauf ist, im weltberühmten Frühwerk vorzukommen, eine scheinheilige Entschuldigung für die »Indiscretion des Genius« aufsagen lässt. Die Frau Hofrätin müsse gelitten haben, so redet der Mann langatmig weiter, unter Goethes »bürgerlich schwer zu rechtfertigender Art, mit Ihren Personen, Ihren Verhältnissen dichterisch umzuspringen, sie vor der Welt, buchstäblich vor dem Erdenkreise unbedenklich bloßzustellen und« – noch immer ist Thomas Mann mit seinem Satz nicht am Ende – »dabei Wirklichkeit und Erfindung mit jener gefährlichen Kunst zu vermischen, die sich darauf versteht, dem Wirklichen eine poetische Gestalt zu geben und dem Erfundenen den Stempel des Wirklichen zu verleihen«.

Belastet, nervös, gereizt

Es ist ihm mehr als einmal gelungen, auch aus dem Schreibprozess Stoff für spannende Erzählung zu gewinnen, Einblicke in seine Werkstatt zu gewähren: so etwa in dem Buch *Die Entstehung des Doktor Faustus* (1949), dem er konsequent den Untertitel »Roman eines Romans« gab. Darin beschreibt er auch die Störungen und Ablenkungen, die ins »Hauptbetreiben«, ins »laufende Werk« hineinspielen, »dem ja immer nur drei, vier beste, hermetisch abgesonderte Tagesstunden eigentlich angehören«.

Im Roman selbst, dessen Stocken und Werden hier so minuziös nachgezeichnet ist, im *Doktor Faustus*, wird als Ziel und Absicht des Künstlers (des Komponisten, aber im Grunde auch des Schriftstellers) genannt: das Handwerkliche unauffällig zu machen und »alle Künste des Kontrapunktes und der Instrumentation verschwinden und verschmelzen zu lassen zu einer Einfachheitswirkung ... einer intellektuell federnden Schlichtheit«.

Diese Schlichtheit (»sehr fern von Einfalt«) vermisste Thomas Mann in vielen literarischen Erzeugnissen, wie überhaupt das Bemühen um das Kunstwerk. Schon Mitte der dreißiger Jahre empfand er die eigene Existenz als etwas »einsam Ragendes«, sich selbst als »Überlebenden einer höheren Epoche«. Einem der vielen Möchtegernautoren, die ihm ihre Manuskripte zuschickten und denen er gewöhnlich höfliche Antworten erteilte, schrieb er einmal recht klar zurück: Die ihm eingeschickten Blätter seien keine Schöpfung, sondern »angehäufte Bekenntnisse, Klagen, Verzweiflungen«, allenfalls Rohstoff, »aber nicht Werk und Tat«. Und noch deutlicher: »Wollen Sie ein Künstler sein, so müssen Sie aus dieser Tagebuch-Selbstgenügsamkeit hinausfinden zur Freiheit und zur Form.« Doch solche Deutlichkeit war die Ausnahme, selbst wenn es sich um unbekannte Autoren handelte.

Einer schickte ihm gleich ein dreibändiges Manuskript zu. Da musste er passen, wenn auch mit wohlgesetzten Worten. »Zu meinem aufrichtigen Bedauern bin ich gezwungen, Ihnen Ihre Manuskripteinsendung unverrichteter Dinge wieder zugehen zu lassen«, schrieb der überforderte Empfänger. »Das geschieht ungern, weil es eigentlich nicht in meiner Natur liegt, Wünsche nach künstlerischer Teilnahme und literarischer Beratung abzuweisen, zumal wenn sie brieflich auf so eindrucksvolle Weise unterstützt werden, wie es hier der Fall ist.« Ein wenig mag bei dieser aufwendigen Absage aus dem Jahr 1931 (wie auch in anderen Fällen) die Überlegung mitgespielt haben, der Unbekannte könnte eines Tages bedeutend und wichtig werden. Dieser hieß Elias Canetti, das Manuskript erschien vier Jahre später unter dem Titel *Die Blendung* – und der Nobelpreisträger hatte es prompt wieder auf seinem Schreibtisch. »Ich möchte Ihnen, hochverehrter Herr Thomas Mann, nicht des näheren schildern, mit welcher Verzweiflung mich damals ihre Absage erfüllte«, kommentierte Canetti im Oktober 1935 den neuen Anlauf. »Heute wundere ich mich über die Naivität, mit der ich ein solches Ansinnen an Sie stellen konnte, umso mehr als ich ja, vom größten Respekt für ihr Werk erfüllt, den Wert Ihrer Zeit sehr wohl zu schätzen wusste.« Aber es habe sich damit eben »eine Geschichte angesponnen, die noch nicht zu Ende ist, und sie will zu Ende geführt sein«, hieß es forsch. Und dieses Mal entzog sich der Meister nicht. Schon zwei Monate später schilderte er seine Eindrücke von Canettis Roman, »nachdem ich ihn mir in guten, sehr gefesselten Stunden zu eigen gemacht«, bat sogar für die Verspätung um Nachsicht (»der Bücherzudrang war in diesen Wochen zu groß«) und entschuldigte sich für das Versäumnis der ersten Stunde. »Das hätte ich früher haben können, werden Sie sagen, – nun ja, ich habe damals zu dem riesigen Manuskript nicht Mut zu fassen vermocht, – als ob ich das Recht hätte, von riesigen Manuskripten zu reden! Aber das ist es eben. Man hat solche Unvernünftigkeiten im eigenen Haus, man ist belastet, nervös, gereizt, wenigstens manchmal, und man wehrt ab.«

Auch ihm lag an diesem Austausch, an der Möglichkeit, sich mit anderen zu vergleichen, sich in ihnen zu spiegeln. Er lockte und stieß ab, wenn die Bindung zu eng wurde, er ließ sich bitten und konnte mit Nichtachtung strafen, wenn er sich verraten fühlte: ganz normale Liebesgeschichten gewissermaßen, die nicht selten abrupt endeten oder sich einfach verliefen. Der Schriftwechsel erlaubte einen Dialog in Abständen und mit Abstand, einen Dialog, der zudem einen Brief lang ein ungestörter, herrlicher Monolog sein konnte. Den künstlerischen

Rang seiner Briefpartner schien Thomas Mann gelegentlich zu überschätzen – oder sollte es so sein, dass er den Ebenbürtigen intuitiv auswich? Es fällt auf, dass der Schriftverkehr mit Brecht, Döblin oder Musil eher karg ist – was freilich auch an der Unlust dieser Größen gelegen haben mag, dem erfolgreichen und wohlhabenden Kollegen viel Beachtung zu schenken.

Dabei konnte er durchaus uneitel, ja bescheiden sein. Gegen die pure Autobiografie hegte er eine »Abneigung«, also dagegen, »mein Leben direkt zum Gegenstand meines Schreibens und Redens zu machen«. So schrieb er auch im Alter nie das Gegenstück zu *Dichtung und Wahrheit* – vielleicht aus Respekt vor dem anderen, vor Goethe. Doch auf mangelndes Interesse an der eigenen Person war daraus nicht unbedingt zu schließen. Der Trieb eines Menschen, »sein Schicksal literarisch zu feiern und die Teilnahme der Mit- und Nachwelt leidenschaftlich dafür in Anspruch zu nehmen«, habe eine »ungewöhnliche Lebhaftigkeit des Ichgefühls« zur Voraussetzung, war seine Überzeugung – und dieses spezielle »Ichgefühl« sei es auch, das »ein Leben nicht nur subjektiv zum Roman stempeln, sondern auch objektiv ins Interessante und Bedeutende zu erheben vermag«.

Für den Schriftsteller Thomas Mann war das Bürgerliche, an dem er so vehement festhielt, mehr als eine Stilfrage. Die bürgerliche Lebensweise war ihm Form, gab ihm Rückhalt – und die Kraft, im entscheidenden Moment auf den gewohnten Rahmen auch zu verzichten (um ihn dann andernorts wieder in Kraft zu setzen). Bürgerlichkeit bedeutete ihm geradezu ein Synonym für Humanität. Dem »Ethos bürgerlicher Humanität« fühlte er sich verpflichtet – gerade im Politischen. Die moderne Demokratie, so begann er 1939 seinen Vortrag *Das Problem der Freiheit*, sei historisch nichts weiter als die »Herrschaftsform des Bürgertums«.

In den Wurzeln erschüttert

Seit jenem Tag im Februar 1936, da er aus der Schweiz heraus in aller Öffentlichkeit gespottet hatte, die Nazis hätten drei Jahre lang geschwankt, »ob sie es wagen sollen, mir vor aller Welt mein Deutschtum abzusprechen«, war ihm bewusst, dass seine geliebte Villa in München verloren war (er sollte sie auch nach 1945 nie mehr betreten). Übrigens war das ein raffinierter rhetorischer Schachzug gewesen, denn gezögert hatte auch er, Thomas Mann, seit Anfang 1933, seit er von einer internationalen Vortragstournee nicht nach Deutschland zurückgekehrt war. Der Abschied von seinem Land, seinem Publikum fiel ihm schwer. Und es fiel ihm auch nicht leicht, die Villa in der Poschingerstraße, einst Treffpunkt der intellektuellen Elite Deutschlands, aufzugeben; das prächtige Haus barg nicht nur das gewohnte Arbeitszimmer, sondern war zugleich Heim und Heimat seiner sechs Kinder gewesen.

Aber einmal entschlossen, wollte er auch das durchstehen. Und so notierte er tapfer 1935 in der Schweiz am Heiligabend, dem dritten, »den wir im ›Exil‹ verbringen«, dass er eigentlich nur seine Möbel, Lüster und Bücher entbehre, »aber auch dieses nicht sehr«. Im Übrigen, so der damals sechzig Jahre alte Dichter, fehle es ihm an nichts, »was ich brauche, um mein Leben und Werk zu Ende zu führen«. Spät, aber umso wirkungsvoller war er doch noch in die politische Arena getreten, er, der einen weiten Weg zurücklegen musste »von der nationalistischen Kaisertreue zum europäischen Demokratismus« (Michael Mann), der anders als sein Bruder Heinrich nicht als Linker gelten konnte und wollte – nun wurde er zur weltweit beachteten und gehörten Stimme des anderen Deutschland, zum »Oberhaupt der Emigration«, ja »zur einzigen und weithin sichtbaren Gegenfigur« (Reich-Ranicki).

Bei der Ankunft in New York, im Februar 1938, als sein US-Exil begann, sprach er vor Journalisten die berühmten Worte: »Wo ich bin, da ist Deutschland. Ich trage meine deutsche Kultur in mir.« Leicht war Thomas Mann dieser Weg ins politisch Eindeutige nicht gefallen. »Ein Dichter, ein Schriftsteller ist ein Mensch, der von den Gegenständen, der wilden Problematik der Zeit viel zu sehr bis in seine Wurzeln erschüttert ist, als dass er den Bannerschwinger machen könnte«, hatte er 1925 verkündet. Erst die Heimsuchung Deutschlands durch den »Hitlerismus« habe aus ihm, dem »ursprünglich unpolitischen Schriftsteller«, so beschrieb er es später, einen »aus tiefster Seele Protestierenden gemacht«. Immerhin hatte er aber schon in seinem 1918 publizierten Großessay *Betrachtungen eines Unpolitischen* ein ganzes Kapitel dem Thema »Bürgerlichkeit« gewidmet (»Ethik, Bürgerlichkeit, Verfall: das gehört zusammen, das ist eins«) und festgestellt, es fehle dem deutschen Bildungsbegriff das politische Element.

Wie weit er selbst in politischen Kategorien zu denken vermochte, ist später oft gefragt worden – der Hitler-Biograf Joachim Fest sprach Thomas Mann und dessen Bruder Heinrich politisches Denken rundheraus ab. Ebenso Golo Mann: Der spottete nicht nur über die *Betrachtungen eines Unpolitischen* (»dieser schöne, hoch gescheite, redliche Wirrwarr«), sondern nahm auch des Vaters spätere, »schön erdachte, aus alter deutscher Dichtung zusammengereimte« geistige Begründung der Republik nicht ernst. Sowohl sein Vater als auch sein Onkel Heinrich seien »unwissend, weil schlecht informiert, weil wirklichkeitsfern« gewesen. »Wenn ich H. M. und T. M. zusammen politisieren hörte, hatte ich manchmal das Gefühl: Was reden doch die zwei unwissenden Magier da?« – beide waren, so sah es der Historiker Golo Mann, von Haus aus Konservative, »getragen von einem Gewissen, das über sie selbst weit hinaus ins Allgemeine, Soziale ging«. Damit war die Verwurzelung in der Tradition gemeint, der Geist des Lübecker Bürgertums, von dem »ein wenig mehr zu verlangen« sei als allein »kaufmännische Tüchtigkeit« – wie es Senator Thomas Buddenbrook im Roman sagt, als literarische Figur Thomas Manns eigenem Vater nachgebildet.

Der *Buddenbrooks*-Autor fühlte sich auch und gerade im Exil, fern von Deutschland, als legitimer Erbe der väterlichen Art, und sein Bruder Heinrich verbeugte sich schließlich in Verehrung vor Weg und Wirken des Jüngeren, altersmild und gütig – in seinen bald nach dem Krieg publizierten Memoiren *Ein Zeitalter wird besichtigt* (1946) schrieb er: »Der letzte tüchtige Mann des Hauses war keineswegs dahin. Mein Bruder bewies durchaus die Beständigkeit unseres Vaters, auch den Ehrgeiz, der seine Tugend war.« In einem 1950 in den USA gehaltenen Vortrag erinnerte Thomas Mann sich an die eigenen Anfänge, daran, »dass ich, indem ich die Auflösung eines Bürgerhauses erzählte, von mehr Auflösung und Endzeit, einer weit größeren kulturell-sozialgeschichtlichen Zäsur gekündet hatte« – sein Roman, »altmodisch seinem Tempo und seinen Dimensionen nach«, sei vom gebildeten Bürgertum Deutschlands »nach kurzem Zögern ergriffen und erhoben« worden.

Sein Haus in Kalifornien liebte der tüchtige Mann sehr, die Nähe des Pazifiks und des »Movie-Gesindels« von Hollywood gefiel ihm. Er war ja gar nicht so rückwärtsgewandt, wie gern unterstellt wurde (und er selbst gelegentlich befürchtete). Er wollte dem Modernen gegenüber aufgeschlossen sein und war, da er nicht dem Modischen anhing, am Ende moderner als viele andere. Seine beständige Furcht, sein Werk könne, etwa neben dem »exzentrischen Avantgardismus« eines James Joyce, wie flauer Traditionalismus wirken, war ganz unbegründet. Auch für die neuen Erzählformen des Films hatte er eine »heitere Passion«, er ging gern ins Kino und freute sich, wenn eines seiner Bücher verfilmt wurde, was erstmals 1923 geschehen war: natürlich die *Buddenbrooks* (die später noch viele Male zu Film- und Fernsehstoff werden sollten). Einmal hatte er sich sogar an einem eigenen Filmskript versucht, sein Entwurf – Thema: Tristan und Isolde – wurde freilich nie realisiert. Auch in Hollywood stieß er auf wenig Gegenliebe, entsprechende Anläufe blieben erfolglos. So gab es 1942 einen Plan, die Heimkehr des Odysseus in die Kriegsgegenwart zu verlegen;

auch eine weitere »Film-Angelegenheit« verlief 1944 im Sande. Dafür wurden später, nach dem Krieg und auch posthum, die meisten seiner Romane und Novellen auf die Leinwand und ins Fernsehen gebracht, nicht nur, aber vor allem in Deutschland.

Daran hätte er im amerikanischen Exil nicht zu denken gewagt. Und weiter weg von seinen Ursprüngen, von seiner Heimat dürfte er sich selten gefühlt haben als an jenem Tag im April 1942, da er – wie fast jeden Monat einmal – über den britischen Sender BBC zu seinen Landsleuten sprach. Wenige Tage zuvor war seine Heimatstadt Lübeck bei einem schweren Angriff der britischen Royal Air Force weitgehend zerstört worden, darunter auch »das Haus meiner Großeltern, das so genannte Buddenbrook-Haus in der Mengstraße«. Er erinnerte in der Sendung an die verheerenden deutschen Angriffe auf die englische Stadt Coventry. »Hitler-Deutschland« habe die Welt belehrt, »was der totale Krieg ist und wie man sich in ihm aufführt«, rief Thomas Mann den Deutschen zu, er habe jetzt »nichts einzuwenden gegen die Lehre, dass alles bezahlt werden muss«. Der deutsche Dichter sprach seine kompromisslosen politischen Reden gewöhnlich in einem Studio des Radiosenders NBC in Los Angeles auf eine Schallplatte, die dann per Flugzeug nach New York gebracht, dort telefonisch nach London überspielt und schließlich von der BBC auf Langwelle ins Deutsche Reich ausgestrahlt wurde. Das ganze Ausmaß der Zerstörung Lübecks dürfte Thomas Mann erst gut zwei Jahre später klar geworden sein, als er ein Buch in die Hand bekam, »worin die durch den englischen ›Terrorangriff‹ angerichteten Zerstörungen markiert« waren.

Abschied von Kalifornien

Die Vereinigten Staaten waren die Zuflucht. Seit 1938 lebten Thomas und Katia Mann dort offiziell im Exil, mit ihnen die jüngste Tochter Elisabeth – die beiden ältesten Kinder, Erika und Klaus Mann, waren schon zuvor im Land gewesen, die anderen später aus Europa nachgefolgt: Ende 1939 der Sohn Michael, im Oktober 1940, nach einer abenteuerlichen Flucht aus Frankreich (gemeinsam mit seinem Onkel Heinrich Mann), auch Golo und im selben Monat die Tochter Monika, die nur knapp die Torpedierung und Versenkung ihres Schiffes durch ein deutsches U-Boot überlebt hatte, rund 20 Stunden an ein Stück Holz geklammert.

Alles in allem ein Wunder. Noch Jahrzehnte später erinnerte sich Elisabeth Mann Borgese an die »große Erleichterung, dass alle da waren«. Die Familie blieb dem Gastland nichts schuldig: Drei der Kinder trugen im Krieg US-Uniformen – Klaus, Erika (als Kriegsberichterstatterin), bald auch Golo. Und man blieb sich auch im Kampf gegen den deutschen Diktator nichts schuldig: *A Family Against a Dictatorship* hieß ein Vortrag, den Klaus Mann Ende der dreißiger Jahre in Amerika hielt und der von den familiären Aktivitäten kündete, denen des Vaters, des Onkels, der Schwester und den eigenen. Mit Vorträgen waren sie durchs Land gezogen, hatten Artikel geschrieben und Interviews gegeben.

Es waren nicht immer unbeschwerte, aber sehr aktive Jahre gewesen, gerade für die beiden erstgeborenen Geschwister, die Aufbegehrenden der zwanziger Jahre: Erika und Klaus waren nun gefordert, reisten und schrieben, immer ein klares Ziel vor Augen. Als der Krieg vorbei war, änderte sich das schlagartig – und Thomas Mann mochte auch an seine beiden Ältesten gedacht haben, als er später feststellte: »Hitler hatte den großen Vorzug, eine Vereinfachung der Gefühle zu bewirken, das keinen Augenblick zweifelnde Nein, den klaren und tödlichen Hass. Die Jahre des Kampfes gegen ihn waren moralisch gute Zeiten.«

Es kamen andere, verwirrende Zeiten und Zeichen: Im Amerika der Nachkriegszeit geriet die Familie Mann ins Kreuzfeuer des neuen Antikommunismus, am Rande zwar nur, doch unangenehm genug, etwa wenn FBI-Agenten ins Haus kamen und die Tochter Erika fragten, ob sie eine »bezahlte Stalin-Agentin« sei. Noch einmal wechselte der alte Mann, nun 77, seinen Wohnsitz, den Kontinent. Nach Deutschland, gar in die DDR, die ihn gern empfangen hätte (die Bundesrepublik hielt sich bemerkenswert zurück), zog es ihn nicht – noch einmal war es die Schweiz, wo er am Heiligen Abend 1952 ein neues Haus bezog. Er hatte nun alle seine Geschwister überlebt: Viktor, der als Einziger aus der Familie Nazi-Deutschland nicht verlassen hatte, war 1949 gestorben (kurz vor Veröffentlichung seiner Memoiren *Wir waren fünf*), Heinrich ein Jahr danach im US-Exil.

So las Thomas Mann in der Schweiz 1953, vielleicht nicht ganz ohne Wehmut, aber gleichwohl auch mit Genugtuung in einer Zeitung folgenden Vergleich über sich und den ewigen Bruder-Konkurrenten: »Müde und gleichgültig zu werden war Heinrichs Anteil; Thomas, die bedächtigere Natur, erhielt sich jung und produktiv, er zeigt keine Anzeichen der Ermüdung und des Nachgebens. Es ist das erstaunlichste Leben unseres Jahrhunderts, jenem Goethes vergleichbar.« Daraus zitierte er im Tagebuch den letzten Satz und ließ den lapidaren Kommentar folgen: »Fiel mir auch schon auf.« Er, der es mit Hilfe seiner Frau immer wieder schaffte, sich und seinem Leben einen bürgerlichen Rahmen zu geben, hatte am Ende triumphiert.

Probleme im Ehebett

Und wie ließ sich Thomas Manns Sinn für Bürgerlichkeit mit seiner viel zitierten Homosexualität vereinbaren? Nimmt man alle Nachforschungen, Vermutungen und die Selbstaussagen zusammen, so sollte man heute viel eher von einer bisexuellen Veranlagung sprechen: Manns homoerotische Neigungen blieben offenbar – anders als die seiner homosexuellen Söhne Klaus und Golo und seiner bisexuellen Tochter Erika – unausgelebt. Seine Dankbarkeit gegenüber Ehefrau Katia war von früh an groß, und seine Begründung im Tagebuch von 1920 zeugt von einer verblüffenden Einsicht in Zusammenhänge der Sexualpsychologie. Er danke ihr, so notierte er, »weil es sie in ihrer Liebe nicht im Geringsten beirrt oder verstimmt, wenn sie mir schließlich keine Lust einflößt und wenn das Liegen bei ihr mich nicht in den Stand setzt, ihr Lust, d. h. letzte Geschlechtslust zu bereiten«. Und fügte hinzu: »Die Ruhe, Liebe und Gleichgültigkeit, mit der sie das aufnimmt, ist bewunderungswürdig, und so brauche auch ich mich nicht davon erschüttern zu lassen.« Er beeilte sich, für sich selbst (oder die Nachwelt) im Tagebuch klarzustellen: »Von eigentlicher Impotenz wird kaum die Rede sein können, sondern mehr von der gewohnten Verwirrung und Unzuverlässigkeit meines ›Geschlechtslebens‹.«

Natürlich fragte er sich, ob gewisse Probleme im Ehebett mit seiner längst erkannten Vorliebe für Knabenkörper zu tun haben könnten – und zwar ganz direkt: »Wie wäre es, falls ein Junge ›vorläge‹?« Und Jahrzehnte später: »Ob die Wirklichkeit mich je tauglich gefunden hätte, ist eine Frage für sich.« Auf diese Frage hat er auch später immer wieder eine Antwort versucht – die praktische Konsequenz aber offenbar nie ernsthaft erwogen (falls nicht das intime Tagebuch lauter falsche Fährten legt, wofür wenig spricht): »Ich – und einem geliebten Jungen irgend etwas zumuten! Undenkbar!« Dieser Eintrag aus dem Jahr 1951 dürfte die deutlichste Klarstellung sein, es lassen sich viele andere finden.

Er kannte auch Panikzustände, die er nicht wieder erleben wollte, wie einmal im Mai 1919: »Ein geschlechtlicher Anfall gestern, einige Zeit nach Schlafengehen, hatte sehr schwere nervöse Folgen: Große Erregung, Angst, andauernde Schlaflosigkeit, ein Versagen des Magens in Form von Sodbrennen und Übelkeit.« Die »Lust zu fremdem Fleisch«, so sollte er Jahrzehnte später in seinem *Faustus*-Roman schreiben, bedeute eine »Überwindung sonst vorhandener Widerstände, die auf der Fremdheit von Ich und Du, des Eigenen und des Anderen beruhen«. Man könne sich nicht genug darüber wundern, sagt der geniale Leverkühn seinem späteren Chronisten Serenus Zeitblom während einer Hochzeitsfeier, »dass ein Fleisch Lust zum andern hat«.

Er hatte wenig Illusionen über die Ehe im 20. Jahrhundert, stellte aber kategorisch fest, dass die Treue »der ungeheure moralische Vorzug der naturgebotenen, ehelich möglichen, zeugenden Liebe« sei. Ansonsten plädierte er als moderner Mensch für getrennte Schlafzimmer (gegen »die patriarchalische Zweischläfrigkeit«), für »selbständige, auseinander gehende Interessenbetätigung und Berufsübung«. Sein Sohn Michael entdeckte später überrascht (ebenfalls bei der Tagebuch-Lektüre), wie oft der Vater »der Nachgiebige, Milde, sich selbst Beschuldigende« gewesen sei: »gegenüber der zu Heftigkeit und Depressionen geneigten jüngeren Gattin«. Fazit seines Bruders Golo über die Liebesfähigkeit des Vaters: »Sein Erleben, zugegeben, war karg, verglichen mit dem Erleben Casanovas. Dafür muss es bedeutend mehr Intensität gehabt haben.«

Vor allem hat die Sexualität seinen Kopf beschäftigt: »Sexueller Kummer zwischenein, durch Bilder am Wege gespeister Schmerz und tiefes, leidvolles Verlangen nebst dem Wissen, dass es die Wirklichkeit nicht will« – oder: »In diesen Tagen viel leidende Begierde und Nachsinnen über ihr Wesen und ihre Ziele, über erotische Begeisterung im Streit mit der Einsicht in ihr Illusorisches.« Illusorisch mochte es wohl sein, doch für ihn als Schriftsteller war die Liebe »niemals unökonomisch«, denn er nutzte seine zum Teil quälenden Wünsche und Begierden für die Produktion, und schreibend befreite er sich auch davon: »Völlige Präokkupation durch Leidenschaften, Liebeskummer, die nur durch Dichtung leidlich zu erlösen.« Worauf er im Tagebuch 1950 noch die Nachbemerkung folgen ließ: Seine Dichtung sei es doch schließlich, »die uns alle ernährt« – so war das aufgewühlte Gewissen beruhigt.

Und es bleibt ja auch das ein Wunder: dass sich diese bürgerliche Existenz auf etwas derart Instabiles und Anfälliges wie das Schreiben gründen und ein Leben lang halten ließ. Geliebt wurde er zu Lebzeiten dennoch außerhalb der Familie nur von wenigen, kaum je – außer in Bittbriefen – von seinen Kollegen. Man sehe den »Bürger« in ihm, sagte er sich. Und da er sich nie einer Mode, einem Trend angeschlossen hatte, sei er eben »nie von einer Schule getragen, von Literaten selten gelobt worden«. Aber den »krankhaften Hass« seines Kollegen Alfred Döblin empfand er doch als kränkend und bedrückend, er fragte sich: »Ist meine Existenz so provozierend?« Der Verfasser des Romans *Berlin Alexanderplatz*, ein abgeschlagener, verbitterter Konkurrent (auch er hatte 1929 auf den Nobelpreis gehofft), hasste den Erfolgreichen, der »die Bügelfalte zum Kunstprinzip erhob«, noch über dessen Tod hinaus – die *Buddenbrooks* waren für ihn nur »langweilige Spießerei«. Und noch 1975, zwanzig Jahre nach Manns Tod, mokierte sich der Lyriker Peter Rühmkorf über den Nobelpreisträger, »dessen gestelzte Manierlichkeiten ziemlich allgemein für Stil gehalten werden«. Hans Erich Nossack verspürte »beinahe körperliches Unbehagen« und war stolz darauf, nicht ein einziges Buch von Thomas Mann zu besitzen.

Zu der Zeit war noch kein Band der Tagebücher erschienen, sie waren bis 1975 gesperrt – und veränderten das Bild des Autors in den kommenden Jahren völlig. »Ein Nationalklassiker verblasste, und eine farbige Figur trat aus dem Marmor«, so bejubelte die »Süddeutsche Zeitung« den von Thomas Mann posthum verursachten Paradigmawechsel und kam ins Schwärmen: »Wann hätte es je zuvor eine solche Wiederauferstehung gegeben?« Und tatsächlich: Fast unangefochten steht er heute da als überragende Dichterpersönlichkeit deutscher Sprache im 20. Jahrhundert. Kein Robert Musil, kein Bertolt Brecht, auch kein Heinrich Mann reicht heran – einzig der in allen Lebens-, Liebes- und Literaturdingen so vollkommen andersartige Franz Kafka kann daneben bestehen. Ihn las Thomas Mann mit Ergriffenheit, »oft mit phantastischer Erheiterung gemischt«. Er war schließlich nicht nur der Mann der *Buddenbrooks*:

Er schrieb eben auch den *Zauberberg* (1924), den *Erwählten* (1951) und den *Felix Krull* (1922/1954), daneben wunderbare Novellen und Erzählungen, blitzgescheite Essays und Porträts – und dann, publiziert in den dreißiger und vierziger Jahren, jenen gewaltigen Romanzyklus *Joseph und seine Brüder*.

»Es gibt, zumal im 20. Jahrhundert, kein Werk«, befand Botho Strauß, »das die deutsche Sprache von so tief heraufholt und zugleich so hoch instrumentiert. An diesem Roman kann man lernen, was Modernität auf ihrem Gipfel ist«. Gerade dieses Werk ließ selbst den kritischen Mann-Sohn Golo im Alter noch in Begeisterung ausbrechen: »Da sprechen dann die Kritiker, die Herren Germanisten, von dem kühlen, selbstischen Ironiker! Ach du großer Gott! Wie schön ist das, wie tief und reich an Menschenkenntnis, Menschenfreundschaft.«

Einer Romanheldin, der Frau des Höflings Potiphar, die Joseph vergeblich und mit allen Mitteln zu verführen versucht hat, wird in *Joseph und seine Brüder* nachgesagt: »Und doch ruhte auf dem Grunde ihrer Seele ein Schatz, auf den sie heimlich stolzer war als auf alle ihre geistlichen und weltlichen Ehren und den sie, ob sie sich's eingestand oder nicht, für nichts in der Welt dahingegeben hätte … das Bewusstsein, dass sie geblüht und geglüht, dass sie geliebt und gelitten hatte.« So ist – nicht nur in den unverkennbar autobiografisch gefärbten Sätzen dieses Meisterwerkes, aber dort besonders – zu entdecken, wie Thomas Manns Sehnsucht nach Geborgenheit und Zuneigung ganz zu Ton wird, zur sehnsüchtigen Liebesmelodie.

INS REINE, WAHRE, UNVERÄNDERLICHE

FRANZ KAFKA

Tribunal in Berlin: Während in der deutschen Hauptstadt hinter verschlossenen Türen Entscheidungen getroffen werden, die schon bald in einen Weltkrieg münden, sitzt der Prager Versicherungsbeamte und Schriftsteller Franz Kafka in einem Zimmer des Hotels »Askanischer Hof« drei Frauen gegenüber und fühlt sich wie bei einer Gerichtsverhandlung. Seine Verlobte Felice Bauer ist gekommen, um von ihm eine Erklärung zu verlangen. Sie hat ihre Schwester Erna und Grete Bloch, eine Freundin, mitgebracht. Und sie hat Briefe dabei, die Kafka hinter ihrem Rücken an Grete geschickt hat, Briefe, in denen Kafka zweideutig, aber deutlich genug der geplanten Ehe mit ihr, Felice, keine Chancen einräumt. Dass der Verlobte an seiner Tauglichkeit als Ehemann zweifelt, ist für Felice Bauer nicht neu. Seine Skrupel kennt sie aus rund 350 Briefen, Telegrammen und Karten, die Kafka ihr vom Herbst 1912 an nach Berlin geschrieben hat, oft täglich, bisweilen auch mehrmals am Tag. Aber was sie nun über sich lesen musste, ist schroff und unverzeihlich.

Es ist der 12. Juli 1914. Kafka verteidigt sich gar nicht erst gegen die Vorwürfe der Frauen. Er klagt sich lieber selber an. Später wird er in einem letzten Brief an Grete Bloch schreiben: »Sie saßen zwar im Askanischen Hof als Richterin über mir – es war abscheulich, für Sie, für mich, für alle – aber es sah nur so aus, in Wirklichkeit saß ich auf Ihrem Platz und habe ihn bis heute nicht verlassen.« Das Verlöbnis mit Felice, erst sechs Wochen zuvor offiziell gefeiert, wird gelöst. Was der »Gerichtshof«, wie er selbst das Berliner Treffen in seinem Tagebuch nennt, aber in Kafkas Innerstem bewirkt und anstößt, sollte sich bald darauf zeigen.

In Berlin, in Wien, in St. Petersburg, in Paris: Überall herrschen Anfang August 1914 Tumult und Aufregung – und auch Begeisterung für dieses scheinbar große Abenteuer namens Krieg. Innerhalb weniger Tage haben ihn sich Europas Mächte gegenseitig erklärt: Österreich-Ungarn den Serben, Deutschland den Russen und den Franzosen, außerdem werden Luxemburg, Belgien und Großbritannien hineingezogen. Auch in Prag, der böhmischen Hauptstadt, die zum Kaiserreich Österreich-Ungarn gehört, werden in diesen Tagen die in den Krieg ziehenden Soldaten bejubelt, während in der Bilekgasse 10 dieser Franz Kafka den Satz niederschreibt: »Jemand musste Josef K. verleumdet haben, denn ohne dass er etwas Böses getan hätte, wurde er eines Morgens verhaftet.«

Es ist, in gut lesbarer Handschrift, einer der berühmtesten ersten Sätze der Weltliteratur, der Anfang des Romans *Der Prozess*, der erst nach dem Tod des Autors erscheinen wird. Ein leise dröhnender Satz, in dem schon fast all das steckt, was Kafka zu einem der größten Schriftsteller des 20. Jahrhunderts werden lässt: die Ängste und die Paranoia des modernen Menschen, der die Kontrolle verliert über sein eigenes Leben, in einer Welt alles beherrschender Systeme von Überwachung und Beaufsichtigung. Und es gehört nicht viel Phantasie dazu, zumindest ein Echo der Berliner Tribunal-Situation herauszuhören.

Kafka: Das ist mehr als nur ein Name, das ist ein Begriff, eine eigene Kategorie, ein Anspruch, ein Gipfel, unübersehbar für alle, die Literatur lesen oder schreiben. Auch wer keine Zeile von ihm kennt, hat doch vom *Prozess*, vom *Schloss* oder vom *Brief an den Vater* gehört, ist schon einmal dem heute etwas aus der Mode gekommenen Ausdruck »kafkaesk« begegnet und kann dem Dichter wahrscheinlich den einen oder anderen Titel seiner Erzählungen zuordnen: *Vor dem Gesetz, Auf der Galerie, In der Strafkolonie, Das Urteil* oder *Die Verwandlung*.

Der Lyriker W. H. Auden brachte Kafkas Bedeutung 1941 auf den Punkt: »Sollte man den Namen eines Künstlers nennen, der in ähnlicher Beziehung zu unserem Zeitalter steht wie Dante, Shakespeare und Goethe zu den ihren, so käme einem wohl zuerst der Name Kafka in den Sinn.« An ihm kommt kein Schriftsteller vorbei, der ernsthaft Literatur betreiben will. Und sei es, um sich von ihm abzustoßen und seinen Sound aus dem Ohr zu bekommen – wie etwa Günter Grass oder Walter Kempowski: Der eine »verunglückte«, bevor ihm *Die Blechtrommel* gelang, mit einem längeren Prosaversuch, dem nach eigener Auskunft Kafka »das Muster« geliehen habe und der *Die Schranke* heißen sollte; der andere verfasste »im Stil von Kafka« einen ebenfalls nie veröffentlichten Roman, in dem alle Namen mit K. anfingen. Martin Walser, der seine Dissertation über Kafka schrieb, fühlte sich als Student unfähig, »andere Autoren wirklich zu lesen«, und hat auch später sein »jahrelanges Zusammenleben mit Kafka« nie bereut. Peter Handke zog es zwar eine Zeit lang vom »Geschlenkere Kafkas« weg, hin zum »hellen Tagwerk Vergils«, doch auch er musste irgendwann einsehen: »Franz Kafka war nicht tot.« Noch zu dessen Lebzeiten schrieb Rainer Maria Rilke auf Grund der wenigen Veröffentlichungen, die schon vorlagen: »Ich habe nie eine Zeile von diesem Autor gelesen, die mir nicht auf das Eigenthümlichste mich angehend oder erstaunend gewesen wäre.« In den USA haben sich später besonders Philip Roth und John Updike mit ihm beschäftigt. Roth, der oft nach Prag reiste, hielt in New York ein Seminar über Kafka ab; Updike formulierte seine Begeisterung 1983 schlicht und ergreifend mit den Worten: »Er war so einzigartig, dass er für Millionen und ihr neues Unbehagen sprach; ein Jahrhundert nach seiner Geburt ist er der letzte heilige Schriftsteller und der größte Geschichtenerzähler des modernen Menschen.«

Der Zeuge seelischer Schäden

Nach Ausbruch des Ersten Weltkriegs hatte sich einiges im Leben Kafkas verändert. Der Junggeselle, 31 Jahre alt, wohnte erstmals allein. Bis dahin war er, in jener Zeit nicht unüblich, aber seinen mühsamen Schreibversuchen nicht sehr zuträglich, bei den Eltern geblieben. Nun aber hatte seine Schwester Elli, deren Mann einberufen worden war, mit ihren Kindern das Zimmer des Bruders in der elterlichen Wohnung übernommen und ihm dafür die eigene, nicht weit entfernte Behausung in der Bilekgasse angeboten. Und hier, plötzlich, kam der Durchbruch für den Schriftsteller, der bis dahin lediglich zwei Prosabände von geringem Umfang publiziert und zwei Jahre zuvor einen ersten Roman *Der Verschollene* vorläufig aufgegeben hatte. Die Bewältigung der Romanform war für ihn die große Bewährungsprobe.

Kafka hatte sich von Fesseln befreit. Er war nun getrennt von seiner Langzeitverlobten Felice Bauer, auch wenn das letzte Wort in dieser Angelegenheit noch nicht gesprochen sein sollte. Vorerst aber waren der Worte genug gewechselt: Bevor der *Prozess*-Roman in Fahrt kam, hatte ein anderer Schreibprozess, eigentlich ein Schreibexzess, seinen Höhepunkt überschritten: Die *Briefe an Felice* zählen heute zu den bekanntesten Schriften und gehören als literarisches Dokument einer einzigartigen Selbstsuggestion zum Kafka-Kanon. Der Dichter hatte bis zuletzt an der Illusion festgehalten, diese Briefe und Mitteilungen an die zukünftige Ehefrau zu richten.

Kafka erlebte den Krieg keineswegs als gleichgültiger Egomane, wie oft vorschnell aus einem viel zitierten Tagebucheintrag geschlossen wird. »Deutschland hat Russland den Krieg erklärt. – Nachmittag Schwimmschule«, heißt es da lapidar am 2. August 1914. Selbst der Literaturkenner Marcel Reich-Ranicki ließ sich täuschen, der die Egozentrik für den Kern von Kafkas Wesen hielt und glaubte, »dass ihn, genau genommen, nur eine einzige Person auf Erden wirklich interessierte«.

Durchaus nicht: Der Schriftsteller hatte schon als 14-jähriger Schüler des deutschen Altstädter Gymnasiums in Prag erlebt, wie schockierend ein Aufruhr sein kann. Im Dezember 1897 warfen tschechische Bewohner der Stadt Schaufensterscheiben ein und plünderten Geschäfte. Es ging gegen die Deutschen. Und es ging auch gegen die Juden, egal ob sie Deutsch oder Tschechisch sprachen. Auf dem Altstädter Ring brannten die Stühle und Tische eines Cafés, das als jüdisch galt. Zuvor hatten Studenten der deutschen Universität, die grölend durch Prag gezogen waren, mit deutschnationalen Liedern provoziert. Tschechische Studenten wollten dagegenhalten, wurden aber unverzüglich von berittener Polizei gestoppt. Eine aufgebrachte Menge zog durch die Straßen, warf mit Pflastersteinen und legte Feuer, während die Geschäftsleute ihre Läden noch schnell mit Brettern zu schützen versuchten. Die Deutschen und die Juden gehörten in Prag zur Minderheit und dominierten dennoch die böhmische Verwaltung und das Geschäftsleben. Der Zorn der Tschechen brach sich nicht zum ersten Mal Bahn. Doch so verheerend war es seit Jahrzehnten nicht gewesen. Kafkas Gymnasium blieb tagelang geschlossen. Weder die Polizei noch die in voller Stärke angetretenen Prager Bataillone konnten zunächst der Lage Herr werden, auch wenn sie mit aufgepflanztem Bajonett gegen die Menge vorgingen. Es gab Tote und Verletzte. Erst das am fünften Tag ausgerufene Standrecht hatte der ungesteuerten Revolte ein Ende gemacht, die als »Dezembersturm« in die Geschichte einging.

Als Kafka im August 1914 in Prag die ersten Zeilen seines *Prozess*-Romans niederschrieb, war er schon seit sechs Jahren Angestellter der Arbeiter-Unfall-Versicherungs-Anstalt für das Königreich Böhmen, einer Institution, die zu Recht als soziale Errungenschaft begriffen wurde. Bis zum Kriegsausbruch hatte er in diesem Brotberuf vor allem mit Arbeitsunfällen zu tun gehabt, hatte sich unter großem Einsatz für Entschädigungen und generell einen besseren Arbeitsschutz eingesetzt. Nun musste sich die Anstalt bald auch um Kriegsversehrte kümmern, und Kafka, inzwischen in gehobener Position, wurde zum Zeugen jener körperlichen und seelischen Schäden, die die modernen Waffen und Kampfmethoden mit sich brachten. Seine Vorgesetzten hielten ihn für unentbehrlich. Ohne Kafka groß zu fragen, sorgten sie dafür, dass er vom Kriegseinsatz verschont blieb. Von dem Regiment, dem er schon zugeordnet war, kehrten wenige nach Hause zurück.

Jeden Morgen zu spät zur Arbeit

Prag im August 2014: Im Hotel »Century Old Town« lässt man sich den Hinweis auf Kafka nicht entgehen. Links neben der Fahrstuhltür steht auf einer Tafel in tschechischer, englischer, französischer und deutscher Sprache: »Sie befinden sich im Gebäude der ehemaligen Arbeiter-Unfall-Versicherungsanstalt, wo Franz Kafka in den Jahren 1908–1922 arbeitete.« Auch der Hinweis auf das Büro, in dem er zuletzt am Schreibtisch saß, unterbleibt nicht: Es ist das Hotelzimmer 214. Die große Treppe, die sich in weiten Bögen in die Höhe schwingt und den Blick des Betrachters fast magisch nach oben zieht, ist in voller Pracht erhalten. Das Restaurant im Haus trägt den Namen Felice, im Gang dorthin sind liebevoll mit Bürogeräten aus Kafkas Zeit bestückte Schaukästen und Vitrinen zu betrachten.

»Kafka kam fast jeden Morgen zu spät zur Arbeit«, erzählt Kafkas Biograf Reiner Stach am Fuß der Treppe. »Er lief von seiner Wohnung hierher, und er konnte einfach nicht pünktlich sein. Der Fahrstuhl war ihm zu langsam, also hetzte er die Stufen hoch.« Mit Stach die Stadt zu erkunden, in der er wie zu Hause ist, stellt ein Vergnügen der besonderen Art dar – wie es auch das reine Vergnügen ist, seine rund 2000 Seiten umfassende Biografie zu lesen, deren dritter und letzter Band vor Kurzem erschienen ist. Allein die Schreibzeit verschlang 18 Jahre, inklusive der Reisen und Recherchen, nicht zu reden von Vorarbeiten wie der Dissertation aus dem Jahr 1985,

Kafkas erotischer Mythos. Der Biograf vollbringt das kleine Wunder, Kafkas Vita wie einen Roman zu erzählen und zugleich das beruhigende Gefühl zu vermitteln, dass hier einer auf verlässlicher Grundlage arbeitet, sowohl was Kafkas Leben und Schreiben als auch die historischen Hintergründe angeht. Stach, der einige Jahre lang in Frankfurt am Main als Lektor im Verlag S. Fischer arbeitete und heute in Berlin wohnt, ist so stil- wie faktensicher.

Hier in diesem Gebäude hat der Jurist Dr. Franz Kafka Jahre seines Lebens verbracht. Vergeudet, wie es die Legende will. Er selbst hat diese Lesart vor allem in den Briefen an Felice Bauer kräftig angeheizt, indem er klagte, wie ihm vom »entsetzlichen Bureau« die Zeit für die eigentliche Arbeit gestohlen werde. Aber war das Amt für ihn wirklich nur eine »Grube, in der ich sitze«, der »Bodensatz des Jammers«, ein »Schrecken«? Hat er hier nicht Erfahrungen und Einblicke gewonnen, die seinem Werk zugute kamen? Das erstaunt auch Stach: »Eine systematische Einsicht in den Zusammenhang von seinem Beruf und seinem Schreiben hatte Kafka merkwürdigerweise nicht.« Aber dass dem Dichter dieser Zusammenhang völlig entgangen sein sollte, glaubt er auch wieder nicht, schließlich komme ja die Berufswelt in ganz direkter Weise im Werk vor.

Da gibt es etwa den ausführlich beschriebenen Unfall auf einer Baustelle im Roman *Der Verschollene*. Kafka war für diese Art von Unfällen zuständig. Stach ist überzeugt davon, »dass dieser Unfall genau so stattgefunden hat«. Dass es immer wieder heißt, Kafka habe im Krieg nichts erlebt, ist ihm unverständlich. »Ein Riesenirrtum! Der hat erlebt, wie Leute an Hunger gestorben sind. Der hat die Schwerverletzten vor seinem Schreibtisch sitzen gehabt, die Tuberkulose- und Cholera-Kranken, Soldaten mit schweren Traumata, die sogenannten Zitterer. Er hatte mitzuentscheiden, ob jemand überhaupt noch kriegstauglich war.«

Die meisten Geschäftsbriefe des Angestellten der Arbeiter-Unfall-Versicherung müssen als verloren gelten. Und was sich auffinden ließ, wurde merkwürdigerweise erst spät einer Publikation für wert erachtet. Eine größere Auswahl von Kafkas *Amtlichen Schriften* erschien erstmals 1984 in der DDR, ausgerechnet dort, wo – wie im gesamten Ostblock – der Dichter verpönt war. Er galt als Revisionist, und der SED-Parteichef Walter Ulbricht persönlich warnte die Autoren im Staate davor, Kafka zu idealisieren und »als Rammbock« gegen das Ideal des sozialistischen Realismus zu nutzen. Dabei hätte sich kein besserer Realist finden lassen. Stach: »Eine bestimmte Form bürokratischer Unterdrückung hat er als einer der Ersten in allen Konsequenzen beschrieben und erkannt, dass da eine ganz wesentliche Veränderung der Gesellschaft stattfindet, bis hin zu einer anonymen Machtausübung, bei der niemand mehr weiß, wer eigentlich entscheidet.«

Es ist unschwer zu erkennen, dass sein Ansehen im Amt und seine Aufgaben Kafka psychisch stabilisierten. Seine Briefe an Unternehmer, die sich um Versicherungsprämien drücken wollten, die die Gefährlichkeit von Arbeitsabläufen bagatellisierten und mögliche Schutzmaßnahmen verweigerten, sind konzise und brillant. Er ist viel gereist, machte Verbesserungsvorschläge, hielt Reden vor größerem Publikum. »Er hat wochenlange Dienstreisen gemacht und wusste, wie es in Steinbrüchen und Fabriken zugeht«, erzählt Stach. »Er wusste auch, was Akkordarbeit bedeutet. Unfallopfer, die zu Statistiken werden: Das war für ihn ein höchst bedenklicher Vorgang.«

Kafkas häufige Klagen über das Büro und seine Selbstwahrnehmung als schriftstellerischer Versager ist im Übrigen auch die Komik der Übertreibung nicht fremd. So wenn er Anfang 1913 darüber verzweifelt war, dass er wieder einmal nur wenig am Roman geschrieben habe, »und das wenige mit Fähigkeiten, die vielleicht gerade zum Holzhacken genügen würden, aber nicht einmal zum Holzhacken, höchstens zum Kartenspielen«. Oder wenn er davon spricht, nach einer unruhig verbrachten Nacht so traurig gewesen zu sein, »dass ich mich vor Traurigkeit aus dem Fenster nicht werfen (das wäre für meine Traurigkeit noch zu lebenslustig gewesen), aber ausgießen hätte wollen«. Und überhaupt kenne seine »elende Natur« nur dreierlei: »losspringen, zusammenfallen und hinsiechen«. Wer außer ihm hätte so viel Verzweiflung derart spielerisch-schwungvoll zum Ausdruck gebracht? Thomas Mann war einer der Ersten, die das wahrnahmen: »Wie komisch kann dieser Dulder sein! Ich rechne es ihm besonders hoch an.«

Hang zur Selbstsabotage

Der Anfangssatz des *Prozess*-Romans lautete ursprünglich etwas anders: »Jemand musste Josef K. verleumdet haben, denn ohne dass er etwas Böses getan hätte, war er eines Morgens gefangen.« So stand es zunächst im Manuskript, das sich heute im Marbacher Literaturarchiv befindet und einen Wert von mehreren Millionen Euro hat. Mit zwei entschiedenen Strichen und Einfügungen gab Kafka damals dem ersten Satz seine endgültige Form: »… wurde er eines Morgens verhaftet.« Dabei mag eine Rolle gespielt haben, dass es ansonsten allzu sehr nach Gefangenschaft geklungen hätte, nach einer Anspielung auf den gerade ausgebrochenen Krieg. Vor allem aber: Wenn K. vom ersten Satz an »gefangen« ist, dann kann sich die klaustrophobische Atmosphäre nicht mehr aus der Handlung entwickeln. So aber ist jener Eindringling, der eines Morgens unversehens in seinem Zimmer steht, ohne sich zu legitimieren, und sich benimmt, als wäre er hier zu Hause, nicht nur unheimlich, sondern es wird die Neugier auf die Reaktion von Josef K. und dessen weiteres Verhalten geweckt.

Josef K.: der heute so geläufige Name des Romanhelden stand auch nicht von Anfang an fest. Zunächst hatte sich Kafka in seinem Tagebuch einen anderen notiert: Hans Gorre. Doch erst mit der endgültigen Namenswahl kam offenbar der nötige Schwung in die Sache. Das autobiografisch schillernde Namenskürzel hob den Protagonisten über eine beliebige Romanfigur hinaus. Die Namenswahl war noch anspielungsreicher als auf den ersten Blick ersichtlich. Den Namen Franz hatten die Eltern wohl nach dem Kaiser in Wien ausgewählt – dessen Name lautete Franz Joseph I. Und um das Spiel mit der selbstbezüglichen Namensgebung komplett zu machen, trägt der Wächter, der zuerst in Erscheinung tritt, den Vornamen Franz.

Der Tagebucheintrag zum Beginn der Arbeit am *Prozess*-Roman lautet: »Gestern und heute 4 Seiten geschrieben, schwer zu überbietende Geringfügigkeiten.« Kafkas Selbstzweifel waren allgegenwärtig. Ängste, Versagensängste haben ihn zeitlebens begleitet, und er hat es in Briefen und im Tagebuch oft genug zum Thema gemacht. Schon während der Schulzeit, die er bestens bewältigte, hatte er ständig Angst: vor Prüfungen, vor bedrohlichen Autoritäten, vor seinem Vater.

Kafkas Handschrift wirkt so klar und entschieden, als könnten seine Sätze gar nicht anders lauten und verlaufen. Nur wenige Korrekturen durchkreuzen den Eindruck des Gemeißelten, Streichungen sind rar. Tatsächlich aber brach er oft ab, ließ das Manuskript liegen, auch für längere Zeit, fand schwer wieder hinein. So blieb das meiste Fragment und bis auf einige Ausnahmen zu seinen Lebzeiten unveröffentlicht. Kafka sammelte seine Texte nicht, ganz im Gegenteil: Er verschleuderte sie, versendete Tausende herrlicher Prosaseiten in Form von Briefen und überließ dem Schriftsteller Max Brod, seinem Bewunderer und engsten Freund, unfertige Manuskripte, darunter auch den *Prozess* – als Fragment in ungeordneten Einzelteilen, sodass die Anordnung der einzelnen Romankapitel bis heute nicht gesichert ist. John Updike sah in der Nichtvollendung generell »eine Qualität seines Werks, eine Facette seiner Aufrichtigkeit«.

Kafka ist der Inbegriff des skrupulösen, an sich zweifelnden und verzweifelnden Schriftstellers. Er änderte, verwarf wie andere Autoren auch – und stellte schließlich alles, was er geschrieben hatte, grundsätzlich in Frage: eine umfassende Rücknahme, die in dem schriftlich geäußerten Wunsch gipfelte, der gesamte Nachlass sei »restlos und ungelesen zu verbrennen«. Warum Kafka seine drei Romane überhaupt so weit vorantreiben, daraus vorlesen und sie, unfertig, wie sie waren, sogar aus der Hand geben konnte (und nicht selbst vernichtete), bleibt ein Geheimnis. Sein Anspruch war mächtig und die eigene Verzagtheit schon von daher verständlich, so wie es auch in dem häufig zitieren Satz zum Ausdruck kommt: »Wenn das Buch, das wir lesen, uns nicht mit einem Faustschlag auf den Schädel weckt, wozu lesen wir dann das Buch?« Schreibend wollte Kafka die Welt »ins Reine, Wahre, Unveränderliche« heben.

Brod weigerte sich, Kafkas Hang zur »Selbstsabotage« zu unterstützen. Er widerstand auch nach dessen Tod der »einschmeichelnden Verlockung des Zartsinns« – zumal er beizeiten Kafka deutlich gemacht hatte, seiner Bitte nicht entsprechen zu wollen. Er war auch die treibende Kraft bei den wenigen Buchveröffentlichungen zu Lebzeiten gewesen. Nachdem Kafka im Juni 1924, 40 Jahre alt, in einem Sanatorium nahe Wien unter schrecklichen Qualen der Tuberkulose erlegen war, zögerte Brod nicht, unverzüglich mit der Herausgabe von dessen Schriften zu beginnen. Schon acht Tage nach der Beerdigung hatte Brod einen Vertrag mit den Hinterbliebenen ausgehandelt und sich nach Verlegern umgesehen. *Der Prozess* erschien erstmals 1925 in einer Fassung, bei der Brod alles vermied, »was das Fragmenthafte betont hätte«. Schließlich war Kafka, bis dahin nur wenigen Kennern vertraut, einem größeren Publikum überhaupt erst nahezubringen. Brod setzte sich damit nicht nur souverän über Kafkas ausdrücklichen Wunsch hinweg, alle unveröffentlichten Werke zu vernichten, sondern nutzte Kafkas Verfügung listig und ließ sich möglichst viele der verstreuten Manuskripte aushändigen, um sie später publizieren zu können. Dass ihm diese Sammelaktion überhaupt gelang und damit die Inbesitznahme der Handschriften, ist eines der großen Wunder der Literaturgeschichte.

Noch ein weiteres Wunder war die Rettung der Handschriften. Kafkas Bücher waren 1935 von den Nazis auf die »Liste des schädlichen und unerwünschten Schrifttums« geraten. Thomas Mann hatte drei Jahre danach vergeblich versucht, Brod samt Kafka-Nachlass in die USA zu holen. Der machte sich im März 1939 von Prag aus auf den Weg nach Palästina, im Koffer sämtliche Kafka-Manuskripte. Keinen Tag zu früh: Am nächsten Morgen schon fahndete die Gestapo nach ihm. Der Weg führte zunächst per Eisenbahn und Schiff nach Istanbul. Dort lag im Hafen neben dem rettenden Dampfer nach Tel Aviv ein »Nazischiff« (Brod). Da er den mit den Deutschen sympathisierenden Türken als einziger Passagier seinen Pass vorzeigen sollte, gab er die Sache schon verloren. Er fürchtete um sich und die Ware im Koffer: »Doch es geschah nichts, ich bangte eine Viertelstunde lang, dann ist auch diese Gefahr an mir und den Manuskripten Kafkas vorbeigegangen.«

Die Liebe und das Ladenmädchen

Im Café Louvre in der Prager Neustadt, Národní 22, entspricht das Interieur heute wieder weitgehend demjenigen, das Kafka und seine Freunde einst vor Augen hatten: riesige Spiegel an der Wand, Tische in Reih und Glied, ein großer Billardraum gleich nebenan. Das Etablissement wurde 1902 eröffnet und entwickelte sich rasch zum beliebten Treffpunkt der Künstler und Intellektuellen – bis die Kommunisten kamen, das Mobiliar auf die Straße warfen und das Café 1948 schlossen. Nach einer liebevollen Restaurierung öffnete das Louvre 1992 wieder seine Pforten.

Auch hier fehlt der Hinweis auf den berühmten Besucher nicht. Ein Faltblatt liegt in zwei Stapeln aus: in tschechischer und in englischer Sprache. »Was Kafka hier eigentlich bestellt hat, wissen wir nicht«, sagt Stach, der auch vor Ort recherchiert hat. Damals habe man lange in dem sich über zwei Stockwerke erstreckenden Café sitzen können, ohne dass das Personal ungeduldig geworden wäre, erzählt er. »Man konnte sogar den

Kellner herbeirufen und ihn bitten, einen bestimmten Band des Konversationslexikons zu holen, das hinter der Theke stand.« In der Biografie berichtet er, dass Kafka und Max Brod in jungen Jahren nicht selten bis spät in die Nacht geblieben sind – und dann weiter in eine Weinstube zogen. »Dort ging es lockerer zu«, erzählt Stach. »Da gab es Champagner, und die Kellnerinnen waren oft käuflich, jedenfalls nicht abgeneigt, wenn ihnen jemand gefiel. Kafka war mindestens zweimal mit einer von ihnen liiert. Er kam bisweilen erst am Morgen nach Hause, wechselte die Kleidung und ging dann ins Büro, wo er sechs Stunden zu arbeiten hatte.«

Anders als ein überholtes Kafka-Bild es will, war er kein lebensabgewandter Mensch. Schon in der Schule war er beliebt und keineswegs ein Außenseiter, obgleich er von den Lehrern als »Vorzugsschüler« eingestuft wurde. In späteren Jahren machte er mit Freunden gemeinsame Reisen. Max Brod, mit dem er unter anderem in Mailand und zweimal in Paris war, erinnerte sich später gern daran: »Wir wurden zu fröhlichen Kindern, wir kamen auf die absonderlichsten, hübschesten Witze – es war ein großes Glück, in Kafkas Nähe zu leben.« Der war überhaupt alles andere als ein Stubenhocker. Man muss ihn sich als sportlichen Mann vorstellen. »Ich rudere, reite, schwimme, liege in der Sonne«, heißt es einmal fast selbstzufrieden im Tagebuch. Er war ein leidenschaftlicher und ausdauernder Schwimmer, ob in einer Badeanstalt oder im See, er nahm Reitstunden, und er machte lange Fußmärsche, die bis zu acht Stunden dauern konnten. Aber dann folgt im Tagebuch wieder eine rhetorisch-rhythmische Abwärtsspirale der Selbstzerknirschung: »Daher sind die Waden gut, die Schenkel nicht schlecht, der Bauch geht noch an, aber schon die Brust ist sehr schäbig und wenn mir der Kopf im Genick« – da bricht er lieber ab.

Dass er den Frauen gefiel, ist heute kein Geheimnis mehr. Bisweilen lockte ihn »der Körper jedes zweiten Mädchens«, wie er Brod schrieb, mit dem zusammen er auch Bordelle besuchte, sowohl in Prag als auch auf einer Reise in Paris. Sexuelle Erfahrungen machte er früh und reichlich. Er selbst hat viele Jahr später aufgeschrieben, unter welchen Umständen es zu seiner ersten Liebesnacht kam: mit einer Verkäuferin, die in einem Geschäft gegenüber der Wohnung seiner Eltern arbeitete. Er war damals Anfang zwanzig, und die junge Frau, die er als »Ladenmädchen« bezeichnete, dürfte nicht sehr viel älter gewesen sein. Aber offenbar hatte sie ihm einiges an Erfahrung und Liebespraxis voraus. Jedenfalls verwirrte sie ihn damit, dass sie im Hotelzimmer etwas zu ihm sagte, was er als »eine kleine Schmutzigkeit« empfand, und etwas mit ihm tat, was er »eine winzige Abscheulichkeit« nannte. Was immer es war, für ihn war es offenbar neu und zu viel auf einmal. Das hinderte ihn freilich nicht, bald eine zweite Nacht mit ihr zu verbringen. Denn das »Abscheuliche und Schmutzige« hatte, wie er sich eingestand, eine »wahnsinnige Gewalt« über ihn gewonnen. Danach aber schaute er die junge Frau von gegenüber nicht mehr an, »und immerfort verfolgte sie mich mit ihren nichts verstehenden Augen«.

Die reale Sexualität mit ihren schwer zu kontrollierenden Kräften und inneren Konflikten machte ihm offensichtlich zu schaffen, durchaus im Rahmen einer für sensible Menschen nicht ungewöhnlichen Spannung, frei von pathologischen Zügen. Kafka hat in seinen Tagebüchern und Reiseaufzeichnungen bemerkenswert unbefangen über die körperliche Seite der Liebe gesprochen. Besonders wenn er Erzählungen und Erfahrungen anderer wiedergeben konnte. Die erstmals in der kritischen Edition der Tagebücher publizierten Textpassagen machen deutlich, dass es für diesen Schriftsteller neben der »Litteratur« – von ihm stets mit zwei »t« geschrieben – zumindest noch eine große Obsession gab: den Sexus. Kafka selbst rückte beides 1911 in einer Notiz auf das Verblüffendste zusammen. Er war, als er diese Zeilen schrieb, gerade in eine Schauspielerin verliebt: »Ich hatte gehofft, durch den Blumenstrauß meine Liebe zu ihr ein wenig zu befriedigen, es war ganz nutzlos. Es ist nur durch Litteratur oder durch den Beischlaf möglich. Ich schreibe das nicht, weil ich es nicht wusste, sondern weil es vielleicht gut ist, Warnungen oft aufzuschreiben.« Eine andere Formulierung – »Coitus als Bestrafung des Glückes des Beisammenseins« – zeigt indes die ganze Ambivalenz.

Im November 1911 besuchte Kafka den Linzer Hofrat Anton Max Pachinger, der in Prag zu Besuch war. Anschließend macht er sich ungewöhnliche Notizen über dessen sexuelle Protzereien: »Die Erzählungen über seine Potenz machen einem Gedanken darüber, wie er wohl sein großes Glied langsam in die Frauen stopft. Sein Kunststück in frühern Zeiten war, Frauen so zu ermüden, dass sie nicht mehr konnten. Dann waren sie ohne Seele, Tiere. Ja, diese Ergebenheit kann ich mir vorstellen.« Der damals 50 Jahre alte Pachinger zeigte dem 28-jährigen Kafka offenbar auch Aktfotos seiner Geliebten, darunter ein »Bild der aus der aufgeknöpften Blouse gezogenen langen Brüste und eines abseits schauenden in einem schönen Mund zugespitzten Gesichtes«. All das gibt erst die kritische Edition preis. Ein schon in der früheren Brod-Edition enthaltener Satz erhält plötzlich – in voller Länge – einen neuen Sinn. Pachinger, so notierte sich Kafka, halte den schwangeren Körper für den schönsten, »er ist ihm auch am angenehmsten …« Tatsächlich geht es weiter: »… er ist ihm auch am angenehmsten zu vögeln.«

Und doch: Das alles betrifft ihn nur indirekt. Es ist der Blick in eine ihm ferne Welt. Er hielt es zitierend fest, vielleicht auch, um es wieder loszuwerden. Jedenfalls hat er derart drastisches Vokabular nie wieder verwendet. Ein Journal intime ist das Tagebuch auch in der vollständigen Fassung nicht. Konkrete Details seines Liebeslebens hat er darin nicht enthüllt. Wenn es sich um Erlebnisse außerhalb der »Bordellgäßchen« handelt, dann neigte er zu verschwommenen Formulierungen. Da ist dann von »Verirrungen mit Mädchen« die Rede, von »Verführung«, vom »Sich-öffnen frauenhafter Tiefe« – womit freilich »der Blick ihrer besänftigten Augen« gemeint sein könnte.

Natürlich geben auch Kafkas Briefe an Grete Bloch Anlass zu Spekulationen. Die junge Frau war – wie ihre Freundin Felice Bauer – berufstätig, sah gut aus, und das Erotische war, so Stach, »für sie eine bewusste Option«, was Kafka offenbar zugleich anzog und irritierte. Sie wiederum, die zunächst als Mittlerin zwischen Kafka und Felice aufgetreten war, konnte sich der Sprachmacht des Dichters und dem Verführungsspiel aus sicherer Entfernung nur schwer entziehen. Seine Briefe hatten von Februar 1914 an deutlich werbende Untertöne. Sogar die kurz bevorstehende Verlobung mit Felice könnten, so schrieb er Grete, nichts an ihrem Verhältnis ändern, »in welchem wenigstens für mich schöne und ganz unentbehrliche Möglichkeiten liegen«. Kaum zu glauben, dass Kafka auch allen Ernstes vorschlug, nach einer Eheschließung mit Felice für einige Monate zu dritt in einer Prager Wohnung zusammenzuleben. Kein Wunder also, dass es Grete Bloch irgendwann zu heikel und unübersichtlich wurde: Sie zog die Reißleine und übergab der Freundin eine gezielte Auswahl der Dichter-Korrespondenz (die freilich ihren eigenen Anteil an der Korrespondenz unterschlug). Das Ergebnis war das Berliner Tribunal.

In Kafkas letztem Brief an Grete Bloch richtete er zwar strenge Worte an seine »Richterin«, doch das war nicht die ganze Wahrheit. Im Tagebuch, wo er den Brief zusammenfassend zitierte, gestand Kafka sich ein, sein unnachgiebiger Ton rühre daher, dass er sich gefürchtet habe, »nachgiebig zu sein«. Tatsächlich wäre er es gern gewesen: »Ich wollte sogar nichts anderes.« Immer noch hoffte er darauf, die Beziehung mit Grete fortzusetzen, freilich vergebens. Auch ein angestrebter Neubeginn mit Felice Bauer im Sommer 1916, zwei Jahre nach dem Berliner Malheur, als auf einer gemeinsamen Reise in Marienbad die abermalige Verlobung stattfand und es wahrscheinlich auch zur ersten und einzigen sexuellen Begegnung kam, brachte Kafka nur neue Zweifel und Verzweiflung. Noch im Hotel, »Tür an Tür, von beiden Seiten Schlüssel«, dachte er über die »Mühsal des Zusammenlebens« nach und notierte im Tagebuch: »Erzwungen von Fremdheit Mitleid, Wollust, Feigheit, Eitelkeit und nur im tiefen Grunde vielleicht ein dünnes Bächlein würdig Liebe genannt zu werden« (so in der Interpunktion der Handschrift).

Weder Kafkas Briefe an Felice Bauer noch die an Grete Bloch forderte Brod später ein. Vielleicht vermochte nicht einmal er, der damals beste Kenner von Leben und Werk, den Umfang dieser Korrespondenzen einzuschätzen. Die Briefe der Frauen an Kafka sind ohnehin nicht erhalten. Felice aber hütete Kafkas Briefe, bis sie wenige Jahre vor ihrem Tod – sie starb 1960 im Alter von 72 Jahren in den USA – in finanzielle Schwierigkeiten geriet und das Konvolut bis auf wenige Schreiben, die sie vernichtete, für 8000 Dollar an den Schocken Verlag in New York verkaufte. Der ließ die Originale Jahre später, 1987, für mehr als eine halbe Million Dollar versteigern.

Die Geister werden nicht verhungern

Er war der Dichter des 20. Jahrhunderts, er wird auch im 21. bestehen. Da mögen sie alle, von George Orwell bis Dave Eggers, mit ihren Negativprognosen, ihren Dystopien mehr oder weniger der Zeit voraus sein – Kafka ist immer schon da. Es sieht ganz so aus, als würde seine visionäre Durchdringungskraft sich jetzt erst voll entfalten und zur Geltung kommen. Die anonymen Mächte, denen sich die Kafka-Helden namens K. aus den Romanen *Der Prozess* und *Das Schloss* ausgeliefert sehen und sich selbst ausliefern, ja geradezu aufdrängen, sind in einer Weise so bedrückend aktuell, dass ihre Darstellung als Vorwegnahme dessen erscheinen will, was sich erst lange nach Kafkas Tod entwickelte. Von Philip Roth stammt die Bemerkung: »Kafkas prophetische Ironie mag nicht das bedeutsamste Merkmal seines Werkes sein, doch verblüfft sie immer wieder.«

Tatsächlich geht es über Vorahnung hinaus, was Kafka an Schwingungen einzufangen und literarisch umzusetzen vermochte. Er verfügte offensichtlich über die Fähigkeit, in technischen, sozialen und bürokratischen Neuerungen das Entwicklungspotenzial aufzuspüren, die immanente Dynamik zu erfassen und zukünftige Weiterungen zu erahnen: Vision und Hochrechnung gleichermaßen. Es gibt eine schöne Formulierung von ihm, freilich nur als mündliche Äußerung. Ein jüngerer Bekannter, der spätere Autor und Komponist Gustav Janouch, begleitete Kafka auf vielen Spaziergängen in Prag und machte sich, gewissermaßen als Kafkas Eckermann, danach Notizen. Einmal ging es im Gespräch um Picasso, und Kafka soll über den die Zeitgenossen irritierenden Maler gesagt haben: »Er notiert bloß die Verunstaltungen, die noch nicht in unser Bewußtsein eingedrungen sind. Kunst ist ein Spiegel, der ›vorausgeht‹ wie eine Uhr – manchmal.«

Bisweilen kam ihm eine seiner Ideen ganz nebenbei in einem Brief. So schrieb Kafka 1922 der Journalistin Milena Jesenská, die ihn überaus faszinierte: »Wie kam man nur auf den Gedanken, dass Menschen durch Briefe mit einander verkehren können!« Denn: »Geschriebene Küsse kommen nicht an ihren Ort, sondern werden von den Gespenstern auf dem Weg ausgetrunken.« Auf diesen spielerischen, erotisch aufgeladenen Satz folgt dann die Frage, welche modernen Hilfs- und Transportmittel zwei getrennt voneinander lebende Menschen nutzen könnten, um die Entfernung zu überwinden – und welche nicht. Als Positivposten verbucht Kafka in seinem kleinen Gedankenspiel moderne Errungenschaften wie Eisenbahn, Auto und den »Aeroplan«. Dagegen stehen jene »Gespenster« auf der Negativliste, denn sie haben »nach der Post den Telegraphen erfunden, das Telephon, die Funkentelegraphie«. Und das alles führte nach seiner Überzeugung die Menschen gerade nicht zusammen. Im Gegenteil: »Die Geister werden nicht verhungern, aber wir werden zugrunde gehn.« Natürlich konnte auch Kafka nicht vorausahnen, über welche Möglichkeiten elektronischer Kommunikation die Menschen dereinst verfügen würden – schon gar nicht, welche Gespenster erscheinen würden, um das »auszutrinken«, was ihnen an Informationen wichtig scheint. Frappierend allein, wie er von einem ganz anderen historischen Ort aus das Wesen der illusorischen Nähe durch technische Medien und der bedrohten Intimität erfasst.

So ist es kein großes Wunder, dass sein Name nun auch in der aktuellen Diskussion über Terrorprävention, Rundumüberwachung und Datenabschöpfung fällt. Mit Verweis auf den *Prozess*-Roman klagte im Sommer 2013 etwa der US-Publizist und Anwalt John W. Whitehead über eine aus dem Ruder laufende Bürokratie, die nur noch sich selbst Rechenschaft schulde. Ob man auf einer Flugverbotsliste steht, ob das Telefon oder das Internet überwacht wird – es sei unmöglich, in Erfahrung zu bringen, wieso man zum Ziel geworden ist: »Wir leben heute in einer Gesellschaft, in der jedermann jeder Art von Verbrechen angeklagt werden kann, ohne dass er wüsste, was genau er getan hat.« Whiteheads Fazit: »Kafkas Albträume werden in Amerika allmählich zur Realität.«

Auch Stach hat sich in einem Aufsatz über »Kafkas Aktualität« Gedanken gemacht. Er weist darauf hin, dass das Sammeln von Daten in den Romanen »eine zentrale Rolle« spiele, besonders im *Schloss*, »wo unentwegt von Akten die Rede ist«. Mit hellseherischen Fähigkeiten habe das wenig zu tun, glaubt Stach, vielmehr mit Kafkas beruflichen Erfahrungen in der Unfallversicherung: »Er begriff sehr schnell, dass der statistische Zugriff, der für diese Branche typisch ist, etwas grundlegend Neues und Beängstigendes war. Auch in Kafkas Büro wurden Lebensläufe zu Akten, und individuelle Katastrophen wurden zu versicherungsmathematischem Material.«

Im *Prozess* wirkt das geheime und anonyme Walten bürokratischer Mächte besonders bedrohlich. Wer – und ob überhaupt jemand – hinter den Wächtern, Richtern und Gerichtsdienern steht, bleibt für Josef K. bis zum Schluss undurchschaubar. Der Verlust der Privatsphäre ist ein zentrales Motiv. Andere sind offenbar bestens über K. informiert, und nicht nur im Gericht. Aber weder wird er ins Gefängnis gesteckt, noch kommt es zu einem ordnungsgemäßen Verfahren. Er kann sich im Grunde frei bewegen, sogar seinem Beruf nachgehen. »Dennoch fühlt sich K. wie ein gehetztes Wild«, so Stach. Es gelinge Kafka, das Klima der Angst so zu verstärken, »dass auch der Leser zwischen realer Bedrohung und Paranoia nicht mehr unterscheiden kann«. Und er fügt hinzu: »Für solche berührungslosen Verfolgungen sind wir heute weit stärker sensibilisiert als frühere Generationen von Kafka-Lesern.«

Josef K. hat keine Chance, weil er seinen Gegner nicht ausmachen kann. Er versucht es, indem er den Regeln des Verfahrens nachspürt. Doch je mehr er fragt, desto unklarer wird das, was ihm widerfährt. Und auch er selbst, der am Ende seine Hinrichtung fatalistisch akzeptiert, bleibt für den Leser undurchschaubar. Kafka verstand etwas von Machtausübung. Ihm war klar, dass sie umso leichter fällt, je mehr Bereitschaft da ist, sie zu akzeptieren. Und er vermochte das Gefühl der Ohnmacht in Sprache umzusetzen wie keiner vor ihm.

Geräte, die miteinander sprechen

Prag, Industriepalast. Das Gebäude wird heute als Kongress- und Messehalle genutzt. Im Jahr 2008 wäre das imposante Bauwerk nach einem Brand beinahe abgerissen worden. Jetzt aber, an einem heißen Augusttag 2014, liegt die reich verzierte Jugendstilfassade leuchtend in der Sonne: 240 Meter in der Breite, gekrönt von einem filigranen Uhrturm. Das aus Stein, Stahl und Glas errichtete Gebäude wurde eigens für die große Landesausstellung 1891 erbaut, die auch Kafka als Kind besuchte, wahrscheinlich mehrmals.

Das Areal ist jetzt menschenleer, die Türen der Ausstellungshalle sind verrammelt. Reiner Stach erzählt, was es hier seinerzeit an Neuigkeiten zu sehen gab, vom Edison-Phonographen, der die menschliche Stimme aufzeichnete, bis zur farbig illuminierten Wasserfontäne, und dass der Kaiser zweimal aus Wien herüberkam, um sich die technischen Wunderwerke anzuschauen – »sehr zum Ärger der Deutsch-Prager, die sich eigentlich an der ganzen Veranstaltung nicht beteiligen wollten, da sie von den Tschechen geplant worden war«.

Soziale und technische Umbrüche prägten Kafkas Kinder- und Jugendjahre. Auch später konnte er sich für Innovationen begeistern, Gespenster hin oder her: für das Kino, das Grammophon, für Diktiergeräte und Flugzeuge. Und es machte ihm Vergnügen, sich selbst Neuerungen auszudenken: von besseren Arbeitsschutzvorrichtungen bis zur Informationstechnologie. Seine Briefpartnerin Felice Bauer war in einem Berliner Technikunternehmen angestellt und für den Vertrieb des neuen »Parlographen« zuständig. Ihr schlug er 1913 vor, allerdings vergebens, dieses Diktiergerät mit einem Telefon zu verbinden – nichts anderes als die Idee des Anrufbeantworters. Mehr noch: Kafka hielt es für denkbar, dass Geräte untereinander kommunizieren könnten. Es sei doch eine hübsche Vorstellung, schrieb er, »dass in Berlin ein Parlograph zum Telephon geht und in Prag ein Grammophon, und diese zwei eine kleine Unterhaltung miteinander führen«.

Während wir über das Messegelände streifen, sagt Stach: »Kafka galt lange als jemand, der nicht aus seinen imaginären Gespinsten rausfindet und nur in seiner Welt lebt. So war es aber nicht.« Das markanteste Beispiel für Kafkas Erfindungsreichtum ist wohl jenes Gerät, das ein Offizier in der Erzählung *In der Strafkolonie* lustvoll bedient und anpreist, eine Tötungsmaschine, die selbstständig foltert und die Leiche am Ende entsorgt. Dass das Gerät das Gebot, das der Verurteilte übertreten hat, zuvor noch in den Leib des Gemarterten einritzt, also eine Art Schreibautomat der grausamsten Art darstellt, macht die fiktive Konstruktion noch vieldeutiger und unheimlicher.

Mit großer Beharrlichkeit hat Stach Fakten und Indizien zusammengetragen, die auch Bekanntes neu erscheinen lassen.

Kafkas Verhältnis zum Judentum, zu Frauen, zur Berufsarbeit: Es gibt kaum einen Bereich seines Lebens, der jetzt nicht besser ausgeleuchtet wäre. Die Bedeutung des Prager »Dezembersturms« für den jungen Kafka wurde nie zuvor so eindringlich dargestellt – die antisemitischen Ausschreitungen dürften Kafka nachhaltig beeindruckt haben, obgleich er niemals explizit darauf zu sprechen kam.

Auch im Werk haben diese frühen Erlebnisse keine eindeutigen Spuren hinterlassen, was für den literaturwissenschaftlich versierten Biografen keine große Überraschung ist. Selbst eine noch so umfassende Darstellung und Kenntnis eines Lebens kann keinen Schlüssel bereitstellen. Und Stach will das auch gar nicht. Zwar kennt er sich im Kafka-Kosmos so gut aus, dass ihm kaum ein »autobiografischer Splitter« entgeht, die der Schriftsteller dann doch reichlich ins Werk gestreut hat.

Geschildert wird in der Biografie auch ausführlich Kafkas Privatleben, so die Wiederannäherung an Felice Bauer 1916 in Marienbad und die endgültige Trennung bald danach. Außerdem berichtet Stach von einer weiteren, wenig bekannten Verlobten, der jungen Julie Wohryzek in den Jahren 1919/20 – Kafkas verzehrende und am Ende unglückliche Liebe zu Milena Jesenská funkte dazwischen und verhinderte die schon anberaumte Hochzeit. Der Begegnung mit der verheirateten Journalistin, die seine Zuneigung durchaus erwiderte, verdanken wir die schönsten und intimsten Briefe Kafkas.

In diesem Zusammenhang zeigt sich einmal mehr die Gefahr einer schlichten autobiografischen Auslegung von Literatur, gegen die Stach allerdings gefeit ist. Es gibt in Kafkas Werken zwar eine »Vielzahl störender, bedrohlicher, gelegentlich tierhafter weiblicher Figuren«, wie der Biograf es formuliert. Das bedeute aber keineswegs – eben weil Kafka das eigene Leben nicht direkt als Quelle nutzte –, dass er es persönlich so erlebt hat. Natürlich fragt sich ein derart skrupulöser Forscher wie Stach, was ihn antreibt und überhaupt berechtigt, »so tief in das Leben eines anderen Menschen einzudringen«.

Er kommt während unserer Erkundungstour auf dem Gelände des Industriepalasts von allein darauf zu sprechen: »Ist das reiner Voyeurismus? Appelliere ich an den Voyeurismus im Leser?« Seine Antwort und Überzeugung: »Wenn das überhaupt bei jemandem zu rechtfertigen ist, dann bei ihm, bei einem, der die sprachlichen Möglichkeiten bis zum Äußersten ausgereizt hat. Für mich ist er eine Jahrtausendfigur.« Und er fügt hinzu: »Wenn ich meinen Beitrag dazu leiste, dass wir etwas besser verstehen, wie es dazu kam, wie jemand so produktiv werden konnte, dann verstehen wir vielleicht das Potenzial des Menschen besser und auch uns selbst.«

Über das Wunder und die Rätsel dieser Prosa ist mit all dem allerdings nicht viel gesagt, das weiß Stach. Was befähigte Kafka zu diesem Werk? Wie wurde aus dem Prager Jungen mit den leicht abstehenden Ohren, dem hübschen Gesicht und diesen intensiven Augen der große Franz Kafka? Das Geheimnis bleibt. Das Rätsel wird sich nicht lösen lassen. Warum auch?

Gipfelsturm und Vernichtungsphantasie

Kafkas Werk ist ohne seine Notizen und Briefe nicht zu denken. Kaum jemals zuvor – und wohl auch nicht danach – hat es in der Literatur eine derartige Verflechtung und Verzahnung, eine solche »von Prosaspiegeln umstellte Einzelkämpferarena« gegeben, wie Martin Walser einmal geschrieben hat: »Das hat Kafka für uns hinter sich, also auch hinter uns gebracht.« Schreiben: Das war für Kafka einzig die »Litteratur«. Die Briefe, die Tagebücher, die Artikel, die er gelegentlich für Zeitungen verfasste – das war Warmlaufen, Abreagieren, Hoffnung und Pein. In seiner Einstellung dem eigenen Tagebuch gegenüber war Kafka extrem schwankend. Einmal erschien es ihm wie sinnloser Energieverschleiß, dann wieder wie die Rettung: »Ich werde das Tagebuch nicht mehr verlassen. Hier muß ich mich festhalten, denn nur hier kann ich es.« So geschrieben am 16. Dezember 1910. Und bereits zuvor, unter den frühen, noch undatierten Notizen, findet sich der Vorsatz: »Jeden Tag soll zumindest eine Zeile gegen mich gerichtet werden wie man die Fernrohre jetzt gegen den Kometen richtet.«

Das Tagebuch verhilft Kafka über viele Jahre dazu, den Kontakt mit dem Schreiben, dem eigentlichen Anliegen, nicht zu verlieren. »Die Frage des Tagebuches ist gleichzeitig die Frage des Ganzen, enthält alle Unmöglichkeiten des Ganzen.« Das Tagebuch dient dazu, sich bereitzuhalten – und so gibt es immer wieder den fließenden Übergang in literarische, fiktionale Texte. Kafkas Selbstbeobachtungen, seine zwischen manischen Omnipotenzphantasien und depressiven Verzweiflungsräuschen schwankenden Notizen sind die früh gezogene Summe künstlerischer Skrupel und Selbstzweifel im 20. Jahrhundert.

Wobei Kafka keineswegs gering von seiner Arbeit denkt – jedenfalls nicht von der, für die er sich bereithält. Er will das Höchste. Und er sieht den Gipfel bisweilen sogar in Reichweite. Im Sommer 1913 heißt es im Tagebuch: »Die ungeheuere Welt, die ich im Kopfe habe. Aber wie mich befreien und sie befreien ohne zu zerreißen. Und tausendmal lieber zerreißen, als sie in mir zurückhalten oder begraben. Dazu bin ich ja hier, das ist mir ganz klar.« Aber bald beginnt sich wieder das Karussell der Selbstzweifel zu drehen: »Wieder zu schreiben versucht, fast nutzlos.« Und am Tag darauf: »Die alte Unfähigkeit. Kaum 10 Tage lang das Schreiben unterbrochen und schon ausgeworfen. Wieder stehn die großen Anstrengungen bevor. Es ist notwendig förmlich unterzutauchen und schneller zu sinken als das vor einem Versinkende.« Ein paar Tage später: »Vollständige Stockung. Endlose Quälereien.« Schließlich: »Unfähigkeit in jeder Hinsicht und vollständig.«

Das Tagebuch ist ungeeignet, daraus Kafkas Leben zu rekonstruieren; und doch wird er nirgendwo greifbarer – soweit einer wie Kafka eben überhaupt greifbar sein kann, einer, dessen Leben vom Schreiben irgendwann nicht mehr zu trennen ist. Kafka selbst hat eine hinreißende Formulierung dafür gefunden, was den Effekt eines Tagebuchs ausmachen kann: »Ein wenig Goethes Tagebücher gelesen. Die Ferne hält dieses Leben schon beruhigt fest, diese Tagebücher legen Feuer daran.« Im Tagebuch finde man Beweise dafür, war seine Überzeugung, »dass man selbst in Zuständen, die heute unerträglich scheinen, gelebt, herumgeschaut und Beobachtungen aufgeschrieben hat«. Er wusste besser als jeder andere, dass es einen sicheren Standpunkt der Selbstbeobachtung nicht gibt und nicht geben kann. Und doch führte ihn diese Erkenntnis nicht bloß zu Verzagtheit. Es gab auch den Stolz, die Annäherung immer wieder, auf jeder Stufe neu, versucht zu haben.

Bis zum letzten Eintrag im Sommer 1923 bleibt die Spannung bestehen: die Ambivalenz zwischen Hoffen und Bangen, zwischen Gipfelsturm und Vernichtungsphantasie. »Immer ängstlicher im Niederschreiben. Es ist begreiflich. Jedes Wort, gewendet in der Hand der Geister – dieser Schwung der Hand ist ihre charakteristische Bewegung – wird zum Spieß, gekehrt gegen den Sprecher. Eine Bemerkung wie diese ganz besonders. Und so ins Unendliche. Der Trost wäre nur: es geschieht ob Du willst oder nicht. Und was Du willst, hilft nur unmerklich wenig. Mehr als Trost ist: Auch Du hast Waffen.«

Die Notizen danach sind nicht erhalten. Dora Diamant, Kafkas letzte große Liebe und hingebungsvolle Lebensgefährtin, mit der er 1923 in Berlin zusammengezogen war, nahm sie im Juni 1924 an sich, nachdem Kafka gestorben war.

Für viele Menschen aus Kafkas Umfeld, die den Nazis nicht entkommen konnten, gab es keine Rettung. Seine Schwestern wurden in Konzentrationslagern ermordet: Gabriele und Valerie in Chełmno, Ottilie in Auschwitz, ebenso wie Grete Bloch und Julie Wohryzek. Milena Jesenská kam im KZ Ravensbrück ums Leben. Felice Bauer und Dora Diamant konnten sich retten: die eine in die USA, die andere nach England. Kafka musste das nicht mehr erleben. Und dem Weltruhm und der Wertschätzung, die er posthum erfuhr, hätte er, der ewige Zweifler, wohl hilflos gegenübergestanden.

ALL DIESE LÜGEN UND LEGENDEN
SAMUEL BECKETT

Schon um fünf Uhr in der Früh wurde der Passagier an Bord des Dampfers »Washington« geweckt. Doch es dauerte dann noch zwei Stunden, bis er das Schiff verlassen und in Hamburg an Land gehen konnte: am Morgen des 2. Oktober 1936. Drei Tage zuvor war der 30 Jahre alte Dichter im Süden Irlands zugestiegen – nun wollte er für einige Wochen in Deutschland bleiben und herumreisen.

Samuel Beckett, der hagere Mann, ist auch in Literatenkreisen noch nahezu unbekannt; er hat bisher nur weniges veröffentlicht, darunter eine Studie über den bewunderten Kollegen Marcel Proust. Daheim in einem Vorort von Dublin wohnt er wieder bei der Mutter. Sie drängt ihn, sich endlich eine vernünftige Arbeit zu suchen. Ihren Ansprüchen versucht er mit dieser Reise zu entfliehen, auch lästigen Nachfragen, die sie sich nicht verkneifen kann, wenn wieder einmal ein Umschlag mit Becketts Romanmanuskript *Murphy* von einem Verlag zurückkommt (bis 1938, als das Werk einen Verleger findet, wird er 42 Absagen gesammelt haben). Immerhin hat die Mutter ihm Geld mit auf die Reise gegeben, sie wird ihm auch regelmäßig etwas nach Deutschland schicken: Er hat ihr weisgemacht, er benötige diese Studienreise durch die deutschen Museen, um seine Chancen für eine Anstellung bei der Dubliner National Gallery zu steigern.

Die Entscheidung, den Ort zu wechseln, nicht in seiner Heimat zu bleiben, wird sein Leben prägen. Beckett macht sich, kaum dass er in Hamburg ein kleines Hotelzimmer gefunden hat, auf den Weg zum Postamt (»Went to Brieflagernd & Paketlagernd«), ohne dort schon etwas vorzufinden, und auf einen Rundgang: »Wandered round by Binnenalster, Lombardsbrücke, Jungfernstieg, Adolf Hitler Platz (once Rathaus-markt) and section bounded by Alsterdamm, Glockengies-serwall, Steintorwall (where hotel is) & Mönckebergstrasse.« Genau werden auch die Speisen mit Preisen notiert, am ersten Tag: »1.50 for Graupensuppe, Nirenragoût, cheese & beer«. Aufs Geld muss er achten. Bald schon zieht er in eine billigere Unterkunft (in den Colonnaden): »No fliessendes Wasser, no Zentral Heizung, nothing.« Ein Antiquariat betritt er gar nicht erst – aus Angst, er könnte anfangen, Bücher zu kaufen. Er fährt mit der S-Bahn nach Blankenese, oben auf dem Süllberg genießt er das Alleinsein (»the absurd beauty of being alone«), wandert dann tapfer rund zehn Kilometer zurück bis zum Altonaer Rathaus, wo er in die Straßenbahn steigt, Richtung Jungfernstieg: »Large Löwenbräu in Alster Pavillon« – das hat er sich verdient.

In diesem herrlichen Kauderwelsch aus Englisch und Deutsch notierte sich Samuel Beckett Einzelheiten seiner Deutschland-Reise in sechs Tagebuchheften, den *German Diaries*, die erst nach seinem Tod wieder auftauchten. Eine Reise durch Deutschland im Jahr 1936: Bevor der Beckett-Biograf James Knowlson 1996 als Erster stolz aus den *German Diaries* zitieren durfte, war unklar, wie der Dichter damals die Nazis einschätzte. »Man wusste bisher wenig über Becketts Haltung zu den politischen Ereignissen im damaligen Deutschland«, schrieb Knowlson – und stellte klar, dass der Besucher mit äußerst wachen Augen das Land und die Leute betrachtete.

Das Hamburg-Kapitel bestätigt es – und es zeigt auch, wie schnell der angeblich so menschenscheue Beckett Kontakt suchte und fand: Sein Besuch in der Hansestadt stellt sich als eine einzige Kette von Bekanntschaften, Einladungen, Be-suchen und gemeinsamen Spaziergängen dar. Ein geselliges Leben, in dessen Zentrum Kunstsammlungen, Museen und Buchhandlungen standen. Einer der neuen Bekannten war der Buchhändler Günter Albrecht, der in der Buchhandlung Saucke arbeitete. Beckett notierte über ihn in seinem Tagebuch, er sei alles andere als »a Hitler Jüngling«. Albrecht wiederum schrieb über »Mr Beckett« in einem Brief: »Ein ausgesprochen intellektueller Mensch«, der für nichts anderes als »Bauten, Bücher und Bilder« Interesse habe.

Ganz so war es nicht: Da gab es auch ein Fräulein, das Beckett als »charming & extremely good looking« im Tagebuch verewigte (ihren Bruder dagegen kennzeichnete er als den »miesepetrig son« des Hauses) – und die Reeperbahn fand er »extraordinary«. Besonders aber beeindruckte ihn der Friedhof Ohlsdorf, den er mit der Straßenbahn erreichte. Fasziniert notierte er, dass dort reger Autoverkehr zu beobachten sei: »Cars & buses circulate freely through the cemetery.« Außerdem hielt er fest: »One Liebespaar«, und: »a Leidtragender Trostsuchend- und findender«. Vergeblich versuchte er sich an einem Gedicht über den Friedhof – viel später sollte Ohlsdorf in der Beckett-Erzählung »Erste Liebe« (1970) wieder auftauchen.

Und das Treiben der Nazis? Im »Deutschlandhaus« (gegenüber dem Gänsemarkt) hörte er am 6. Oktober »loudspeaker blaring A. H. & Goebbels opening Winterhilfswerk in Berlin – Apoplexy«. Die Berliner Schreihälse Hitler und Goebbels seien wohl einem Schlaganfall nahe. Und hellsichtig fügte er hinzu, sie würden bald Krieg führen oder platzen: »They must fight soon (or burst).« Einige Tage später machte er sich über eine »SS Blasekapelle« und ihr Geschmetter lustig. Beim Horst-Wessel-Lied streckte er aus Spaß den falschen Arm aus. Häufig besuchte Beckett die ehemalige »Stadtschänke« an der Dammtorstraße, im Tagebuch kürzte er sie oft mit »SS« ab, »Stadtschänke, not Saalschutz«. Doch der Ernst der Lage wurde ihm spätestens deutlich, als er immer mehr Hamburger Künstler persönlich kennenlernte, die zum Teil schon mit Berufsverbot belegt waren: Einen Brief der Obrigkeit (»als nicht Arier … nicht geeignet, deutsches Kulturgut zu verwalten«) zitierte er ausführlich im Tagebuch.

Die Kunsthalle besuchte Beckett bis Anfang Dezember, als er Hamburg wieder verließ, insgesamt elfmal, zu rund 150 einzelnen Bildern machte er sich Notizen. Da in die Zeit seiner Hamburger Tage auch die Anweisung aus Berlin fiel (am 5. November), Werke der »entarteten Kunst« aus den Ausstellungsräumen zu entfernen, suchte er um Genehmigung nach, sich im Magazin umsehen zu dürfen. Einer der Angestellten ermöglichte ihm das am 19. November und trug den Besuch Becketts (unter dem Stichwort: »Besichtigung der Kunsthalle durch Ausländer. Einzelfälle«) auch brav in die Liste ein: Ein »junger, englischer Literaturhistoriker« habe die Bitte geäußert, öffentlich nicht gezeigte Bilder zu sehen. Die Erlaubnis trug dem Museumsmann prompt eine Rüge ein, die ebenfalls in den Akten der Kunsthalle vermerkt wurde.

Der Buchhändler Albrecht starb als Soldat der Wehrmacht im Krieg, aber eine Kiste mit seinem Nachlass überstand den Hamburger Feuersturm im Juli 1943 und auch die Neugier von Plünderern. Darin wurden Briefe und Karten Becketts entdeckt, darunter ein auf Deutsch verfasstes Schreiben aus Berlin vom 31. Dezember 1936, in dem sich der Besucher der in Hamburg erfahrenen »Freundlichkeit« erinnert: »Es ist einsam gewesen, seit ich fort von Hamburg bin, aber auf so eine freundliche Weise, dass es mir nicht einmal eingefallen ist, nach dem zu suchen, was man ›Anschluss‹ nennt.« Am 4. Dezember verließ Samuel Beckett Hamburg, die erste Station auf jener Deutschland-Reise, die sich bis Anfang April 1937 hinzog. Einen Tag vor der Abreise schrieb er – ebenfalls in deutscher Sprache – in seinem Tagebuch: »Ich weiss ungefähr was ich tue, was ich bin weiss ich gar nicht.«

Samuel Beckett wurde 1906 am Stadtrand von Dublin geboren – ob am 13. April, einem Karfreitag, wie er zeitlebens behauptet hat, oder am 13. Mai, wie es in der Geburtsurkunde heißt, ist strittig. Jedenfalls beginnt da schon jenes Versteckspiel mit der eigenen Vita, das Beckett zeitlebens mit Fleiß betrieben hat. Der amerikanischen Literaturwissenschaftlerin Deirdre Bair gegenüber hat er die Unstimmigkeit mit seinem Geburtsdatum jedenfalls frohgemut »wieder so eine Peinlichkeit in dieser Legende meines Lebens« genannt, ihm würden »all diese Lügen und Legenden« gefallen: »Je mehr es davon gibt, desto interessanter werde ich.«

Beckett wohnte schon lange in Paris, das er zu seiner Wahlheimat machte, er hatte gerade den Nobelpreis für Literatur erhalten, als ihn 1969 eine Anfrage aus Amerika erreichte: Eine Studentin wollte gern eine Biografie über ihn schreiben. Später mag sie sich selbst über ihre Naivität gewundert (und mehr noch gefreut) haben: dass sie wirklich glauben konnte, vor ihr sei noch niemand auf diese Idee gekommen. Und das Wunder geschah: Beckett, der sich bis dahin stets unwirsch und zugeknöpft gezeigt hatte, sobald jemand auf sein Privatleben zu sprechen kam, schrieb postwendend zurück. Sein Leben sei »langweilig und nicht von Interesse« und die Professoren wüssten mehr darüber als er selber, doch unten auf der Seite standen die endscheidenden Worte: »Alle biografischen Informationen, mit denen ich dienen kann, stehen Ihnen zur Verfügung. Sollten Sie nach Paris kommen, werde ich Sie empfangen.«

Im November 1971 saß Deirdre Bair ihm zum ersten Mal in der Lobby eines kleinen Pariser Hotels gegenüber, und Beckett sagte zu ihr: »Sie sind es also, die mich als den Scharlatan entlarven will, der ich bin!« Als sie ein Tonbandgerät herausholen wollte, winkte er entsetzt ab, und selbst Papier und Bleistift musste sie wieder einstecken. Er wollte nicht zitiert werden. Er werde sie zwar nicht direkt unterstützen, aber auch nicht behindern, was eben hieß: ihr den Zugang zu Freunden ermöglichen.

Und die Besucherin aus Amerika recherchierte gründlich. Im Verlauf von sechs Jahren reiste sie nach eigenen Angaben durch neun Länder, führte 300 Interviews, korrespondierte und telefonierte. Sie traf sich mehrmals mit Beckett, wichtigste Quelle aber waren drei Sammlungen mit Korrespondenz, darunter allein 300 Briefe Becketts an den irischen Schriftsteller Tom McGreevy.

Eine »glückliche Kindheit« habe er gehabt, behauptete Beckett von sich: »Weder schlug mich mein Vater, noch lief meine Mutter von zu Hause fort.« Tatsächlich war es wohl so: Die Mutter schlug ihre Söhne, Samuel und seinen älteren Bruder; der Vater floh immer wieder das unwirtliche Heim. Bis zu ihrem Tod im Jahr 1950 saß diese Mutter dem Sohn im Nacken. Für sie war aus dem scheuen, übrigens immer sehr sportlichen Schüler und Studenten nichts anderes als ein Sonderling geworden, der keinem ordentlichen Beruf nachging. Beckett setzte sich schon in den zwanziger und dreißiger Jahren ab: bereiste London, Paris und eben auch Hamburg.

Doch immer wieder kehrte er ins Haus der Eltern, nach Irland zurück. Er war abhängig, und er war erpressbar. Nachdem Beckett 1934 in London eine Psychoanalyse begonnen hatte (er beendete sie zwei Jahre später gegen den Rat des Analytikers), gelang es ihm eine Zeit lang besser, sich den Forderungen und Anklagen der Mutter zu entziehen. Da schrieb sie ihm schmeichelnd nach England: Sie wisse, wie beschäftigt er mit dem Schreiben sei. Falls er also bereit sei, ihr auf einer Reise Gesellschaft zu leisten, werde sie ihm ein entsprechendes Gehalt zahlen. Beckett begleitete sie vier Wochen lang.

Er zweifelte ja selbst immer wieder an sich. Er machte sogar zaghafte Anstrengungen, vom Schreiben zu lassen. So bewarb er sich vergeblich bei einer Werbefirma, dann beim Film (er schrieb Eisenstein nach Moskau, ohne je eine Antwort zu erhalten), ein anderes Mal liebäugelte er damit, Pilot zu werden. »Hoffentlich bin ich nicht zu alt, das Fliegen ernsthaft zu betreiben, und, was Motoren betrifft, technisch nicht zu unbegabt, um mich als Berufspilot zu qualifizieren«, schrieb er an McGreevy. »Ich habe keine Lust, für den Rest meines Lebens Bücher zu schreiben, die keiner lesen will. Schließlich war es nicht so, dass ich sie unbedingt schreiben wollte.«

Von seinem 1938 endlich publizierten Roman *Murphy* waren Anfang der fünfziger Jahre ganze 95 Exemplare verkauft. Als die Mutter starb, stand Beckett mit Anfang vierzig praktisch vor dem Nichts. Drei neue Romane waren fertig, niemand wollte sie haben. *Molloy*, *Malone stirbt* und *Der*

Namenlose hießen sie. Becketts Lebensgefährtin und spätere Frau, Suzanne Deschevaux-Dumesnil, ernährte sie beide mit Näharbeiten und lief mit seinen Manuskripten von Verlag zu Verlag.

Es ist fast gespenstisch: Nach dem Tod der Mutter wendete sich das Blatt fast über Nacht. Nicht nur fand sich endlich ein Verleger für die unveröffentlichten Romane. Er war sogar bereit, gleich alle drei auf einmal zu veröffentlichen. Plötzlich war auch ein Regisseur da, der jenes kleine Theaterstück inszenieren wollte, das Beckett nebenbei geschrieben hatte, um die Leere nach Abschluss der Romantrilogie auszufüllen. Im Januar 1953 war in Paris die Premiere von *Warten auf Godot*. Im Alter von 47 Jahren war Beckett berühmt.

Das Ehepaar blieb bis zum Ende zusammen; über sein Bühnengespann Hamm und Clov soll Beckett einmal im Ärger bei einer Probe gesagt haben: »In Wirklichkeit sind es Suzanne und ich!« Seine Frau starb im Juli 1989, als Beckett, nach einem Sturz, schon im Pflegeheim lebte. Nur unter Mühen konnte er an der Beerdigung teilnehmen, dann zog er sich rasch wieder in sein Zimmer zurück, wo ihm lediglich noch zwei Dinge gehörten: ein Fernsehapparat und ein Buch, Dantes *Göttliche Komödie*. Mitte Dezember wurde er in ein Krankenhaus eingeliefert, am 22. Dezember 1989 starb er dort.

In den letzten drei Jahrzehnten seines Lebens hatte er Texte geschrieben, die dem endgültigen Schweigen immer näher rückten, die wieder und wieder um das Ende kreisten: das Ende des Erzählens, des individuellen Lebens, des menschlichen Lebens überhaupt – geschrieben nur, »um abermals zu enden«, so Titel und Beginn eines dieser Texte. Der letzte kurze Prosatext *Stirrings Still* war von Beckett drei Jahre vor seinem Tod abgeschlossen worden. Den ersten Satz hatte er, wie sein britischer Verleger John Calder zu berichten wusste, schon lange vorher notiert. Es gab einen triftigen Grund dafür, dass er, der beschlossen hatte, nie mehr zu schreiben, diesen Text doch zu Ende brachte: Er wollte mit der Veröffentlichung einem Freund aus einer finanziellen Klemme helfen (ihm, seinem amerikanischen Verleger Barney Rosset, ist das Buch auch gewidmet). So erschien *Stirrings Still* 1988 zunächst in englischer Sprache (in der Beckett es geschrieben hat) und 1989 auf Französisch (von Beckett selbst übertragen). Die deutsche Buchausgabe kam 1991 unter dem Titel *Immer noch nicht mehr* heraus.

Der erste Satz: »Eines Nachts als er den Kopf auf den Händen am Tisch saß sah er sich aufstehen und gehen.« Dann folgt: »Eines Nachts oder Tags.« Tageszeit, Zeit überhaupt spielt hier keine Rolle mehr, der Raum hat keine Grenzen mehr. Ein Fenster, durch das »etwas wie Licht« kommt, ein Hocker, auf den der namenlose Held nicht klettern mag, »weil das Fenster nicht zum Öffnen gemacht war oder weil er es nicht öffnen konnte oder wollte«. Das ist alles. Da sieht sich also einer – weiterhin an einem Tisch sitzend – dabei zu, wie er aufsteht. Eine Erinnerung an einstige Bewegungen? Ein Wunschbild? Aufsplittung der Person? Das ist kaum zu entscheiden, und es ist auch nicht wichtig. Die schwebenden Sätze (mit Punkten zwar, doch ohne jedes Komma) ziehen in diesen Raum hinein, in den Binnenraum der Erzählung. Stillstand und Bewegung gleichermaßen: Davon redet der Text nicht nur, das ist der Text – unter all den letzten kargen Texten Becketts wohl der faszinierendste.

Ortswechsel? Gibt es das überhaupt, scheinen diese Worte zu fragen: »wieder verschwinden und wieder an einem anderen Ort wieder erscheinen. Oder an demselben.« Es heißt: »Geduld bis zu dem einzigen wahren Ende von Zeit und Leid und Selbst und dem zweiten Selbst seinem eigenen« – ein geheimnisvoller, betörender Prosagesang, dunkel in seiner Bedeutung, hell im Klang, man muss ihm nur lauschen: »Als er mit seinem Rest an Verstand über das alles nachsann suchte er Trost bei dem Gedanken dass seine Erinnerung an den Innenraum vielleicht abwegig war fand aber es war keiner.« Von welchem Raum, von wem überhaupt ist da noch die Rede?

Aber darauf wusste schon der Protagonist in Becketts Roman *Der Namenlose* aus dem Jahr 1948 keine Antwort, wo es gleich am Anfang heißt: »Wo nun? Wann nun? Wer nun?« Zeitlebens Unsicherheit, Zweifel, Verharren – in den Werken. Dagegen stehen die rund 900 eng bedruckten Seiten der Biografie von Deirdre Bair: mit Hunderten von Figuren, mit Verwicklungen, Reisen, politischen Ereignissen, mit Liebesaffären und einem Messerüberfall, Szenen eines aufregenden Lebens. Abenteuerlich war sein Leben besonders in Frankreich während des Krieges. Seine Aktivitäten beim Widerstand hat Beckett nie besonders herausgestellt; er nannte die Résistance sogar »Pfadfinderkram«, erhielt aber immerhin zwei wichtige Orden. Auch das erwähnte er kaum jemals.

Und am Schluss *Immer noch nicht mehr*: knapp zwölf Seiten im Großdruck, was überhaupt nur ein Buch ergibt, weil der Text in der deutschen Ausgabe gleich dreifach, dreisprachig abgedruckt ist: kaum eine Bewegung, kaum ein Ort, kaum eine Person, kaum noch Leben. »Einerlei wie einerlei wo. Zeit und Leid und Selbst das sogenannte.« Der letzte Satz – ein Ausruf? eine Frage? ein Wunsch? – lautet: »Oh alles enden.« So schließt der Text geheimnisvoll, so schließt die Prosa Samuel Becketts.

DER EWIGE ROMANTRÄUMER
WOLFGANG KOEPPEN

Eine »sonderbare Reise« war es, die der Schriftsteller im Frühjahr 1988, acht Jahre vor seinem Tod, antrat. So formulierte es Wolfgang Koeppen selbst. Drei Wochen lang reiste er durch die »fernöstliche Inselwelt«, unter anderem nach Burma und Sri Lanka, und von Anfang an litt die Tour unter merkwürdigen Störungen und Zufällen.

Der riesige Seekoffer, den der damals 81 Jahre alte Herr in seiner Münchner Etagenwohnung vollgepackt hatte, passte nicht in den Fahrstuhl und musste durchs Fenster abgeseilt werden. Als der Autor, nach einem seiner »schönsten Flugerlebnisse«, in Singapur gelandet war, wurde er unfreundlich empfangen: »Sie stehen nicht auf der Liste!« Vom Bustransfer in sengender Hitze endlich an Bord des Dampfers »Odessa« gelangt, stellte er fest: Der Koffer, und mit ihm seine Schreibmaschine, war verschwunden. Erst nach vier Tagen auf See fand sich das entscheidende Utensil. Doch kaum hatte er angefangen, das altertümliche Schreibgerät zu benutzen, beschwerten sich die Kabinennachbarn: Sie seien auf Urlaub, das laute Getippe störe ihre Mittagsruhe, und Erinnerungen ans heimische Büro seien hier unerwünscht. Koeppen selbst konnte nachts kaum schlafen. Die im Reiseplan vorgesehenen Bus-Exkursionen waren ihm ein Graus. Die Mitreisenden an Bord fand er völlig uninteressant. Zwar fesselte ihn zwischendurch der Anblick einer jungen Engländerin. »Die aber wurde von einem alten Engländer streng bewacht«, berichtete Koeppen später frustriert. Ein weibliches Besatzungsmitglied, mit dem er gar gern von Bord geflohen wäre, habe seinen »Gruß nie erwidert«.

Noch im hohen Alter hatte er gehofft, einen letzten Roman zustande zu bringen. Auf der Seefahrt wollte er es endlich schaffen. Und er hatte seinem Verleger Siegfried Unseld fest zugesagt: »Ich verspreche dir 125 Seiten – ich werde jeden Tag in meiner Kabine fünf Seiten tippen.« Ob er an Bord der »Odessa« überhaupt zum Schreiben gekommen war, blieb trotz vieldeutiger Interviewäußerungen zunächst ungeklärt.

Als Koeppen 1996 in einem Münchner Altenpflegeheim starb, kurz vor seinem 90. Geburtstag, war seine Wohnung noch nicht geräumt. Er hinterließ dort ein Chaos an ungeordneten Büchern, Zeitungsstapeln, Reiseprospekten, Arztrechnungen, Briefen und Zetteln aller Art. Auf einer großen Arbeitsplatte standen fünf verschiedene Schreibmaschinen. Von der Decke hingen nackte Glühbirnen: Koeppen hasste Lampenschirme. Zum Altbaudomizil in der Münchner Widenmayerstraße gehörten weder Dachboden noch Keller, alles war in der Wohnung verwahrt worden. Und offenbar hatte sich Koeppen nur schwer von etwas trennen können: Die Papiere und Bücher, die sich in der Wohnung befanden, füllten rund fünfzig Umzugskartons. Schon bei der ersten Sichtung wurden mehrere Manuskriptseiten und handschriftliche Notizen auf Reiseunterlagen entdeckt, die belegten: Koeppen hatte auf seiner letzten großen Reise tatsächlich geschrieben. Einige Texte über Sri Lanka und Jordanien waren besonders gelungen, typisch für den fast atemlosen, zuweilen an Telegrammstil erinnernden Rhythmus der legendären Koeppen-Prosa, obgleich es sich lediglich um ein paar erste Skizzen handelt.

Die Entwürfe machen allerdings auch klar: Seine Hoffnung, gleich an Bord des Schiffes einen kompletten Roman zu schreiben, hatte Koeppen offenbar schon nach wenigen Tagen aufgegeben. Dazu fehlte dem Autor die Disziplin – wieder einmal. Die Suche nach dem Platz, an dem sich das Wunder des Schreibens, das Wunder der großen Erzählung noch einmal ereignen würde, trieb ihn bis zum Schluss um. »Ich könnte ja schreiben«, erwiderte er unentwegt auf alle lästigen Nachfragen, »ich brauchte ja nur für drei oder vier Monate an einen geeigneten Ort zu fahren, und ich käme mit dem Buch zurück.«

Doch eigentlich reizten ihn bloß die Anfänge, die Fragmente. »Ich bin der Architekt, der den Bauplatz flieht. Das Haus ist gezeichnet, der Grundriß auf dem Brett.« Und: »Mit dem Anfang ist alles gesagt. Jedes Wort ist nun zuviel.«

Viel zu sehr liebte er das Spiel mit Entwürfen, das Gespräch über Geplantes und Erhofftes. Koeppen war ein Romanträumer, der mündlich die schönsten Bücher skizzieren konnte – Romane, die er im Kopf habe und eigentlich nur noch aufschreiben müsse. Sein Lieblingsthema: Manuskripte, die angeblich kurz vor dem Abschluss standen. Fühlte er sich verpflichtet, die Hoffnungen auf ein neues großes Werk nicht ganz zu enttäuschen, oder wollten seine »Romane im Kopf« wenigstens mündlich heraus? Zwar fand Koeppen, »dass jeder Schriftsteller das Recht hat zu schweigen«, doch zeitlebens gefiel er sich darin, neue Projekte anzukündigen.

So war der Erzählplan mit dem Arbeitstitel *Das Schiff* – über die Erlebnisse an Bord der »Odessa« – nur das letzte in einer langen Reihe nie geschriebener, zumindest nie vollendeter Bücher. Allein die Titel dieser geplanten, versprochenen und verworfenen Manuskripte sind zitierenswert: *Die Jahwang-Gesellschaft, Ein Maskenball, Tasso, Bismarck oder all unsere Tränen, Anfang und Ende* oder *In Staub mit allen Feinden Brandenburgs*. Schon ganz früh hatte er erwogen, die *Memoiren eines Neunzigjährigen* zu schreiben. Immer wieder, von Beginn an phantastische Entwürfe: So gab es 1952 das Projekt eines »Fragebogen«-Romans. Später arbeitete Koeppen, wie es hieß, an einem Buch, in dem »ein chinesischer Historiker über den Untergang Europas berichtet«, und an einem anderen, das »im heutigen Berlin, dann in Ost und dann in West spielt«. Mehrfach war von einem »politischen Roman« die Rede, der, angeregt durch den Mord an Kennedy, in den USA spielen sollte. *Ein Maskenball* sollte dieses Opus heißen, und Koeppen vermochte es derart anschaulich zu schildern, dass ein biografischer Pressedienst den Titel jahrelang als bereits publiziertes Werk aufführte.

Als ich ihn das erste Mal daheim in München aufsuchte, im September 1980, erklärte er auch mir sogleich: »Ich möchte noch so viel tun. Ich habe noch einige Geschichten, Romane, die ich erzählen will.« Da war er Mitte siebzig. »Die Zeit rast«, sagte er. Und schon war wieder von einem kleinen Roman die Rede, der kurz vor der Vollendung stehe: Er sollte in Bonn spielen, und angeblich fehlten nur noch 30 Seiten. »Ich habe ständig Einfälle für Romane. Die sind skizziert in einem Satz oder eingefangen in einer Schreibmaschinenseite.« Er wolle, sagte Koeppen, und er könne auch. Der Beitrag über ihn erschien bald darauf im »FAZ-Magazin«, und Koeppen bedankte sich rührend und unnachahmlich: »Sie haben nach unserem Gespräch ein so schönes Portrait geschrieben, daß ich es mit großem Vergnügen als das Bildnis eines anderen gelesen habe. Ohne Scheu und, wie gesagt, entzückt.«

Heute weiß man, dass Koeppens Schreibstörungen früh begannen. Schon als Anfänger war er ein »fauler« (Koeppen über Koeppen) und planloser Schreiber gewesen, das Gegenteil eines Romanciers, der sich geduldig und mit langem Atem ans Werk macht. Gleich Koeppens erster Lektor, Max Tau, war zu Beginn der dreißiger Jahre auf Gewaltmaßnahmen verfallen, damit der junge Dichter seinen ersten Roman überhaupt zu Ende schrieb: Er schloß ihn kurzerhand mit Schreibmaschine und Papier in einer Berliner Wohnung ein. Doch Koeppen streikte. Er glaubte, nur in Italien schreiben zu können, und machte sich mit dem letzten Redakteursgehalt (er war zuvor beim Berliner »Börsen-Courier« angestellt gewesen) auf den Weg – ohne Ergebnis. Erst später vollendete er, wieder in Berlin, seinen Erstling, den 1934 publizierten Roman *Eine unglückliche Liebe*, die Verarbeitung einer unerfüllten Liebe zur Schauspielerin Sybille Schloß, die sich in den zwanziger Jahren in Berlin selbst als »vollkommen hemmungslos« darstellte, nicht nur den jungen Journalisten Koeppen lockte (»lüstern und schnurrend wie eine Angora«, befand er), aber ihn – im Gegensatz zu zahlreichen anderen Männern – nur als guten Freund betrachtete.

Max Tau konnte ihn danach nur mühsam zur Weiterarbeit bewegen: Er solle an gar nichts anderes denken als an seine Romangestalten, schrieb er Koeppen (nicht viel anders, als es Jahrzehnte später Unseld tun sollte), seine Depressionen seien völlig unbegründet: »Habe ich denn gar keine Macht, Ihnen Auftrieb zu geben? Schicke ich alle guten Wünsche umsonst zu Ihnen?« Immerhin entstand noch ein zweiter Vorkriegsroman mit dem Titel *Die Mauer schwankt*, den Koeppen in Holland fertigstellte, wo er bei einem aus Berlin geflüchteten jüdischen Ehepaar bei freier Kost und Logis untergekommen war. Das Buch erschien 1935 in Deutschland (1983 gab es bei Suhrkamp eine Neuauflage). Koeppen selbst kam 1938 zurück, arbeitete für den Film und verdiente gut.

So hat es sich denn auch als Legende herausgestellt, er sei bei Kriegsende in München, wie Koeppen es auch mir erzählt hatte, »halb verhungert aus einem Keller« gekrochen. Eher handelte es sich wohl um sein Liebesnest im Untergeschoss eines Hotels: Er hatte sich 1944 in die 16 Jahre alte Marion verliebt (er selbst war 37), damals die Geliebte eines mit Koeppen bekannten Schauspielers. Vier Jahre später heiratete er sie. »Eine Ehe aus Liebe und jungem Verdruss«, heißt es in einem seiner späteren Romanfragmente. »Das Mädchen hatte von Kindheit an zu nichts Lust. Hingabe an Männer schon in der Pubertät. Frühe Sexualität, aber eigentlich wunschlos … In einer zerstörten Stadt ergibt es sich von selbst, dass zwei nur ein Bett haben. Ihr Vater sagte, die Leute reden, ihr müsst heiraten. Sie fanden das sehr komisch, aber taten ihm den Gefallen.«

Im Laufe der fünfziger Jahre wurde Koeppen wie durch ein Wunder zu einem enorm produktiven, höchst angesehenen Schriftsteller: Seine in rascher Folge publizierten Romane *Tauben im Gras* (1951), *Das Treibhaus* (1953) und *Der Tod in Rom* (1954) galten schnell als Höhepunkte der deutschen Nachkriegsliteratur. Drei folgende Reisebücher, darunter 1959 die *Amerikafahrt*, entsprachen dem Zeitgeschmack und wurden ebenfalls viel beachtet (von heute her gesehen erscheinen sie allerdings stilistisch überzogen und sachlich oft unpräzise). So wirkte er, nach außen hin, als arbeitsamer und erfolgreicher Dichter. Die Wahrheit war eine andere. Er litt weiterhin an Selbstzweifeln, an Schreibhemmungen, an der Unfähigkeit, Projekte zu einem Ende zu führen. Koeppen gab dennoch bis ins hohe Alter gern und sprachgewandt Interviews, in denen er von seinen Plänen sprach: lauter Luftschlösser.

Das Private schirmte er ab, besonders wenn das Gespräch auf die Alkoholprobleme seiner Frau kam. So bat er mich damals bei unserer Begegnung 1980, nur von »privaten Unzuträglichkeiten« zu schreiben, »die mit der literarischen Produktion gar nichts zu tun haben«. Im Juli 1967 war sogar einmal die Polizei gekommen, wie er in einem Brief an seinen Verleger berichtete, dem er sich gern anvertraute und auf diese Weise wohl auch seine Schreibstörung entschuldigen wollte. Marion Koeppen hatte sich sinnlos betrunken und große Mengen Tabletten geschluckt. Der Arzt riet zur Einlieferung in ein Krankenhaus, Entgiftungsstation. Doch als der Krankenwagen kam, hatte sich die Rasende verbarrikadiert. Der Ehemann beschrieb die Szene später seitenlang in dem Brief an Unseld, mit hektischen kurzen Sätzen: »Die Kerle pflanzen sich wie Wachen auf. Mit Signal kommt die Funkstreife. Krankenwagen und Funkstreife vor dem Haus. Aufsehen in der kleinen Straße.« Dann die überraschende Wende: »Marion entwickelt, meinen Ärzten unbegreiflich, Charme, schmeichelt dem Polizisten, erklärt, nur ein paar Tabletten zu viel genommen zu haben.« Am Ende war es Koeppen, damals Anfang Sechzig, der für die Sanitäter den Text formulierte, dass die Kranke sich weigere, ins Krankenhaus zu gehen.

Trotz der privaten Hölle hinterließ der Schriftsteller ein riesiges Konvolut, das Forscher und Editoren noch lange beschäftigen wird. Auch wenn die literarische Öffentlichkeit mehr als vierzig Jahre vergebens auf einen neuen Roman Koeppens wartete, war der Umworbene, der rätselhafte Verweigerer, die ganze Zeit emsig – eine an Kafkas Publikationsscheu und

Schreibexistenz erinnernde Lebensform: Tausende von Blättern fanden sich nach Koeppens Tod in seiner Münchner Wohnung, auch mehrere Tausend Briefe, zum Teil im Entwurfsstadium.

Viele Zettel und Notizen hat Koeppen selbst datiert, anderes werden die Nachlass-Forscher anhand der verschiedenen Schreibmaschinen-Typen zeitlich zuzuordnen versuchen. Empfangene Briefe steckten meist im geöffneten Kuvert. Manches, was er wohl in der Absicht gesammelt hatte, es literarisch zu nutzen, wirkte wahllos, anderes zeigte klarer die Vorlieben: So interessierte Koeppen alles, was mit dem Kennedy-Mord zu tun hatte. Überraschend war, dass auch ein recht umfangreiches Prosastück gefunden wurde: das bis dahin als verschollen geltende Manuskript jenes in den dreißiger Jahren in Holland geschriebenen Romans *Die Jahwang-Gesellschaft*.

Nach Koeppens Tod im März 1996 handelten die Nachrufe wieder zuallererst vom Ungeschriebenen, vom legendären »Schweigen« des bedeutenden Romanciers. Der »große Blockierte« (»taz«), der »Verstummte« (»Frankfurter Rundschau«) wurde er genannt, er sei – so »Das Sonntagsblatt« – eine »Berühmtheit durch Nichtschreiben«. Paradox-pathetisch erhöhte die »Süddeutsche Zeitung« Koeppens Schweigen sogar zu einer »Form des Schreibens«. Marcel Reich-Ranicki, Koeppens Fürsprecher über viele Jahre, brachte es nüchterner auf die Formel: Der Dichter habe »sehr ungern, wenn nicht widerwillig« geschrieben. Koeppen, »reich gesegnet mit allen denkbaren Gaben, mit einem einzigartigen Talent«, sei mit einer fatalen Willensschwäche geschlagen gewesen, »mit einer schwer zu bekämpfenden Neigung zur Trägheit und zur Lethargie«.

Der Verleger aber, Siegfried Unseld, musste sich geduldig mehr als drei Jahrzehnte lang mit Entschuldigungen und Bankrotterklärungen seines Autors abfinden. Immer wieder versprach Koeppen, einen neuen Roman in Arbeit, ja fast abgeschlossen zu haben, behauptete bis zuletzt, den Abgabetermin einhalten zu können, um dann im letzten Moment wieder abzuwinken. So auch in jenem Brief, in dem er im August 1967 die Szene mit seiner Frau schilderte: »Lieber Herr Dr. Unseld, es ging nicht, es ging nicht, es ging nicht, der Termin ist wieder nichts geworden, das letzte Vertrauen verspielt, die Bedrückung ist furchtbar, und dennoch weiß ich Bücher und ein neues Leben in mir.« Der Briefwechsel, 2006 in einem umfangreichen Band ediert, ist das bewegende Dokument einer jahrzehntelangen treuen Verbindung. Als Unseld Ende der fünfziger Jahre begann, um den Autor zu werben (Koeppen wurde 1961 Suhrkamp-Autor), konnte er nicht wissen, was ihm als Verleger, als Geschäfts- und Gesprächspartner, später auch als Duzfreund, Helfer in der Not und Beichtvater bevorstand.

Inwieweit die alkoholkranke, zur Eifersucht neigende Ehefrau Koeppen wirklich an der literarischen Produktion gehindert hat, ist schwer auszumachen. Immer wieder beklagte er gegenüber seinem Verleger »meine Hingabe an den Untergang, das (bisherige) Nichtwahrnehmen der großen Chance, die Sie mir immer geboten haben«. Momente tiefer Krisen, Schwermut, Wut auf sich selbst wechselten mit Phasen der Euphorie. Es gab immer wieder Anfänge, auch fertige Teile, ausformulierte Seiten, er hätte sie lediglich noch miteinander verbinden müssen. Doch wenn er sie dann wieder anschaute, war er nicht zufrieden. Daneben – in einer Art Parallelwelt – war Koeppen ein stets zuverlässiger Auftrags- und Briefeschreiber, die kleinen Sachen erledigte er zuverlässig, meist sogar pünktlich, vollendet im Ton, oft lakonisch und manchmal selbstironisch formuliert. Er schrieb Autorenporträts, Nachworte, stellte Bücher vor, interpretierte Gedichte, zumeist im Auftrag von Reich-Ranicki für die »FAZ«.

Dann ereignete sich ein kleines Wunder: 1976 rang sich Koeppen, damals siebzig Jahre alt, dazu durch, eine Montage autobiografischer und fiktiver Fragmente aus der Hand zu geben: über seine Jugendzeit in Greifswald, Titel: *Jugend*. Möglich, dass ihn das skizzenhafte, im Jahr zuvor erfolgreiche

Montauk-Buch des Kollegen Max Frisch dazu angeregt hatte; der jedenfalls lobte prompt aus der Schweiz: »Die Prosa, die Wolfgang Koeppen heute schreibt, durchbricht Vorstellungsgrenzen auf jeder Seite, oft Satz für Satz.« Der so Gelobte ließ sich sogar dazu überreden, *Jugend* komplett im Studio einzulesen, 252 Minuten auf vier CDs. Das Unfertige, oft sogar Holprige ist in *Jugend* ein großer Reiz. Tatsächlich hatte Koeppen, wie sich später zeigte, die nicht besonders umfangreiche *Jugend* aus 1332 Einzelblättern, im Laufe vieler Jahre beschrieben, zu einem »vollendeten Fragment« (Reich-Ranicki) kompiliert.

Doch *Jugend* sollte die große Ausnahme bleiben: Noch weitere zwanzig Jahre wartete der Verleger vergeblich auf neue Prosa, vielleicht sogar einen großen Roman von Koeppen. Bis Anfang der neunziger Jahre gab es immer wieder einmal Anlass zu Hoffnung, insbesondere natürlich zu der Zeit, als Unseld dem Autor zum 80. Geburtstag jene Kreuzfahrt versprochen und geschenkt hatte, von der sich der Dichter neuen produktiven Schwung versprach. Koeppens Frau Marion lebte da schon seit zwei Jahren nicht mehr.

Auch kurz vor seinem 85. Geburtstag hatte er das Projekt eines neuen Buches nicht aufgegeben. So erzählte er mir im Juni 1991 in München von einem alten Text, den er kurz nach dem Krieg über den Leidensweg eines Holocaust-Überlebenden angeblich nach dessen kargen Notizen geschrieben und jetzt wiedergefunden habe; dieser verschollene Text sei 1948 unter dem Titel *Aufzeichnungen aus einem Erdloch* schon einmal erschienen. Und so kam 1992 das Buch neu heraus, nun mit dem Autorennamen Wolfgang Koeppen versehen: *Jakob Littners Aufzeichnungen aus einem Erdloch*. Erst Jahre später, nach seinem Tod, sollte sich zeigen, dass dies die gewagteste und heikelste Legende war, die er über sich verbreitet hatte. Das Originalmanuskript des in die USA ausgewanderten Jakob Littner war Ende der neunziger Jahre wieder aufgetaucht, ein Bericht mit dem schlichten Titel *Mein Weg durch die Nacht*, den Koeppen lediglich lektoriert und gestrafft hatte – das allerdings gekonnt, mit viel dichterischer Freiheit und Sinn für stilistische Zuspitzung.

Damals in München trafen wir uns gegen Mittag in seiner Wohnung. Er wollte gern ins Restaurant des Hotels »Bayerischer Hof« fahren, dort sei der Wein so gut. Er lebte nun ganz allein, auch sein Hund war tot. Es sah alles sehr aufgeräumt aus. Er sprach langsam und leise: »Ja, da kommt regelmäßig jemand.« Er bestellte uns ein Taxi und entschuldigte sich gleich: Er sei so schlecht zu Fuß und benötige einen Stock, das störe ihn sehr. Im Restaurant lebte er auf und erzählte zunächst munter von seinem Schiffsabenteuer drei Jahre zuvor. Das Essen an Bord sei recht mäßig gewesen, der Wein schlecht. Dafür habe es billig Wodka und Whisky gegeben. »Ich beteiligte mich nicht an den Gruppenexkursionen«, erzählte er weiter. »Am Ende habe ich mich aber durchgesetzt und mit meinem Pass allein von Bord gehen dürfen.« Stolz berichtete er von seinem kleinen Trick: »Ich besorgte mir heimlich einen Briefbogen der Reederei, setzte mich an die Schreibmaschine und schrieb, dass Wolfgang Koeppen bevorzugt zu behandeln sei. Und siehe da: In Bombay konnte ich mich selbstständig machen. Ich aß in einem guten Hotel – und blieb gleich noch die Nacht dort, das Schiff fuhr erst am nächsten Tag weiter. Als ich um acht Uhr morgens zurückkam, war die Hölle los.« Man habe ihn streng zurechtgewiesen, sagte er und imitierte es: »Wieso haben Sie sich nicht abgemeldet? Wir hätten fast die Polizei gerufen.«

Über die *Aufzeichnungen aus einem Erdloch* sprach er nur zögerlich, als müsste er sich selbst Mut machen: »Da das Manuskript von mir ist, kann man das nun unter meinem Namen herausgeben. So ganz geheuer ist mir die Geschichte nicht – vielleicht kommt eines Tages ein Erbe von Littner und erhebt Ansprüche, wer weiß?« Dann gab er sich einen Ruck: »Es gibt aber keinen Zweifel, dass der Text von mir ist.«

Der größte Teil des Nachlasses, der sich bei Koeppens Tod im März 1996 in der Wohnung fand, kam ins Wolfgang-Koeppen-Archiv in Greifswald, wo er 1906 zur Welt gekommen war. In einer ersten umfangreichen Edition aus dem Nachlass, 2000 unter dem Titel *Auf dem Phantasieroß* erschienen, wurden immerhin 170 Erzählungen, Miniaturen und Romanfragmente präsentiert. Viele dieser Skizzen und Fragmente zeigen, dass es mit einer helfenden, ordnenden Hand leicht möglich gewesen wäre, aus der schier unüberschaubaren Fülle beschriebener Blätter nach dem Muster von *Jugend* eine lockere Prosaform zu gewinnen.

Im Dezember 1993, knapp sechs Jahre nach der Kreuzfahrt an Bord der »Odessa«, schrieb Koeppen an seinen Frankfurter Verleger: »Es ist so gekommen, dass ich Dich wohl enttäuscht habe. Mein Leben ist mir zerronnen. Vielleicht wird es Dich freuen, mal in ein Buch Deines Autors zu blicken.« Und dann stellte er, gut zwei Jahre vor seinem Tod, eine Autobiografie in Aussicht, die er aus zahlreichen Notizen zu montieren hoffte, »die sehr viel deutsche Schicksale enthalten wird, bunt, lebendig, traurig«. Er träumte bis zum Schluß.

»Komm an meinen leeren Schreibtisch voll von meinen Träumen«, rief Wolfgang Koeppen 1994 seinem Verleger noch einmal zu. Und in dem letzten erhaltenen Brief an Siegfried Unseld, wenige Monate vor seinem Tod, versprach der zeitweise schon verwirrte Alte seinem Verleger tapfer die Autobiografie – vielleicht war es aber auch nur die letzte Pointe jener Romanfigur, als die sich der große deutsche Schriftsteller schon seit Längerem selber sah: »Lieber Siegfried, ich werde dieses Buch und auch andere fertigschreiben. Lasse mich das schreiben, störe mich nicht.«

DER ZWANG ZUR FORMULIERUNG
MAX FRISCH

Mit Anfang siebzig notierte er: »Es langweilt mich jeder Satz, den ich geschrieben habe, es hilft auch nicht, dass ich Wörter umtausche in meinem Turm, und das ist es, was ich tagelang mache; ich tausche Wörter gegen Wörter.« Max Frisch hatte im Frühjahr 1982 noch einmal ein Tagebuch begonnen, und schon diese Notiz zeigt, wie leicht und scheinbar leichthin er da immer noch zu schreiben verstand, gerade dann, wenn die nachlassende Kraft thematisiert wird. Worauf ist noch Verlass im Alter? Gewiss ist vor allem eines: »der Tod als die Wüste ringsum«.

Nach etwa einem Jahr – exakte Zeitangaben fehlen – brach Frisch das Tagebuch ab, ohne je davon zu sprechen. Auf das Deckblatt hatte er »Tagebuch 3« geschrieben. Das Typoskript ist im Original nicht erhalten. Einen Durchschlag übergab die langjährige Sekretärin von Frisch Jahre später, nach seinem Tod, dem Zürcher Max-Frisch-Archiv. Im Frühjahr 2010 wurden die Aufzeichnungen unter dem Titel *Entwürfe zu einem dritten Tagebuch* vom Schweizer Literaturkritiker Peter von Matt in der Überzeugung herausgegeben, »dass die hier vorgelegten Texte keineswegs flüchtige und vorläufige Niederschriften sind«. Tatsächlich scheint Frisch es noch in eine druckreife Form gebracht zu haben. Und deutlich ist ein Gesamtkonzept erkennbar.

Das Tagebuch als Erzählform war für Frisch stets von großem Reiz. Er schuf einen unverwechselbaren Typus: weniger ein Journal intime als eine Mischung aus Werkstattbericht, Alltagsszenen und Geschichten. Die ersten beiden Frisch-Tagebücher gehören neben den Romanen und Theaterstücken zum Kern seines literarischen Werkes: das in der unmittelbaren

Nachkriegszeit entstandene *Tagebuch 1946–1949* (publiziert 1950) und das von politischen Themen geprägte *Tagebuch 1966–1971* (1972). Wenn Frisch also die Bezeichnung »Tagebuch 3« wählte, so hatte er dabei offenbar etwas in dieser Tradition im Sinn.

Resigniert klingen hier seine Betrachtungen zur Politik: »Es ist mit Reden und Schriften nichts zu machen. So wenig wie mit einer Selbstverbrennung oder einem Attentat. Vielleicht mit Kleinarbeit, ja, das dachten wir lange Zeit ...« Nun heißt es: »Was für ein biedrer Größenwahn!« Seine »zunehmende Gleichgültigkeit gegenüber öffentlichen Ereignissen« hielt er für eine Folge des Alters: »Man wird ein Greis, wenn man sich zu nichts mehr verpflichtet fühlt.« Und dennoch zeugen viele Eintragungen von einem anhaltenden Interesse an den Zeitläuften. Mit Kritik bedachte Frisch die Politik Israels (den damaligen Einmarsch in den Libanon), formuliert wie so oft bei ihm in Fragehaltung und Umkreisung. Entschiedener näherte er sich dem Land, das zeitweise zu seiner zweiten Heimat geworden war: »Amerika (USA) ist im Grunde nicht kriegerisch, sondern lediglich kommerziell; Krieg als die Fortsetzung des Geschäftes mit anderen Mitteln.«

Stärker als die Politik beschäftigte ihn die Beobachtung der schwindenden Potenz als Mann und Künstler. Für Frischs Probleme mit dem Schreiben finden sich im dritten Tagebuch vollendete Formulierungen: »Ich bin nicht krank oder ich weiss es nicht. Was ist bloss mit den Wörtern los? Ich schüttle Sätze, wie man eine kaputte Uhr schüttelt, und nehme sie auseinander; darüber vergeht die Zeit, die sie nicht anzeigt.« Und dann heißt es, fast resignierend: »Muss ich etwas zu sagen haben?« Jene andere Form der Potenz, die mit der Kreativität innig verkoppelt ist, wird ebenso offen angesprochen: »Wann gibt man die geschlechtliche Impotenz zu?« Eine Frage an sich selbst. Auch: warum man sich nicht einfach abfinde, »ein für allemal«? Eine Antwort lautet: »Weil in Träumen die Sexualität nicht schwindet, im Gegenteil, und weil auch auf Impotenz kein Verlass ist.«

Der Vorwurf, der angesichts der posthumen Veröffentlichung laut wurde, man hätte Frisch vor sich selbst schützen müssen und dieses doch recht private Tagebuch nicht
veröffentlichen dürfen, scheint mir unbegründet. Schon in der
autobiografischen Erzählung *Montauk* aus dem Jahr 1975 war
er weit gegangen in seiner Offenheit und Schonungslosigkeit
sich selbst gegenüber. Dort erfährt der Leser: »Impotent (zum
ersten Mal) mit 35 Jahren.«

In dieser Erzählung taucht erstmals eine junge Amerikanerin auf, die dort Lynn genannt wird. Die mehr als dreißig Jahre
jüngere Frau, die sich dahinter verbirgt, heißt in Wirklichkeit
Alice Locke-Carey, Jahrgang 1943. Mit ihr hatte er 1974 in
Amerika eine kurze Affäre, so wenigstens war es gedacht: ohne
Verstrickung und Vorwürfe. Mit dem Abschied der beiden endet *Montauk*. Sie trafen sich danach jedoch wieder und lebten
von 1980 an eine Zeit lang als Paar zusammen, abwechselnd in
der Schweiz, in Berzona, wo Frisch ein altes Bauernhaus besaß,
und den USA, wo er für sie und sich ein Loft in Manhattan
kaufte.

Um diese Beziehung kreist nun, sehr diskret, oft nur indirekt, das dritte Tagebuch. Die Frage der Schuld gegenüber den
Frauen ist eines der großen Frisch-Themen. Es hat ihn nie losgelassen. Sein Kollege und Konkurrent Friedrich Dürrenmatt
warf ihm sogar vor, Frisch brauche die Frauen, »um sie darzustellen und somit auszubeuten«. Übrigens war es die eigene
Mutter (so zitiert in *Montauk*), die zu Frisch einst sagte: »Du
solltest nicht immer über Frauen schreiben, denn du verstehst
sie nicht.«

Er blieb unsicher bis zuletzt. »Bin ich ein Pascha?«, so
fragt er im dritten Tagebuch. »Wenn Frauen, die keinen Beruf
ausüben, weil sie mit mir leben, sich als Hausfrau behandelt
fühlen, missbraucht als Magd, so bin ich bestürzt.« Denn er
sei für die Emanzipation, »die Revolution des Verhältnisses
zwischen Frau und Mann«. Die junge Amerikanerin machte
ihm bald klar, dass ihre »Paarschaft« ohne Zukunft sei. »Was

habe ich mir eingebildet?«, fragt er sich daraufhin. »Jetzt muss es nur noch vollstreckt werden. Natürlich wollen wir Freunde bleiben, ja, das ist klar.«

Am Ende dominiert ein anderes Thema: der Tod. Fast unscheinbar führt Frisch es ein, bei einer Erwähnung seines Hauses in Berzona: »Mein Grundstück grenzt an den kleinen Friedhof.« Ergreifend, wie die letzten Lebenswochen seines krebskranken Freundes Peter Noll beschrieben werden. Und dann eine Phantasieübung, die das letzte Viertel des Tagebuchs prägt: die Vorstellung von einem »Lebensabendhaus« für sich allein, von einer Villa, die versuchsweise mal hier, mal dort angesiedelt wird. Es sind mit die anrührendsten Passagen, die Frisch je geschrieben hat, diese verstreuten Notizen über die »weisse Villa«, den mit architektonisch geschultem Blick immer wieder neu ausstaffierten letzten Wohnsitz, der sich fast unauffällig in einen Jenseitsort verwandelt: »Ob es ein kleiner See sei oder ein Sund, was in der Ferne zu sehen ist, wenn es nicht regnet, habe ich noch nicht entschieden.«

Aus welchem Grund Frisch das Tagebuch zur Seite gelegt und nie davon gesprochen hat, bleibt ein Rätsel. Möglich ist, dass es wegen der endgültigen Trennung von seiner amerikanischen Gefährtin im Frühjahr 1983 geschah. Möglich auch, dass er einfach die Lust verloren hat, dass ihm der Text nicht mehr gefiel. Dabei handelt es sich zweifellos um mehr als ein Fragment, dafür spricht allein schon die Abrundung. Das »Tagebuch 3« ist in jeder Hinsicht ein faszinierendes Dokument des Alters, und zu Lebzeiten veröffentlicht, wäre es ein würdiger Abschluss seines Werkes gewesen.

Die letzte Gefährtin

Seine Liebesaffären, sein Hang zu jungen Frauen, seine Eifersuchtsanfälle waren legendär. »Der Frisch hatte immer viele Frauengeschichten, und jedes Mal hat er geschworen, das sei seine letzte«, lautet ein anderes Zitat von Dürrenmatt (aus einem Interview); die beiden waren viele Jahre befreundet, bis es zu einem von Frisch inszenierten großen Streit kam, wohl nicht zuletzt solcher Äußerungen wegen.

Für ihn waren diese »Frauengeschichten« literarisches Kapital. Er hat geliebt und gelitten, er hat andere leiden lassen und sich neu verliebt – und nahezu alles hat in Erzählungen, Romanen, Tagebüchern und Dramen Niederschlag und Widerhall gefunden, verwandelt oft und doch weitgehend erkennbar. Frisch gehört zweifellos zu jener Sorte von Autoren, die sich weitgehend von eigenen Erfahrungen und Erlebnissen inspirieren lassen. Er ist, wie es Botho Strauß einmal formuliert hat, ein »Epiker der persönlichen Lebenszeit, wie sie mit dem Eintritt ins Mannesalter zum Problem wird«.

Frisch machte kein Geheimnis daraus. In *Montauk* hat er recht offen über sein Privatleben, seine Ehen und die längeren Liebesgeschichten gesprochen. Zwei Ehefrauen gab es: Constanze von Meyenburg, mit der er drei Kinder hatte, und Marianne Oellers. Es gab die schwierige Beziehung zur Dichterin Ingeborg Bachmann und die Begegnung mit der Amerikanerin Alice Locke-Carey. Über eine Frau hingegen, mit der er in den fünfziger Jahren, noch zur Zeit seiner ersten Ehe, liiert war, ist selbst in *Montauk* kaum etwas zu erfahren. Und damals, als er an diesem Buch schrieb, hätte er selbst es wohl nicht für möglich gehalten, was sich sehr viel später aus dieser Beziehung auf verschlungene Weise noch ergeben sollte. Es handelt sich um eine Jahrzehnte übergreifende Doppelgeschichte, die sonderbarste aller seiner Liebesaffären: mit Madeleine Seigner-Besson, die sechs Jahre lang, bis 1958, seine Geliebte war, und mit ihrer Tochter Karin, die zur letzten Lebensgefährtin von Frisch wurde, von 1983 bis zu seinem Tod 1991.

Karin Pilliod: als ich sie im Februar 2011 in Thalwil nahe Zürich aufsuchte, war sie 75 Jahre alt, eine dynamische Dame mit rötlich-blondem Haar. Zwei Jahre zuvor hatte sie noch als Heilpädagogin gearbeitet, nun saß sie entspannt an ihrem großen Esstisch und erzählte von dieser Beziehung und deren romanhafter Vorgeschichte. »Es sind«, sagte sie, »viele Halbwahrheiten über uns in Umlauf«.

Alles hatte damals, 1952, begonnen, als ihre Mutter die Geliebte von Max Frisch wurde. Karin war noch Schülerin, er gerade nach einem gut einjährigen Aufenthalt aus Amerika zurückgekehrt; seine großen Erfolge lagen noch vor ihm. Auf einer Privatfeier in Thalwil lernten sie sich kennen: der Schriftsteller und ihre Mutter. Er war Familienvater mit drei Kindern, die Ehe allerdings schon länger in der Krise. Auch Madeleine Seigner-Besson hatte drei Kinder und war verheiratet. Doch sie und ihr Mann Fred Seigner, ein Künstler, hatten eine für damalige Verhältnisse ungewöhnlich libertäre Vorstellung von der Ehe. Er hatte eine Freundin. Und Madeleine Seigner-Besson verliebte sich bald in Frisch, der bis dahin vor allem als Theaterautor bekannt war.

Für ihn war es eine ungewöhnliche Beziehung. Es hatte zwar schon andere Liebschaften neben der Ehe gegeben. Aber so unkompliziert und unbeschwert war das Zusammensein mit einer Frau noch nie gewesen. In *Montauk* sollte Frisch später, ohne einen Namen zu nennen, von »sechs Jahren ohne Zerwürfnis, ohne Eifersucht, ohne Zermürbung« sprechen.

»Das bezieht sich auf meine Mutter, die eine frühe Feministin war. Ich bin im Chaos aufgewachsen«, sagt Karin Pilliod, die vom Garten des kleinen Hauses einen weiten Blick über den Zürichsee genießt. »Stundenlang haben Max und sie hier draußen gesessen und über seine Manuskripte gesprochen.« Es ist ihr wichtig, die Rolle hervorzuheben, die ihre Mutter im Leben von Frisch einst spielte; immerhin entstanden in der Zeit dieser Verbindung die Romane *Stiller* und *Homo faber*, 1954 und 1957 publiziert.

Die Kinder sahen das Chaos nicht gern. Ihre Schwester und sie forderten Frisch öfter auf, sich endlich zwischen seiner Ehefrau und ihrer Mutter zu entscheiden. An ihm liege es nicht, soll er darauf geantwortet haben. Aber möglicherweise gefiel es ihm auch ganz gut, so wie es war. Sich nicht festzulegen, sich nicht einmauern zu lassen, das war ja sein Ideal, als Mensch wie als Schriftsteller. Untreue, hatte Frisch wenige Jahre zuvor in seinem *Tagebuch 1946–1949* notiert, sei »unser Versuch, einmal aus dem eigenen Gesicht herauszutreten, unsere verzweifelte Hoffnung gegen das Endgültige«.

Das Paar reiste zusammen nach Spanien und nach Griechenland. Als Tochter Karin dann ihre Matura bestanden hatte, fuhren 1954 alle gemeinsam nach Korsika: das Ehepaar Seigner, Max Frisch und die Abiturientin. Inzwischen hatte sich das Mädchen zu einer jungen Dame gemausert, mit rotblondem Haar, das sie gern zu einem Pferdeschwanz band. Irgendwann in dieser Zeit muss es wohl gewesen sein, dass Frisch sie als Frau wahrnahm. Konnte man sich in ein Mädchen verlieben, das vom Alter her die eigene Tochter sein könnte? Es sei im Fall von Karin nicht so gewesen, schrieb er später einmal in einem Brief, »nur denkbar«.

Es war jedenfalls kaum ein Zufall, dass Frisch in seinem Roman *Homo faber*, an dem er in diesen Jahren arbeitete, eine Konstellation durchspielte, in der dem Helden das Verhältnis zu einer mädchenhaften jungen Frau zum Verhängnis wird. Der Ingenieur Faber, der glaubt, alles berechnen zu können, der von Gefühlen oder Schicksal nichts wissen will, ist fasziniert: »Ihr rötlicher Roßschwanz, der über den Rücken baumelt, unter ihrem schwarzen Pullover die zwei Schulterblätter, die Kerbe in ihrem straffen und schlanken Rücken, dann ihre Hüften, die jugendlichen Schenkel in der schwarzen Hose, die bei den Waden gekrempelt sind, ihre Knöchel ...« Die junge Frau heißt Elisabeth. Walter Faber nennt sie Sabeth. Sie ist 20, er 50 Jahre alt. Sie begegnen sich an Bord eines Ozeandampfers auf dem Weg nach Europa. Schließlich wird er ihr Liebhaber.

Die schicksalhafte Konstellation wird von Frisch in seinem populärsten Roman – die Auflage dürfte heute bei rund fünf Millionen Exemplaren liegen – ins Extreme gesteigert, führt zu einem am Ende tödlichen Inzestdrama. Der Ingenieur Walter Faber beginnt nicht nur eine Affäre mit der Tochter seiner ehemaligen Geliebten, wie er bald ahnt, sondern er muss dazu noch erkennen, dass es sich bei Sabeth mit dem »Roßschwanz« wahrscheinlich um seine eigene Tochter handelt. Er ist in dem Glauben gewesen, seine schwangere Freundin Hanna habe zwei Jahrzehnte zuvor das gemeinsame Kind abtreiben lassen.

So kann er sich zwar sagen, er habe nicht ahnen können, »dass sie meine eigene Tochter ist, ich wusste ja nicht einmal, dass ich Vater bin«. Und doch lautet die Lehre, die für ihn freilich zu spät kommt: »Ich habe mich so verhalten, als gäbe es kein Alter, daher widernatürlich. Wir können nicht das Alter aufheben, indem wir weiter addieren, indem wir unsere eigenen Kinder heiraten.«

Volker Schlöndorffs Romanverfilmung von *Homo Faber* kam 1991 in die Kinos. Als der Regisseur vor Beginn der Dreharbeiten Frisch und Pilliod in Zürich besuchte, sagte der schon schwerkranke Schriftsteller geheimnisvoll zu ihm: Seine Lebensgefährtin sei »der Urtyp des jungen Mädchens mit Pferdeschwanz gewesen«, das reale Vorbild für die rothaarige Sabeth, jene Romanfigur, die im Film von Julie Delpy verkörpert wird. War sie, Karin Pilliod, einst das Mädchen mit dem Pferdeschwanz, sich dessen bewusst? Sie sei sich nicht sicher gewesen, lautet ihre Antwort. Sie habe ihn aber auch nie danach gefragt. »Es hat mich nicht so interessiert. Ich habe viele Fragen verpasst, das weiß ich heute.«

Sie und Frisch hatten sich, auch nach Ende der Beziehung zwischen ihm und ihrer Mutter, nie völlig aus den Augen verloren. »Er war lange nur ein väterlicher Freund für mich«, sagt sie. »Er hat mich beraten, auch wenn ich Liebeskummer hatte.« Zu ihrem Geburtstag rief er manchmal an. Sie besuchte ihn mit ihrer Familie. Zwar habe Frisch später am Telefon manchmal Anspielungen gemacht (»wenn er etwas getrunken hatte«): Ob sie nicht ein Paar werden könnten? Aber sie nahm es nicht weiter ernst. Bis er sie im Frühjahr 1983 nach Berzona im Tessin einlud, in sein Haus. Beide waren sie damals allein, beide ohne Partner.

»Da war das dann klar«, sagt Karin Pilliod umstandslos. Und sie erzählt davon, wie schwer es Frisch fiel, ihre Mutter, seine Geliebte vor Jahrzehnten, davon zu unterrichten. Madeleine Seigner-Besson lebte zu der Zeit noch. »Sie hat mit der Tatsache erhebliche Schwierigkeiten gehabt«, sagt die Tochter in Thalwil. »Aber er hat das sehr fair gemacht. Feige war er nie.«

Karin Pilliod begleitete Frisch in den achtziger Jahren auf vielen Reisen, auf denen sie ihn auch häufig fotografierte: nach Italien, Spanien, Ägypten und bei seinem letzten Aufenthalt in New York 1989. Ihre Mutter starb im August 1991. Monate vorher hatte sich die alte Dame noch von dem sterbenskranken Frisch verabschieden können; Fred Seigner, von dem sie längst geschieden war, begleitete sie.

Die Briefe von Madeleine Seigner-Besson an Frisch befinden sich im Max-Frisch-Archiv in Zürich, während seine an sie bei meinem Besuch 2011 noch im Haus in Thalwil lagen. Karin Pilliod, die inzwischen nicht mehr lebt, war sich unsicher, was damit geschehen sollte. Sie hatte einmal einen Blick hineingeworfen, mehr nicht, sagte sie, und sie war irgendwie enttäuscht. »Vielleicht war ich zu streng, ich kann das eigentlich auch nicht beurteilen.« Immerhin sind es Liebesbriefe von ihm. An ihre Mutter.

Die Berliner Jahre, die Kollegen und der Nachlass

Hinterlassen hat Frisch eine umfangreiche Korrespondenz, von der bisher erst einiges veröffentlicht wurde, so die Briefwechsel mit seiner Mutter, mit Alfred Andersch, Friedrich Dürrenmatt, Uwe Johnson und Carl Zuckmayer. Unpubliziert ist bis heute die hoch interessante Verlagskorrespondenz, vor allem mit Peter Suhrkamp und Siegfried Unseld, in die ich dank der Fürsprache von Frisch Anfang der achtziger Jahre Einblick nehmen konnte, als ich für Rowohlt an einer Monografie über ihn schrieb.

Besonders interessant auch der Fall Andersch: die 2014 veröffentlichte Korrespondenz zeigt exemplarisch die Komplexität von Freundschaften unter Kollegen. Die beiden begegneten sich erstmals 1957. Sieben Jahre später empfahl Andersch den Kauf eines alten Bauernhauses in dem kleinen abgelegenen Tessiner Dorf Berzona, wo er mit seiner Familie lebte. So wurden sie Nachbarn, auch wenn Frisch daneben noch andere Domizile hatte, und Andersch war offensichtlich stolz, den Berühmteren an seiner Seite zu haben. Er hoffte wohl, davon profitieren zu können, auf Augenhöhe versteht sich: Die deutsche Literatur, so schrieb er selbstbewusst, werde in Zukunft in Berzona stattfinden. Er glaubte, »neidisch, aber ohne Missgunst« zu sein, während Frisch schon bald ahnte, dass die enge Nachbarschaft Probleme mit sich bringen würde. Er sei nicht frei von Angst gewesen, Andersch zu verletzen, notierte er später, »natürlich ohne es zu wollen«.

Spätestens als Frisch an seinem *Tagebuch 1966–1971* arbeitete, ließ sich die unterschiedliche Wahrnehmung der Beziehung kaum mehr verheimlichen: Eine Porträtskizze über Andersch, ein subtiles, die eigene Person nicht schonendes Psychogramm, schickte Frisch dem Betroffenen vor der Drucklegung. Andersch war entsetzt und schwer beleidigt. »Jeder Deiner ach so höflichen Sätze enthält eine falsche Nachricht«, heißt es in einem Brief nach New York, wo Frisch sich damals gerade aufhielt. Erschrocken zog er den Text zurück, doch der Riss war nicht mehr zu kitten. Frisch war betrübt, die Angelegenheit ließ ihm keine Ruhe. Es gibt Briefentwürfe, mehrere Anläufe, sich selbst Rechenschaft abzulegen, auch Notizen in seinem *Berliner Journal* und schließlich eine versöhnliche Laudatio, die Frisch 1979 auf Andersch öffentlich hielt, ein Jahr vor dessen Tod.

Die Veröffentlichung anderer Briefwechsel aus dem Nachlass wird auf sich warten lassen: so die Korrespondenz mit den beiden Ehefrauen. Sogar von sehr privaten Briefen, die er schrieb, bewahrte Frisch zumeist Durchschläge auf. Handschriftliches fotokopierte er – nicht ohne Skrupel. Er müsse dabei »eine Schamschwelle überwinden«, sagte er in einem unserer Gespräche. Zur eigenen Entschuldigung führte er an, dass sein Gedächtnis sehr schlecht sei. »So weiß ich oft nicht: Habe ich ihr das geschrieben oder nicht? War das eigentlich verletzend?« Er mache solche Kopien »zur eigenen Kontrolle«. Und so fanden sich 2011 im Zürcher Max-Frisch-Archiv nicht nur rund 250 zumeist handschriftliche Briefe der Dichterin Ingeborg Bachmann, mit der Frisch von 1958 bis 1962 eine Liebe verband, sondern ebenfalls die Kopien seiner Briefe an sie. Auch Telegramme waren dabei und viel Eilpost: Zeugnisse einer großen gegenseitigen Leidenschaft.

Von einem geheimen Tagebuch erzählte Max Frisch mir erstmals bei unserer Begegnung im August 1981 in Frankfurt, im Haus seines Verlegers Unseld. Frisch war wenige Monate zuvor siebzig Jahre alt geworden. Dieses »Journal intime aus der Berliner Zeit«, in dem er über Politisches, aber auch sehr Privates geschrieben habe (»meist in Krisenzeiten, dann wieder über Monate gar nichts«), müsse vorerst vor der Öffentlichkeit verborgen werden, sagte er. Die Aufzeichnungen aus den Jahren von 1973 bis 1980, also noch vor der Zeit, die das »Tagebuch 3« umfasst, sollten frühestens zwanzig Jahre nach seinem Tod geöffnet werden. So hatte er es festgelegt.

Und so lagen sie bis zum April 2011 im Safe einer Zürcher Bank, bevor sie dann ins Max-Frisch-Archiv gelangten, das damals, als wir in Frankfurt zusammensaßen, gerade erst im Entstehen begriffen war. Frisch verband mit diesem Archiv die Hoffnung, dass seine Notizbücher, Manuskripte, Briefe und Fotos dort gesammelt würden, was dann auch geschah: in Räumen der ETH, der Eidgenössischen Technischen Hochschule, an der er einst Architektur studiert hatte, lange bevor er zum Schriftsteller wurde.

Als wir damals über das gesperrte Tagebuch sprachen, war

Frisch entschieden der Meinung, dass das Private vom Übrigen nicht zu trennen sei. »Das Tagebuch hat sehr viel mit der Ehe zu tun, darum kann ich es nicht vorlegen, will es auch nicht«, sagte er. »Das Ganze ist eine Einheit, alles geht ineinander über, ich kann da nicht einfach einen Teil herauslösen, und ich möchte auch nicht bearbeitend herangehen.« Es sei eben kein Sudelheft, betonte er, sondern ein durchgeschriebenes Buch: »Auch die privaten Sachen sind ins Reine geschrieben, ausformuliert, nicht einfach nur Notizen.« Der Zwang zur Formulierung sei wichtig, »sonst wird es das pure Selbstmitleid«.

Der Stiftungsrat der vom Schriftsteller selbst noch ins Leben gerufenen Max-Frisch-Stiftung entschied sich für eine auszugsweise Publikation. Im Januar 2014 wurde unter dem Titel *Aus dem Berliner Journal* eine Auswahl veröffentlicht, die die ersten beiden von insgesamt fünf Ringbüchern umfasst, mit etlichen Auslassungen, die hauptsächlich in den Persönlichkeitsrechten seiner 28 Jahre jüngeren früheren Ehefrau Marianne Frisch begründet lagen. Frisch und sie waren von 1968 bis 1979 verheiratet, und die Ehe war, wie man schon der autobiografischen Erzählung *Montauk* entnehmen konnte, lange vor der endgültigen Trennung großen Zerreißproben ausgesetzt gewesen. Ihr, Marianne Frisch, wurden die zur Publikation anstehenden Teile im Frühjahr 2013 in Zürich in den Räumen des Max-Frisch-Archivs vorgelegt.

»Nachdem ich es gelesen hatte, war ich sehr erleichtert«, sagte sie danach, »einfach, weil es mir literarisch gefiel«. Sie habe keine Silbe moniert. Im Tagebuch, wie es dann publiziert wurde, tritt sie – meist unter dem Kürzel M. – zwar regelmäßig auf, doch ohne jede Ranküne. Indiskretionen finden sich hier nicht. Wenn Eheprobleme zur Sprache kommen, so ist es eher Frisch selbst, der nicht gut dabei wegkommt. Man ahnt freilich, dass sich hinter den Auslassungspunkten der vorläufigen Edition auch viel Wut, Streit und Empörung verbirgt.

Im Februar 1973 hatte das Ehepaar Frisch die neu erworbene Wohnung in Berlin-Friedenau bezogen. Der Ortswechsel war für Frisch offensichtlich ein erneuter Versuch, Abstand zur Heimat Schweiz zu gewinnen. Außerdem lebten Kollegen in unmittelbarer Nähe: Günter Grass, Uwe Johnson, Hans Magnus Enzensberger. Und im Ostteil der Stadt Jurek Becker, Wolf Biermann und Christa Wolf. Gleich am ersten Abend war das Ehepaar Frisch bei Grass eingeladen, es gab Nieren. Anna Grass lieh den beiden in den nächsten Tagen Betten für die noch weitgehend leere Wohnung, Johnson sorgte für einen Arbeitstisch. Mit ihm und seiner Frau Elisabeth ging man italienisch essen. Frisch notierte: »Es stimmt nicht, dass im Alter keine neue Freundschaft mehr entstehe.« Er fühlte sich willkommen in Berlin, wenn man dem Tagebuch glauben darf. Es überraschte ihn, dass er selbst hier von Fremden erkannt wurde, in Geschäften, in der Bank, von einem Handwerker.

Was in den Aufzeichnungen am meisten besticht, das sind die Porträtskizzen von Schriftstellerkollegen und die Einsichten in das Innenleben der DDR. Dazu Notizen aus dem Alltag, Beobachtungen, Träume und Visionen – wie es vom versierten Tagebuchschreiber Frisch zu erwarten ist. Selbstzweifel, Versagensängste und Depressionen fehlen nicht. Es heißt: »Gelegentlich wundere ich mich, dass ich 62 werde. Kein körperliches Gefühl davon, dass es in wenigen Jahren zu Ende ist. Wie bei einem Blick auf die Uhr: So spät ist es schon?«

Dabei war Frisch in seinem ersten Berliner Jahr alles andere als unproduktiv. Eigentlich arbeitete er unentwegt: sechs bis acht Stunden täglich, meistens war er schon morgens um acht Uhr auf dem Posten, »gewaschen, gekleidet, ausgestattet mit der ersten Pfeife«. Doch ihm kam es vor, als würde nichts gelingen: »Meistens brauche ich es nicht einmal wiederzulesen, um zu wissen, dass alles unbrauchbar ist.« Vor Kurzem erst war das umfangreiche *Tagebuch 1966–1971* erschienen. Im Herbst 1973 schrieb er das kritische *Dienstbüchlein* über seinen Dienst bei der Schweizer Armee. Außerdem bereitete er seine provozierende Rede *Die Schweiz als Heimat?* vor. Und arbeitete beharrlich an jener Erzählung, die später *Der Mensch erscheint im Holozän* heißen sollte und von der er immer wieder neue Fassungen anfertigte.

Sorgen bereitete ihm sein Kurzzeitgedächtnis. Davon ist in den Aufzeichnungen oft die Rede. Er empfand Unsicherheit, vor allem in Gesellschaft. Es gab das beklemmende Gefühl, sich für nichts mehr verbürgen zu können: »Man wird sich selber unglaubwürdig und tut besser daran, zu schweigen. Nachher weiss ich aber nicht einmal, was ich verschwiegen habe.« Das hinderte ihn aber nicht daran, Menschen mit beneidenswerter Beobachtungsgabe zu schildern.

Oft reichen wenige Worte zur Charakterisierung. Über Johnson heißt es: »Ein Puritaner, alles andere als kleinkariert. Ein Nordmann, der nichts auf die leichte Schulter nimmt. Hart und herzlich.« Über Jurek Becker: »Ein Geschichtenerzähler, man mag ihn sofort; Selbstbewusstsein ohne Allüre.« Und über Wolf Biermann: »Poet, Kämpfer, Clown. Das Brecht-Erbe bleibt unüberhörbar im Text wie in der Musik; der Vortrag hingegen ist ganz und gar sein eigener, zwingend in seiner wilden Komik.« Fasziniert nahm Frisch die unterschiedlichen Strategien zur Kenntnis, gegen die Mächtigen in der DDR aufzubegehren und sich doch in dem Staat einzurichten: »Biermann ist aus der Erbitterung heraus, aber kein Achselzuckender, er schildert das Duckmäuser-System mit einer rasanten Heiterkeit, ohne Larmoyanz.« Schließlich waren da Christa Wolf und ihr Mann: »Ihre neue Art, offen zu reden, ohne Zweifel loyal gegenüber dem System, kritisch-offen, ohne dass der Besucher dazu nötigt; aber bald ist die DDR natürlich doch das Thema. Nicht aufdringlich, nur ebenso offen ist ihre Überzeugung, dass die Leute hier humaner sind, Menschen.«

Frisch war oft in Ost-Berlin zu Besuch. Er wurde gebeten, aus seinem Werk zu lesen, meist in privatem Kreis unter Kollegen. Er verhandelte auch über eine DDR-Ausgabe seines 1972 veröffentlichten Tagebuchs und einiger Essays. Es ergaben sich dabei, wie nicht anders zu erwarten, Probleme mit kritischen Notizen über die Sowjetunion. Man sagte es ihm dezent. Und er? War wachsam, aber umgänglich, er versuchte, niemandem zu nahe zu treten oder gar überheblich zu wirken. »Viel Unsicherheit scheint dadurch verursacht«, hielt er fest, »dass sie keine andern Länder kennenlernen können; das zehrt am Selbstvertrauen gegenüber dem Ausländer.« Was er sah: »Bürokratismus mit sozialistischer Phraseologie, Staatskapitalismus ohne die mindeste Mitbestimmung von der Basis her.« Die Mauer beschrieb er mit kühlem Architektenblick, was das Monströse des Baus noch krasser hervortreten ließ. Er sah »Betonpfosten, dazwischen horizontale Platten aus Fertig-Beton« und »oben ein Betonrohr (wie Drainage-Rohre), dessen Rundung dem Flüchtling keinen Griff bietet«.

Fasziniert und befremdet war er immer wieder von Grass, mit dem er sich bald freundschaftlich verbunden fühlte. Der sei im privaten Umgang auf natürliche Art bescheiden, notierte er, »bedürftig nach Sympathie, auch fähig zur Anteilnahme«. Jedenfalls solange man unter sich bleibe: »Wenn der Kreis grösser ist, wenn Fremde zugegen sind, kann er nicht umhin, redet als Instanz.« Sie sprachen auch offen darüber, was der ständige Auftritt als »politisch-öffentliche Figur« Grass an literarischer Potenz gekostet haben mochte. Frisch warnte ihn vor einer Kastration der Phantasie durch den Trend zum Pragmatischen und Didaktischen. Im Tagebuch notierte er: »Anruf von einer Redaktion genügt, und er verlautbart. Als könne er Aktualität ohne Grass nicht ertragen. Wie heilt man ihn? Einige behaupten, er höre auf mich wie sonst auf niemand. Mag sein; weil ich zu unscharf widerspreche.« Grass, so nahm Frisch es wahr, habe kein Gefühl dafür, wie er wirke: »Ich treffe kaum jemand, der mit Sympathie von ihm spricht, das Freundlichste ist Bedauern.«

Eine Schlussszene: Im März 1974 begleitet ihn seine Frau Marianne beim Einkauf. Passende Kleidung für eine anstehende Reise in die USA soll besorgt werden, Hosen, Hemden, ein Mantel – auf dass er dort »anständig dastehe«. Frisch fühlt sich nicht wohl dabei, er fragte sich, was die junge Verkäuferin im Geschäft wohl über das Paar denken könnte. Im Spiegel sieht er: »Dieser verfettete Alte, der ich bin!« Und er empfindet eine »groteske Unzumutbarkeit für M.«.

Es war auch eine Schlussszene für das Ehepaar, die in den veröffentlichten Teilen des *Berliner Journals* nur angedeuteten Krisen und Querelen sollten langfristig zur Trennung führen. Auf der USA-Reise lernte Frisch wenige Wochen später jene junge Amerikanerin kennen, mit der er übers Wochenende nach Montauk reiste. Und wieder fragte er sich angesichts der zunächst kurzen Affäre: »Wer die beiden sähe, würde nicht ohne weiteres wissen, was von ihnen zu halten ist: Tochter und Vater oder ein Paar?«

Die Tochter

Von Amerika aus schrieb Frisch seiner 1943 geborenen Tochter Ursula, zu der er auch nach der Scheidung von ihrer Mutter sporadisch Kontakt hielt: »Ich habe mich noch einmal verliebt, in eine Frau deines Alters.« In *Montauk* konnte sie dann ein Jahr später Näheres erfahren. Und darin kam auch sie selbst, die Tochter, vor: als junge Frau, die während eines Gesprächs mit ihm »ungebleichte Schafswolle verarbeitet« habe. Sie war entsetzt. So sah er sie also, der Vater, der keine Scheu hatte, die engsten Angehörigen als Material für seine Literatur zu nutzen? Derart – »in eine Figur verpackt, ein Bild ausstaffierend, als Kontrast fungierend« – wollte sie nicht behandelt werden. Sie fühlte sich missbraucht und brach den Kontakt ab.

»Konsequente Verleugnung des Vaters«, heißt es in dem Erinnerungsbuch *Sturz durch alle Spiegel*, das Ursula Priess mehr als dreißig Jahre später, nun selbst Mitte Sechzig, veröffentlichte, ihrem späten Prosadebüt, das die Stationen einer komplizierten, nicht selten verzweifelten Vater-Tochter-Beziehung nachzeichnet. Zum Erscheinen dieses Buches sprach ich mit ihr im Mai 2009 in Hamburg. Es sei von Vorteil für sie gewesen, sagte sie, einst aus der Schweiz nach Deutschland gekommen zu sein: »Ich hatte damals alles, was es an Briefen und Dokumenten gab, in Schachteln verpackt und vergessen – eine ideale Voraussetzung für das Wiederentdecken der eigenen Geschichte.« Eine öffentliche Abrechnung mit ihrem Vater sei niemals das Ziel gewesen. »Mir war im Gegenteil ganz wichtig, dass nirgendwo von Wut, von Schuld oder gar von Verurteilung die Rede ist.« Sie habe eine Art Bestandsaufnahme im Auge gehabt: »Wie ist das mit meinem Vater und mir eigentlich gewesen? Natürlich gab es sehr schwierige Zeiten, es gab Wutphasen, aber war das wirklich alles?«

Es gab nach der *Montauk*-Lektüre eine Funkstille über Jahre, aber es blieb das Gefühl, »von Spiegeln umstellt« zu sein. Sie war eben eine Tochter des berühmten Frisch, daran war nichts zu ändern. Für sie wenig erfreulich. An die Kindheit erinnert sie sich in ihrem Buch so: »Nie schaute er zurück, nie, und immer stand ich fassungslos, dass er sich nicht noch einmal umdreht und zurückschaut zu mir, kein letzter Blick, kein letztes Winken, das er mir schenkt.« In seinen Gedanken war der Schriftsteller offenbar stets schon wieder ganz woanders.

Der Vater und die Frauen: Das ist der rote Faden, der sich durch das Buch zieht. Viele Namen von Schauspielerinnen seien »vorbeigeflattert wie schillernde Schmetterlinge, deren Exotik ich wohl spürte, aber nie begriff« – bis dann Ingeborg Bachmann ins Spiel kam. Beschrieben wird eine Liebesgeschichte, die »neben allem Glanz und aller Pracht« vor allem von »verzehrender Begierde, Eifersucht und Täuschung« geprägt gewesen sei, »voller Schrecken und voll grausamer Verletzungen, Abstürzen, Krankheiten und einem schrecklichen Tod«. Anfang der sechziger Jahre hatte die Tochter das in Rom lebende Paar besucht, sie fühlte sich willkommen und nahm bei der preziösen Poetin, die Jahre später, 1973, als indirekte Folge ihrer Tablettensucht bei einem Wohnungsbrand ums Leben kam, »neben aller Brillanz und Intelligenz« auch deren »Hilflosigkeit und ihre Angst vor Verletzung« wahr. »Ich mochte sie, so wie ich alle Frauen meines Vaters gemocht habe, nämlich sehr«, heißt es überraschend im *Sturz durch alle Spiegel*. Und es wird darin ein Brief zitiert, den die Tochter 1963, aus Anlass ihrer Volljährigkeit, aus Rom von ihrem Vater erhalten hatte: »Vielleicht brauche ich auch Deine Hilfe einmal. Es wird jetzt alles gegenseitiger. Werden wir einander begleiten? Ich hoffe es, Ursel, ich wünsche es; ich bin bereit dafür.«

Es kam schließlich noch zu einer kaum mehr erhofften Begegnung in Zürich, nicht lange vor seinem Tod, zu einer Versöhnung am »Endbett«. So nannte ihr Vater das mitten im Wohnraum stehende Pflegebett, »worin zu sterben er entschlossen war«. So war es: wenige Wochen vor seinem 80. Geburtstag, am 4. April 1991.

FÜR MICH IST DAS LEBEN GEHEIM
ALBERT CAMUS

Was ist ein berühmter Mann? Das sei einer, notierte Albert Camus 1946, »dessen Vorname nebensächlich ist«. Das galt für ihn, das galt ebenso für seinen großen Gegenspieler Jean-Paul Sartre, der mehr als acht Jahre älter war und ihn um zwanzig Jahre überlebte.

Camus und Sartre. Klingende Namen, bis heute. Beide waren sie in den Nachkriegsjahren die intellektuellen Stars von Paris. Die Existentialisten, die Mandarine, die literarischen Wortführer. Sie wurden zu Symbolfiguren für die ideologischen Auseinandersetzungen in der zweiten Hälfte des 20. Jahrhunderts. Ihre Gegnerschaft prägte die intellektuellen Debatten nicht nur in Frankreich, ihre Entzweiung im Herbst 1951, vor aller Öffentlichkeit ausgetragen, bewegte die Welt, weit über Europas Grenzen hinaus. Sie war ein Fanal, eine politische Wegscheide. Der Bruch, mitten im Kalten Krieg, spaltete die Lager. Über Jahrzehnte galt: Sartre oder Camus? Durfte man auf eine bessere Zukunft in weiter Ferne hoffen, unter Inkaufnahme staatlichen Terrors? Oder sollte man auf humanen Grundsätzen beharren, die menschliche Opfer für eine Idee ausschließen? Kurzum: Kommunismus oder Demokratie? Gulag oder Freiheit?

Im Grunde standen Camus und Sartre einander von Anfang an im Weg. Beide waren sie Erzähler, Dramatiker und Essayisten, Literatur- und Theaterkritiker, Philosophen und Chefredakteure. Beide hatten denselben Verleger. Beide erhielten den Nobelpreis zugesprochen. Camus nahm ihn 1957 überwältigt an. Sartre lehnte ihn 1964 hochmütig ab – nicht ohne in einem Interview zu dementieren, dass er beleidigt sei, »weil Camus ihn vor mir erhalten hat«.

Und es gab da noch eine, auf den ersten Blick unscheinbare Gemeinsamkeit. Beide zogen die Gesellschaft von Frauen der von Männern vor. »Warum die Frauen?«, fragte sich Camus 1951 in seinem Tagebuch. Seine Antwort: »Ich kann die Gesellschaft der Männer nicht ertragen. Sie schmeicheln oder sie richten. Ich ertrage weder das eine noch das andere.« Sartre hatte schon 1940 nahezu wortgleich im Tagebuch notiert, dass er sich »in Gesellschaft von Männern unsäglich langweile«. Und nur äußerst selten erlebe er, »dass die Gesellschaft von Frauen mich nicht unterhält«.

Lange Zeit hielt man sie für Freunde, für Verbündete. Doch eine wachsende Distanz zum Klüngel der Pariser Intellektuellen rund um das Paar Sartre und Simone de Beauvoir konnte Camus irgendwann nicht mehr verbergen. Er mochte noch so viel mit den anderen diskutieren, nächtelang trinken, tanzen und verführen, er war und blieb der melancholische Einzelgänger. Sartre war offensichtlich neidisch auf den umschwärmten und blendend aussehenden Algerienfranzosen, den »Gassenjungen aus Algier«, wie er ihn später nannte. Er selbst, von der Familie her auch finanziell gut ausgestattet, sah sich als Spross der französischen Bourgeoisie. Und er wollte sich davon unbedingt lossagen, so weit und krass wie irgend möglich. Camus dagegen war stolz auf seine Herkunft aus armseligen Verhältnissen und verleugnete seine Wurzeln zeitlebens nicht.

Ein erstes Rencontre lieferten sich die beiden noch aus der Ferne. Camus schrieb 1938 eine Rezension über den Roman *Der Ekel* von Sartre, der revanchierte sich fünf Jahre später, indem er den Camus-Roman *Der Fremde* besprach. Es ging jeweils um Werke, die ihre Autoren als Schriftsteller bekannt machen sollten. Noch behandelte man sich wechselseitig höchst respektvoll, allerdings nicht ohne feine Widerhaken.

Im Sommer 1943, mitten im Krieg, stießen die ambitionierten Männer im besetzten Paris erstmals persönlich aufeinander. Camus, der seit 1940 mit Unterbrechungen in der ungeliebten Stadt lebte, lernte Sartre bei der Premiere von dessen Theaterstück *Die Fliegen* kennen. Man traf sich in den Cafés von Saint-Germain-des-Prés oder auch privat, eine kleine Gruppe von Künstlern und Philosophen. Es gab die gemeinsame Lesung eines Theaterstücks, bei der auch die einzigen Fotos entstanden, auf denen Camus und Sartre zusammen zu sehen sind. Es begann in aller Freundschaft, doch schon bald zeichnete sich Rivalität ab, lange bevor eine intellektuelle Konkurrenz, ein ideologischer Verdrängungswettbewerb daraus werden sollte. Ja, es ging auch um Frauen, um Eroberungen und Dominanz.

Sartre hatte sich selbst einmal gefragt, ob er nicht deshalb die Nähe von Frauen suche, »um mich von der Last meiner Häßlichkeit zu befreien«. Anfang 1944 berichtete er seiner lebenslangen Vertrauten de Beauvoir von einem kleinen Sieg über den Frauenliebling Camus. Es ging um eine Tania, deren Schwester sich für ihn, Sartre, stark gemacht und Tania ins Gewissen geredet habe: »Was sie dächte, Camus nachzulaufen? Was sie von ihm wolle? Wäre ich nicht viel besser? Und so nett?«

Kindereien, die freilich die nur wenige Jahre danach losbrechende »epochale theoretische Diskussion« (Bernard-Henri Lévy) psychologisch vorwegnahmen. Zumal auch Sartres Lebenspartnerin offenbar erotisches Interesse an Camus gezeigt hatte, von ihm aber abgewiesen worden war. Noch war der Ton freundlich. Als Sartre 1945 in den USA über »Neue Literatur in Frankreich« sprach, stellte er sie als ein »Ergebnis der Widerstandsbewegung und des Krieges« dar: »Ihr bester Repräsentant ist der dreißigjährige Albert Camus.« Es sei lebensgefährlich gewesen, erklärte Sartre den Amerikanern, im besetzten Paris »illegal Artikel zu veröffentlichen«.

Camus war im Sommer 1944 zum Leiter der heimlich gedruckten Zeitung »Combat« bestellt worden, und er blieb auch noch nach dem Krieg, nach der Legalisierung des Blattes für längere Zeit Chefredakteur. Seine Leitartikel waren in Paris Gesprächsthema, sein Ruf als Résistance-Journalist verhalf ihm zu Anerkennung und Ruhm. Sartre, der 1945 die monatlich erscheinende Zeitung »Les Temps Modernes« gründet, will Camus jetzt am liebsten für seine Vorstellungen von engagierter Literatur vereinnahmen. Im Untergrund habe man gelernt, »dass die Freiheit des Worts, wie die Freiheit an sich, unter Umständen mit den Waffen verteidigt werden muss«. Und daraus folgert er, dass sich auch die Schriftsteller in ihren Werken »vollständig engagieren« müssten.

Camus reagiert zunächst still für sich, in seinem Tagebuch: »Die engagierten Menschen sind mir lieber als die engagierte Literatur.« Er weigert sich, denjenigen, der ein Gedicht über den Frühling verfaßt, als »Diener des Kapitalismus« anzusehen. »Ja, ich sähe sie gern in ihren Werken weniger und in ihrem Alltagsleben ein bisschen mehr engagiert«, notiert er. Und er empört sich, als Sartre 1946 in seiner Gegenwart moralische Bedenken gegen die Sowjetunion mit dem Scheinargument zurückweist, es sei zwar schlimmer, »mehrere Millionen Menschen zu deportieren, als einen Neger zu lynchen«, aber im Laufe von mehr als 100 Jahren seien ebenso viele »Neger ins Unglück gestürzt« wie Tscherkessen deportiert worden.

Es kommt zum Streit, zunächst noch im kleinen Kreis. Camus kann die Versuche, Menschenopfer für eine höhere Idee zu rechtfertigen, nicht ertragen. Einmal verlässt er türenschlagend eine private Zusammenkunft. Er nutzt die Mittel der Literatur, um die eigene Position zu verteidigen. Den Ich-Erzähler seines 1947 publizierten Romans *Die Pest* läßt er erklären: »Aber mir wurde gesagt, diese wenigen Toten seien notwendig, um eine Welt herbeizuführen, in der niemand getötet werde. In gewissem Sinne stimmte das, und vielleicht bin ich ganz einfach nicht fähig, mich auf der Höhe derartiger Wahrheiten zu halten.« Das ist von grimmiger Ironie, zeigt aber auch eine wachsende Verbitterung.

Camus ist inzwischen auf dem Gipfel seines Ruhms. *Die Pest* verkauft sich zu Hunderttausenden, ein Welterfolg. Auch die 1942 veröffentlichte Schrift *Der Mythos von Sisyphos* bleibt in den Nachkriegsjahren ein viel gelesenes und international diskutiertes Werk. Als Schriftsteller hat Camus, der Junge aus Algier, der nur ein wenig Philosophie ohne Abschluss studierte, seinem Konkurrenten Sartre, dem Eliteschüler der École normale supérieure, den Rang abgelaufen. Mit seinem im Herbst 1951 publizierten philosophischen Glanzstück *Der Mensch in der Revolte*, einem Entwurf für eine humane Zukunft, tritt er noch einmal als Theoretiker an. Er will die Diskussion wieder in Gang bringen (und es wird in den kommenden Jahren auch gelingen) – doch hat er nicht mit dem erbitterten Widerspruch der Pariser Intellektuellenszene rund um Sartre gerechnet.

Zwar reicht die gegenseitige Achtung noch für den Vorabdruck eines Kapitels (»Nietzsche und der Nihilismus«) in »Les Temps Modernes«. Dann aber herrscht Schweigen. Camus erwartet eine Besprechung, und das weiß man im Redaktionsteam. Sartre spricht sich schließlich dafür aus, besser spät eine Kritik zu bringen als überhaupt nicht. Ein junger Redakteur, 29 Jahre alt, soll das erledigen. Keine freundliche Geste, zumal der Rezensent sich profilieren will und einen bösen Verriss schreibt. Der empfindsame Camus, sonst selbst gern ein polemischer Streiter, ist tief getroffen. Und er macht den Fehler, eine ausführliche Erwiderung zu schicken, adressiert (damals durchaus üblich) an den Chef.

Was folgt, ist eine menschliche Tragödie. Und doch: Ohne die Antwort von Camus und die folgende Reaktion von Sartre wäre der Welt eine erhellende Zuspitzung der Standpunkte entgangen, die auf Jahre hinaus die politische Diskussion bestimmen wird. Denn all das spielt sich vor dem Hintergrund des Kalten Krieges ab, was das Lagerdenken zusätzlich anheizt und der Kontroverse eine über den Streit zweier Autoren hinausreichende Bedeutung verleiht. Camus, der in jungen Jahren selbst für einige Zeit Mitglied der kommunistischen Partei gewesen ist, wehrt sich gegen die Unterstellung, er sei zum Rechten geworden, nur weil ihm von dieser Seite Beifall gespendet wird und er kein Marxist sein will. Er fragt zurück, wie man es denn mit dem Sowjetkommunismus und den Verbrechen Stalins zu halten gedenke. Was nütze es, »das Individuum theoretisch zu befreien«, während man zulasse, »dass der Mensch unter bestimmten Bedingungen unterjocht werden kann«?

Sartre fühlt sich herausgefordert. Seine Antwort, noch in derselben Nummer gedruckt, fällt gnadenlos aus. Sie ist ein hinterhältiges und gemeines, zugleich grandioses Meisterstück an persönlicher Polemik. Sie zielt auf Verletzung: eine Verstoßung aus den heiligen Hallen der Politik und Philosophie. Camus soll erledigt werden. Schon gleich im ersten Satz zerreißt Sartre das Band: »Lieber Camus, unsere Freundschaft war nicht einfach, doch ich werde sie vermissen.« Ein Hohn angesichts der folgenden Anwürfe und Gemeinheiten, gipfelnd in der ironischen Infragestellung des Theoretikers Camus: »Und was, wenn Ihr Buch einfach nur von Ihrer philosophischen Inkompetenz zeugen würde?« Dann noch eins obendrauf: »Wenn Sie nicht besonders gut denken könnten? Wenn Ihre Gedanken vage und banal wären?«

Sartre verrennt sich, und er verrät sich. »Ja, Camus, ich finde genau wie Sie die Lager unzulässig: aber genauso unzulässig finde ich den Gebrauch, den die sogenannte ›bürgerliche Presse‹ davon macht.« Genauso unzulässig? Das ist perfide und verlangt nach einer Antwort. Doch die Gegenrede, zu der Camus sich noch einmal aufrafft, bleibt in der Schublade. Er mag nicht mehr mitspielen. Ihn lähmt »dieser plötzliche Ausbruch lange unterdrückten Hasses«, wie er später seiner Frau schreibt. Er zieht sich zurück. »Emporkömmlinge des revolutionären Geists, Neureiche und Pharisäer der Gerechtigkeit«, schreibt er ins Tagebuch. »Es gibt den Betrug, die Verunglimpfung, die Denunziation des Bruders.«

Als Camus Jahre später den Nobelpreis erhält, beantwortet er auf der Pressekonferenz in Stockholm die Frage nach seinen Beziehungen zu Sartre entspannt: »Die Beziehungen sind hervorragend, mein Herr, denn die besten Beziehungen sind jene, bei denen man sich nicht sieht.« In einer der Reden, die er in Schweden hält, macht er noch einmal deutlich, dass er nie daran gedacht hat, sich als Schriftsteller »den Tragödien seiner Zeit« zu entziehen. »Wir Schriftsteller des 20. Jahrhunderts werden nie mehr allein sein«, sagt er. »Im Gegenteil, wir müssen wissen, dass wir dem gemeinsamen Elend nur entrinnen können und dass unsere einzige Rechtfertigung, wenn es eine gibt, darin besteht, nach bestem Können für die zu sprechen, die es nicht vermögen.«

Wer historisch recht bekam, ist von heute her leicht zu entscheiden. Camus war der Hellsichtige. Doch er fühlte sich bis zu seinem Tod als geschlagener Mann, der von der tonangebenden Linken Europas geächtet wurde. Sartre, der sogar noch die Schauprozesse in der UdSSR verteidigte, ging scheinbar als Sieger aus der Schlacht hervor. Und wurde, als der andere längst gestorben war, zur Ikone der revoltierenden Studenten von 1968. Er sonnte sich im Zuspruch, marschierte auf Demonstrationen mit, sprach zu streikenden Arbeitern, ließ sich verhaften. Er verteidigte die chinesische Kulturrevolution, zeigte Verständnis für Diktatoren wie Castro und Kim Il-Sung – und für die Terrorakte der deutschen RAF. In einem »Spiegel«-Gespräch erklärte Sartre 1973 allen Ernstes: »Es gibt ein interessantes Phänomen: die Baader-Meinhof-Gruppe. Ich meine, dass das wirklich eine revolutionäre Gruppe ist, ich meine aber auch, dass sie vielleicht zu früh angefangen hat.« Zwei Jahre später suchte er Andreas Baader in seiner Stammheimer Zelle auf.

Möglich, dass Sartre sich manche Verirrung erspart hätte, wäre der geliebte Feind noch als kritisch mahnendes Gegenüber vorhanden gewesen. Als Camus, 46 Jahre alt, im Januar 1960 bei einem Autounfall ums Leben kam, verfasste Sartre einen erschütterten Nachruf. »Für alle, die ihn liebten, liegt in diesem Tod etwas unerträglich Absurdes«, schrieb er. Nun plötzlich war Camus »eine der Hauptkräfte unserer geistigen Welt«, unentbehrlich »für die Spannung, die das Leben des Geistes ausmacht«, geeignet, »auf seine Weise die Geschichte Frankreichs und unseres Jahrhunderts zu verkörpern«. Fünfzehn Jahre später wurde Jean-Paul Sartre im Alter von 70, fünf Jahre vor seinem Tod, in einem Interview der »Temps Modernes« noch einmal nach der Beziehung gefragt. Seine Antwort war: Albert Camus sei »vermutlich mein letzter guter Freund gewesen«.

»Tief in mir die spanische Einsamkeit«, schrieb der einst in sein Tagebuch. »Der Mensch entgeht ihr nur für die ›Augenblicke‹, dann kehrt er auf seine Insel zurück.« Zum Opfer allerdings stilisierte Camus sich nicht. Er war sich des eigenen polemischen Talents durchaus bewußt. Mit anderen, zum Beispiel mit André Breton, ging er ja keineswegs zimperlich um. Vielleicht ahnte er den Sturm voraus, als er sich vornahm: »Nie jemanden angreifen, vor allem nicht in Schriften. Die Zeit der Kritiken und der Polemik ist vorbei.« Doch die Welt, sie war nicht so, dass man sich aus ihr einfach zurückziehen könnte. Camus jedenfalls konnte es nicht. Die Überzeugung, zu Beginn des Zweiten Weltkriegs notiert, hallte lange in ihm nach: dass die Elfenbeintürme eingestürzt seien, und dass es nicht erlaubt sei, »sich selbst und den anderen gegenüber ein Auge zuzudrücken«.

Der Schatten der politischen Debatte liegt bis zum Schluss auf dem Tagebuch der fünfziger Jahre. Immer wieder zeigt sich, wie stark das politische Argument mit der persönlichen Verletzung gekoppelt ist, eins durch das andere Kraft bezieht. Paris sei ein Dschungel, und seine »wilden Tiere« seien mies. Camus, dessen frühe Begegnung mit der kommunistischen Partei Frankreichs schon 1937 mit Austritt und Abkehr geendet hatte, ist davon überzeugt, dass die Verbrechen des Sowjetregimes weder zu verharmlosen noch zu verschweigen seien. Mit dem Spürsinn des Verletzten und Gekränkten zieht er gnadenlos die Motive der Kommunisten und ihrer Freunde in Zweifel: »Intellektueller Verrat der Linken. Wenn es wirklich ihr Ziel ist, das revolutionäre Prinzip in der UdSSR beizubehalten und dabei nach und nach seine Entartungen zu korrigieren, hätte die russische Regierung kaum Gründe, auf ihre totalitären Methoden zu verzichten, da sie doch immer von vornherein entschuldigt werden.« In Wirklichkeit, so sein Befund, erkläre sich der Verrat unserer Intellektuellen »aus anderen Gründen als der Dummheit«.

Um welche Gründe es sich dabei handeln könnte, macht Camus mit einer kleinen Anekdote deutlich, die er gelesen hat: »Ein bald zehnjähriges kleines Mädchen erklärt: ›Wenn ich groß bin, trete ich der grausamsten Partei bei.‹ Auf Befragen erläutert sie: ›Wenn meine Partei an der Macht ist, habe ich nichts zu fürchten, und wenn es die andere ist, habe ich weniger zu leiden, weil ich von der weniger grausamen Partei verfolgt werde.‹«

Immer wieder versucht er im Tagebuch, sich selber Mut zu machen: »Schreiben natürlich. Veröffentlichen natürlich und für all das den Preis bezahlen, natürlich.« Und dann, am 8. August 1957, eine grundsätzliche Infragestellung. Camus hat Dostojewskis *Schuld und Sühne* gelesen und zweifelt zum ersten Mal vollkommen an seiner Berufung zum Schriftsteller: Er habe bisher geglaubt, das Werk sei ein Dialog. Nun fragt er sich: Mit wem? »In der Tat und Wahrheit kann ein Schöpfer heute nur ein einsamer Prophet sein, der von einer maßlosen Schöpfung bewohnt und aufgefressen wird. Bin ich ein Schöpfer? Ich habe es geglaubt. Genauer gesagt habe ich geglaubt, dass ich einer sein könnte. Heute zweifle ich daran, und die Versuchung ist groß, dieses unablässige Bestreben zu verwerfen, das mich selbst mitten im Glück unglücklich macht, diese leere Askese, diesen Ruf, der mich ich weiß nicht was entgegenstemmt.«

Algerien oder Frankreich? Wo ist seine Heimat? Die Risse vertiefen sich im Laufe der fünfziger Jahre. Als Camus in seinem letzten Lebensjahr dem Land seiner Geburt noch einmal einen Besuch abstattet, ist der Konflikt längst offen ausgebrochen. Im März 1959 reist er nach Algier, um seine Mutter im Krankenhaus zu besuchen: »Immer noch der gleiche Eindruck auf dem Feld von Maison-Blanche: mein Land. Dabei ist der

Himmel grau, die Luft mild und schwammig. Ich richte mich in der Klinik auf den Höhen von Algier ein. In dem makellosen Zimmer mit den weißen und kahlen Wänden: nichts. Ein Taschentuch, ein kleiner Kamm. Auf den Bettüchern: ihre knotigen Hände. Draußen die wunderbare Landschaft, die hinabreicht bis zum Golf. Aber das Licht und die Weite tun ihr weh. Sie möchte das Zimmer im Halbdunkel haben.«

Solch zarte Töne, eine andere Person betreffend, sind im Tagebuch rar. Einmal mehr wird deutlich, welch wichtige Rolle die Mutter spielt, eine einfache Frau, die ihre beiden Söhne allein großgezogen hat, nachdem ihr Mann im Ersten Weltkrieg gefallen war, nicht einmal ein Jahr nach der Geburt des kleinen Albert. Im Krankenhaus von Algier notiert Camus: »Schlechte Nacht. Es regnet auf den Golfplatz und die Hügel. Die Glyzinien: Sie haben meine Jugend mit ihrem Duft, mit ihrer geheimnisvollen und reichen Glut erfüllt … Erneut und unermüdlich. Sie sind in meinem Leben lebendiger und gegenwärtiger gewesen als manche Menschen … außer diesem hier, der neben mir leidet und dessen Schweigen ein halbes Leben lang nicht aufgehört hat, mit mir zu sprechen.«

Seine Mutter, sein Land. Die Loslösung Algeriens von Frankreich wird Camus nicht mehr erleben. Doch er sieht voraus, dass es so kommen wird – und er fürchtet es. Im Sommer 1958 findet sich die kurze Notiz: »Am Morgen von Algerien umgetrieben. Zu spät, zu spät …. Wenn ich mein Land verlöre, wäre ich nichts mehr wert.« Camus hat sich mit Äußerungen zum Algerienkrieg auffallend zurückgehalten, zumindest in der Öffentlichkeit. Die Stellungnahme, die man von ihm erwartete, blieb aus. Hinter den Kulissen hat er versucht, auf die kämpfenden Parteien mäßigend einzuwirken. Doch er muss seine Grenzen bald erkannt haben. Er habe darauf verzichtet, öffentlich eine Stimme der Vernunft laut werden zu lassen, schreibt er an einen algerisch-kabylischen Freund, einen Schriftsteller. Er hoffe gegen jede Hoffnung, es eines Tages tun zu können.

Dieser Brief war ihm so wichtig, dass er einen Entwurf oder eine Abschrift dem achten Heft seines Tagebuchs beigelegt hat: »Aber unter uns muss ich Dir meine Reaktion sagen, und Du darfst eines nicht übersehen: Wenn man auf die Franzosen Algeriens *im allgemeinen* und als solche genommen schießt oder rechtfertigt, dass man schießt, dann schießt man auf die Meinen, die allezeit arm waren und ohne Haß und die nicht in eine ungerechte Revolte verwickelt werden dürfen. Es gibt keine Sache, selbst wenn sie unschuldig und gerecht geblieben wäre, die mich je die Solidarität mit meiner Mutter aufgeben ließe, die die größte Sache ist, die ich auf Erden kenne.«

Die Mutter, die die meiste Zeit seines Lebens ferne Mutter, ist der einzige Mensch, zu dem sich Camus, zumindest im Tagebuch, rückhaltlos bekannt hat. Im Umgang mit Menschen war er in extremem Maß irritierbar, verletzbar – dazu bedurfte es gar nicht einer Sartreschen Vernichtungsrhetorik und einer öffentlichen Aufkündigung der Freundschaft. Er wollte einfach geliebt werden, von Lesern, Freunden, Frauen. Und er fühlte sich niemals genug geliebt. Mit Ende dreißig notierte er: »Alle, ob Mann oder Frau, verlangen unablässig ihren Anteil, um mich zu vernichten, ohne mir jemals, jemals die Hand zu bieten, mir zu Hilfe zu kommen, mich endlich für das zu lieben, was ich bin, und damit ich bleibe, was ich bin. Sie halten meine Energie für grenzenlos und finden, ich müsse sie an sie verteilen, damit sie leben. Aber ich habe alle meine Kräfte in der verzehrenden Leidenschaft des Schaffens eingesetzt, und im Übrigen bin ich der hilfloseste und bedürftigste aller Menschen.«

Ein Spannungsfeld, das für Schriftsteller immer wieder zum Problem wird: hier die Gesellschaft, die Freunde, die Familie, dort die Einsamkeit des Schreibens, die notwendige Abschottung. Die Geselligkeit, die Öffentlichkeit auf der einen Seite, die Öde und Leere am Schreibtisch auf der anderen. Wie man das zusammenbringt, weiß auch Camus nicht. Sein in den fünfziger Jahren stetig wachsender Ruhm setzt ihn allen möglichen

Ansinnen aus. Jeder möchte etwas von ihm. Er möchte seine Ruhe.

Die Tagebücher von Camus sind keine intimen Journale. Es handelt sich um »Carnets«, um Notizbücher, Arbeitsjournale: Den größten Raum nehmen Skizzen, Entwürfe, Einfälle für Theater- und Prosastücke ein: Dialogfetzen, Aufrisse, Personenregister, bisweilen minimale Details, oft genug dunkel und aus dem gedachten Zusammenhang gerissen. Meist ist in diesen Aufzeichnungen von ihm selbst scheinbar gar nicht die Rede. Camus hat seinen Notizen nicht übermäßig viel Bedeutung beigemessen. Die bei Tagebuchschreibern gelegentlich auftretenden Begleiterscheinungen einer regelrechten Sucht bis hin zum Kater und Selbstekel finden sich hier nicht, auch nicht das Gefühl, sich im täglichen Notat zu verausgaben.

Camus ist sich darüber im Klaren, dass er sich selbst gegenüber Diskretion wahrt. Er nimmt sich gelegentlich vor, diese Hürde zu überspringen, aber es bleibt bei Ansätzen – mag sein, dass auch Rücksichtnahme der Familie gegenüber eine Rolle spielt. Zu Beginn des neunten, des letzten Heftes, Anfang August 1958, heißt es dann, er zwinge sich, dieses Tagebuch zu führen, aber sein Widerwille sei groß – Camus benutzt hier das Wort »journal«, nicht »carnet«. Tatsächlich gibt es für einige Zeit fast tägliche Notizen, Personen tauchen mit Namenskürzeln auf, Begegnungen, Verabredungen zum Essen, Begrüßungen am Bahnhof. Doch auch jetzt noch bleibt Camus verschwiegen, auch und besonders dann, wenn es um sein Verhältnis zu Frauen geht.

Er wisse nun, warum er nie ein regelrechtes Tagebuch geschrieben habe, notiert er: »Für mich ist das Leben geheim. Geheim für die anderen (und das hat X. so sehr bekümmert), aber es muss es auch in meinen eigenen Augen sein, ich darf es nicht in Worten kundtun. Heimlich und ohne Formulierung, so ist es für mich am reichsten. Wenn ich mich gegenwärtig dazu zwinge, dann aus panischer Angst vor meinem mangelnden Gedächtnis. Aber ich bin nicht sicher, ob ich weitermachen kann. Ich vergesse übrigens so schon viele Dinge aufzuzeichnen. Und ich sage nichts von meinen Gedanken. Zum Beispiel mein langes Nachdenken über K.«

Die Angst vor dem Verlust des Gedächtnisses war ihm stets gegenwärtig. Fast gleichlautende Formulierungen finden sich schon in den frühen Tagebüchern. So notierte Camus im Oktober 1946, einen Monat vor seinem 33. Geburtstag: »Seit einem Jahr läßt mein Gedächtnis mich im Stich. Meine Unfähigkeit, eine Geschichte zu behalten, die erzählt wurde – mir ganze Stücke Vergangenheit in Erinnerung zu rufen, obwohl sie einmal lebendig waren. Bis das besser wird (falls es besser wird), muss ich hier mehr und mehr Dinge aufzeichnen, wohl oder übel auch persönlicher Art. Denn schließlich befindet sich für mich alles auf derselben ein wenig dunstigen Ebene, das Vergessen erfasst auch das Herz.« Und im Februar 1950 heißt es: »Gedächtnis läßt immer mehr nach. Sollte mich entschließen, ein Tagebuch zu führen. Delacroix hat recht: alle diese Tage, die nicht aufgezeichnet wurden, sind wie Tage, die es nicht gegeben hat.« Ermahnungen ohne Echo.

Doch wenn nicht alles täuscht, findet Camus eine Möglichkeit, sein geheimes Leben in die Blätter zu schmuggeln. Schon in den frühen Tagebüchern hat es mitunter den Anschein, als sei eine Szene oder eine psychische Disposition, kurz umrissen, vielleicht doch weniger eine Idee für ein Romanprojekt oder ein Theaterstück als vielmehr eine gut getarnte autobiografische Notiz – auch wenn vorweg ein absicherndes Wort, »Roman« oder »Stück«, davorgestellt wird. Beweisen läßt sich das nicht, doch im dritten Tagebuch treten solche Fragmente gehäuft auf, zusammengenommen lesen sie sich wie »Szenen einer Ehe«.

So heißt es unter dem Stichwort »Roman«: »Wer die Ehe bricht, ist dem oder der Verratenen gegenüber auf der Anklagebank. Aber es gibt kein Urteil. Oder das unerträgliche Urteil besteht vielmehr darin, ewig auf der Anklagebank zu sein.« Und an anderer Stelle: »Gerade weil er ihr ein so großes Unrecht zufügte, suchte er jede noch so kleine Gelegenheit, bei der sie nicht zuvorkommend oder gar liebevoll genug zu sein schien. Und das machte er ihr zum Vorwurf, nicht etwa in der Hoffnung, seine Schuld je abzutragen, sondern um sie zusammen mit ihm in ein gemeinsames Los einzubeziehen und sie weiterhin an seiner Seite leben zu lassen, aber jetzt auf der öden und der Liebe beraubten Erde.« Einer angeblich projektierten weiblichen Romanfigur wird die Bemerkung in den Mund gelegt: »Ich verstehe die verheirateten Frauen nicht, die ihre Männer piesacken. Sie haben das Geld, einen Vater für ihre Kinder, die Sicherheit, die gesicherten alten Tage, und obendrein verlangen sie noch die Treue. Sie übertreiben.«

Natürlich gibt es auch konkrete literarische Projekte, die jeweils einen Arbeitstitel haben. Eines dieser Projekte ist ein geplantes Theaterstück *Don Juan Faust* oder *Don Faust*, in dem die Faust-Figur und die des Don Juan zu einer einzigen verschmelzen sollen, ein Plan aus den vierziger Jahren. Der Verführer Don Juan taucht im Übrigen als einer, der nicht bedauert, »im Genuss die Sehnsucht verloren zu haben«, schon im *Mythos von Sisyphos* auf. Gegen Ende, 1959, lautet einer der letzten Einträge: »Es gibt keinen Don Juan mehr, da die Liebe frei ist. Es gibt Männer, die besser gefallen als andere. Aber weder Sünde noch Heroismus.«

Verführung, Ehebruch, Vorwürfe der Ehefrau: ein geschlossenes Bild ergibt das nicht. Und gewiss hat man auch hier bei autobiografischen Rückschlüssen die gebotene Vorsicht walten zu lassen. Zum Thema Sexualität finden sich einige offene Stellungnahmen. Einmal läßt Camus eine frustrierte Ehefrau – hier als X – zu Wort kommen, so als sei es ihm wichtig, der Ehe auch noch einen anderen Spiegel vorzuhalten: »Am Morgen weckt er sie, indem er sie mit dem Knie in den Rücken pufft, damit sie das Frühstück macht ... Sie: ›Ich ficke nicht, ich gehe nicht aus, ich bin das Dienstmädchen, und das seit drei Jahren.‹« Ein solcher Sprachgebrauch ist äußerst selten. Camus bevorzugte beim Thema Sexualität einen dezenten Ton und übt Zurückhaltung. Ein selbstgefälliger Eintrag wie in den späten Tagebüchern Thomas Manns (»Starke Sexualität zur Zeit. Volle Potenz.«) – undenkbar! Stattdessen ein sonderbarer Begriff von Keuschheit: »Pasiphae verlangt aus Keuschheit nach dem Stier. Er steht für die reine Lust, die blitzartige Lust, und nicht für jene wiederholten und abgeschabten Akte, jene Schreie, jene keuchenden Wonnen, jenen über Jahre hinweg verfolgten Rausch der Sinne, um ein unmögliches Verschmelzen zu erreichen. Der Stier, rasch und sengend wie ein Gott.«

Aber im Klartext heißt es auch: »Der Sex, seltsam, fremd, einsam, der unaufhaltsam und eigenmächtig beschließt, vorwärts zu gehen, der dann unwiderstehlich ist und dem man blind folgen muß, der sich, nach Jahren des Rasens und vor anderen Jahren sinnlichen Irrsinns, plötzlich weigert und verstummt – der in der Gewohnheit gedeiht, auf das Neue ungeduldig reagiert und erst in dem Augenblick auf die Unabhängigkeit verzichtet, da man bereit ist, seinen Durst völlig zu stillen. Welcher auch nur ein wenig Anspruchsvolle könnte je von ganzem Herzen in diese Tyrannei willigen? Keuschheit, o Freiheit!«

Klartext? Nein, über die erotischen Erfahrungen und Kämpfe, Erfolge und Niederlagen des Mannes Albert Camus ist hier nichts zu erfahren. Man glaubt, ein Muster von Schuld und Verstrickung, Leidenschaft und Enttäuschung herauszuhören: Faszination und Überdruss. Es bleibt bei diesen kargen Hinweisen. Und das Folgende steht dann wieder unter dem Schutzschild »Roman«, auch wenn es sich dabei um einen nicht realisierten autobiografischen Roman zu handeln scheint; der dritte Teil jedenfalls wird so umrissen: »Die Erziehung eines Menschen. Unfähig, sich den Körpern zu entreißen. Ah! Die Unschuld der ersten Akte! Aber die Jahre vergehen, die Menschen binden sich, und jeder fleischliche Akt fesselt, prostituiert, engagiert jedesmal mehr.«

Erst im neunten Heft aus den Jahren 1958 bis 1959 kommt ein Anflug von Konfession ins Spiel, zaghaft ist von Frauen und Mädchen die Rede, einer A. M., einer Karin, einer M. und noch einigen anderen. Kurz und knapp heißt es etwa am 31. Juli 1958: »A. M. kommt am Nachmittag für eine halbe Stunde zu mir. Im Tageslicht sehe ich die von den elf Jahren hinterlassenen Spuren. Sie war 22, also ist sie jetzt 33. Aber wir lachen viel miteinander.« Karin, mit der er einen Tag später am Abend über den Montmartre bummelt, ist achtzehn, sie arbeitet als Mannequin. Sie fasziniert den Mann Mitte vierzig, aber es bleibt die Distanz – soweit es der Notiz zu entnehmen ist: »Der Mut dieser Mädchen der Jahrhundertmitte erfüllt mich immer wieder mit der gleichen Bewunderung. Ein bisschen jungenhafte Schönheit, aber langsam, wie abwesend. Rückkehr. Ihre Natürlichkeit. Sie hält mir sofort ihren frischen Mund entgegen, dann geht sie, bündig und reserviert.«

So spricht einer, der die Fassung nicht verlieren will, der sich nicht in die Karten gucken lässt, der sich selbst nicht gern in die Karten schaut. Die folgenden Tage gehören einer gewissen M.: Essen, Tanzen, Gespräche, auch hier Distanz – und die Erkenntnis: »Das leidenschaftlichste Geschöpf, das ich gekannt habe, ist in Wirklichkeit das keuscheste.« Wie auch immer: Den Kampf gegen die eigene Halbherzigkeit zu verfolgen, hat eine eigene Spannung. In der dritten Person bemerkt Camus nicht ohne Selbstironie: »Die Notwendigkeit, einen Teil seines Lebens zu verbergen, gab ihm den Anstrich von Tugend.«

Am 17. Oktober 1957 wird Camus der Nobelpreis für Literatur zugesprochen. Er ist 43 Jahre alt, und sein bisher veröffentlichtes Werk ist nicht eben umfangreich. Hat er den Preis verdient? Er ist der Erste, der sich das fragt. Das unmittelbare Echo im Tagebuch ist alles andere als euphorisch: »Nobelpreis. Eigenartiges Gefühl der Niedergeschlagenheit und der Wehmut. Als ich 20 war, arm und nackt, habe ich den wahren Ruhm gekannt. Meine Mutter.« Sie ruft er noch am selben Tag in Algier an. Er ahnt bereits, dass der Ruhm seinen Preis haben wird. Die anderen werden ihn an dieser Auszeichnung messen – und viele durchaus nicht wohlwollend.

So kommt es. Zwei Tage später, am 19. Oktober, notiert Camus: »Erschrocken über das, was mir zustößt und was ich nicht verlangt habe. Und zur Krönung des Ganzen so gemeine Angriffe, dass es mir das Herz zuschnürt. Rebatet wagt es, von meiner Sehnsucht zu sprechen, ein Exekutionskommando zu befehligen, während er doch zu jenen gehört, für deren Begnadigung ich mit anderen Schriftstellern der Résistance eingetreten bin, als er zum Tode verurteilt wurde. Er wurde begnadigt, aber er kennt keine Gnade für mich. Wieder die Lust, dieses Land zu verlassen. Aber um wohin zu gehen?«

Er müsse diese Art Schrecken überwinden, schreibt er weiter, die unbegreifliche Panik, in die ihn die unerwartete Nachricht gestürzt habe. Dann brechen die Aufzeichnungen vorerst ab, von drei Erstickungsanfällen ist noch die Rede, erst Ende Dezember gibt es wieder Eintragungen, nach der Verleihung des Nobelpreises, nach den Reden in Stockholm und Uppsala, Reden, in denen er sein künstlerisches und gesellschaftspolitisches Credo formuliert hat. Aber immer noch ist von Panik die Rede, von endlosen Angstzuständen; erst Anfang des neuen Jahres hören die Anfälle auf, es bleibt eine »dumpfe und beständige Beklemmung«.

Wenig später nimmt er sich vor: »Die Notwendigkeit von Feinden zugeben. Lieben, dass es sie gibt.« Und er fragt sich: »Könnte ich nicht am Ende unter dem Übermaß meiner Verantwortungen gelitten haben?« Eine lange Reihe von Selbstvorwürfen durchzieht das Tagebuch. Niemand habe mehr als er die Harmonie, die Hingabe und das endgültige Gleichgewicht begehrt, heißt es. Er mache sich tagelang die hässlichste Vorstellung von sich, oder einfach: Er sei nicht stolz auf sich.

Ein halbes Jahr vor seinem Tod, im Juni 1959, notierte Camus, der Moralist, die überraschenden Worte: »Ich habe den moralischen Standpunkt aufgegeben. Die Moral führt zur Abstraktion und zur Ungerechtigkeit. Sie ist die Mutter des Fanatismus und der Verblendung. Wer tugendhaft ist, muss Köpfe abschneiden. Aber was soll man von jemand sagen, der sich zur Moral bekennt, ohne entsprechend leben zu können. Die Köpfe fallen, und er erlässt Gesetze, treulos. Die Moral zerteilt, trennt, zehrt ab. Man muss sie fliehen, annehmen, dass man gerichtet wird, ohne länger zu richten. Ja sagen, die Einheit schaffen – und inzwischen Todesqualen ausstehen.« Und zuvor noch ein Appell an sich, durch Unterstreichung hervorgehoben: »In meinem Leben alles vernichten, was nicht diese Armut ist. Sich zugrunde richten.«

Camus ist bis zuletzt stolz auf seine Herkunft aus der Armut, aus dem Elend. Er wird nicht aufgeben, sich nicht unterkriegen lassen. Er muss wieder etwas schaffen, sein Werk vorantreiben, das stagniert. Es fällt auf, wie wenig ästhetische oder poetologische Notate in diesem Tagebuch zu finden sind. Immerhin: er arbeitet an einem neuen Roman, der *Der erste Mensch* heißen soll, er will seinem Werk noch etwas hinzufügen, auch wenn die Selbstzweifel nicht zu überhören sind. Er zitiert den 43 Jahre alten Nietzsche, der von sich sagt, sein Leben stehe gerade jetzt »wie im vollen Mittag«, eine Tür schließe sich, eine andere tue sich auf. Soll es eine Hoffnung ausdrücken? Camus war gerade 45 geworden, und angesichts des Geburtstags gab er sich Mühe, optimistisch zu klingen – da hatte er noch etwas mehr als ein Jahr zu leben: »Wie beabsichtigt ein Tag des Alleinseins und der Besinnung. Schon jetzt mit der Loslösung beginnen, die mit 50 vollendet sein muß. An dem Tag werde ich herrschen.«

Dass übermäßig oft – nicht allein bei Camus – Momente des Verzagens im Tagebuch zu Wort kommen, ist offensichtlich. Die Glücksmomente des Lebens machen den Chronisten träge. Eine Ausnahme gibt es: Selten erlebt man Camus so gelöst wie auf Reisen in der Mittelmeer-Region. Algerien, Italien, Griechenland: Wenn er das Wasser sieht, das Licht, die Sonne – dann ist er ein anderer Mensch, dann gibt es in seinen Notizen das seltene Wort: Glück. Ein flüchtiges Glück, das festgehalten werden muß: »Ich verlasse mit Bedauern diesen Strand, wo ich eben glücklich gewesen bin.«

Die Eintragungen auf Reisen haben einen eigenen Ton. Camus ist nicht mehr kurz angebunden, skizzenhaft bis zur Unverständlichkeit, er schwelgt und schwärmt jetzt, beschreibt Orte, Landschaften, Menschen. Er erzählt. Seitenweise erzählt er von seiner ersten Fahrt durch Griechenland, hin zu den Inseln – oder vom Abend auf einem Schiff: »Freies Leben des Meers und das Glück dieser Tage. Hier läßt sich alles vergessen und erneuern. Ich bewahre in meinem Mund, in meinem Herzen, den Geschmack dieser wunderbaren Tage, die ich damit verbrachte, zwischen den von Blumenkronen und Säulen bedeckten Inseln in einem unermüdlichen Licht über das Wasser zu fliegen, eine zweite Offenbarung, eine zweite Geburt ...«

Stets erinnerte ihn das Meer an das Land seiner Geburt, an Algerien, an seine Mutter. Als er wieder einmal dorthin flog und Algier von oben sah: »Von der Höhe des Flugzeugs aus, das die Küste entlangfliegt, wirkt die Stadt wie eine Handvoll schimmernder, am Rand des Meers ausgestreuter Kiesel.« Das Meer: eine Sehnsuchtsikone für ihn. Schwimmen im Sommer: eine Leichtigkeit, die das Leben auch haben sollte. Doch das Wasser, eben noch funkelnd und glitzernd, hat auch die andere Seite, die dunkle und in den Tod lockende: »Der Sturm. Unwiderstehliches Verlangen, mich ins Wasser zu werfen. Die Einsamkeit und die Verlassenheit des Menschen, allein in den entfesselten Fluten hinter dem Schiff, das seine Fahrt fortsetzt.«

Bisweilen haben diese Reisen und Ausflüge den Charakter einer Flucht. Einmal kann er nachts nicht schlafen, steht um fünf Uhr auf und fährt los: »Elf Stunden bleibe ich am Steuer, knabbere von Zeit zu Zeit einen Zwieback, und der Regen bleibt die ganze Zeit, bis er in der Drôme langsam schwächer wird, während ungefähr auf der Höhe von Nyons der mächtige Duft des Lavendels mir entgegenkommt, mich weckt und mein Herz munter macht. Die Landschaft, die ich wiedererkenne, nährt mich von Neuem, und bei der Ankunft bin ich glücklich. L'Isle, wo ich mich in dem ärmlichen Zimmer des Hotels St. Martin unvermittelt beschützt und beschwichtigt fühle.«

Es ist immer wieder Unrast spürbar, eine wachsende Unruhe, der Camus nur schwer Herr wird. Er könne nicht lange mit den Menschen zusammenleben, notiert er kurz vor seinem Tod. Er brauche ein wenig Alleinsein, den Anteil an Ewigkeit. Und fast wie ein Resümee zu Lebzeiten erscheint die Notiz: »Das erschöpfendste Bemühen meines Lebens bestand darin, meine eigene Natur zu drosseln, um sie meinen größten Absichten dienstbar zu machen. Von Zeit zu Zeit, aber nur von Zeit zu Zeit ist es mir gelungen.«

Dann der Autounfall im Januar 1960: Der 46-jährige Camus hat nicht am Steuer gesessen, er ist Beifahrer gewesen. Ein geplatzter Reifen, ein Zufall, ein Unglück. Daher gibt es keinen Grund, in die letzten Seiten seines Tagebuchs, in die Eintragungen vom Dezember 1959 Todesahnungen oder Abschiedsstimmungen hineinzulesen. Aber sei es, dass Camus das Jahr 1959 innerlich abschließen wollte, sei es, dass er an einem Wendepunkt zu stehen glaubte – unverkennbar ist, dass sich der Ton in den letzten Notizen Camus' noch einmal wandelt; aphoristisch knapp werden die Lebensthemen zum Aufglühen gebracht: die Mutter, der Tod, die Politik (die Linke, der er angehöre, ihr und sich zum Trotz), die Schriftstellerei (nicht er, sondern die Feder denke, erinnere sich oder entdecke), das Alter, die Liebe – und »das Meer, eine Gottheit«.

Viel früher, zu Beginn des Jahrzehnts, hat Camus vorausgesehen: »Selbst meinen Tod wird man mir streitig machen. Dabei habe ich heute vor allem den Wunsch nach einem leisen Tod, der den von mir geliebten Menschen Frieden brächte.« Die allerletzten Zeilen des Tagebuchs richten sich direkt an einen dieser geliebten Menschen, an eine Frau, vielleicht die Ehefrau: ein inneres Zwiegespräch. Camus, der Mann, der die Frauen liebte und von ihnen geliebt wurde, der Verführer und Unersättliche, wie er selbst nur andeutet, hat von der Untreue dieser Frau erfahren – auch das ist nur zu mutmaßen. Er habe unter dem gelitten, was sie ihm enthüllt habe, schreibt er. Aber er weiß auch, dass es ungerecht ist, dass er kein Recht dazu hat.

»Ich weiß, dass ich alles getan habe, um dich von mir abzulösen. Ich habe mein Leben lang, sobald ein Mensch mir Zuneigung entgegenbrachte, alles getan, damit er sich zurückzog. Natürlich gibt es meine Unfähigkeit, Verpflichtungen einzugehen, mein Gefallen an den Menschen, an der Vielfalt, meinen Pessimismus, was mich betrifft. Aber vielleicht bin ich weniger leichtfertig, als ich behaupte. Das erste Geschöpf, das ich geliebt habe und dem ich treu war, ist mir in den Drogen, im Verrat entglitten. Vielleicht rührt vieles von dort her, aus Eitelkeit, aus Furcht, wieder zu leiden, dabei habe ich doch viele Leiden auf mich genommen. Aber seitdem bin ich meinerseits allen entglitten, und irgendwie wollte ich, dass mir alle entglitten.« Das sei die manchmal scheußliche Gerechtigkeit dieser Welt: »Auf den Verrat antwortet der Verrat, auf die Maske der Liebe die Flucht der Liebe. Und in diesem besonderen Fall weiß ich, der ich alle Freiheiten beansprucht und gelebt habe, und gebe zu, dass es gerecht und gut ist, wenn du deinerseits eine oder zwei Freiheiten gelebt hast. Die Rechnung geht nicht einmal auf.«

Die Rechnung geht nicht auf. Keine glatte, keine besonders geglückte Bilanz am Ende. Camus war kein begnadeter Theoretiker, auch und schon gar nicht des eigenen Lebens. Er hat es geahnt, und auch das war sein Schmerz, nicht nur die Qualen der Liebe und der Eifersucht. Deshalb auch hat ihn Sartres höhnische, öffentlich geäußerte Frage zu Beginn der fünfziger Jahre nie mehr losgelassen, die Frage nämlich, was wäre, wenn er sich geirrt habe, wenn sein Buch *Der Mensch in der Revolte* lediglich seine philosophische Inkompetenz bewiese, wenn es nur aus hastig aufgeschnappten Erkenntnissen aus zweiter Hand bestünde. So erfolgreich sein Versuch über das Absurde und seine theoretischen Schriften auch immer waren: als Denker war ihm der andere überlegen.

Camus versuchte zeitlebens, ein System gegen das Chaos und die Todessehnsucht aufzurichten, doch es wurde nur ein eklektizistischer Grundriss daraus, durchaus mit überzeugenden Details und bestechenden Beobachtungen, eben das Beiwerk eines Dichters, der hier in der ersten Person Plural auftritt, um sich den Anstrich von Objektivität zu geben. Sartre war der größere, der überlegene Denker – und doch hat politisch Camus recht behalten, gerade weil sein Denken so wenig starr und systematisch war, nicht ganz schlüssig, also nicht in sich kreisend. Camus war der Mann der Widersprüche, vor allem der eigenen, flexibel, ohne je opportunistisch zu sein, bis zur Verletzlichkeit offen, ohne je seine Grundüberzeugungen zu verraten, süchtig nach Liebe und Freundschaft, um am Ende zu erkennen, dass Feinde doch eine Ehre sein können. Dieser Zerrissene, Bewegliche, Empfängliche kommt ganz zu sich im Tagebuch, es war die ihm angemessene Form – und doch hat er sie nicht bis zum Letzten genutzt, sparsam nur, sporadisch, ängstlich, taktvoll auch im Gespräch mit sich selbst, als sei ihm das vor allem wichtig: Diskretion.

Er begehre nichts als das, was er habe, notierte er. Es sei sein Unglück und seine Strafe, dass er nicht zu genießen vermöge, was er habe. Und mitten im schlimmsten Streit mit Sartre fragte er sich: »Wer wird für uns Zeugnis ablegen? Unsere Werke. Leider! Wer denn sonst? Niemand, außer diejenigen unter unseren Freunden, die uns in genau dem Augenblick gesehen haben, in dem das Herz sich rückhaltlos einem anderen hingab. Diejenigen also, die uns lieben.« Aber die Liebe sei Schweigen, notierte Albert Camus. »Jeder Mensch stirbt unbekannt.«

DIE ANGST MUSS IM GENICK SITZEN
GERT LEDIG

Er hat es nicht mehr erleben dürfen: Gert Ledig, geboren am
4. November 1921 in Leipzig, starb am 1. Juni 1999 in einem
Krankenhaus in Landsberg am Lech, bevor er ein Exemplar
der *Vergeltung*, seines nach mehr als vier Jahrzehnten wieder
aufgelegten Romans in Händen halten konnte. Nur die Druckfahnen und die Ankündigung in der Vorschau des Suhrkamp
Verlags hatte er noch studieren können. Was ihm die Neuauflage seines 1956 erstmals publizierten und schnell in Ver-
gessenheit geratenen Romans bedeutete, hat er niemandem
verraten. Er ließ sich ungern in die Karten gucken.

Ledig hatte in den fünfziger Jahren kurz nacheinander drei
Romane veröffentlicht: 1955 *Die Stalinorgel*, im Jahr darauf
Vergeltung und noch einmal ein Jahr später *Faustrecht*. Da-
nach war er als Romancier verstummt. Dabei hatte das erste
dieser Bücher international Erfolg gehabt, war bei Kritik und
Publikum gleichermaßen wohlgelitten, und ihr Autor, Mitte
dreißig, wurde damals, so die Verlagswerbung, »in der vor-
dersten Reihe der deutschen Gegenwartsliteratur« gesehen.
Aber als der Literaturwissenschaftler und Schriftsteller W. G.
Sebald Ende 1997 in Zürich eine Poetikvorlesung zum Thema
»Luftkrieg und Literatur« hielt, fand Ledigs *Vergeltung*, das
Epos vom Bombardement, keinerlei Erwähnung. Der Autor
war vergessen, keines seiner Bücher mehr lieferbar. Wie war es
möglich, dass ein in den fünfziger Jahren derart hochgelobter
und als große Hoffnung der deutschen Literatur gepriesener
Autor so vollständig aus dem Bewusstsein der Öffentlichkeit
verschwinden konnte?

Wo war er überhaupt abgeblieben? Die Suche nach ihm
schien zunächst aussichtslos. Jeder der drei Romane war in

einem anderen Verlag erschienen: *Faustrecht* im Verlag Kurt Desch, der schon lange nicht mehr existierte, das Debütwerk bei Claassen, wo – nach manchem Besitzerwechsel und Umzug – nicht einmal mehr ein Ordner vorhanden oder Auskunft über Zahl der Auslandslizenzen und Höhe der Auflage zu erhalten war. Einzig im Haus S. Fischer, wo *Vergeltung* zuerst erschienen war, fanden sich noch ein Konvolut mit Rezensionen und einige Briefe Ledigs. Aber auch hier hatte es seit Jahrzehnten keinerlei Kontakt zum Autor mehr gegeben, nicht einmal die aktuelle Adresse war bekannt.

Es war dann aber doch nicht besonders schwierig, ihn ausfindig zu machen: Die Telefonauskunft arbeitete inzwischen städteübergreifend, und für den Namen Gert Ledig gab es gerade einmal zwei Einträge in Deutschland. Ich versuchte im Oktober 1998 bei einem der beiden mein Glück und fragte vorsichtig am Telefon, ob ich es mit dem verschollenen Schriftsteller zu tun hätte. Die Antwort: »Schriftsteller? Nein.« Und dann nach einer kleinen Pause: »Das war ich vielleicht einmal. Das ist lange her, und sicher bin ich mir da auch nicht.«

Bei meinem Besuch wenig später in Utting am Ammersee, wo er in einer kleinen Eigentumswohnung allein mit seiner Katze lebte, wurde schnell deutlich, dass Ledig mit der Schriftstellerei längst abgeschlossen hatte. Sogar in die eigenen Bücher hatte er lange nicht mehr hineingeschaut. »Jetzt habe ich *Vergeltung* wiedergelesen«, sagte er zur Begrüßung. »Nachdem plötzlich Interesse da ist, habe ich das mit ganz anderen Augen gesehen und mir gedacht: Eigentlich doch gar nicht so übel.« Der Mann mit zerfurchter Stirn und vielen Falten im Gesicht, mit verschmitztem Blick und weißem Vollbart wirkte auf mich mit seinen 77 Jahren wie ein alter Seebär, der erstaunt und amüsiert das Interesse an seinem literarischen Vorleben zur Kenntnis nahm. Es hatte ja auch niemand in all den Jahren nach ihm gefragt, kein Verleger angerufen, kein Germanistikstudent vorbeigeschaut, kein Journalist um ein Interview gebeten.

Es gebe, tröstete er sich, so viele andere, die auch niemand mehr kennt. Warum hätte es ihm da anders ergehen sollen? Eher erstaunte es ihn, dass überhaupt jemand anklopfte. Er ging voraus in sein kleines Arbeitszimmer, an der Wand ein winziges Buchregal: keine erlesene Auswahl, sondern ein liebloses Durcheinander höchst unterschiedlicher Werke – darunter verstreut und ohne Vollständigkeit die eigenen. Von *Faustrecht* fand sich überhaupt kein Original mehr, ungeordnet und nicht komplett auch die vielen Übersetzungen, hauptsächlich der *Stalinorgel*. Zögernd zeigte Ledig eine Ausgabe mit Erscheinungsort Prag vor, nahm die dänische Übersetzung zur Hand, fand die englische, die französische. »Das alles ist weit weg«, sagte er. Er sei auch kein großer Leser mehr, die Literatur sei ihm ferngerückt – eine Welt, in die er sich einst, wenn auch nur für ein paar Jahre, mit viel Eifer, Ehrgeiz und Wahrheitsanspruch gestürzt hatte.

Die Ungewissheit, ob er sich als Schriftsteller verstehen dürfe, prägte Ledigs Verhalten allerdings damals schon, zu Zeiten seines frühen Erfolgs mit dem Erstling *Die Stalinorgel*. Im Frühjahr 1955 war der von der Literaturkritik gefeierte junge Autor zu einer Tagung der Gruppe 47 eingeladen worden, sagte aber mit der Begründung ab, er könne unmöglich neben einer Dichterin wie Ilse Aichinger bestehen (»um nur einen Namen zu nennen«): Seine *Stalinorgel* sei lediglich eine Kampfschrift. »Alles andere ist ein Missverständnis«, schrieb er an Hans Werner Richter. Später besuchte er dann doch zweimal eine Tagung der Gruppe, ohne sich ihr aber jemals zugehörig zu fühlen.

Dabei war gerade aus dem Kreis der Kollegen reichlich Zuspruch und Anerkennung gekommen – das Wenigste davon dürfte den Autor allerdings erreicht haben. So ist eine von Heinrich Böll im März 1955 verfasste Rezension der *Stalinorgel* damals gar nicht veröffentlicht worden (sie fand sich im Nachlass, Zitat: »das Weberschiffchen der Handlung flitzt an der Kette der Personen vorbei, webt sie erbarmungslos ein«);

das Lob von Anna Seghers, Ledig zeichne Leid und Tod auf beiden Seiten der Front authentisch, fiel mündlich auf einem Schriftstellerkongress 1956 in Ost-Berlin; die Begeisterung Wolfgang Koeppens (»so ungeheuerlich wie großartig«) stand lediglich in einem Brief an Ledigs Lektor Hans Georg Brenner: »Der Ort der totalen Ausweglosigkeit ist erreicht.«

Es gab auch äußerst positive Besprechungen in zahlreichen Zeitungen. Der junge Siegfried Lenz feierte in einer Kritik *Die Stalinorgel* als »bedeutendes Buch – und nicht allein wegen seines lauteren Ernstes«. Als ein »Dokument der erbarmungslosen Ernüchterung« wurde der Roman begrüßt, man könne ihn »zu dem Besten und Eindrucksvollsten rechnen, was je über den Krieg geschrieben wurde«. Kein junger Autor der Nachkriegszeit, hieß es an anderer Stelle, habe bisher »diese Intensität in der Schilderung des furchtbaren Kriegserlebens erreicht«. Schon bald war die erste Auflage vergriffen, und zwei Jahre nach Erscheinen waren 14 Übersetzungen abgeschlossen oder in Arbeit.

Es war das Inferno des Kampfes um Leningrad gewesen, das dem jungen Ledig einen nachhaltigen Schock versetzt hatte. Er war freiwillig unter die Soldaten gegangen: Gleich 1939 hatte sich der frisch ausgebildete Elektrotechniker, gerade 18 Jahre alt, zur Wehrmacht gemeldet – und bald schon Bekanntschaft mit einer Strafkompanie gemacht: wegen »Hetzrede«. Nach zwei schweren Verwundungen (die eine kostete ihn zwei Finger der rechten Hand, die andere demolierte seinen Unterkiefer) wurde er 1942 in die Heimat zurückgeschickt. Ledig ließ sich zum Schiffbauingenieur ausbilden, und von 1944 an besuchte er im Auftrag der Kriegsmarine bayerische Zulieferbetriebe. Dabei erlebte er mehrmals Luftangriffe, eine Erfahrung, die ihn ebenfalls nicht mehr losließ. Ein bestimmter Traum suchte ihn noch Jahre nach Kriegsende immer wieder heim: Er liegt ungeschützt auf einer Plattform, hoch oben, auf allen Seiten gähnt der Abgrund, keine Treppe, kein Schlupfloch – und dann kommen die Flugzeuge und beschießen ihn.

Ledig kannte beides aus eigener Anschauung: den Klang der Stalinorgel an der Ostfront und den der Sirenen in einer Stadt vor einem Luftangriff. Aber er hatte es nicht eilig mit dem Schreiben. Während andere längst ihre Frontberichte und Kriegsromane publizierten, ließ er sich durch die Trümmerstadt München treiben, arbeitete als Gerüstbauer und im »Kunstgewerbe« (Ledig). Versuche, sich als Geschäftsmann zu etablieren, scheiterten. In Österreich fand er 1950 für drei Jahre eine Stelle bei der US-Armee.

Und dort begann er, seinen ersten Roman zu skizzieren. Ledig untersagte sich jede sentimentale Regung, jede verklärende oder heroisierende Geste. Seine *Stalinorgel* zeigt den Kampf um eine Höhe bei Leningrad 1942 als puren Wahnsinn, als absurdes Horrorspektakel: ein radikales Buch, wie es in der deutschen Nachkriegsliteratur ohne Beispiel ist – vielleicht am ehesten vergleichbar mit späteren Kriegsromanen amerikanischer Provenienz wie Joseph Hellers *Catch 22* oder Kurt Vonneguts *Schlachthof 5*.

In *Vergeltung* spitzte der Autor das literarische Verfahren der mosaikartigen Montage synchroner Ereignisse zu. Hatte er in seinem Erstling einen Ausschnitt von 48 Stunden gewählt (mit einem drei Tage später spielenden Epilog), so konzentrierte er in seinem Luftkriegsroman das Geschehen auf 69 Minuten: jene lange Stunde an einem Julimittag im Jahre 1944, die das Bombardement einer ungenannten deutschen Großstadt währt. War Ledig in der *Stalinorgel* zwischen beiden Seiten der Front mit harten Schnitten hin- und hergesprungen, wird die Geschichte der *Vergeltung* gewissermaßen in verschiedene Höhenlagen zerlegt: hoch oben die angreifenden US-Flugzeuge, darunter die ausgelösten Bomben und die Fallschirme einer abspringenden Bomberbesatzung, dann die Tiefflieger, die Flaktürme, schließlich die Häuser und die Straßen, auf denen stürzende Menschen im kochenden Teer »gegrillt« werden, die Luftschutzbunker und zuunterst die Keller.

Das alles wird geschildert als atemloses Durch- und Nebeneinander, scheinbar völlig ungeordnet. Viel Personal, namenlos zumeist, junge Flakhelfer, ein Pastor, Soldaten und Zivilisten, russische Zwangsarbeiter, ein altes Ehepaar allein in seiner Wohnung, Hunderte in einem Bunker, ein Mädchen und ein Fremder, verschüttet im Keller – dazwischen in kursiver Schrift kleine Lebensberichte, Stimmen der Sterbenden oder gerade Getöteten: ein fein abgestimmtes, untereinander korrespondierendes Erzählgeflecht inmitten von lauter Chaos. Fragmente einer Handlung, soweit davon überhaupt noch gesprochen werden kann: Der abgesprungene Sergeant treibt drohender Lynchjustiz entgegen. Das Mädchen wird im Dunkel des Kellers vergewaltigt. Eine Mutter auf dem Fahrrad im Bombenhagel, um nach ihrem einzigen, längst getöteten Sohn im Flakturm zu sehen. Die wütende Verzweiflung im Bunker, die plötzlich in einen Rest von Anstand umschlägt, als ein soeben am Fallschirm gelandeter US-Flieger sterbend hereintorkelt: »Aus der Menge kam ein Schluchzer ... Von den Bänken erhoben sie sich. Männer nahmen ihre Hüte ab.«

Derart menschliche Regungen sind freilich rar in diesem Buch. Getrieben von schonungsloser Chronistenpflicht, spart der Erzähler kein noch so blutiges Detail des Luftangriffs aus – das reale Vorbild der Schreckensmontage waren offenbar die schweren Juli-Angriffe 1944 auf München, als die Alliierten an mehreren Tagen hintereinander mit zumeist mehr als 1000 Bombern die Stadt angriffen (und in deren Umfeld es tatsächlich zu Fällen von Lynchjustiz gekommen war).

Der Roman *Vergeltung* steht in der deutschen Nachkriegsliteratur einzig da – als Versuch, das zersplitternde Geschehen, das lärmende und lähmende Inferno erzählend zu bändigen, ohne es zu glätten oder im reinen Faktenbericht zur Ruhe zu bringen. Dass es keine Erzählerstimme mehr gibt, die aus der Rückschau eine dämpfende Funktion übernimmt, mag zur verstörenden Wirkung des Buches in den fünfziger Jahren beigetragen haben.

Auf einer der beiden Tagungen der Gruppe 47, bei denen Ledig dabei war, 1956 am Starnberger See, hatte der Lyriker

Günter Eich aus *Vergeltung* den Versammelten vorgelesen; Ledig selbst war nach seiner Kriegsverletzung zum mündlichen Vortrag nicht mehr in der Lage. Aber er war nach der erfolgreichen *Stalinorgel* voller Hoffnung, was die Aufnahme des zweiten Romans anging: So spekulierte er auch wieder auf »einige Auslandsverträge«.

Doch er erlebte ein Fiasko. Es begann schon damit, dass der Hamburger Claassen Verlag, wo der Erstling publiziert und hervorragend betreut worden war, das Manuskript ablehnte. Man wolle *Vergeltung* nicht publizieren, »weil der Autor dem Teilgeschehen, das ja in einem größeren Raum stattfindet, keine Gerechtigkeit widerfahren läßt«. Der Roman erschien im Herbst 1956 im Frankfurter Verlag S. Fischer.

Während das, was Ledig an Grausamkeit von der Ostfront zu berichten wusste, für Kritik und Publikum noch erträglich schien (als Erzählung vom Soldatentod), so war die blanke Schilderung der Tötung von Frauen und Kindern offensichtlich zu viel. Und schon gar nicht wollte man dem Autor einen damals als zynisch empfundenen Begriff wie »gegrillt« oder gar die Darstellung einer Vergewaltigung im verschütteten Keller durchgehen lassen. Nur wenige Kritiker – darunter der spätere »FAZ«-Feuilletonchef Günther Rühle, der *Vergeltung* sogar als Pflichtlektüre empfahl – haben damals erkannt, dass Ledig in beiden Romanen von derselben Sache sprach, mit verwandter Methode: Alle kohärenten Lebensgeschichten werden sinnlos angesichts des Irrsinns, der sich Krieg nennt, und gerade darum dürfen sie nicht verloren gegeben werden.

Der überwiegende Teil der Kritik reagierte mit Unverständnis und Abwehr. Der schonungslosen Schilderung eines Bombenangriffs auf eine deutsche Stadt wurde gar die literarische Qualität abgesprochen: Ledig habe sich »in der Darstellungsart« vergriffen, war zu lesen, in einigen Szenen überschreite er »bei weitem das Maß des Zulässigen« und begebe sich auf das Gebiet »verantwortungsloser Skandalgeschichtenschreiber«. Von »abscheulicher Perversität« und »Widerwärtigkeit«

war die Rede; die »FAZ« empörte sich über eine »gewollt makabre Schreckensmalerei«; die »Zeit« sah »den Rahmen des Glaubwürdigen und Zumutbaren« verlassen; der »Rheinische Merkur« befand: »ein Gruselkabinett«. Und die »Badische Zeitung« formulierte, um was es bei der Ablehnung des Romans ging: Zehn Jahre nach dem Krieg lehne der Leser Darstellungen ab, »die jeden positiv gerichteten metaphysischen Hintergrund und Ausblick vermissen lassen«. Kurzum: man wollte mit dem Thema in Ruhe gelassen werden. Diese Erfahrung mussten auch andere Autoren machen, etwa Heinrich Böll: »Man schien uns zwar nicht verantwortlich zu machen dafür, dass ein Krieg gewesen, dass alles in Trümmern lag, nur nahm man uns offenbar übel, dass wir es gesehen hatten und sahen.«

Ledig aber resignierte angesichts der Abwehr, die ihm so unerwartet entgegenschlug. Sein rabiater Realismus passte nicht in das Klima der fünfziger Jahre. Auch beim Publikum fand *Vergeltung* wenig Anklang. Nur ein Roman von ihm erschien noch: *Faustrecht*, im Spätsommer 1957. Die Geschichte spielt in der unmittelbaren Nachkriegszeit: vor der Kulisse der Ruinenlandschaft von München. Ledig arbeitete parallel an einer Theaterfassung des Stoffs, und entsprechend dialogreich und gradlinig wird hier erzählt: Ein Trupp Kriegsheimkehrer überfällt 1946 einen US-Jeep, ein sinnloses und mörderisches Unternehmen. Ledig verzichtete weitgehend auf Erklärungen und psychologische Begründungen – seine beschädigten Helden geistern durch eine zertrümmerte Welt, und auch eine zart angedeutete Liebesgeschichte zwischen dem Ich-Erzähler und dem Mädchen Olga kann sich nicht entfalten. Und diese Figuren, Helden des Schwarzmarkts und Verbrecher, junge Frauen, die sich an Amerikaner verkaufen, wurden offenbar als Zumutung empfunden. »Es hat sie alle ohne Zweifel gegeben«, hieß es in einer Kritik, »aber Hunderttausende haben sich gleichzeitig recht und schlecht durchgeschlagen und sich trotzdem nicht außerhalb der Gesetze gestellt«.

Wie im Fall der *Vergeltung*: Man wollte von all dem nichts mehr wissen. Auch wenn *Faustrecht* nicht Dichte und Kraft der anderen beiden Bücher besitzt, so ergeben die drei Romane Ledigs zusammen doch eine einzigartige Trilogie der Kriegs- und Nachkriegszeit. Ledig selbst schrieb im Herbst 1957 verdrossen dem Fischer Verlag: »*Vergeltung* war doch ein sehr starkes Buch, und es wird so oder so seinen Weg machen. Zumindest ist eine Neuauflage nach dem 3. Weltkrieg gesichert.« Das war das bittere Fazit eines Schriftstellers, der sich nicht als Schöngeist und Dichter empfand. Er verstand sich vielmehr als Pazifist und Antifaschist. Und damit mag er sich auch die generelle Ablehnung erklärt haben.

»Ich war damals sehr links«, hatte er schon gleich bei unserem ersten Telefongespräch betont. Ledig war früh in die westdeutsche KPD eingetreten und hatte von Anfang an mit der DDR geliebäugelt. Er war dort auch häufiger zu Besuch, hatte zeitweise eine Wohnung in Ost-Berlin, traf sich mit Anna Seghers und Bertolt Brecht, und er hätte gern seine Romane im anderen deutschen Staat veröffentlicht, wozu es aber nie kam. Dafür suchte die Stasi seinen Kontakt, was Ledig offenbar interessant und keineswegs abwegig fand; gleichzeitig ließ sie ihn als unsicheren Kandidaten bespitzeln; so wurde auch eine junge Literaturkritikerin über ihn ausgefragt, aus der später eine bekannte Schriftstellerin werden sollte: Christa Wolf. Die hielt Ledig laut Stasi-Protokoll schlicht für einen politischen »Wirrkopf«. Gelegentlich schrieb er Kommentare für das »Neue Deutschland«, bis ihm die Zensureingriffe unerträglich wurden. Für drei Tage landete er sogar als vermeintlicher Spion im Stasi-Knast. Das reichte ihm dann. Er kehrte ganz nach Bayern zurück. Der diplomierte Ingenieur verlegte sich auf das Verfassen von populären Artikeln und Buchbeiträgen über Technik. Er war Familienvater und musste Geld verdienen.

»Das alles war natürlich einfacher, als Romane zu schreiben«, sagte er mir im Oktober 1998 bei unserem Spaziergang am Ufer des Ammersees, über dem sich mehr als ein halbes

Jahrhundert zuvor amerikanische Bomber zum Anflug auf München formiert hatten. Er gehe hier selten nur spazieren, auch zum Segeln reize ihn der See nicht: »Viel zu harmlos.«

Es war nicht ohne Risiko, gerade mit *Vergeltung*, diesem unerbittlich das Thema Luftkrieg umkreisenden Werk, die Wiederentdeckung des Autors einzuleiten. Doch die Reaktionen widerlegten alle Befürchtungen. Offensichtlich traf der Roman, als er im Herbst 1999 neu aufgelegt wurde, auf die richtigen Leser und Kritiker. Nun wurde »das Fehlen jeder metaphysischen Absicherung, die ungeschönte Bilderfülle der Hölle auf Erden«, also genau das, was seinerzeit Verstörung und Empörung hervorgerufen hatte, uneingeschränkt als Qualität erkannt. »Diese Rhetorik der Bomben, des Feuers, der Ruinen, des Blutes, der zerfetzten Leiber und der Kadaver lässt keinen Ausweg, gewährt keinen Ruhepunkt«, so fasste Wilfried F. Schoeller den Charakter des Buches zusammen. Und so ging es quer durch die deutschsprachige Zeitungslandschaft: ein einhelliger Lobgesang. Als dann im August 1999 auch noch im »Literarischen Quartett«, der damals einflussreichsten TV-Literatursendung, *Vergeltung* empfohlen wurde, war der Weg für einen breiten Publikumserfolg geebnet. »Er hat die Wahrheit über den Krieg dargestellt, es ist ein erschütterndes Buch«, erklärte Marcel Reich-Ranicki in seiner apodiktischen Art, der zuvor einen wesentlichen Hinweis zur Wiederentdeckung des Autors gegeben und Ledigs Romane sogar schon in den fünfziger Jahren in Polen zur Übersetzung empfohlen hatte, ergebnislos allerdings.

»Inzwischen ist Gert Ledig wieder so bekannt, wie er es vor Erscheinen von ›Vergeltung‹ im Herbst 1956 war«, hieß es während der Frankfurter Buchmesse im Oktober 2000 in der »FAZ«, nachdem auch der Debütroman *Die Stalinorgel* wieder veröffentlicht worden war. Mit der ein Jahr später erfolgten Neuedition des Romans *Faustrecht* war die Ledig-Trilogie innerhalb von nur zwei Jahren wieder vollständig vorhanden. In der überarbeiteten Buchausgabe seiner Zürcher Vorlesung mit dem Titel *Luftkrieg und Literatur* erwies auch W. G. Sebald dem Ledig-Werk seine Reverenz, das er nun als ein »gegen letzte Illusionen gerichtetes Buch« hervorhob.

An Details ist später noch einiges über das hinaus bekannt geworden, was Ledig von sich zu erzählen bereit war. Inzwischen sind auch die ersten wissenschaftlichen Arbeiten entstanden. Der Briefwechsel mit dem Claassen Verlag fand sich im Deutschen Literaturarchiv in Marbach, anderes Material im Archiv der Berliner Akademie der Künste, und im Nachlass entdeckte Ledigs Tochter zudem ein fragmentarisches Romanmanuskript mit dem Titel *Die Kanonen von Korjula*, an dem Ledig in den sechziger, vielleicht auch siebziger Jahren gearbeitet haben dürfte – offenbar hatte es doch noch Anläufe zu einem weiteren Werk gegeben. Es fanden sich auch bisher unbekannte politische Zeitungsbeiträge, so ein offener Brief an einen ehemaligen Nazirichter, der weiter amtierte. Und eine Lebensbeschreibung, der zu entnehmen war, dass Ledig schon als Kind familiäre Katastrophen zu verkraften hatte. Der Vater verließ die Familie früh, drei Frauen in der nächsten Umgebung begingen Selbstmord: erst eine Tante, dann 1938 gleichzeitig Mutter und Großmutter.

Damals am Ammersee, ein Dreivierteljahr vor seinem Tod, sagte der alte Ledig, er wisse gar nicht mehr so genau, warum er die Literatur eigentlich aufgegeben habe. »Vielleicht hatte ich einfach keinen Stoff?« Aber er gestand dann, erst vor Kurzem noch einmal einen Versuch unternommen zu haben. Es gebe Freunde in Kroatien, die er gelegentlich besuche, und etwas über den Bosnienkrieg zu schreiben, das hätte ihn gereizt. »Aber ich habe nur ein paar Seiten geschafft«, schränkte er gleich ein. »Es ging nicht. Zuviel Distanz. Die Angst muss dir selbst im Genick sitzen, du mußt das genau kennen. Sonst bist du bloß ein Berichterstatter, kein Schriftsteller.«

DAS GLÜCK, DAS VOR IHM LAG
JAMES SALTER

Lauter Kartons mit Briefen und Manuskripten, überall im Haus. Im Wohnzimmer, oben unterm Dach, im Arbeitszimmer, das über eine Wendeltreppe zu erreichen ist. Auf dem Boden, auf dem Schreibtisch: Berge von Papier. James Salter räumt auf. »Das kommt ins Archiv nach Texas«, sagt er, und es schwingt ein wenig Stolz mit. Im Harry Ransom Center an der University of Texas in Austin werden die Vor- und Nachlässe vornehmlich englischsprachiger Schriftsteller gesammelt, darunter die von Faulkner, Steinbeck, Mailer, Pynchon oder Graham Greene – und seit gut 13 Jahren auch die Handschriften, Briefe und Materialien von Salter. »Eine wunderbare Einrichtung«, sagt er. »Das säubert das Haus.«

Auch die Originalseiten und Fassungen seines letzten Romans *Alles, was ist* sind schon zusammengepackt. Sie liegen in Salters altem Mercedes, der draußen in der Einfahrt parkt. »Interessiert Sie das? Wollen Sie sich das anschauen?«, fragt er und hat schon sein Käppi aufgesetzt. Aus dem Kofferraum holt er einen großen Karton und trägt ihn an den Bauch gepresst durch den Regen zurück ins Haus. Geschmeidig weicht er dabei den Pfützen aus. Ein Mann von 88 Jahren? Kaum zu glauben. So bewegt er sich nicht, so sieht er nicht aus. Aber Salter ist tatsächlich 1925 geboren, sein jüdischer Großvater kam aus Polen in die USA.

Vom selben Jahrgang ist auch Philip Bowman, die zentrale Figur in *Alles, was ist.* Und doch hat es Salter vermieden, diesen Bowman als Alter Ego zu entwerfen. Das zeigt sich gleich im ersten Kapitel, das 1945 in den letzten Tagen des Kampfes gegen Japan spielt, kurz vor der Invasion der Insel Okinawa: Bowman ist Marinesoldat, nicht Kampfpilot wie andere Romanhelden Salters – und wie es der Autor selbst einmal war.

Ein Buch des Abschieds: Am Schluss, gegen Mitte der achtziger Jahre, ist Bowman zwar erst Anfang sechzig, doch der Gedanke an den Tod allgegenwärtig. »Er würde hingehen, wo alle hingegangen waren, und – es war schwer zu glauben – alles, was er je gekannt hatte, würde mit ihm gehen«, lässt ihn Salter sinnieren. Verschwinden würden mit ihm auch die Körper der Frauen, an die er sich erinnert, überhaupt alle Erinnerungen, »Namen, Häuser, das Meer, alles, was er gekannt hatte, und auch Dinge, die er nicht gekannt hatte, die aber trotzdem da waren«.

Ein Abschied auch von der Literatur. Bowman jedenfalls, von Beruf Lektor in einem bedeutenden literarischen Verlag, ist überzeugt: »Die Bedeutung des Romans im kulturellen Verständnis des Landes hatte an Kraft verloren. Es war allmählich passiert. Es war etwas, das jeder wusste, aber ignorierte.« Salters Roman ist der lebendige Gegenbeweis, und das soll er ja auch sein. Schon auf den ersten Seiten entsteht jene Sogwirkung, die die Prosa amerikanischer Autoren seit jeher auszeichnet. Die freien Lüfte der Fiktion erlauben eine intime Nähe zu den Figuren. *Alles, was ist* erledigt im Handumdrehen die darin formulierte Befürchtung, es könne vorbei sein mit dem Erzählen. Auch beim Vergleich mit Salters etwas braver Autobiografie *Verbrannte Tage*, die er mit Anfang siebzig schrieb, zeigt sich die Überlegenheit der Romanform, die durch Fiktionalisierung eigene Fakten schafft, mit Fakten spielen kann, sich über die Realität erhebt und ihr doch näherkommt, als es jeder Tatsachenbericht und jedes Erinnerungsbuch könnte.

Von seinen Kollegen wird Salter, alles andere als ein Bestsellerautor, verehrt und bewundert wie kaum ein anderer lebender Schriftsteller. Richard Ford und John Irving, John Banville und Julian Barnes, sie alle preisen ihn in den höchsten Tönen. Und *All That Is* wurde, als das Buch im Frühjahr 2013 in den USA erschien, in einer Weise gefeiert, wie sie selbst für die durchweg freundlich gesinnten amerikanischen Kritiker eine Ausnahme darstellt.

Salter wohnt mit seiner Frau Kay Eldridge sowohl in Aspen, Colorado, wo er die Journalistin und Dramatikerin einst kennengelernt hat, als auch hier in Bridgehampton, dem kleinen Ort zwischen den exklusiven Seebädern South- und Easthampton auf Long Island. Das Haus ist nicht pompös, wie man es in den Hamptons erwarten könnte, keine Villa am Strand, aber hübsch anzusehen mit vielen Sprossenfenstern. Ein großer Salon mit Korbstühlen und hellem Sofa, Schlafzimmer, Küche. Viel Platz für Bücher ist da nicht. In Bridgehampton verbringt das Paar die Sommermonate, und hier schreibt er auch am liebsten, oben in der Mansarde.

Es ist der 13. August 2013. Wir sitzen im Wintergarten. Der Regen rauscht. Salter spricht leise und bedächtig. Man könnte auch sagen: er ist wortkarg, kein ausufernder Erzähler. Weder mündlich noch schriftlich. Er würde gern einmal einen richtig umfangreichen Roman schreiben, sagt er, aber über 400 Seiten sei er einfach nie hinausgekommen. Mehr als dreißig Jahre sind seit den letzten beiden Romanen vergangen: *Lichtjahre*, der ihn international bekannt machte, und *In der Wand*, einem Bergsteigerepos.

»Aber ich habe ja anderes geschrieben zwischendurch«, sagt er. Keineswegs möchte er den Eindruck erwecken, er habe all die Jahre an dem neuen Roman gearbeitet. Ganz genau könne er ohnehin nicht sagen, wie lange die Arbeit gedauert hat. In der Zwischenzeit sind die großartigen Erzählungsbände *Letzte Nacht* und *Dämmerung* erschienen und seine Autobiografie *Verbrannte Tage*, bei der er es immerhin auf rund 500 Seiten gebracht hat.

In Salters Gesicht fällt eine leichte Asymmetrie auf. Seine blauen Augen blicken unterschiedlich auf sein Gegenüber. Bei dem einen hängt das Lid ein wenig über die Iris, beim anderen ist der Blick klar und direkt. Jede Gesichtshälfte scheint für einen Wesenszug zu stehen. Hier der mütterlich geprägte

Künstler, verträumt und geduldig, dort der vom Vater erwünschte Kämpfer, soldatisch und geradeaus. Die Spannung zeigt sich noch heute in Ausdruck und Gestik des alten Mannes.

Mit 17 schickte ihn der Vater, der sich sonst nicht viel um ihn kümmerte, auf die Militärakademie in West Point, die Eliteschule, die er selbst einst erfolgreich absolviert hatte. Der Junge ahnte nicht, was ihn erwartete, an Drill, Willkür und Einsamkeit. Doch er beschritt tapfer den einmal eingeschlagenen Weg. Er ging zur Air Force und wurde einer der erfolgreichsten amerikanischen Kampfpiloten, schoss im Koreakrieg mehrere russische MiG-15 ab. Später führte er eine Kunstflugstaffel an. Hatte er nie Angst gehabt, wenn die Jets dabei Flügel an Flügel fliegen? Er lächelt ein wenig genervt. »Das ist doch nicht gefährlicher, als wenn Sie allein in einer F-86 im Tiefflug über die Landschaft jagen«, sagt er nur. »Ein kleiner Fehler, und Sie sind tot.« Über die Fliegerei, so macht er deutlich, möchte er eigentlich nicht gern reden. Das ist lange vorbei. Aber es war ein schwerer Abschied damals für ihn. Nach 15 Jahren in Uniform, zuletzt im Rang eines Majors, entschied er sich von heute auf morgen, seine Militärkarriere zu beenden. Es war der Tag, an dem er 32 wurde, als er sich auf den Weg nach Washington machte. »Als ich das Pentagon betrat, hatte ich das Gefühl, meinem Tod entgegenzugehen«, so beschreibt er es in seiner Autobiografie. Als es getan war, kamen ihm die Tränen.

Er hatte inzwischen Familie, das zweite Kind war unterwegs, und er hatte einen Roman fertig. Noch während seiner Zeit in Korea waren die ersten Aufzeichnungen entstanden. Als ein Auszug in der Zeitschrift »Collier's Weekly« erschien, kam einer seiner Kameraden zu ihm und fragte, ob er diese tolle Geschichte gelesen habe. »Gib mal her«, sagte Salter, ohne eine Miene zu verziehen. Denn James Salter ist sein Pseudonym. Er legte es sich damals zu, um nicht erkannt zu werden. Sein eigentlicher Name lautet James Horowitz. Der erste Roman *The Hunter* erschien 1957 (eine deutsche Übersetzung erst 2014: *Der Jäger*) und war ein mäßiger Erfolg, wurde aber immerhin unter dem Titel *Kampfgeschwader Kobra* verfilmt. Um Geld zu verdienen, verlegte sich Salter zunächst auf das Schreiben von Drehbüchern.

Gelegentlich haben ihm Freunde gesagt, er interessiere sich doch eigentlich nur für Flugzeuge und Frauen. Das gefällt ihm nicht besonders, schließlich ist er Schriftsteller. Aber er hat sich zumindest mit seinem 1967 publizierten Roman *Ein Spiel und ein Zeitvertreib* redlich den Ruf erworben, sexuelle Begegnungen höchst detailliert zu schildern. Darin erzählt er kaum verschlüsselt von der Affäre mit einer jungen Französin im Jahr 1961: eine als Erinnerung und Phantasie inszenierten Reiseerzählung mit fein dosierten pornografischen Einlagen.

Damals, zur Zeit der Berlin-Krise, war Salter noch einmal für ein Jahr einberufen worden und in Frankreich stationiert. Körperliche Begierde, Lust und Leidenschaft hätten damals, als er Mitte vierzig war, alles andere vereinnahmt, räumt er ein. Er war noch mit seiner ersten Frau verheiratet, als das Buch erschien. »Sie hat vorgezogen, es mit Schweigen zu übergehen«, sagt Salter. Hätte er mehr Rücksicht nehmen müssen? Das sei beim Schreiben schwer möglich, entgegnet er. Einige Jahre später ließ sich das Ehepaar scheiden.

Salter ist in Deutschland erst spät entdeckt worden – Jahrzehnte nach Beginn seiner literarischen Karriere, die in den USA eher unauffällig verlief. Zunächst erschienen bei uns 1998 die Romane *Lichtjahre* (das amerikanische Original stammt aus dem Jahr 1975), die bitterböse Geschichte einer langsam zerbrechenden Ehe, und *Ein Spiel und ein Zeitvertreib* (nach mehr als dreißig Jahren), beide von der Kritik sehr wohlwollend aufgenommen. Die Beachtung, die der US-Autor in Deutschland fand, strahlte auf den amerikanischen Markt zurück. Was bei deutschen Lesern ankommt, wird stets aufmerksam registriert. Die New Yorker Literaturagentin Agnes Krup, die Salter ins Ausland vermittelt, beschrieb es als Phänomen: Sie habe immer wieder beobachtet, erklärte sie, dass in vielen Ländern genau darauf geachtet wird, ob die Rechte an einem US-Titel schon nach Deutschland verkauft sind oder nicht.

Im folgenden Jahr erschienen zwei weitere Bücher auf Deutsch: *Dämmerung*, Salters erster Band mit Erzählungen (*Dusk and Other Stories* aus dem Jahr 1988) und der Bergsteigerroman *In der Wand* (*Solo Faces*, 1979); 2000 folgte die Autobiografie (*Burning the Days*, 1997), und 2005 kam der zweite Erzählungsband *In der Nacht* heraus (im Original ebenfalls 2005: *Last Night*). Besonders in dem Band *Dämmerung* finden sich Geschichten, bei denen Bau und Geschlossenheit makellos sind. Hier kommt die dem Autor eigene Melancholie besonders gut zum Tragen: viel Vergeblichkeit bei all der Mühe mit der Liebe – verlorene, sich verlierende Paare, junge wie alte. Sie alle, Rechtsanwälte und Schriftsteller, junge Frauen und Au-pair-Mädchen, stolpern ohne jede Vernunft hinein in Affären und jähe Abschiede, können es nicht begreifen, erleben immer wieder auch Glücksmomente, deren sie aber nicht einmal in der Erinnerung Herr werden.

»Nein«, sagt Salter entschieden, »ich finde nicht, dass Sex eine übergroße Rolle in meinen Büchern spielt«. Gerade im Fall von *Alles, was ist* komme ihm die Frage danach aufgesetzt vor, »a made-up question«, wie er sagt. »Es gibt nicht Sex im Buch, es gibt Leben im Buch!« Tatsächlich beweist Salter in diesem Alterswerk eine souveräne Meisterschaft im Umgang mit dem Thema. Fein dosiert sind die zumeist nur kurzen Liebesszenen über den Roman verteilt, aber doch insgesamt von einer in der Literatur seltenen Intensität und Stimmigkeit.

Als Philip Bowman das erste Mal mit einer Frau schläft, mit Vivian, die er bald darauf heiratet, deutet Salter das Überwältigende dieser Erfahrung in sanften Tönen an: »Sie ging ins Badezimmer, und Bowman legte sich zurück, ehrfürchtig vor dem, was geschehen war, wie berauscht von einer Welt, die sich ihm eröffnete und die größten Freuden bereithielt, Freuden jenseits von allem, was er kannte. Er wusste nur von dem Glück, das vor ihm lag.« Aber Glück allein taugt nicht für gute

Romane. Später lassen sich die beiden scheiden, und es wird nicht die letzte schmerzhafte Trennung im Buch bleiben.

Es gibt Abschiede der grausamen Art, oft – auch für den Leser – völlig überraschend, ohne jede Vorankündigung. Ein Kollege Bowmans verliert Frau und Kind, als ein Zug Feuer fängt und die beiden im Schlafwagen ersticken. Bowman selbst erlebt bei einer großen Liebe einen seelischen Absturz durch eine unfassbare Gemeinheit. Jahre später verführt er die Tochter der Frau, die ihm das angetan hat: Er weckt die Lust in dem Mädchen – und verschwindet über Nacht. Er rächt sich ausgerechnet an ihr, die nie aufseiten ihrer Mutter stand, und lässt sie hilflos und traumatisiert in einer ihr völlig fremden Stadt zurück.

Ein feiner Bursche ist dieser Bowman also wahrlich nicht, und der Autor macht sich auch nicht gemein mit ihm. Er lässt andere Perspektiven zu, spielt den allwissenden Erzähler, zitiert aus Tagebüchern von Nebenfiguren, lässt Personen nach hundert Seiten wieder auftauchen, die Bowman längst vergessen hat. Der Autor nimmt sich alle erzählerischen Freiheiten. Er hält sich so wenig an Regeln wie das Leben selbst – und fängt es damit ein.

Jetzt blättert Salter in seinem Wintergarten zum ersten Mal ein Exemplar der deutschen Ausgabe durch. »Die deutschen Verlage machen schöne Bücher«, sagt er. Dann bittet er mich, das Motto vorzulesen, er höre gern diese Sprache, die er nicht verstehe, obwohl er in seiner Zeit bei der Air Force auch auf deutschen Militärbasen stationiert war. »Irgendwann wird einem klar, dass alles ein Traum ist und nur geschriebene Dinge die Möglichkeit haben, wirklich zu sein«, heißt es da. Ob das gut übersetzt sei, will er wissen. Ich zögere. Denn im Original heißt es: »Only those things preserved in writing have any possibility of being real.« Nicht um »geschriebene Dinge« geht es also, sondern um jene Dinge, die im Schreiben, in der Schrift aufgehoben, bewahrt sind – nur sie seien real. Er ist unglücklich über die Auskunft. »Das ist mir so wichtig«, sagt er. »Das ist doch eigentlich das Thema des Romans: dass im wahren Leben alles verschwindet, Menschen, Gedanken, Gefühle. Alles fließt.«

Dann nimmt er zwei, drei Sammelmappen aus dem übervollen alten Karton, der einmal Wein aus Neuseeland enthielt und in dem nun die Zeugnisse aus der Entstehungszeit von *Alles, was ist* bewahrt werden. Er öffnet den ersten Pappdeckel: Typoskripte mit seinen Korrekturen, zuoberst ein kleiner Zettel, auf dem er die allerersten Notizen für den Roman gemacht hat. Ein paar Zeilen sind es nur, kaum mehr als dreißig Wörter. »Navy – the war«, steht ganz oben, »sailing in the great invasion of Okinawa«. Notiert im Jahr 1945. Er hält den Zettel einen Augenblick in seiner linken Hand, legt ihn dann zurück.

Ob er nicht wehmütig sei, das jetzt alles aus der Hand zu geben, frage ich ihn zum Schluß im August 2013 auf Long Island. »Nein, es ist dort in Texas gut aufgehoben«, sagt er. Abschied von seinem Leben als Schriftsteller? »Wer weiß das schon.« Wenn sein acht Jahre jüngerer Kollege Philip Roth behaupte, nun nicht mehr schreiben zu wollen, dann glaube er ihm das nur bedingt: »Plötzlich gibt es dann doch wieder ein Buch von ihm.« Er traue derartigen Verlautbarungen nicht, sagt er und schiebt den Karton beiseite. Er würde es auch im eigenen Fall nicht tun. Doch es bleiben ihm da nicht einmal mehr zwei Jahre. James Salter stirbt im Juni 2015 auf Long Island, wenige Tage nach seinem 90. Geburtstag.

UMSTÄNDEHALBER JETZT
NICHT ZU DRUCKEN

MARTIN WALSER

Im Februar 1964 schickte er aus Friedrichshafen einen Leserbrief nach Hamburg. Thema: der Literaturkritiker Marcel Reich-Ranicki, der zuvor vom »Spiegel« ordentlich gerupft worden war. Das gefiel dem jungen Schriftsteller, vor allem, dass da endlich einmal ein Kritiker kritisiert wurde. Martin Walser konnte damals nicht ahnen, dass er mit Reich-Ranicki zeitlebens zu tun haben würde, gelegentlich im Guten, häufiger verbunden mit Verdruss und Verärgerung, ja Kränkung. Der Kritiker wurde zu seinem größten Widerpart.

Noch mehr als ein halbes Jahrhundert später, 2017, tauchte der 2013 gestorbene Reich-Ranicki in Walsers Prosaband *Statt etwas oder Der letzte Rank* kaum verhüllt als »exemplarischer Feind« auf: »Er tadelte, kritisierte und beschimpfte immer im Namen und Interesse des Großenganzen.« Nicht ohne Folgen für die Psyche des so Kritisierten: »Woher sonst sollte die Tag und Nacht erlebte, die immerwährende Selbstverneinung dann herrühren, wenn nicht von ihm?« In seinem Leserbrief damals, im Alter von Ende dreißig, war der emporstrebende Schriftsteller noch recht kämpferisch gestimmt. »Der blinde, einsträngige Indikativ ist sein bevorzugter Modus«, schrieb er damals über den Kritiker: »Urteilen, aburteilen und ein bisschen hinrichten.«

Gut ein Jahr danach, im März 1965, trat er selbst als Kritiker im Blatt auf. Auf einer Doppelseite setzte er sich lobend, doch keineswegs unkritisch mit einem literarischen Werk von Jean-Paul Sartre auseinander (*Die Wörter*). Fortan war er regelmäßig Gast im »Spiegel«, zumeist als Zulieferer von Statements und Meinungsbeiträgen: so 1966 mit einem Protest gegen das

Schweigen der Bonner Regierung angesichts des Vietnam-Kriegs, 1967 mit einem politischen Appell (»Warum wählen wir noch?«), 1968 mit einem Kommentar zur damals ernsthaft verhandelten Frage, ob eine Revolution in der Bundesrepublik unvermeidlich sei. »Unsere demokratische Geschichte hat gerade erst begonnen«, schrieb er den Salonrevoluzzern ins Stammbuch, sie werde noch 100 Jahre oder länger andauern.

Schon bevor er seinen Leserbrief schrieb, war Walser als Schriftsteller aufmerksam wahrgenommen worden. Vom »Spiegel«-Kulturressort allerdings mit einer gewissen Verzögerung: Der Roman *Halbzeit*, immerhin schon Walsers dritte Publikation (seine Dissertation über Kafka nicht mitgezählt), wurde 1960 in einer Rezension vorgestellt, deren Tenor die Überschrift verriet: »Unentschieden«. Als Kronzeuge wurde da der damalige »FAZ«-Literaturchef Friedrich Sieburg zitiert, der Walser zwar für »ein Genie der deutschen Sprache« hielt, aber gleichzeitig über den umfänglichen Roman das originelle Urteil gesprochen hatte: »Das Ganze kommt nicht recht vom Fleck, und warum das Buch überhaupt aufhört, habe ich immer noch nicht begriffen.«

Von dieser Ambivalenz blieben auch spätere »Spiegel«-Kritiken geprägt. Nahezu Jahr um Jahr galt es fortan, ein neues Theaterstück oder einen neuen Roman des Schriftstellers vom Bodensee vorzustellen. Immer wieder wurde dabei Walsers Sprachkraft bewundert und das künstlerische Ergebnis bemängelt. Walsers auf *Halbzeit* folgender Roman *Das Einhorn*, hieß es 1966, sei »so eloquent, dass es kaum noch auszuhalten ist. Der Roman selbst hält es nicht aus.« Walser war mittlerweile zur Chefsache geworden, über ihn urteilten (von gelegentlichen Gastbeiträgern wie Peter Wapnewski oder Reinhard Baumgart abgesehen) abwechselnd die Redakteure Rolf Becker und Hellmuth Karasek.

Beide waren es auch, die im Oktober 1990 an den Bodensee reisten, um das erste »Spiegel«-Gespräch mit dem Schriftsteller zu führen. Thema: die deutsche Einheit. Die Begegnung verlief nicht ohne Komplikationen. Am Tag darauf nämlich rief Walser in der Redaktion an und zog das Interview zurück. Er habe nur Unsinn geredet, war seine Begründung. Immerhin bestieg er in Friedrichshafen das nächste Flugzeug und kam nach Hamburg, wo das Gespräch noch einmal geführt wurde, das unbedingt in der nächsten Nummer erscheinen sollte. Mit der neuen Fassung sei er zwar auch nicht zufrieden gewesen, erzählte Walser später einmal, »aber etwas zufriedener«.

Tatsächlich war es ein gründliches, ein grundsätzliches Gespräch über Deutschland und die Rolle der deutschen Intellektuellen – die standen, wie Günter Grass, in jenen Tagen zu einem großen Teil der Wiedervereinigung skeptisch gegenüber. Walser dagegen erklärte, »dass für mich die Entwicklung, die jetzt zur Einigung geführt hat, das schönste Politische ist, was ich in meinem Leben erfahren habe«. Gefragt, wie sich das denn mit seiner früheren Annäherung an die DKP vertrage, wiegelte er ab: »Meine engsten Freunde waren da drin, ich bin auf diversen DKP-Kulturkongressen gewesen.« Das sollte heißen: mehr war da nicht.

Sich zur Politik zu äußern, war gerade für jene Nachkriegsautoren, die wie Walser, Günter Grass oder Siegfried Lenz in sehr jungen Jahren noch am Krieg teilgenommen hatten, ein höchst ambivalentes Unterfangen. Einerseits drängte es sie alle mit gutem Grund dazu, sich in der noch jungen Bundesrepublik aktiv an den politischen Debatten zu beteiligen, andrerseits sahen sie sich irgendwann in die Rolle von Intellektuellen gedrängt, die von den Medien ständig zur Stellungnahme aufgefordert wurden. »Ich kenne keinen Schriftsteller, der lieber nach seinen politischen Auftritten beurteilt werden möchte als nach seinen Romanen«, sagte er fünf Jahre später zu mir, als ich es war, der für den »Spiegel« mit ihm sprach. »Die Forderung, dass bei einem Schriftsteller die Weltveränderungsbotschaft dabei sein müsse, ist eher eine Art von Gesellschaftsspiel.«

Dieses Treffen im August 1995 verdankte sich weniger einem aktuellen Anlass als einer alten Verabredung zwischen uns. Unsere erste persönliche Begegnung, mein erster Besuch in Nußdorf am Bodensee, hatte genau zehn Jahre zuvor stattgefunden, damals noch für die »FAZ« – mehr oder weniger zufällig an Goethes Geburtstag, am 28. August 1985. Es war ein angenehmer und ergiebiger Besuch gewesen, offenbar für beide Seiten. Jedenfalls hatten wir uns in freundlicher Abschiedsstimmung vorgenommen, fortan alle zehn Jahre genau an diesem Tag ein Gespräch zu führen. So kam es denn auch, jedenfalls dieses eine Mal, im Jahr 1995.

Kritikerschelte als Trauma

Ich selbst hatte lange einen großen Bogen um ihn gemacht, auch als Leser. Immerhin las ich noch zur Schulzeit, gegen Ende der sechziger Jahre, *Ehen in Philippsburg*, seinen ersten, 1957 erschienenen Roman, nicht im Deutschunterricht, das wäre damals noch undenkbar gewesen, allein schon einer drastischen Abtreibungsszene wegen, sondern weil Walser als Gegenwartsautor ungeheuer präsent war. Sein Debüt mit Erzählungen war 1955 erschienen, seitdem waren drei Romane, fünf Theaterstücke, mehrere Aufsätze und Geschichten gefolgt. An ihm kam, wer sich ernsthaft für die deutsche Literatur interessierte, gar Literaturwissenschaft studieren wollte, einfach nicht vorbei.

Als Redakteur kam ich zum ersten Mal 1980 mit Walser in Kontakt. Damals war im »FAZ-Magazin« eine Serie geplant, die den Arbeitstitel »Literarische Fensterblicke« trug: Schriftsteller sollten gebeten werden, die unmittelbare Umgebung ihrer Arbeitsstelle zu schildern. Allerdings kam die Serie nie zustande. Walser stand nicht allein mit seiner Absage, die freilich besonders feinsinnig formuliert war: »Entschuldigen Sie bitte, wenn ich meine Straße nicht ausliefere. Es handelt sich um eine von Wenigen bewohnte Straße, sie ist, glaube ich, verletzlich.«

Dass Walser sich dann aber auch der folgenden Einladung

verschloss, finde ich bis heute bedauerlich. Es war die Bitte, sich am »FAZ«-Fragebogen zu beteiligen, dessen Urmuster doch niemand Geringerer als Marcel Proust (einer von Walsers Säulenheiligen) mehrfach ausgefüllt hatte. »Lieber Herr Hage, ich möchte lieber nicht«, lautete die lapidare Antwort auf einer Postkarte.

Eigentlich begann die Geschichte mit Walser noch etwas früher: Als junger Literaturredakteur durfte und musste ich 1976 aus nächster Nähe miterleben, wie Marcel Reich-Ranicki, inzwischen Literaturchef der »FAZ«, einen Totalverriss von Walsers Roman *Jenseits der Liebe* schrieb. Die Rezension begann mit den Worten: »Ein belangloser, ein schlechter, ein miserabler Roman. Es lohnt sich nicht, auch nur ein Kapitel, auch nur eine einzige Seite dieses Buches zu lesen.« Das war dermaßen überspitzt, dass die wenigen Kollegen in der Redaktion, denen das Manuskript vorher zugänglich war, dringend vom Druck abrieten.

Reich-Ranicki war natürlich nicht zu beirren. Vielmehr ließ er uns wissen, im Grunde gehe es ihm gar nicht um den Roman, sondern um die politische Haltung des Autors, um dessen Flirt mit der DKP, der zu nichts Gutem führen könne. Er kenne sich mit kommunistischen Gewaltsystemen aus. »Es geht mir um das Verhältnis der Intellektuellen zur Bundesrepublik«, erläuterte er in kleiner Runde. »Ich habe kein Interesse daran, dass noch einmal eine Demokratie untergeht, weil sich keiner für sie eingesetzt hat.«

Der Romancier erlebte die Wucht dieser Kritikerschelte als Trauma, niemals ganz verwunden, auch wenn es in *Statt etwas oder Der letzte Rank* tapfer und trotzig heißt: »Wer immer sich einbildet, mein Feind sein zu müssen, er darf zur Kenntnis nehmen, dass ich nicht mehr einholbar bin.« Er, Walser, habe sich in jahrzehntelanger Anstrengung aus der Erreichbarkeit entfernt.

Als ich 1986 von der »FAZ« als Literaturredakteur zur »Zeit« wechselte, ging einer meiner ersten Briefe an den

Bodensee, eine höfliche Aufforderung zur Mitarbeit. Zurück kam eine Gratulation zur Rückkehr nach Hamburg und eine freundliche Absage im schönsten Walser-Ton: »Wenn es sich machen läßt, möchte ich, ohne Rezensionen zu schreiben, durchkommen.« Und es folgte noch ein typischer Satz: »Verlangen Sie lieber von mir, ich soll etwa beschreiben, was ein aus Versehen auf einer Müllkippe gelandeter, noch ganz brauchbarer Füllfederhalter denkt, wenn er im blauen Himmel über sich Wildenten fortfliegen sieht ...« Solch poetische Post lohnt allein schon jede Anfrage.

Später, Anfang 1988, war auf einer Postkarte Walsers von einem geplanten Essay die Rede, der den Titel »Das deutsche Karussell« tragen sollte. Das Beste an der Mitteilung: »Ein Aufsatz, den ich, wenn Sie wollen, ausarbeite.« Das war nun für das Feuilletonressort der »Zeit« keine Frage: Wir wollten. Einige Wochen später kam schriftlich die Abwandlung des Plans: Er habe nun gerade eine Einladung zu der Vortragsreihe »Reden über unser Land« in den Münchner Kammerspielen erhalten, schrieb Walser. »Und diesmal probier ich's, also ist das Deutschland-Ding erst im Winter 88/89 zu veröffentlichen.«

Es war Mitte Oktober, als mich abends daheim ein Telegramm von ihm erreichte: »Münchener Rede umständehalber jetzt nicht zu drucken.« An einem der folgenden Tage dann ein Brief: »Vielleicht wird mein Hin- und Herzögern ein bisschen verständlicher, wenn Sie den Gegenstand, der es bewirkt, kennen.« Und als Ergänzung: »Nur Ihnen geschickt, bitte.« Beigelegt war das Manuskript der Rede. Da war nun Überzeugungsarbeit angesagt. Dass Walser sich mit seinen Gedanken zur deutschen Teilung, mit deren Endgültigkeit er sich nicht abfinden wollte, wieder einmal reichlich Empörung und Ärger einhandeln würde, war keine Frage. Schließlich hatte er schon gut zehn Jahre zuvor, im August 1977, wegen einer Rede in Bergen-Enkheim massiv Gegenwind bekommen, wegen seines dort geäußerten Wunsches, »die Wunde namens Deutschland« offenzuhalten: »Wir dürfen, sage ich vor Kühnheit zitternd, die BRD so wenig anerkennen wie die DDR.« Vor Kühnheit zitternd – diese Formel sollte Walser Jahre später in seiner berühmten Paulskirchenrede noch einmal aufgreifen.

In der Münchner Rede nun warb er erneut dafür, die Teilung Deutschlands nicht auf ewig als Strafe für deutsche Schandtaten im Zweiten Weltkrieg zu betrachten. Es war klar: In Walsers Rede 1988 fanden sich wieder Formulierungen, die – isoliert genommen und Walsers vieles in der Schwebe lassenden Duktus entkleidet – gegen ihn gerichtet werden würden. Also versuchte ich ihn am Telefon davon zu überzeugen, dass nur ein vollständiger Abdruck vor böswilligen Interpretationen schützen könne. Es wäre dann, so lautete mein Argument, für jeden überprüfbar, in welchem Zusammenhang und mit welcher Redehaltung das formuliert sei. Mag sein, dass Walser nur auf ein wenig Beharrlichkeit und Unterstützung gewartet hatte. Jedenfalls stimmte er dem Abdruck zu. Und so erschien seine Rede über Deutschland, nachdem er sie am 30. Oktober 1988 in München vorgetragen hatte, Anfang November komplett in der »Zeit« – und zwar, das war schon recht ungewöhnlich, auf drei Feuilletonseiten.

Um zu verdeutlichen, wie sehr das damals als Provokation empfunden wurde, sei hier eine Szene aus der »Zeit«-Redaktion kolportiert. Während der darauffolgenden Ressortkonferenz tauchte ein politischer Redakteur auf und erklärte der verdutzten Mannschaft, dass der Abdruck dieser Rede eine Blamage für die Zeitung sei und nur die politische Ahnungslosigkeit von uns Kulturleuten belege. Es handle sich bei Walser um reine Schwärmerei, wurden wir belehrt. Auf absehbare Zeit, erklärte der Kollege, der später für wenige Jahre Chefredakteur des Blattes werden sollte, stehe die Wiedervereinigung nicht auf der Tagesordnung. Das war, wie gesagt, 1988.

Noch empörter reagierte damals der Schriftsteller Jurek Becker, der als Kind den Holocaust überlebt hatte. Er schrieb für die »Zeit« eine flammende Entgegnung unter der Überschrift: »Gedächtnis verloren – Verstand verloren«. Das war nun einer der Fälle, wo ich als Redakteur ratlos dazwischenstand: ein Autor bekriegt einen anderen – und beide schätzte ich. Becker, der damals in West-Berlin lebte, schrieb: »Nationalistisches Geschwafel wird ja nicht dadurch erträglicher, dass der Redner zuvor einige schöne Bücher geschrieben hat. Umgekehrt: ich muss mich dagegen wehren, dass mir diese Bücher nicht plötzlich in einem anderen Licht erscheinen.« Auch er, der Schriftsteller aus der DDR, missbilligte die »Forderung nach Wiedervereinigung«.

Verstand verloren?

Danach war es auf lange Zeit unmöglich, von Walser einen neuen Beitrag zu erhalten. Ein Versuch von mir im Mai 1989 führte immerhin wiederum zu einer Postkarte mit einem herrlich verschlungenen Walser-Satz. Er sei »ganz abgewandt«, hieß es da, und »auch von einem Kopfweh belegt, das länger gehen will; vielleicht auch nur, um meine Abgewandtheit zu unterstützen; das tut es wirklich«. Und er unterzeichnete mit »unbrauchbar, aber herzlich«.

Im Jahr darauf war es dann die Arbeit an seinem Roman *Die Verteidigung der Kindheit*, mit der er eine Anfrage ablehnte, und zwar postwendend – »gleich zurück: ich kann nicht heraus aus meinem Projekt«. Das war nun allerdings ein Argument, dem sich kein Literaturredakteur verschließen konnte, wenn zudem von einer schwierigen Schreibphase die Rede ist: »Jetzt muß ich also aufpassen und bitte, mich für entschuldigt zu halten.« Doch er freue sich auf ein mögliches Treffen in Berlin.

Damit war eine Veranstaltung des Deutschlandfunks im Literarischen Colloquium gemeint. Im November 1990, inzwischen war die Einheit Deutschlands Realität, war es gelungen, Walser zu einer Diskussion mit Jurek Becker zu bewegen. Zu viert saßen wir auf dem Podium, der Rundfunkredakteur Hajo Steinert als Moderator. Zur Einstimmung las Walser Passagen aus einer neuen Arbeit mit dem Titel *Vormittag eines Schriftstellers*, worin er das nach der Vereinigung »neu angefachte Diskussionsgeflacker« beklagte. Wie solle man da ruhig bleiben, fragte er, »wenn immer noch ein Kollege beweist, Deutschland müsse in zwei Staaten existieren«?

Walser machte in den 15 Minuten seiner Lesung vor allem deutlich, wie sehr er es bereue, sich immer wieder auf den Meinungsstreit einzulassen. »Eine Meinung ist für einen Erzähler ein Kurzschluss«, rief er geradezu in den vollbesetzten Saal. »Wenn du allein bist, brauchst du keine Meinungen.« Natürlich kam er auf seine Münchner Rede 1988 und die Reaktionen darauf zu sprechen. Er habe doch damals nur versucht zu zeigen, »wie es dir zumute war angesichts des geteilten Landes« und »dass du dich an diese Teilung nicht gewöhnen könntest«. Seitdem erfahre er Beschimpfungen jeder Art, und es werde kein Vorwurf ausgelassen, »von intellektueller bis moralischer Unzurechnungsfähigkeit«. Dass er von einem »Geschichtsgefühl« gesprochen habe, »produzierte in den Statthaltern der Gegenmeinung die Gewißheit, dass sie, im Unterschied zu mir, denken können«.

Damit war nun auch sein Gegenüber angesprochen. Becker konzedierte, »damals böse und wütend« reagiert zu haben: »Ich dachte, das ist die Angelegenheit der Landsmannschaften, der CDU, der Konservativen, und jetzt dringt das in meine Welt vor. Wo gibt es denn sowas? Das mag ein Grund gewesen sein für übertriebenes Ausholen.« Walser entgegnete ihm: »Ich war irrsinnig überrascht, weil ich das nicht für möglich gehalten hätte unter uns Kollegen. An Ihnen habe ich erleben dürfen, wie weit einer gehen kann, der sich im Recht fühlt. Sie haben gesagt, ich hätte den Verstand verloren. Das ist ja nicht weiter schlimm. Aber Sie stellten die Frage in Ihrem Zorn, ob Sie nicht vielleicht alle meine Bücher falsch gelesen hätten. Sie haben mich nach rückwärts hinein vernichtet!« Daraufhin Becker trocken: »Sie haben wohl noch nie etwas im Zorn gesagt ...« Und wieder Walser: »Gut, aber das war gedruckter Zorn. Deshalb habe ich das jetzt geschrieben, gegen das gesamte Zorngebräu. Ich habe fünf, sechs Wochen an diesem Stück gearbeitet, weil ich es einmal vom Halse haben wollte.«

Den in Berlin auszugsweise vorgetragenen Essay druckten wir kurz darauf in der »Zeit«, gewissermaßen als Nachklang zur Deutschland-Rede zwei Jahre zuvor. Dieser *Vormittag eines Schriftstellers* zählt für mich bis heute zu Walsers faszinierendsten und sensibelsten Aufsätzen. Hier wird vorgeführt, wie es einem Schriftsteller ergehen und wie er sich fühlen kann, nachdem er am Meinungsstreit teilgenommen hat und wieder daheim an die eigentliche Arbeit gehen will: »Erst wenn man sich selbst zum Verstummen gebracht hat, hören auch die anderen auf. Das Meinungsgewoge verebbt, man wäre wieder allein, könnte versuchen, etwas anzufangen mit sich.« Auch hierauf findet sich ein spätes Echo in seinem Buch *Statt etwas* aus dem Jahr 2017: »Alles, was nach Urteil klingt, möchte ich hiermit widerrufen.«

Zunächst aber war er dem Urteilen, dem Argumentieren, dem Streit noch lange nicht entronnen. So leicht gelang das mit dem Rückzug dann doch nicht. Im Juni 1993 war Walser von der Hamburger Autorenvereinigung zu einem Gespräch über seine Erfahrungen als politischer Autor eingeladen worden. Der Journalist Ulrich Schacht befragte ihn vor rund 80 Gästen, wie er überhaupt zu seinem Engagement gekommen sei. Er habe angefangen zu schreiben und sei »irgendwann als Linksintellektueller aufgewacht«, sagte Walser. Das sei willkommen gewesen im Kreis der Freunde und Kollegen.

Und dann passierte ihm das: Jürgen Habermas forderte ihn 1979 auf, sich an einem Sammelband mit dem Titel *Stichworte zur ›Geistigen Situation der Zeit‹* zu beteiligen. Walser lieferte und setzte sich in seinem Text *Händedruck mit Gespenstern* mit der Frage auseinander, warum »Meinungen« stets dazu führen, dass man nicht alles sagt oder schreibt, was man zu einem Thema weiß. Das Thema Deutschland sei in diesem Aufsatz eigentlich nur ganz am Rande vorgekommen. Das aber habe genügt, damit ihm Habermas später bei einer persönlichen Begegnung ins Gesicht sagte: »Du hast ja einen entsetzlichen Aufsatz geschrieben!«

Wegen seiner Ansichten zur deutschen Frage hätten sich sogar Freunde von ihm abgewandt. Er habe als nicht mehr »zurechnungsfähig« gegolten. Zu spüren war in diesem Moment: Die Wunde saß tief. Im Nachhinein sei er »nicht undankbar für diese Lektion«, sagte er dann. Heute fühle er sich »lagerfrei«. Und: »Mir genügt es allemal, dass ich etwas empfinde.« Seine Erfahrung als Schreiber sei nun einmal: »Ich kann mir nicht kommandieren, was mir in den Kopf kommt. Ich kann allenfalls nachträglich Sätze ablehnen.«

Gefragt nach den ausländerfeindlichen Anschlägen von Mölln und Solingen, sprach Walser von »rechtsextremistischen Kindern«. Die Naziverkleidung sei für ihn der »Kostümball« verzweifelter junger Menschen: »Was aus deren Mündern kommt, ist beschämend für uns alle.« Aber jetzt sei das zu einem Medienthema geworden. Und flugs werde ein »rechtsextremistischer Hintergrund« geschmiedet. Am Schluss kam es fast noch zu einem Eklat, als der Moderator den Abend mit einem Zitat Reich-Ranickis abrunden wollte. Demonstrativ verließ Walser daraufhin das Podium und setzte sich zu den Zuhörern. Dann aber stand er doch noch einmal auf, um den Schlussapplaus, der ihm galt, nicht wie einen auf Reich-Ranickis Bemerkung über ihn aussehen zu lassen. Er wandte sich zum Publikum und rief: »Mit diesem Unsinn kann man bekannt werden!«

Walser hatte mir zuvor eine Einladung zu dieser Veranstaltung gefaxt, bei der es weiter keine Öffentlichkeit gab, mit einem handschriftlichen Vermerk: »Aber trotz Ihres Charmes kann ich – jetzt nur auf mein Buch konzentriert – ein ›Spiegel‹-Gespräch nicht führen.« Gemeint war damit ein erneuter Versuch von mir, inzwischen beim »Spiegel«, ein Interview mit ihm über all diese Themen zu führen. Es war geplant, zu ihm an den Bodensee zu reisen. Das wollte er nun gar nicht. Lieber ein Gespräch in Hamburg, sagte er am Telefon, dann sei es nicht so schlimm, wenn nichts dabei herauskomme. Immerhin schickte Walser bald nach der Hamburger Veranstaltung einen Aufsatz: *Deutsche Sorgen*. Auch darin ging es wieder um die aufflackernde rechtsradikale Stimmung, vor allem auf dem Territorium der ehemaligen DDR. Wieder einmal fühlte sich Walser bei einem Thema unter Rechtfertigungsdruck. Er wurde als Abwiegler kritisiert und musste nolens volens reagieren.

»Und ich hatte schon geglaubt«, heißt es in seinem Essay, »das Ende des Kalten Ideologie-Kriegs bringe von selbst ein Zeitalter hervor, in dem einem nicht mehr täglich mindestens einmal die richtige Meinung abverlangt würde«. Es gibt in diesem Aufsatz eine Passage, die von heute her wie eine hellsichtige Prognose erscheint: »Und jetzt, nachdem der Eiserne Vorhang weg ist, kommen die Asylsuchenden herein.« Schon werde man hierzulande »anfällig für das kranke Evangelium des Hasses«.

Doch kaum waren seine *Deutschen Sorgen* gedruckt, sagte er gequält am Telefon: »Ich hätte mich beherrschen müssen.« Wenn er sein Gefühl befrage, so sei es falsch gewesen, noch eine weitere Meinung in die Welt zu setzen. Wie zum Trost für den Redakteur sagte er: »Es ist alles auf die bestmögliche Weise entstanden. Es gab einen Impuls, es gab Ihre Anforderung.« Dennoch. Manche Leute würden sich nicht eine Sekunde fragen, woher sie ihre Gewissheiten nähmen. »Da merkst du: das ist Beton!« Kein Wunder also, dass Walser seinem nächsten »Spiegel«-Beitrag, einem Porträt des Schriftstellers Arnold Stadler, den Titel »Am schönsten ist das Trotzdemschöne« voranstellte. Und wie leicht und entspannt antwortete er bald darauf auf eine Frage, die an mehrere Schriftsteller ging, nach seinem Umgang mit Tagebüchern: »Da ich nicht daran glaube, dass es im Geschriebenen Unmittelbarkeit gebe, sind auch die Tagebücher Fiktion. Das heißt: Antworten auf die Unzumutbarkeiten des menschlichen Daseins. Also Literatur.« Da war er wieder ganz in seinem Element.

Die Gesten des Engagierten

Aber es gab eben diese lange Geschichte seiner politischen Einlassungen von 1961 an, als er jenes Taschenbuch herausgab, das
schon im Titel den Überdruss an der seit 1949 von der CDU
geprägten Republik zum Ausdruck brachte: *Die Alternative
oder Brauchen wir eine neue Regierung?* Und ausgerechnet
er hatte einst über das Bonner Postulat nach Wiederverreini-
gung noch gehöhnt (»Ich habe keine Güter in Mecklenburg«).
Ja, er zählte zu den Ersten, die sich 1962 zur »Spiegel«-Affäre
äußerten; er verfolgte die großen Frankfurter KZ-Prozesse
und schrieb 1965 in der Zeitschrift »Kursbuch« jenen fulmi-
nanten Essay *Unser Auschwitz*; im Jahr 1967 formulierte und
unterzeichnete er zusammen mit anderen den Autorenboykott
gegen das Zeitungshaus Axel Springer; er geißelte beharrlich
den amerikanischen Vietnam-Krieg und das zustimmende
Schweigen der deutschen Politik und Presse.

Allerdings erkannte Walser auch schon die »Gesten des
Engagierten«, sah die Gefahr, »in die Nähe der Zeremonie zu
geraten«. Und er bedauerte, »dass man das Politische eines
Schriftstellers weniger nach seinen literarischen Hervorbrin-
gungen beurteilt als nach seinem aktuellen Auftritt«. Diese innere Zerrissenheit sollte ihn fortan begleiten: Er galt als linker
Intellektueller und wollte doch in erster Linie Schriftsteller
sein. Er suchte den Kontakt zu seinen Lesern – und blickte in
Kameras, die den Kritiker des Vietnam-Kriegs meinten. Und
ausgerechnet er, der lange als Inbegriff des linken Intellektuellen gegolten und 1982 wie andere übellaunig den Beginn der
Kanzlerschaft Kohls kommentiert hatte, schrieb nun 1993 in
seinem »Spiegel«-Beitrag *Deutsche Sorgen*: Kohl habe sich
lernfähiger gezeigt als alle seine Kritiker.

Im Nachhinein ist es oft schade um jene Äußerungen während eines Interviews, die aus Platzgründen gestrichen werden
müssen, schade auch um jene Anekdoten, die nach dem eigentlichen Gespräch erzählt werden, während das Aufzeichnungs-

gerät noch läuft. Bei unserem »Spiegel«-Gespräch, damals im August 1995, Walser war Ende sechzig, fiel zum Beispiel das Folgende unter den Tisch: »Als Max Frisch zu meinem 60. Geburtstag hierherkam, war er Mitte siebzig und erzählte mir, ihm würden drei Stunden pro Tag am Schreibtisch genügen. Und ich weiß noch, dass ich damals dachte: und die andere Zeit? Das habe ich nicht gewagt zu fragen. Das musste ja entsetzlich sein: nur drei Stunden, bleiben 21 Stunden pro Tag, die man herumbringen muss. Inzwischen komme ich auch nach drei, vier Stunden von meinem Arbeitszimmer unter dem Dach herunter und bin erledigt.«

Schade drum. Wie auch um die Erfahrung, von der Walser verärgert erzählte: Er habe für die »Zeit« nach Vietnam fahren wollen, um eine Reportage zu schreiben. »Das war schon ausgemacht. Ich war in Hamburg, auch beim Verleger Gert Bucerius. Und daheim bekam ich einen Brief von ihm. Er hat es so dargestellt: Mein Standpunkt sei ja schon klar. Dann ist also Gräfin Dönhoff nach Vietnam gefahren und hat mit dem General Ky gesprochen, mit einem – von mir aus gesehen – finsteren Kollaborateur der Amerikaner.«

Es ist üblich, dass der Befragte bei der Autorisierung des Interviews seine eigenen Formulierungen überarbeiten, in Maßen auch erweitern kann. Bei Walser kommen dann oft, in seiner charakteristischen Handschrift, ganz wunderbare Ergänzungen zustande. Wo es zunächst nur hieß, beim Schreiben eines Romans wisse man vorher nie, »wo das hinführt und was dabei herauskommt«, fügte er am Rand hinzu: »Bei mir ist ein Roman die Antwort auf eine Zumutung, auf eine weit über alles Politische hinausgehende Zumutung, auf eine Daseinsschwierigkeit eben.«

Der einst von uns geplante Zehn-Jahres-Rhythmus der Gespräche war natürlich eine Illusion und völlig unpraktikabel. Schon im Jahr darauf, 1996, ergab sich ein telefonisches Interview, als Walsers Roman *Finks Krieg* erschienen war, ein Schlüsselroman, dessen Figuren wir gern enttarnen wollten.

Und dann die Farce mit dem »letzten« Interview: Anfang 1998 verkündete Walser in einer Literaturzeitschrift mit kleiner Auflage, nun endgültig keine Interviews mehr geben zu wollen. Einigermaßen empört rief ich ihn an: Wenn schon eine Absichtserklärung von solcher Tragweite – warum nicht im »Spiegel«? Damit es auch wirklich wahrgenommen werde? Tatsächlich ging Walser auf den Wunsch ein, ein allerletztes Interview über das angeblich letzte Interview zu führen.

Möglich sei dieser Dialog aber nur, so Walser gleich vorweg, »wenn wir ihn beide als Meta-Interview führen«. Warum nicht? Was also war nun eigentlich die Qual bei den zahllosen Gesprächen, die er in seinem Leben schon geführt hatte? Er antwortete: »Ich habe mich immer instinktiv bemüht, dem Fragesteller in den Antworten das Gefühl zu geben, seine Fragen seien toll, wichtig, fabelhaft.« Und er räumte ein: »Es gab auch gelungene Gespräche. Immer dann, wenn ich nicht der Welt, sondern dem Visavis, Mann oder Frau, gefallen wollte.« Müßig zu sagen: Er hielt es nicht lange durch. »Sie wissen, ich bin immer bereit, Ja zu sagen«, wie er mir einmal bei anderer Gelegenheit resigniert auf einer Briefkarte schrieb. Walser blieb der begehrte Interviewpartner für zahllose Journalisten und Germanisten. Auch ich traf ihn in den Jahren danach, zum Teil gemeinsam mit Kollegen, zu sechs weiteren umfangreichen »Spiegel«-Gesprächen, und das in immer rascherer Folge: 2002, 2007, 2010, 2012, 2015, das letzte Mal 2016 zum Doppelinterview mit ihm und Thekla Chappi, der Koautorin seines Romans *Ein sterbender Mann*, von kurzen Telefoninterviews zwischendurch ganz abgesehen.

Die Literaturwelt bebt

Ein Gespräch im Frühsommer 2002 war das schwierigste. Für den August war ein neuer Roman mit dem Titel *Tod eines Kritikers* angekündigt. Schon im Vorfeld begann eine heftige Debatte über das noch gar nicht veröffentlichte Werk. Es empörte sich der damalige »FAZ«-Mitherausgeber Frank Schirrmacher in einem offenen Brief über das »Repertoire antisemitischer Klischees« in diesem Roman. Er teilte Walser und der Welt auf diesem Wege mit, dass die Zeitung auf einen Fortsetzungsabdruck des Romans verzichten werde. Was war vorgefallen? Der Suhrkamp Verlag hatte der »FAZ« wie gewöhnlich Walsers neuen Roman zum Vorabdruck angeboten, einen Roman, in dem recht offensichtlich, wenn auch unter anderem Namen, Marcel Reich-Ranicki, der jüdische Kritiker und langjährige »FAZ«-Literaturchef, als Machtmonster dargestellt wird und auf geheimnisvolle, einen Mord suggerierende Weise verschwindet – um am Ende wieder fröhlich aufzutauchen und einen unter Verdacht geratenen fiktiven Schriftsteller von dieser Last zu befreien.

Die Angelegenheit wurde nicht nur in den Feuilletons verhandelt, sie war auch Gegenstand von Fernsehnachrichten, und »Bild« berichtete unter der Schlagzeile: »Ein Krimi! Ein Skandal! Die Literaturwelt bebt.« Parallel dazu wurde das bis dahin immer noch unveröffentlichte Werk zum Gegenstand von Rezensionen und Analysen. Möglich geworden war das durch die Errungenschaft elektronischer Datenvermittlung: Der Suhrkamp Verlag hatte noch am Tag der »FAZ«-Attacke beschlossen, das noch nicht abschließend lektorierte Walser-Werk per E-Mail interessierten Redaktionen zur Verfügung zu stellen, so auch dem »Spiegel«. In unserer Redaktion herrschte rasch Einigkeit darüber, dass das Gespräch mit Walser gesucht werden sollte.

Der war dazu auch bereit. Noch am selben Abend flog ich an den Bodensee, das ausgedruckte Dokument in Händen. Das Interview fand am 30. Mai zur Mittagszeit im Haus von Walser statt. Es war ein Gespräch, das der Autor nur unwillig gewährte. »Das Problem war mir klar: Eine Figur dieses Buches gehört zu dieser Zeitung«, sagte er auf die Frage, warum der Roman ausgerechnet der »FAZ« angeboten worden sei.

»Niemals, wirklich niemals, hätte ich gedacht, dass es auf diese Weise abgelehnt wird, mit dem Vorwurf des Antisemitismus … Warum sollte ich das Buch damit belasten, wo es mir um etwas ganz anderes ging: um die Machtausübung im Kulturbetrieb.«

Und die Mordphantasien einem jüdischen Kritiker gegenüber? Wie der reale Reich-Ranicki ist auch die Romanfigur André Ehrl-König ein Jude. »Ich versichere Ihnen: Ich hätte nie einen Roman schreiben können, in dem der Kritiker wirklich umgebracht wird. Das Ganze ist eine Komödie.« Und Walser setzte hinzu: Bei keinem seiner Bücher habe er »ein solches Gefühl von Richtigkeit, Wichtigkeit, Notwendigkeit« gehabt wie bei diesem. Mag sein, dass er es hinterher bereute, sich überhaupt zu seinem Roman geäußert zu haben, jedenfalls schickte er die autorisierte Fassung, die er wunschgemäß rasch und professionell bearbeitet hatte, mit einer grimmigen E-Mail zurück: »Hier als Word-Datei unser bis zur Makellosigkeit geschöntes Gespräch. Von Ihren mutig angezettelten Gemeinheiten ist noch genug drin!« Und so erschien das Interview im »Spiegel«; einen Nachdruck allerdings sollte er später verweigern.

Das allgemeine Interesse an dem Roman *Tod eines Kritikers* hatte im Übrigen wohl auch einen ganz simplen Grund: Es war die pure Neugier auf die Kraftprobe zwischen zwei altgedienten und telegenen Größen des Literaturbetriebs, zwischen Walser und Reich-Ranicki, der eine 75, der andere 82 Jahre alt. Der Kritiker aber wollte sich zunächst gar nicht zur Sache äußern, tat es dann zögerlich als enttäuschter Leser (»ein erbärmliches Buch«), schließlich auch als Betroffener: Er halte zwar nicht den Autor Walser, wohl aber dessen Buch für antisemitisch. Was Walsers Romanpolemik gegen ihn anging, so dürfte Reich-Ranicki noch aus einem anderen Grund enttäuscht gewesen sein: Er hatte nämlich den Autor 1998 aus Anlass des Streits um dessen Rede in der Frankfurter Paulskirche verteidigt. Die Rede sei zwar missverständlich und missglückt, befand er, doch er habe »keinen einzigen wirklich empörenden Gedanken« darin entdecken können.

In dieser legendären Rede, der zunächst heftig beklatschten, später vielstimmig und unerbittlich kritisierten Dankrede zur Verleihung des Friedenspreises im Oktober 1998, aus der Frankfurter Paulskirche live im Fernsehen übertragen, hatte Walser fahrlässig die Erwartung repräsentativer Rhetorik an diesem Ort unterlaufen, indem er betont subjektiv von eigenen Erfahrungen mit »Wegschauen und Wegdenken« berichtete, »wenn mir der Bildschirm die Welt als eine unerträgliche vorführt« – zunächst sehr allgemein gesprochen, dann konkret bezogen auf Bilder vom Holocaust. »Jeder kennt unsere geschichtliche Last«, sagte Walser, »die unvergängliche Schande, kein Tag, an dem sie uns nicht vorgehalten wird«. Und er fügte sofort hinzu: Er habe es nie für möglich gehalten, »die Seite der Beschuldigten zu verlassen« – anders als jene Intellektuellen, die, wie er vermute, sich Entlastung durch die mediale »Dauerpräsentation unserer Schande« erhoffen oder, schlimmer noch, die »Instrumentalisierung unserer Schande zu gegenwärtigen Zwecken« betrieben.

Es dürfte vor allem an der Diskrepanz zwischen dem offiziellen Charakter der Feierstunde und der betont subjektiven, in sich kreisenden und vieldeutigen Sprechweise gelegen haben, dass das Echo auf diese Veranstaltung so gewaltig war. Walsers Gedanken waren nicht neu. Von der »ungeheuren Schande« hatte auch schon Thomas Mann gesprochen, vor der Verwendung Hitlers »zur Denunziation irgendeiner missliebigen Politik von heute« später Botho Strauß gewarnt. Und von Adorno war der mitleidende Zeitgenosse einst ermutigt worden, sich die »objektiv ihm aufgenötigten Grenzen« einer Identifikation einzugestehen, »die mit seinem Anspruch auf Selbsterhaltung und Glück kollidiert«. Das sei Selbstschutz vor der »Imagination des Schlimmsten«.

Immer wieder hatte Walser sich vorgenommen, Meinungen überhaupt zu meiden, und nun wurde er durch diese Rede zur persona non grata. Für ihn keine neue Erfahrung, doch jetzt tiefgreifender als jemals zuvor. Und es fand sich kein Ausweg. Ein von der »FAZ« initiierter, als Versöhnung gedachter Dialog zwischen ihm und Ignaz Bubis, dem Vorsitzenden der jüdischen Gemeinde, scheiterte desaströs. Es sollte Jahre dauern, bis Walser einräumen konnte, sich in seiner Not respektlos verhalten zu haben. Erst 2007 sagte er in einem Interview der Journalistin Jeanette Stickler: »Auf Bubis habe ich völlig borniert reagiert.« Ihre Frage, ob er die Rede in der Paulskirche heute anders halten würde, verneinte er. »Aber ich würde mich danach ganz anders verhalten, als ich mich im Herbst 1998 verhalten habe.«

Eine neue Frömmigkeit?

Im selben Jahr, im März 2007, sprachen wir aus Anlass seines 80. Geburtstags über das Altern. »Das Grandiose ist doch«, sagte er in seinem Arbeitszimmer unter dem Dach, »dass es Neuland ist. Diese Lebensphase enthält Provokationen für einen, die man sich nie hat vorstellen können«.

Wir waren inzwischen geübte, ja vertraute Gesprächspartner geworden. Und doch brach sich zum Schluss des Gesprächs das alte Ungenügen Bahn: »Wenn Sie das Haus verlassen haben werden, wird auf mich eine Flut von Nicht-Gesagtem, Halb-Gesagtem, Falsch-Gesagtem, Versäumtem einstürzen – und das geht in der folgenden Nacht noch weiter. Das darf ruhig auch das Publikum zur Kenntnis nehmen, dass der, der da sozusagen Auskunft gibt, andauernd hinter dem zurückbleibt, was er eigentlich sagen wollte.«

Bei der Autorisierung dann hielt er sich dennoch mit Nachträgen bemerkenswert zurück. Nur an einer Stelle ergänzte er handschriftlich mit Verve. Ich hatte ihn gefragt, ob eine Gedichtzeile von ihm (»Wenn du kein Virtuose im Vergessen bist, verblutest du / auf der Intensivstation Erinnerung«) nicht doch als Plädoyer für das Vergessen aufgefasst werden könne. Er lieferte seine Empörung über diese Frage schriftlich nach: »Wenn Sie das jetzt politisieren, zeigen Sie nur die grauenhafte Monotonie Ihres berufsgeschädigten Zeitgeistgehirns.«

Wie anders klang da drei Jahre später die E-Mail nach einem Gespräch, das eine Kollegin und ich mit ihm geführt hatten: »Produktiver ist mit meinem Dahingesagten noch niemand umgegangen.« Eine kleine auf mich gemünzte Spitze war dabei: »Ich spüre darin die Frau! Wie auch immer. Mich hat es angeregt zur Weiterarbeit.« Anlass für dieses Gespräch im März 2010 war das Erscheinen seines Tagebuchbandes aus den Jahren 1974–1978, darin enthalten auch seine Reaktion auf Reich-Ranickis Verriss des Romans *Jenseits der Liebe*. Er hatte dem Kritiker damals einen nie abgeschickten Brief geschrieben, der dort nun zu lesen war. Zeigte er sich damit schutzlos? »Nur so schutzlos, wie ich war. Und bin. Ein Text, der einen einmal aus einer solchen Situation befreit hat, hört nicht auf, einen zu befreien.« Er fügte hinzu: »Ein ausgedrückter Schmerz ist schöner als ein unausgedrückter Schmerz. Mit einem ausgedrückten Schmerz kann man leben.« Auch mit dem Antisemitismus-Vorwurf im Zusammenhang mit seinem Roman *Tod eines Kritikers* Jahre später? Das sei der Tief- und Schmerzpunkt seiner sogenannten Laufbahn gewesen, antwortete Walser. »Der Vorwurf, in einem Roman antisemitisch geschrieben zu haben, ist der härteste Vorwurf überhaupt.«

Walsers übergroßer Gegenpart ließ es sich nicht nehmen, in seiner 1999 publizierten Autobiografie *Mein Leben* ein fast endgültig klingendes Fazit zu formulieren. Für ihn, Reich-Ranicki, sei Martin Walser »einer der intelligentesten Essayisten der deutschen Gegenwartsliteratur, einer der anregendsten und auch wunderlichsten Intellektuellen weit und breit«, kurzum: »Deutschlands gescheiteste Plaudertasche«. Auch so läßt sich ein Schriftsteller erledigen: indem man sein Eigentliches, das literarische Werk, gar nicht erst erwähnt. Dabei hat Walser so wunderbare Romane geschrieben wie *Seelenarbeit*,

Brandung, Die Verteidigung der Kindheit oder *Das dreizehnte Kapitel*, nicht zu vergessen sein erfolgreichstes Buch, die Novelle *Ein fliehendes Pferd*. Dies alles unter den Tisch fallen zu lassen, ist schon ein starkes Stück.

Freilich können auch kritische Töne aus dem Mund grundsätzlich wohlwollender Rezensenten schmerzen, die sich nicht so gut zum Feindbild eignen. So war es in meinem Fall. Als ich 2011 seinen Roman *Muttersohn* negativ besprach, äußerte Walser in einem Gespräch mit der »Bunten« kurz darauf verärgert: »Der urteilt hier wie ein Literaturbeamter und ist nicht bereit, mein Buch wirklich zu lesen, weil es sich um Glauben und Wissen handelt.« Und damals muss wohl auch jene Notiz entstanden sein, die Ende 2018 Aufnahme in sein Buch *Spätdienst* fand, eine Sammlung von meist elegischen Gedankensplittern und Erfahrungsskizzen: »Volker Hage im *Spiegel*, die gemeinste Art. Wenn das der Ton wird, in dem dieses Buch behandelt wird, dann habe ich nichts mehr zu bestellen. Soll ich sagen: wie immer?« Dabei hatte ich in der Rezension doch lediglich die Frage aufgeworfen: »Greift eine neue Frömmigkeit um sich? Sucht Walser, der aus einem katholischen Dorf stammt und als Kind regelmäßiger Kirchgänger war, nun, im Alter von 84 Jahren, wieder Geborgenheit im religiösen Ritual?« Der Roman erschien mir durchaus nicht völlig misslungen, wohl aber im Hauptteil mit einer Figur namens Percy, einem jungen Mann, der seiner Mutter die Mär seiner Jungferngeburt gläubig abnimmt. In der langen Reihe der Walser-Romane ist *Muttersohn* gewiss einer der schwächsten.

»Er hat von Erfahrungen berichtet, Erfahrungen gemacht und auf sein Erleben nahezu zwanghaft schreibend reagiert«, so hat ihn seine zeitweilige Begleiterin Thekla Chabbi 2017 charakterisiert: im Nachwort des von ihr herausgegebenen Sammelbandes mit Essays aus den Jahren 1959 bis 2016, Titel: *Ewig aktuell*. Der Anlass war sein 90. Geburtstag. In seinem Tagebuch heißt es einmal: »Das Bewusstsein meiner Unfähigkeit breitet sich so langsam in mir aus, dass zu hoffen ist, es

werde mich erst kurz vor meinem Tod vollkommen durchdrungen haben.«

Martin Walser: was für ein Begleiter und Anreger durch
so viele Jahre und Jahrzehnte, was für ein angriffslustiger und
melancholischer, ein in sich hinein lauschender Zeitgenosse
und stets aufs Neue überraschender Geist, aufbrausend und
zweifelnd, verletzlich und tapfer, ein großer Erzähler unserer
Gegenwart.

WEIL ICH DAS LETZTE WORT
HABEN WILL

GÜNTER GRASS

Die deutsche Nachkriegsliteratur: Günter Grass verkörperte sie wie kein Zweiter. Er war ihr Repräsentant, ihr Aushängeschild, ihr Markenzeichen. Er war stets gegenwärtig bei politischen Debatten. Er schrieb den berühmtesten deutschen Nachkriegsroman. Sein internationales Renommee übertraf das von Heinrich Böll und Siegfried Lenz, von Hans Magnus Enzensberger, Uwe Johnson, Martin Walser und Christa Wolf – und das nicht erst, nachdem er 1999 in Stockholm den Nobelpreis für Literatur entgegennehmen konnte. Unter den Toten der Republik ragt er hervor wie Adenauer und Brandt in der Politik, wie Adorno und Heidegger in der Philosophie, wie im Literaturbetrieb sonst nur noch Marcel Reich-Ranicki, sein kritischer Widerpart über Jahrzehnte.

Grass war vital und beharrlich, stoisch und störrisch, oft belehrend, manchmal unerträglich und stets schwer belehrbar, nicht unerschütterbar, aber doch von Selbstzweifeln weitgehend frei. Er wollte gefragt werden und seine Meinung äußern. Und er erwartete keinen Widerspruch, sondern wenigstens Zustimmung, besser noch Bewunderung, ja Zuneigung. Weit mehr als ein halbes Jahrhundert beschäftigte ihn – literarisch, politisch, autobiografisch – ein Thema: Deutschland. Die Frage nämlich, wie dieses Land mit der Schuld des Holocaust leben könne und umgehen sollte. So wurde er zum Inbegriff des moralischen Schriftstellers, der anderen auf die Finger sah und bisweilen auch schlug – bis er 2006 offenbarte, als junger Soldat in der Waffen-SS gedient zu haben. Das jahrzehntelang verschwiegen zu haben, diskreditierte ihn auf fast schon tragische Weise.

Als im Herbst 1959 *Die Blechtrommel* erschien, die Grass als junger Familienvater in Paris auf einer Olivetti ins Reine getippt hatte, wurde rasch deutlich: Die deutsche Literatur würde danach nicht mehr dieselbe sein. Der Roman, schrieb der junge Hans Magnus Enzensberger, sei von »einer überwältigenden Fülle, einer innern Spannung, einem rhythmischen Furor, für die ich in der deutschen Literatur des Augenblicks kein Beispiel sehe«. Er sah richtig voraus, dass der Roman »Schreie der Freude und der Empörung hervorrufen« werde. Der Verleger Michael Krüger, der als Jugendlicher den druckfrischen Roman »atemlos« gelesen hatte, erinnerte sich Jahrzehnte später: »In diesem Moment, so dachte ich damals, waren Brecht, Benn und Thomas Mann wirklich gestorben.« Die Schriftstellerin Elfriede Jelinek schrieb 1999 über den Nobelpreispreisträger: »Er hat nach dem Mief der Nazis etwas geschafft, was ich an Innovationskraft in der deutschen Literatur nie wieder gefunden habe.« Auch die schwedische Akademie zeichnete Grass in jenem Jahr mit besonderem Hinweis auf den Debütroman aus. Es sei 1959 so gewesen, hieß es in der Begründung, »als wäre der deutschen Literatur nach Jahrzehnten sprachlicher und moralischer Zerstörung ein neuer Anfang vergönnt worden«.

Man muss sich vergegenwärtigen, in welcher Verfassung die Bundesrepublik war. Ende der fünfziger, Anfang der sechziger Jahre gaben konservative und reaktionäre Kreise den Ton an. Sexuelle Darstellungen, Hohn und Spott gegenüber Staat und Kirche, wie sie in der *Blechtrommel* reichlich zu finden waren, wurden als pornografisch und blasphemisch verstanden, gefährlich vor allem für die Jugend. Ein »satanisches Machwerk« nannte die Katholische Nachrichten-Agentur den Roman. Andere sahen »Kaskaden einer trüben Schmutzflut«, den »Absturz aller Autoritäten« und ein »bedenkenloses Hinwegschreiten über sämtliche Schranken bürgerlicher Moral«.

Das Buch störte jene Kreise auf, die die Kunst rein und die Literatur fern der Politik halten wollten. Dass ausgerechnet einer, der 1927 in Danzig geboren war, die »Oder-Neiße-

Linie« als Westgrenze Polens akzeptieren wollte und sich dafür öffentlich starkmachte, empfanden bis weit in die sechziger Jahre hinein sogar SPD-Mitglieder als »niederdrückend und peinlich«. Und der rechte »Freiheitliche Deutsche Studentenbund« verteilte 1965 bei einem Grass-Auftritt in München Flugblätter: »Verkünden Sie Ihre politischen und pornographischen Vorstellungen in Moskaus westlichster Kolonie«, womit die DDR gemeint war, damals gern noch als SBZ, als Sowjetische Besatzungszone, bezeichnet.

Rhetorik, Mahnung und Belehrung

Hamburg, 8. Juni 1967: Günter Grass spricht auf der Moorweide vor einem andächtigen Publikum, darunter viele Schüler und Studenten. »Wir und Israel« ist das Thema. Seit drei Tagen gibt es Krieg im Nahen Osten, der für Israel siegreich enden und später als »Sechstagekrieg« in die Geschichte eingehen wird. In Berlin ist während einer Demonstration gegen den Schah Benno Ohnesorg von einem Polizisten erschossen worden. Grass, 39 Jahre alt, hat die Rede zuvor schon in Berlin, Bonn und Düsseldorf gehalten und wiederholt sie nun – beflügelt von den jüngsten Ereignissen – vor der Kulisse des Dammtor-Bahnhofs. Es ist auch historischer Boden: das Grindelviertel, einst beliebtes Wohnviertel der jüdischen Bevölkerung Hamburgs. Im nahen Logenhaus an der Moorweide mussten sich die jüdischen Bürger einfinden, die von hier aus in die Gettos und Lager nach Łódź, Minsk und Riga deportiert wurden.

»Bürger der Stadt Hamburg«, ruft er pathetisch. Er kommt gleich auf den »Polizeiterror« in Berlin zu sprechen, was ihm heftigen Applaus beschert, er kritisiert den Kriegseinsatz der USA in Vietnam und berichtet von seinem Besuch in Israel. Seine Haltung ist unmissverständlich: »Jeder Schlag gegen Israel trifft auch uns.« Er wirbt für den gefährdeten Staat, der nicht nur Holocaust-Überlebende, sondern jüdische Einwanderer aus aller Welt aufnehme. Nebenbei kanzelt der erklärte SPD-Sympathisant die »hirnstussige Ideologie« des SDS ab, des Sozialistischen Deutschen Studentenbunds, der Israel als »imperialistischen und zutiefst reaktionären Aggressor« betrachtet. Schließlich appelliert der Redner an die israelische Regierung, als Sieger nicht zu sehr zu triumphieren. Nach 20 Minuten endet er mit den Worten: »Frieden für Israel: Schalom.«

Grass war im März auf Einladung der dortigen Regierung zu Besuch in Israel, ein viel beachteter Vorgang, mit dem ein Auftrittsverbot für deutsche Künstler praktisch aufgehoben wurde. Die deutsche Botschaft in Tel Aviv schickte eine Mitteilung ans Außenministerium: »Das literarische Format von Grass, seine intellektuelle Redlichkeit, seine freiheitliche Gesinnung und sein persönlicher Charme haben diese Bemühungen zu einem vollen Erfolg geführt.« Er selbst schrieb stolz in einem Brief an Willy Brandt, um dessen Freundschaft er buhlte, ihm sei in Israel »in aller Breite bestätigt worden, dass mein Besuch während weniger Tage Vorurteile abzubauen vermochte, die seit Jahrzehnten bestanden hatten«.

Grass ist 1967 längst der sichtbarste und lautstärkste unter den engagierten Schriftstellern Deutschlands. Durch seine Korrespondenz mit Brandt, dem neuen Vizekanzler und Außenminister, durch seine Reden als Nachdrucke in der »Zeit«, der »FAZ« oder im »Spiegel«. Es sind die Jahre, in denen sich die westdeutsche Republik neu erfindet. In Bonn bemüht sich die Große Koalition unter Kurt Georg Kiesinger um eine Verbesserung der Beziehung zur DDR, was fast einem politischen Erdrutsch gleichkommt. In Hessen zieht die NPD erstmals in ein Landesparlament ein. »Es wird an uns liegen«, schreibt Grass nach Adenauers Tod im »Stern«, »jetzt, da der strenge Hausvater gegangen ist, erwachsen zu werden, damit uns sein Werk, damit uns sein separates Staatsdenken nicht überlebt«.

Er steht auf der Bühne, er diskutiert und doziert und genießt den Ruhm. Sein Urteil ist gefragt. Seine Lesungen und Vorträge sind gut besucht. All das verdankt er Oskar Matzerath aus der *Blechtrommel*, der heute zu den großen Figuren der Weltliteratur zählt. Der »Insasse einer Heil- und Pflegeanstalt« erinnert sich, wie er als Knabe mit seiner hohen Stimme Glas zersingen und mit seiner Spielzeugtrommel einen Nazi-Aufmarsch aus dem Takt bringen konnte, »ein Zwerg, ein Krüppel, ein Paranoiker, eine phantastische Ausgeburt des zwanzigsten Jahrhunderts«, wie Enzensberger es formulierte.

Mit kindlichem Blick registriert dieser Oskar die mörderischen Machenschaften der Erwachsenen. Ein grandioser Einfall: Der Entschluss des Helden, nicht mehr zu wachsen und also auch nicht erwachsen werden zu wollen, korrespondiert unterschwellig mit dem bei vielen Deutschen langsam wachsenden Bewusstsein vom Ausmaß der Schande und Schuld. Und die geduckte naive Haltung des Ich-Erzählers Oskar geht einher mit Frechheit und Kritik am Kleinbürgertum – beispielhaft für ein durch Selbstkritik und Selbstbescheidung geprägtes Bewusstsein, ein neues deutsches Selbstbewusstsein. So, im Narrenkleid, ließ sich vor die Augen der Welt treten, so ließ sich auch von der Pogromnacht, vom Krieg und selbst von Vergewaltigungen deutscher Frauen durch sowjetische Soldaten erzählen. Und die Welt dankte es: *Die Blechtrommel* wurde international zum Inbegriff einer neuen Literatur aus Deutschland, und die Literatur zehrt bis heute davon.

Am Abend seines Hamburg-Besuchs im Juni 1967 sitzt Grass im Abflugbereich des Flughafens und lässt sich von einem 17-jährigen Redakteur einer Schülerzeitung befragen, wie er es ihm nach der Rede auf der Moorweide versprochen hat. Es ist unsere erste Begegnung. »Ihre Generation ist im Sinne der Demokratie erzogen worden und macht jetzt davon Gebrauch«, antwortet er auf meine Frage zu den Protesten gegen den Schah-Besuch in Berlin. Die SPD sei die einzige Alternative zur bisherigen Politik. »Wissen Sie, ich gehe sehr kritisch mit der SPD um, weil ich meine, dass man sehr viel Kritik in die SPD hineintragen muss.«

Da war er also, der weltberühmte Schriftsteller, ein wenig erschöpft, sich seiner staatsbürgerlichen Verantwortung allzu bewusst, mit Krawatte, braver Frisur und akkurat gestutztem Schnauzbart. Seine wichtigsten literarischen Werke hatte er da schon geschrieben. Der Abschluss seiner Danziger Trilogie – mit den Romanen *Die Blechtrommel* und *Hundejahre* sowie der Novelle *Katz und Maus* – lag schon vier Jahre zurück. Er schrieb nun wieder Gedichte, ganz wie zu Beginn seiner literarischen Laufbahn. *Ausgefragt*, sein dritter Lyrikband, war im Frühjahr 1967 erschienen: Alltagsgedichte, die Grass auch von der privaten Seite zeigen, als Ehemann, Vater, Liebhaber, Kettenraucher.

Am 9. Juni, einen Tag nach der Rede in Hamburg, beantragte Grass beim Landgericht in Traunstein eine einstweilige Verfügung gegen einen Kritiker, der ihn als »Pornographen« bezeichnet, als »Verfasser übelster pornographischer Ferkeleien«. Am Ende wurde dem Kritiker immerhin untersagt, Grass »außerhalb literaturkritischer Zusammenhänge« zu diffamieren. Auch das war Teil eines politisch-kulturellen Wandels. Eine jahrelange Kampagne gegen Grass und seine Literatur, gegen deren »blasphemischen, obszönen und nihilistischen Charakter« ging ihrem Ende entgegen.

In den Jahren danach näherte Grass sich der Politik immer mehr an, und er wäre wohl gern selbst an der Seite Brandts in die aktive Politik gewechselt, was der aber zu verhindern wusste. Immerhin zeugt das Buch *Der Briefwechsel*, 2013 publiziert, von einem intensiven Austausch zwischen Dichter und Politiker: Auf mehr als 1200 Seiten werden fast 300 Briefe dokumentiert und erläutert. Was Grass schrieb, war politisch motiviert, strotzte von Meinung, Mahnung und Belehrung. Mit welchem Fleiß und Ansporn sich Grass auf die selbst auferlegte Aufgabe stürzte, offene Briefe zu schreiben, politische Reden zu formulieren und vorzutragen, landauf, landab, das verdient, bei aller Hybris, die wohl auch dahintersteckte, noch heute Respekt.

Für einen Literaturkritiker, der wenige Jahre nach dem Krieg geboren war, gab es an Grass kein Vorbeikommen. Nach der ersten Begegnung 1967 saß ich im Laufe der kommenden Jahrzehnte noch häufig mit ihm zusammen. Im Gespräch unter vier Augen war er nie besonders kompliziert. So sprach er gern von den Enkelkindern, die im Gegensatz zu den Kindern unbefangener im Umgang mit seiner Berühmtheit seien, und natürlich auch – ein Lieblingsthema von ihm – über die unter jungen Schriftstellern um sich greifende politische Gleichgültigkeit.

Und wenn man ihm wieder einmal eine Meinungsäußerung abnötigte, ein Statement, ein Interview, einen politischen Beitrag, so lieferte er prompt. Gleichzeitig wurde er, eine Schizophrenie des Gewerbes, beharrlich für seine Gier nach Öffentlichkeit gerügt. Als der iranische Religionsführer Chomeini 1989 die Fatwa gegen den Schriftsteller Salman Rushdie aussprach, fragte ich bei ihm an, und Grass war auch sofort zu einem Interview für die »Zeit« bereit: Es fand am 4. März in seinem Haus in Behlendorf statt, und er nutzte die Gelegenheit, sich selbst miteinzubeziehen: »Ich habe die verlogene Haltung der katholischen Kirche mit meinen Mitteln geschildert.« Rushdie mache nichts anderes: »Er geht als Atheist – der er sein darf! – an Glaubenssätze heran.«

Über Vorbehalte und Einwände der Literaturkritik beschwerte er sich in jenen Jahren kaum, auch wenn er mit den Werken, die auf seine Danziger Trilogie folgten, auf wenig Begeisterung stieß: 1969 wurde *örtlich betäubt* und 1972 *Aus dem Tagebuch einer Schnecke* überwiegend negativ beurteilt, einzig *Der Butt* (1977) und *Das Treffen in Telgte* (1979) fanden Anklang bei den Kritikern. Seine Versuche, auf dem Theater Fuß zu fassen, missrieten fast alle.

Bei anderen Gelegenheiten allerdings konnte er, wenn er mit einer Darstellung unzufrieden war, ausführliche Briefe schreiben. Als wir 1994 im »Spiegel« einen Artikel über den ins Schlingern geratenen Luchterhand Verlag veröffentlicht hatten, in dem mehr als dreißig Jahre lang seine Bücher erschienen waren, tadelte er den Beitrag, »weil er (nach alter Spiegel-Manier) mit Mutmaßungen Tatsachen suggeriert«. In einem Postskriptum betonte er, dass es sich keineswegs um einen Leserbrief handele, »da ich nach wie vor nicht gesonnen bin, in diesem Magazin zu veröffentlichen«.

Günter Grass und der »Spiegel«: ein ganz eigenes Kapitel. Kein anderer Schriftsteller bot so oft Anlass zu einer Titelgeschichte, kein anderer lieferte dem Blatt so anhaltend Stoff. Es begann recht unscheinbar im *Blechtrommel*-Jahr 1959: Grass wurde als »der kräftig in die vorderste Reihe drängende deutsche Nachwuchsautor« vorgestellt. Zur Bundestagswahl 1961 empfahl er in einem Beitrag für den »Spiegel«: »Wählt SPD!« Und schon 1963, als der Roman *Hundejahre* herauskam, erschien sein Konterfei erstmals auf dem Titel. Begleitet wurde die Geschichte über den »Bestseller-Autor Grass« von einer abwägend-kritischen Rezension: Hans Magnus Enzensberger empfand den Roman als »Hagelschauer von Einfällen und Provokationen« und schrieb, die *Hundejahre* seien »zwölf Bücher in einem – doch das Ganze, das der Singular Roman verspricht, sind sie nicht«.

Bald wurde der Ton ruppiger. »Spiegel«-Herausgeber Rudolf Augstein zerpflückte 1966 das Theaterstück »Die Plebejer proben den Aufstand«: Dem Grass-Drama über die DDR und Bertolt Brecht, über dessen Reaktion auf den Aufstand vom 17. Juni 1953, sei anzumerken, dass dem Autor »richtiges Denken« fehle. Niemand werde Grass aufhalten können, »aber die Wahrheit ist wohl, dass ihn sein Ruhm berauscht hat«. Doch vorerst lieferte der weiterhin Essays, besprach Willy Brandts Buch *Draußen* und wurde vom »Spiegel« gegen Anwürfe aus dem Verlagshaus Axel Springer verteidigt, dessen Zeitungen den Schriftsteller 1967 als »Dichter mit der Dreckschleuder« beschimpften, der »Ulbrichts Propaganda-Chinesisch« spreche. Es kamen weitere Titelgeschichten hinzu: 1969 wurde

Grass als »Literat im Wahlkampf« beobachtet, 1979 war die Verfilmung der *Blechtrommel* durch Volker Schlöndorff ein Anlass.

In den achtziger Jahren kühlte das Verhältnis merklich ab. Grass wurde nun genervt als »Dauermahner« hingestellt. »Ob der Wald, der Weltfrieden, das deutsch-deutsche Verhältnis, Nicaragua, der Weltuntergang«, schrieb Hellmuth Karasek 1984, kein Thema dürfe hoffen, von Grass »unbehelligt die Öffentlichkeit erreichen zu können«. Als im Mai 1992 Marcel Reich-Ranicki im »Spiegel« einen Totalverriss der Erzählung *Unkenrufe* veröffentlichte (damals durchaus nicht die einzige negative Kritik über das Buch), sah Grass ein Komplott gegen sich in Szene gesetzt: Eine »Medien-Mafia« wolle ihn »fertigmachen«. Er vermutete politische Gründe dahinter, eine Reaktion auf seine lautstarken Warnungen vor der deutschen Wiedervereinigung.

Deutschland, einig Vaterland?

Leipzig, 7. Mai 1992. An diesem Abend stellt Grass seine *Unkenrufe* in einer Kunstgalerie vor. Ein riesiges Plakat mit dem selbst entworfenen Buchcover hängt hinter ihm an der Wand: das Titeltier, gezeichnet in üblicher Grass-Manier. *Unkenrufe*: einen besseren Namen hätte er sich kaum einfallen lassen können. Hat er nicht recht behalten mit seinen Warnungen vor der raschen Wiedervereinigung? Grass ist der Star auf der diesjährigen Leipziger Buchmesse, der zweiten gesamtdeutschen. In Doppelreihe warten die Leute im Treppenhaus auf Einlass, bis hinauf in den zweiten Stock des Jugendstilgebäudes. Nicht weniger als tausend Eintrittskarten sind verkauft worden. Qualvolle Enge im Saal und erwartungsvolle Stimmung. Grass genießt es. Die von ihm diagnostizierte Verdrossenheit vieler Menschen in der ehemaligen DDR, deren Gefühl, schon abgekoppelt zu sein, bevor die freie Strecke überhaupt erreicht sei – das ist ja seine Rede und Widerrede von Anfang an gewesen. In Leipzig ist er in diesem Moment der ungekrönte König.

In *Unkenrufe* erzählt er die Geschichte eines älteren Liebespaars im Zeichen deutsch-polnischer Versöhnung. Es ist eine arg konstruierte Geschichte, aber was tut's. Der Dichter in Hemd und Cordhose ist ein bravouröser Interpret seiner Erzählung. Er schwitzt und verausgabt sich am Lesepult. Er ist dankbar für das Wohlwollen, das ihm hier endlich wieder entgegenströmt.

Und am nächsten Vormittag geht es gleich weiter: Grass debattiert in einer Buchhandlung mit seinem polnischen Kollegen Andrzej Szczypiorski. Und klagt: »Viele wären mich gern los.« Als Szczypiorski ihn daraufhin bittet, im Land zu bleiben, gibt es dafür großen Applaus. Und Grass wiederholt seine Botschaft noch einmal: »Wir eignen uns nicht zum Einheitsstaat.« Die alte DDR-Wirtschaft werde plan gemacht, der Osten Deutschlands zu einer Kolonie des Westens. »Die Fratze, die der Kapitalismus jetzt zeigt«, sagt er, »bestätigt auf fatale Art die Propaganda der Kommunisten«.

Ein Freund oder gar Günstling der DDR war er nie. Nicht weniger als 28 Jahre dauerte es, bis 1987 endlich eine ostdeutsche Ausgabe der *Blechtrommel* erschien – zuvor galt der Roman im sozialistischen Deutschland als »reaktionäre Dekadenzliteratur« und »pubertäre Prosa«. Die Druckerlaubnis war auch deswegen nicht erteilt worden, weil in dem Werk von der Vertreibung der Deutschen aus Polen und von Vergewaltigungen deutscher Frauen durch Sowjetsoldaten die Rede ist. Grass war schon vor dem Bau der Mauer im August 1961 ein entschiedener Kritiker der DDR. Im Mai desselben Jahres war er zum V. Deutschen Schriftstellerkongress nach Ost-Berlin eingeladen worden und hatte die SED-Funktionäre brüskiert: »Geben Sie den Schriftstellern die Freiheit des Wortes!« Zwar sei die auch in Westdeutschland gefährdet, in der DDR aber »gar nicht vorhanden«. Vorher hatte er während einer Lesung einen

Gruß des in der DDR verpönten Schriftstellers Uwe Johnson überbracht. Es war sein letzter öffentlicher Auftritt in der DDR für mehr als 25 Jahre. Es blieben persönliche Kontakte, private Lesungen und Gesprächskreise bei Kollegen in Ost-Berlin. Im November 1980 erhielt er sogar ein Einreiseverbot, das freilich bei späteren Besuchen in der DDR immer wieder kurzfristig aufgehoben wurde. Die Stasi observierte ihn gründlich.

Das Thema der deutschen Teilung beschäftigte ihn über Jahrzehnte. Die schlichte Wiedervereinigung war für Grass zu keiner Zeit eine Option. Schon 1967, als man in Bonn gerade über die Beziehung zur DDR nachdachte, hoffte er auf Annäherung durch Konföderation. Im Mai 1970 prophezeite er auf einem Seminar der SPD-nahen Friedrich-Ebert-Stiftung: »Es wird keine Vereinigung der DDR und der Bundesrepublik unter westdeutschen Vorzeichen geben.« Je deutlicher sich das baldige Ende der DDR abzeichnete, desto grundsätzlicher wurde Grass. Im Februar 1990 führte er in einer Rede in Tutzing den Holocaust, »das bleibende Trauma«, als Argument in die Debatte ein: »Wer gegenwärtig über Deutschland nachdenkt und Antworten auf die deutsche Frage sucht, muss Auschwitz mitdenken.« Und der Gedanke daran schließe einen zukünftigen deutschen Einheitsstaat aus. »Sollte er, was zu befürchten bleibt, dennoch ertrotzt werden, wird ihm das Scheitern vorgeschrieben sein«, prophezeite er.

Im selben Monat hielt ihm Rudolf Augstein in einem Fernsehdialog zum Thema »Deutschland, einig Vaterland?« entgegen, das sei keine politische Betrachtungsweise, das sei Religion. Auch in den Augen des Holocaust-Überlebenden Marcel Reich-Ranicki war es unangemessen, dem deutschen Verlangen nach Wiedervereinigung mit dem »Zivilisationsbruch Auschwitz« begegnen zu wollen: »Ich halte diese Verbindung von Auschwitz-Gedenken und Bedenken gegen die Wiedervereinigung für absoluten Unsinn. Diese Äußerungen gehören zu den vielen politischen Dummheiten, die wir von Grass zu hören bekommen haben.«

Der sprach vom »Schnäppchen namens DDR«, vom »scham-
losen Ausverkauf der Konkursmasse DDR« und wiederholte
seine Ansicht, dass »die Einheit uns Deutschen immer nur Unglück gebracht hat«. Noch am 2. Oktober 1990, am Vorabend
der Vereinigung, versuchte Grass im Reichstag ein letztes Mal,
die Schicksalsmächte zu beeinflussen. Ein »Monstrum« wolle
Großmacht werden, warnte er: »Dem sei mein Nein vor die
Schwelle gelegt.« Grass wollte immer das letzte Wort behalten.
Auch dann, wenn er völlig danebenlag. Die politische Realität
jedenfalls nahm auf ihn keine Rücksicht.

Ein Roman wird zerrissen

In seinen Anfängen wollte er nichts als Dichter sein. Als der
1927 in Danzig geborene Schriftsteller 1955 seinen ersten Auftritt bei der Gruppe 47 hatte, gab er sich als überzeugter Gegner
der vor allem in Frankreich in Mode gekommenen »littérature
engagée« zu erkennen. Das »Wortgeklingel Engagement« ging
ihm damals auf die Nerven. Jahre später erklärte Grass, ihn
habe die selbstgefällige Art angeödet, mit der einige Leute aus
der Gruppe »in unregelmäßigen Abständen als Gewissen der
Nation« auftraten. Zu einem symptomatischen Streit kam es
gut zehn Jahre später, als die Gruppe 47 dann 1966 in Amerika
tagte. Hans Magnus Enzensberger, Reinhard Lettau und Peter
Weiss beteiligten sich in Princeton an Anti-Vietnam-Protesten.
Grass war der Meinung, damit werde die amerikanische Gast-
freundschaft verletzt. Er habe sich damals für einen »sachlichen
Protest« eingesetzt, schrieb er mir Jahre später, »der aber keine
Mehrheit fand«.
Überhaupt störte ihn die Lust am Radikalen, die er für eine
modische Pose, für eine Politposse hielt. Bei einer »Spiegel«-
Umfrage lästerte er 1968: »Man trägt wieder revolutionär und
benutzt das vorrevolutionäre Geplätscher als Jungbrunnen.«
Er spottete sogar in einem Gedicht über Kollegen, die ihre

Verse für politische Aussagen missbrauchten, über »Die Napalm-Metapher und ihre Abwandlungen / im Protestgedicht der sechziger Jahre«. Die Rolle des Dichterrebellen lag dem politischen Pragmatiker nie. Dafür war sein Interesse an der Politik weitaus beständiger als bei vielen seiner Kollegen. Und doch gab es selbst bei ihm gelegentlich Zweifel am Nutzen seines oft genug unerbetenen Einsatzes, zumal im Wahlkampf für die SPD. So verkündete er Anfang 1974 dem befreundeten Schweizer Kollegen Max Frisch die Absicht, sich »aus der politischen Aktivität« zurückzuziehen. Der notierte daraufhin in seinem Tagebuch, Grass vertrage offenbar nicht, was damit verbunden sei: »Abnahme seiner öffentlichen Präsenz. Braucht er seinen Namen in den Zeitungen? Grass äußert sich zu: Scheel als Bundespräsident, Genscher als Außenminister etc., Anruf von einer Redaktion genügt, und er verlautbart.«

Hat das politische Engagement, gegen das er sich zu Beginn seiner Laufbahn so sträubte, Grass als Schriftsteller beschädigt? Nicht nur Frisch fragte sich, was es den anderen »an literarischer Potenz« gekostet haben mag: »Gefahr der Verbravung, Kastration der Fantasie durch den politisch-bedingten Trend ins Pragmatische, Didaktische.« Der US-Schriftsteller John Updike schrieb 1980 in einer Kritik der Erzählung *Kopfgeburten* sogar: »Hier haben wir einen Romancier, der sich derart gründlich im öffentlichen Leben umtut, dass er nicht mehr mit dem Schreiben eines Romans behelligt werden darf.« Man könne sich nur schwer einen amerikanischen Autor von vergleichbarem Ansehen vorstellen, der ein »thematisch so unbekümmertes und inhaltlich so krauses Buch herausbrächte«.

Natürlich ist es eine rein spekulative Frage, was für Bücher Grass ohne seine pädagogisch-politische Intention geschrieben hätte. Sicher ist, dass manche Erzählwerke unter anderem deswegen gescheitert sind, weil der Autor sie als Verlautbarungsorgan nutzte. Dazu zählen: *örtlich betäubt*, *Kopfgeburten oder Die Deutschen sterben aus*, *Die Rättin* und auch *Unkenrufe*. Und dann natürlich jener Roman, der im Sommer 1995 erschien und wegen eines spektakulären Verrisses durch Marcel Reich-Ranicki im »Spiegel« zum Gesprächs- und Diskussionsstoff wurde: *Ein weites Feld.* In seiner sehr persönlich gehaltenen Rezension in Form eines öffentlichen Briefs nannte der Kritiker diesen Roman »ganz und gar missraten«.

Ein Grund auch hier: die Überfrachtung des literarischen Werkes, der Missbrauch des Romans als Vehikel für die politische Überzeugung des Autors. Wieder geht es um Deutschland, nun das wiedervereinigte. Die beiden Hauptfiguren Theo Wuttke, als eine Art Wiedergänger des alten Fontane »Fonty« genannt, und der Geheimdienstler Hoftaller sind nicht viel mehr als Sprachrohre. Den einen lässt Grass über die verflossene DDR sagen: »Was heißt hier Unrechtsstaat! Innerhalb dieser Welt der Mängel lebten wir in einer kommoden Diktatur.« Sogar: »Ja, ich war für die Mauer.« Der andere klagt: »Die drüben haben uns fix und fertig gemacht.« Und: »Wettlaufen, wettrüsten, bis wir außer Puste, ausgelaugt, leergeschrappt waren. Nun ist das ganze schöne Volkseigentum für die Katz.« Einmal, immerhin, legt Fonty Widerspruch ein: »Kolossal ideologisches Gewäsch, was Sie da reden.«

Und wieder gab es eine Titelgeschichte über Grass, nur dass dieses Mal auf dem Titelblatt in einer Fotomontage nicht der Autor, sondern sein Kritiker groß ins Bild kam – und der zerfetzte im wörtlichen Sinne das Buch. Diese Inszenierung sorgte für noch mehr Aufsehen. Kritik kam nicht nur von Grass, der sich empörte wie nie zuvor. In einem privaten Brief an mich sprach er von einem »Hinrichtungsritual«. Sein Vorwurf: »Sie haben den Umgang mit mir schweigend hingenommen, wenngleich ich davon ausgehe, dass Ihnen dieser barbarische Akt missfallen musste. Mithin ist für mich der gesamte Vorgang mit einer Sie meinenden Enttäuschung verbunden.« Aber selbst dieser Brief endete, auch das war Grass, mit einer versöhnlichen Formulierung: »Aus unverbesserlicher Anhänglichkeit grüßt Sie freundlich Ihr Günter Grass« – zum »Spiegel« aber habe er den Kontakt »in jeglicher Form abgebrochen«.

Ich hatte am 1. August 1995 gemeinsam mit meinem Kollegen Martin Doerry auf der dänischen Insel Møn ein Interview mit ihm geführt, gedacht war es als Ergänzung zur geplanten Rezension: ein Gespräch nicht nur über den Roman, den Grass gegen Einwände wacker verteidigte, sondern auch über die Bundesrepublik, die sich bis 1989 »in einem recht zivilisierten Zustand« befunden habe, über »hehre Ideale«, die nie seine Sache gewesen seien, und seine Sehnsucht nach dem rein Artistischen, die immer wieder von Themen gestört werde, »die nicht wegzudrängen sind«. Das von Grass redigierte und autorisierte Gespräch konnte nicht im selben Heft wie die umfassende Kritik von Reich-Ranicki erscheinen, und einem späteren Abdruck widersetzte sich der Schriftsteller. Es ist nie veröffentlicht worden.

Danach gab es fast sieben Jahre Funkstille. Dann erschien Anfang 2002 *Im Krebsgang*, eine Novelle, in dem die Torpedierung und der Untergang der »Wilhelm Gustloff« im Januar 1945 zum Thema wird. Es war die verlustreichste Schiffskatastrophe aller Zeiten, rund 9000 Flüchtlinge und Soldaten kamen dabei ums Leben. Eine überraschende Themenwahl für Grass: die Deutschen in der Rolle der Opfer? Für ihn war vielmehr die Tabuisierung in der Nachkriegsliteratur ein »Versäumnis«, wie es in der Novelle heißt, in der Grass selbst als »der Alte« einen Auftritt hat: »Niemals, sagt er, hätte man über so viel Leid, nur weil die eigene Schuld übermächtig und bekennende Reue in all den Jahren vordringlich gewesen sei, schweigen, das gemiedene Thema den Rechtsgestrickten überlassen dürfen.«

Was ihm mit seinem *Krebsgang* gelang: den historischen Stoff ohne sentimentale Dramatisierung in Erzählung zu überführen und zugleich auf einer Metaebene die Problematik dieses Erzählens vorzuführen. Endlich wieder ein Buch von Grass, das weit und breit auf Zustimmung stieß, auch im »Spiegel«. Im Vorfeld hatte es einen Annäherungsversuch gegeben. Mit der Aussicht auf eine Titelgeschichte schien Grass grundsätzlich wieder zu einem Gespräch mit dem »Spiegel« bereit.

Der Plan scheiterte in letzter Minute daran, dass er eine dezidierte Entschuldigung für das Titelbild 1995 zur Bedingung machte. Der Formulierungsvorschlag der Redaktion für die »Hausmitteilung« des Nachrichten-Magazins lautete, bezogen auf den von Grass beklagten »Gestus des Bücherzerreißens«: »Der Schriftsteller und andere sahen sich erinnert an den Umgang der Nazi-Vandalen mit literarischen Werken.« Das sei nun wirklich nicht Absicht des »Spiegel« gewesen. Doch dem Schriftsteller war das zu wenig. So kam wieder einmal ein Gespräch nicht ins Heft, dieses Mal wurde es gar nicht erst geführt. Eine Titelgeschichte aus Anlass der Novelle gab es trotzdem.

Die Frage, in welcher Form man am besten lügen kann

Ein neuer Anlauf, 17. August 2003. Grass und seine Frau Ute verbringen die Sommerwochen wieder auf der Insel Møn. Dort, unweit der Stadt Stege, bewohnen sie seit vielen Jahren ein Haus am Ende eines Waldstücks. Eine schmale unbefestigte Straße führt dorthin, Schilder untersagen zwischendurch die Weiterfahrt, aber nach gut einem Kilometer holprigen Wegs taucht auf einer Lichtung das weiße Reetdachhaus mit blauen Fensterläden und Türen auf. Unmittelbare Nachbarschaft gibt es hier nicht.

Ein Gedichtband mit dem Titel *Letzte Tänze* erscheint dieser Tage, und Grass will es noch einmal mit dem »Spiegel« versuchen. Er ist nun 75 Jahre alt, guter Stimmung. Er zeigt zum Wasser hinunter: »Bei klarem Wetter sind von hier aus die Kreidefelsen der Insel Rügen zu erkennen.« Es gibt Kranzkuchen und Kaffee. So grimmig er blicken mag, so scharf er austeilen kann: In kleiner Runde ist er ein liebenswürdiger Zeitgenosse, der Bestätigung und Einvernehmen sucht.

Das Sommerhaus auf der Insel ist alles andere als luxuriös. Fast schon demonstrativ bescheiden wirkt es: der Tisch, die

Stühle, die Küche. Als drei Monate zuvor der Publizist Fritz J. Raddatz hier zu Gast gewesen ist, fragte der sich insgeheim, festgehalten in seinem Tagebuch, wo die Grenze »zwischen bescheiden und kläglich« sei: »Da sitzt nun einer der berühmtesten Schriftsteller der Welt auf einer alten Holzbank in seinem horizontweiten, aber lieblos-struppigen Garten, hat einen alten Pullover an, saugt an seiner Pfeife.«

Kündigt der Titel des Lyrikbandes einen Abschied vom Schreiben an? Nein, antwortet Grass, *Letzte Tänze* sei ja ein Plural: »Es kommt eben immer noch hin und wieder zu einem Tanz.« Als Zeichner und Lyriker preist und umkreist er die fragile Potenz des Mannes: »Komm, lieg mir bei, solang mein Einundalles steht.« Und er erläutert dazu im Gespräch: »Die männliche Egozentrik steckt in dieser Formulierung, auch die Überschätzung dieses Stehaufmännchens.« Wenn ein Lyrikband *Letzte Tänze* heiße, dürfe das Thema doch nicht fehlen.

Es ist seit jeher sein Thema: Von den Genüssen, die der Zwerg Oskar in der *Blechtrommel* der 16-jährigen Maria mit seiner Zunge und dem »elften Finger« bereitet, und dem Vergnügen, das die junge Tulla in der Novelle *Katz und Maus* beim Befingern von Mahlkes »Stehaufmännchen« empfindet, über die Lust, die zwei Männer im Roman *Hundejahre* gemeinsam mit einer Frau im Bett erleben, bis hin zur Hymne auf den Analsex im *Butt* – eine lange Reihe drastischer Szenen, die regelmäßig Moralwächter auf den Plan rief. Anfang der sechziger Jahre, nach Erscheinen von *Katz und Maus*, stellte in Hessen ein Beamter des damaligen Ministeriums für »Arbeit, Volkswohlfahrt und Gesundheitswesen« einen Indizierungsantrag bei der Prüfstelle für jugendgefährdende Schriften. Begründung: Bestimmte Passagen seien geeignet, »die Phantasie jugendlicher Leser negativ zu belasten, sie zu sexuellen Handlungen zu animieren und damit die Erziehung zu beeinträchtigen«. Der Antrag wurde vom Gericht abgewiesen. So tabulos und provozierend derartige Schilderungen damals gewirkt haben mögen – heute erweckt vieles doch eher den Eindruck verbaler Kraftmeierei.

Ein ganz anderes Thema, stellt Grass klar, sei für die Schriftsteller seiner Generation entscheidend gewesen, nämlich der Krieg und das Kriegsende. »Diese Erfahrung hat uns die Thematik vorgeschrieben«, sagt er. Und dann folgt im dänischen Sommerhaus wieder einer seiner typischen Verlautbarungssätze: »Andere Nationen mögen, zu Recht oder Unrecht, beschließen: Darüber ist genug gesprochen worden, das ist jetzt Vergangenheit! Bei den Deutschen hat es sich anders ergeben – unsere Vergangenheit hat uns immer wieder eingeholt.« Auf die Frage, ob es nicht an der Zeit sei, Memoiren zu schreiben, antwortet er an diesem Tag im August 2003 auf Møn: »Es ist immer die Frage, in welcher Form man am besten lügen kann. Ich habe ein ziemliches Misstrauen gegenüber Autobiografien.«

Nur drei Jahre später, im August 2006, erschien seine Autobiografie *Beim Häuten der Zwiebel* mit Erinnerungen an die Jugend, den Krieg und die ersten Schriftstellerjahre bis hin zum Erscheinen der *Blechtrommel*. Und darin versteckt die Mitteilung, dass Grass in den letzten Kriegsmonaten als junger Soldat, 17 Jahre alt, der Waffen-SS angehörte, und das Eingeständnis, darüber bislang geschwiegen zu haben. Wie nebenbei taucht das Thema nach mehr als hundert Seiten auf: »Was ich mit dem dummen Stolz meiner jungen Jahre hingenommen hatte, wollte ich mir nach dem Krieg aus nachwachsender Scham verschweigen.« Umständlich und gewunden begründet er das ganze autobiografische Unternehmen: »Weil dies und auch das nachgetragen werden muss. Weil vorlaut auffallend etwas fehlen könnte.« Und fast treuherzig: »Weil ich das letzte Wort haben will.«

Dieser Wunsch blieb unerfüllt. Die »FAZ« hatte schon im April 2006 einen mehrseitigen Vorabdruck in einer Extrabeilage und ein begleitendes Interview vereinbart, das im Juli geführt und am 12. August 2006, noch vor der Buchpublikation, mit der Schlagzeile »Warum ich nach sechzig Jahren mein Schweigen breche« publiziert wurde. Im Gespräch selbst war Grass nur mit wenigen Worten auf die Angelegenheit eingegangen, nicht ahnend, was auf ihn zukommen sollte. Es sei nicht »das dominierende Thema meines Buches«, hatte er da noch geglaubt. Die Bedeutung, die seinem verspäteten Bekenntnis zukam, hatten Grass und sein Verlag offenbar völlig unterschätzt. Schon am Vorabend der Veröffentlichung des Interviews meldete die »Tagesschau«: »Der Schriftsteller Günter Grass hat eingeräumt, kurz vor Kriegsende Mitglied der Waffen-SS gewesen zu sein.« Landauf, landab, auch international wurde die Angelegenheit gemeldet, kommentiert und diskutiert.

Es rächte sich bitter, dass er all die Jahre unaufhörlich moralische Vorgaben gemacht und andere gemaßregelt hatte. So wie 1969 den SPD-Politiker Karl Schiller, den er damals aufforderte, sich zu seiner NSDAP-Mitgliedschaft zu bekennen: »Es wäre für Sie eine Erleichterung und gleichfalls für die Öffentlichkeit so etwas wie die Wohltat eines reinigenden Gewitters.« Und 1979 hatte er geschrieben, andere Völker seien »auf fragwürdige Weise glücklicher, also vergesslicher«, einzig den Deutschen sei »kein Ausweichen erlaubt«.

Was bei der aufgeregten Debatte leider unterging, war die literarische Qualität des Erinnerungsbuchs *Beim Häuten der Zwiebel*. Grass, der bis dahin mit autobiografischen Versuchen selten eine glückliche Hand bewiesen hatte, zeigte sich hier als problembewusster Erzähler seines Lebens. Seine klugen Fragen nach der Tauglichkeit von Erinnerung wirkten nun freilich wie ein taktisches Manöver. So heißt es an einer Stelle, beim Schreiben über die eigene Person gebe oftmals »die Lüge oder deren kleine Schwester, die Schummelei, den haltbarsten Teil der Erinnerung« ab (»Niedergeschrieben klingt sie glaubhaft«). Gut beobachtet, aber nun kontraproduktiv.

Im folgenden Frühjahr veröffentlichte Grass, den die Kritik an seiner späten Offenbarung tief getroffen hatte, seinen Lyrikband *Dummer August*. Die Gedichte, die der einst großartige Lyriker darin präsentierte, waren in ihrer verzweifelten Selbstgerechtigkeit erschütternd. Was der eigenen seelischen Stabilisierung gedient haben mochte, hätte niemals an die Öffentlichkeit gehört. Da habe »ein Jemand« (gemeint der damalige »FAZ«-Herausgeber Frank Schirrmacher) »im Gewerbe der Niedertracht« einen Satz aus »dem weitläufigen Gefüge« (seiner Autobiografie) herausgeschnitten und »aufs Podest« gestellt, »gezimmert aus Lügen«. Der trotzige, aber eigentlich eher traurige Behauptungsversuch eines Angeschlagenen.

Fünf Jahre danach, im April 2012, war es dann wiederum ein Gedicht, zeitgleich in mehreren europäischen Zeitungen publiziert, das Grass in den Mittelpunkt einer Debatte rückte, in der die deutsche Schuldfrage mehr als sechs Jahrzehnte nach Kriegsende noch einmal neu verhandelt wurde. *Was gesagt werden muss*: ein in Zeilen gebrochenes Pamphlet gegen den Staat Israel und dessen angeblich unbegründete Furcht davor, der feindlich gesinnte Iran könnte Atommacht werden. Grass stellte den Sachverhalt auf den Kopf, indem er im Gedicht befürchtet, dass Israel mit einem »Erstschlag« das »iranische Volk auslöschen könnte«. Der Kern der Grass-Argumentation sind die Zeilen: »Warum sage ich jetzt erst, / gealtert und mit letzter Tinte: / Die Atommacht Israel gefährdet / den ohnehin brüchigen Weltfrieden?« In einer revidierten Fassung des Gedichts ergänzte Grass später diese Frage um den Zusatz: »Die gegenwärtige Regierung der Atommacht Israel ...«

Es war ein unausgegorener Versuch, mit pseudoliterarischen Mitteln ein politisches Statement abzugeben und über Israels Politik zu richten. Und es entbehrte wiederum nicht einer gewissen Tragik, dass Grass sich drei Jahre vor seinem Tod damit dem Verdacht aussetzte, seinem lebenslangen Engagement gegen jede Form von Antisemitismus einer Revision zu unterziehen. Das wird kaum seine Absicht gewesen sein. Am 4. April erschien das Gedicht, vier Tage später verhängte Israels Regierung ein Einreiseverbot gegen Grass – 45 Jahre nach dessen ersten Besuch in diesem Staat, der nach dem deutschen Völkermord an den Juden gegründet worden war. Für Grass war es der Tiefpunkt seiner langen Beziehung zu diesem Land und seinen Bewohnern. Das Einreiseverbot werde ihn nicht daran hindern, so lautete seine hilflos anmutende Reaktion, »mir meine hilfreichen Erinnerungen an mehrere Reisen nach Israel wachzuhalten«. Und er betonte: »Immer noch sehe ich mich dem Land Israel unkündbar verbunden.«

Im Januar 2015 gab es eine letzte öffentliche Lesung von ihm in der voll besetzten Kirche St. Jakobi in Lübeck. Auf der Fahrt von seinem Wohnort Behlendorf dorthin hatte Grass seiner Frau Ute besorgt geklagt, wie sie später erzählte, dass seine Stimme dieses Mal nicht mehr ausreichen werde. Doch davon konnte keine Rede sein. Er trug Passagen aus seinem Buch *Im Krebsgang* so souverän vor, wie es die Zuhörer von ihm gewohnt waren.

Anlass war die Eröffnung einer Ausstellung im benachbarten Günter Grass-Haus zum 70. Jahrestag des »Gustloff«-Untergangs, unter besonderer Berücksichtigung der Novelle. Ein aufschlussreiches Detail war da in einer im Original gezeigten frühen Fassung zu entdecken. Auf die selbst gestellte Eingangsfrage des Erzählers nämlich, warum er erst so spät dieses Thema aufgegriffen habe, hieß es ursprünglich: »Weil ich dann alles hätte auspacken müssen.« Und genau diesen Satz hatte Grass, der am 13. April 2015 in einem Lübecker Krankenhaus starb, vor Veröffentlichung der Novelle im Jahr 2002 wieder gestrichen. Er war sich der Leerstelle in seiner offiziellen Vita offenbar schon lange schmerzlich bewusst.

STÖRFÄLLE UND SOMMERSTÜCKE

CHRISTA WOLF

Santa Monica, Januar 1993: Seit gut einem Vierteljahr lebt die wichtigste und prominenteste Schriftstellerin der verschwundenen DDR hier als Stipendiatin des Getty Centers. Am Tage arbeitet sie in einem kleinen Bürozimmer am Wilshire Boulevard im sechsten Stock: gedämpftes Licht auf den Fluren, samtweiche Teppiche, gleich neben dem Eingang eine große Bibliothek. Es sind mehrere Etagen des riesigen Gebäudes dem Center reserviert, im Erdgeschoss befindet sich eine Schalterhalle der »First Federal Bank«. Die Pension, in der Christa Wolf wohnt, liegt nur ein paar Straßen weit entfernt, hohe Palmen vor den Fenstern.

Ich bin in der Hoffnung hierhergeflogen, sie zu einem »Spiegel«-Gespräch bewegen zu können. Es ist das Wochenende vor dem 25. Januar, jenem Montag, an dem ein ausführlicher Artikel darüber erscheinen wird, wie Christa Wolf sich vor mehr als dreißig Jahren, kurz nach ihrem 30. Geburtstag, vom DDR-Geheimdienst als Mitarbeiterin anwerben ließ. Er stammt von einem Kollegen, der für die Recherche in Stasi-Akten zuständig ist. Mein Anteil dabei ist eine Ergänzung: dass dem einen Ordner mit Belegen für Stasi-Mitarbeit im Fall von Christa Wolf mehr als vierzig gegenüberstehen, aus denen sich ergibt, in welchem Umfang sie und ihr Ehemann über Jahrzehnte hinweg ausgespäht und bespitzelt worden sind. Die Schriftstellerin hat diese Fakten selbst am 21. Januar in der »Berliner Zeitung« bekannt gemacht, rechtzeitig vor dem »Spiegel«.

Die Hoffnung auf ein Interview ist nicht unbegründet. Am Tag nach der mit »Eine Auskunft« überschriebenen Publikation habe ich ihr ein Fax ans Getty Center gesendet und darin geschrieben, dass ich gern kommen würde, damit sie ihre Sicht der Dinge auch im »Spiegel« darlegen könne. In der Nacht sprach sie mir auf den Anrufbeantworter: Grundsätzlich ja, sie wolle nur darauf hinweisen, dass auch ein Interview mit der »Wochenpost« verabredet sei. Meine Reaktion: Es könne ja nicht immer alles exklusiv sein und die Leserschaft würde sich kaum überschneiden.

Sonntag, 24. Januar: Wir sind für 12 Uhr verabredet. Am Telefon habe ich versprochen, ihr einen Andruck des morgen erscheinenden »Spiegel«-Artikels mitzubringen, damit wir darüber sprechen können. Sie kennt den Beitrag allerdings schon, jemand hat ihn ihr am Telefon vorgelesen (der »Spiegel« ist einem kleinen Kreis schon am Samstagabend zugänglich). Nein, ein Interview werde sie mir unter diesen Umständen auf keinen Fall geben, sagt sie gleich. Es tue ihr leid, wo ich doch die Unbequemlichkeit der Reise auf mich genommen hätte. Sie trägt einen hellbraunen Schal, bewegt sich sehr langsam, fast schleppend. Es ist beklemmend, mit ihr zu sprechen. Ihr selbst sei, ganz inoffiziell, ja nur für zehn Minuten Einblick in den Einzelordner gewährt worden – wobei sie auch jene handschriftliche Bereitschaftserklärung mit dem Decknamen »Margarete« entdeckt habe, die ihr völlig entfallen sei und die nun im »Spiegel« faksimiliert gezeigt wird. Sie fragt mich, wie Journalisten an das Material kommen würden. Ich kann es ihr nicht sagen, da ich die Gesetzeslage und die Regeln selbst nicht genau kenne. Offiziell sei ihr nur Zugang zu ihren »Opferakten« möglich gewesen. »Stellen Sie sich vor«, sagt sie, »diese 42 Ordner wären verschwunden, und stattdessen wäre nur dieser eine Ordner aufgetaucht. Was wäre dann noch übrig geblieben?« Ihre Lippen sind schmal, sie wirkt hilflos und ohne Konzept. Sie habe damals die erste Kampagne kaum überlebt, sagt sie, womit die Debatten und Angriffe gemeint sind, die 1990 auf die Veröffentlichung ihrer Erzählung *Was bleibt* folgten. Wenn ihr damals das alles noch präsent gewesen wäre, dann hätte sie, das solle ich ihr bitte glauben, das Buch niemals veröffentlicht. Zum Glück lebe sie jetzt nicht in Deutschland, hier würde ohnehin niemand verstehen, um was es dort gehe.

21 Uhr: Ein Anruf im Hotel weckt mich (in Deutschland ist es schon Montag, sechs Uhr in der Früh). Sie habe etwas geschrieben, das sie mir mitgeben wolle. Sie wirkt plötzlich gelöster, fast heiter. Sie erzählt, wie lächerlich doch die schriftlichen Stasi-Protokolle seien: »Mein Mann musste oft lachen, als er las, was die da verstanden und mitbekommen hatten.« Sie habe bergeweise Kopien mitgenommen. Was sie interessant fand: Briefe wurden, nachdem man sie kopiert hatte, in der Regel ganz ordnungsgemäß zugestellt. Im Übrigen habe sie seit Langem befürchtet, dass man sie irgendwann auf die zwei Buchstaben »IM« (informeller Mitarbeiter) festlegen würde. Nun sei es fast eine Art Erleichterung.

Montag, 25. Januar: Was sie mir mitgibt, ist eher eine Art Leserbrief. Ich verspreche, dass der Text in der kommenden Ausgabe so gedruckt wird. Als ich noch einmal nachfrage: Nein, kein Interview, definitiv nicht. Sie wiederholt die Worte, die sie mir gestern schon gesagt hat: »Man muss den Kakao, durch den man gezogen wird, nicht auch noch trinken.« Nun sei sie gespannt, sagt sie noch, wie pauschal die Verdammung in Deutschland ausfalle – ob es ihr unmöglich gemacht werde, je dorthin zurückzukehren. Jetzt müsse sie zurück zu der Prosa, an der sie arbeite.

Probe auf die Festigkeit unserer Gesellschaft

»Am 24. 3. 1959 wurde in der Zeit von 15.00 Uhr bis 18.00 Uhr in Anwesenheit des stellv. Abteilungsleiters Gen. Seidel und des Sachbearbeiters Gen. Paroch in einem inoffiziellen Zimmer in der Französischen Str. Nr. 12 die Literaturwissenschaftlerin und Kritikerin Christa Wolf als geheimer Informator angeworben.« So begann das alles, so stellt es zumindest der dreiseitige »Anwerbungsbericht« des DDR-Geheimdienstes dar, wie er sich in den Stasi-Akten fand. Die beiden Männer gaben sich demnach als »Mitarbeiter des MfS« zu erkennen, zeigten sogar ihre Ausweise vor. Zunächst wollten sie von der jungen Frau etwas über den westdeutschen Schriftsteller Gert Ledig erfahren, den sie kannte und der mit der DDR liebäugelte. Originalton: »Sie berichtete über ihr Zusammentreffen mit Ledig im Schriftstellererholungsheim am Schwielowsee und charakterisierte ihn als einen Wirrkopf, der letztlich zum Gegner der DDR in seiner Publizistik wurde.« Die Stasi-Offiziere betonten in ihrem Bericht die »Ehrlichkeit der Kandidatin«. Sie verzichteten »wegen ihrer Mentalität« auf eine schriftliche Verpflichtung.

Christa Wolf hatte zu jener Zeit noch kein eigenes Buch veröffentlicht, sie arbeitete als Verlagslektorin. Und sie vertraute dem Staat und seinen Institutionen. Vor allem glaubte sie an die Idee des Sozialismus. Es kam 1959 noch zu weiteren Treffen in Berlin, bevor sie nach Halle umzog, wo sie ein Mann namens Richter heimsuchte. Eine gewisse Enttäuschung über die Zuträgerin hatte schon Spuren in den Akten hinterlassen: Man habe »Zurückhaltung und überbetonte Vorsicht« feststellen müssen, deren Grund liege wohl in einer »gewissen intellektuellen Ängstlichkeit«. Dreißig Jahre später behauptete Christa Wolf in Santa Monica, sie könne sich nur an drei Treffen in Berlin erinnern und daran, dass sie und ihr Mann daheim in Halle besucht worden seien. Dass es sich bei Richter um ihren »Führungsoffizier« gehandelt haben soll, sei ihr erst jetzt klar geworden. Es wundere sie selbst, sagte sie, dass sie sich kaum an den Inhalt der Gespräche erinnern könne.

Noch Anfang der sechziger Jahre wurde sie als staatstreue, zuverlässige Parteigängerin wahrgenommen und vom SED-Organ »Neues Deutschland« als »Kind der DDR« gefeiert. Ihr Debüt als Schriftstellerin, die *Moskauer Novelle*, erschien 1961. Den Mauerbau im August des Jahres bezeichnete sie pflichtgemäß als »Chance«, die politische Entwicklung in der DDR wollte sie im März 1962 als »Probe auf die Reife und Festigkeit unserer Gesellschaft« sehen. Zur selben Zeit beschloss die Stasi, die kaum ergiebige Mitarbeiterin nicht weiter zu beschäftigen: Unter der Registernummer 1258/60 wurde am 29. November 1962 der »Beschluß für das Einstellen eines IM-Vorgangs« gefasst.

Da hatte Christa Wolf den Zenit ihrer Beliebtheit bei Staat und Partei längst überschritten. Drei Jahre später, im Dezember 1965, hielt sie auf dem 11. Plenum des Zentralkomitees der SED ein mutiges Plädoyer für das Subjektive in der Literatur, das in der DDR streng verpönt war. Und in ihrem 1968 publizierten Buch *Nachdenken über Christa T.* setzte sie das Konzept konsequent um. Als dieser Roman, der die Autorin berühmt machte, in der DDR nach vielen Verzögerungen in minimaler Auflage herauskam, war sie schon nicht mehr Kandidatin des SED-Zentralkomitees, und die einst so Wohlgelittene tauchte in den Spalten der DDR-Presse für lange Zeit nicht mehr auf.

Aus der zaghaften Zulieferin für die Stasi war längst eine wachsam und aufwendig Beobachtete geworden, ein »Operativer Vorgang«, die intensivste Form der Stasi-Überwachung. Sie und ihr Mann Gerhard wurden unter dem Decknamen »Doppelzüngler« ausgeforscht. Vom Umfang dieser Aktivitäten konnte sich das Ehepaar erst lange nach der Wende, im Mai 1992, einen Begriff machen. Nachdem Christa Wolf 1976 zusammen mit anderen Künstlern gegen die Ausbürgerung Wolf Biermanns protestiert hatte, war des Öfteren behauptet worden, sie habe ihre Unterschrift heimlich wieder zurückgezogen – nun konnte sie den Akten entnehmen, dass ein gezielt gestreutes Zersetzungsgerücht der Stasi dahintersteckte. Auch eine Entdeckung.

Damals, Anfang der neunziger Jahre, waren im Grunde alle recht verunsichert, die West-Journalisten nicht anders als die Schriftsteller aus der DDR. Was war noch alles an Überraschungen zu erwarten? Zweifellos gab es auch einen Wettlauf der Redaktionen auf der Suche nach belastendem Material. Aber war es aus Westsicht überhaupt möglich, das gerecht darzustellen? Solche Fragen stellte man sich auch im »Spiegel«. Die knappe Erklärung, die ich aus den USA mitbrachte, fanden die Kollegen nicht sehr überzeugend. Entsprechend lieblos wurde der Text von Christa Wolf behandelt und auf den Leserbriefseiten gebracht, mit einem Foto der Autorin und unwesentlich gekürzt.

Natürlich empörte sie sich darüber. Ich erhielt einen Brief, der kühl endete: »Mir ist klar, daß drei gestrichene Sätze für einen Journalisten keine Angelegenheit sind, über die man auch nur ein Wort verliert, für mich sind sie es, daher schrieb ich Ihnen darüber.« Sie unterzeichnete mit »Hochachtungsvoll« und setzte handschriftlich noch darunter: »Sind Sie wirklich immer noch davon überzeugt, daß der SPIEGEL gar kein Interesse daran hatte, ein verzerrtes Bild von mir zu zeichnen?«

Verfehlte Möglichkeiten, späte Einsichten

Mein Wunsch, Christa Wolf zu interviewen, hat eine lange Vorgeschichte. Die erste Begegnung fand im Oktober 1977 statt. In Graz war es, wo Christa Wolf auf einem Symposium zum Thema »Frauensprache und Frauenliteratur« eine Rede gehalten hatte. Ich hätte ihr gern ein paar Fragen dazu gestellt. Sie konnte abweisend und unnahbar sein, besonders westlichen Journalisten gegenüber. Nein, sie gebe keine Interviews, sagte sie knapp, sie habe auch ihren Stolz. In der »FAZ«, für die ich damals arbeitete, war nicht lange davor ein Verriss ihres autobiografischen Romans *Kindheitsmuster* durch Marcel Reich-Ranicki, den Leiter des Literaturteils, erschienen.

Fast zehn Jahre dauerte es dann, bis ich einen erneuten Anlauf unternahm. Inzwischen war ich Literaturredakteur der »Zeit« und schlug vor, mit ihr über *Störfall* zu sprechen. Im Mittelpunkt der Erzählung: der Atomunfall von Tschernobyl. Sie schrieb zurück, nun immerhin »Mit freundlichen Grüßen«: »Meine Antwort wird Sie enttäuschen: Es ist mir augenblicklich nicht möglich, ein Gespräch zu führen, wie Sie es sich wünschen.« Immerhin setzte sie damals in dem Brief vom 27. April 1987 hinzu: »Ich will Sie nicht entmutigen, wieder einmal anzufragen.«

Das tat ich 1990, als im Sommer jene Erzählung *Was bleibt* erschien, die Christa Wolf schon 1979 geschrieben hatte und die zum Gegenstand einer heftigen Kontroverse werden sollte, einer Debatte, die sie selbst als »Kampagne« erlebte, wie sie in Santa Monica formulierte. Uns hatten vor Erscheinen die Druckfahnen vorgelegen. Ohne ein begleitendes und erklärendes Interview, mit wem und wo auch immer, schrieb ich ihr, werde sie mit Missverständnissen zu rechnen haben. »Lieber Volker Hage«, antwortete sie am 12. Mai, »ich habe über Ihr Angebot nachgedacht, und ich bin zu dem Schluß gekommen, daß ich jetzt kein Interview machen will. Ich bin sehr erschöpft, es würde mich über Gebühr anstrengen, ich muß mich für ein paar Wochen erholen, werde also schon übermorgen aus Berlin wegfahren.« Sie wolle aber doch erklären, was ihr derzeit durch den Kopf gehe. Sie und andere hätten sich nicht erst seit letztem Herbst – »das könnte man in meinen Büchern nachlesen« – in einer »Dauer-Auseinandersetzung mit uns selbst über genutzte und verfehlte Möglichkeiten, über Gründe für zu späte Einsichten und verpaßte Handlungen« befunden. »Derart differenzierte Überlegungen sind, jedenfalls für mich, jetzt noch nicht in einem Interview unterzubringen, vielleicht kann ich mich überhaupt nur literarisch damit auseinandersetzen.« Sie schrieb auch: »Oder meinen Sie wirklich, ich sollte oder könnte zum soundsovielten Male richtigstellen, daß ich meine Unterschrift unter die Erklärung gegen die Biermann-Ausbürgerung niemals zurückgezogen habe?«

In der »Zeit« publizierten Ulrich Greiner und ich daraufhin am 1. Juni 1990 ein »Pro und Contra« über *Was bleibt*, wobei ich den verteidigenden Part übernahm. Die Doppelkritik wurde später, auch in Schulbüchern, mehrfach nachgedruckt. Christa Wolf dankte in einer Briefkarte für meine positive Bewertung: »Ohne solche Signale wäre es jetzt wohl unerträglich für mich.« Am Rande eines Symposiums in der Akademie der Künste in Ost-Berlin sagte die Gastrednerin kurz darauf verbittert zu mir, man wolle das Letzte, was man noch von der DDR sehe, jetzt niedermachen. Es hatte womöglich etwas leicht Schulterklopfendes an sich, als ich sagte, sie möge es nicht so schwer nehmen, wobei ich ihr zum Abschied tatsächlich meine Hand freundlich auf die Schulter legte. »Was wissen Sie«, sagte sie da zu mir, »wie ich mich jetzt fühle«.

Ich blieb hartnäckig und nahm wenige Wochen später noch einen Anlauf: Ob nicht doch jetzt der richtige Moment für ein Gespräch sei? Ihre Antwort: Nein, sie werde Interviews für lange Zeit nicht mehr geben. »Alles, was ich jetzt sagen würde«, schrieb sie am 10. Juli 1990 auf einer Karte, »würde nur wieder gegen mich verwendet werden.« Es wurde langsam zu einem Running Gag. Im November 1995, dazwischen lag mein erfolgloser Besuch in Santa Monica, versuchte ich trotzdem wieder mein Glück und wieder vergebens. Der Roman *Medea. Stimmen* war angekündigt, den sie damals in den USA zu schreiben begonnen hatte. Es war wieder einmal ein schlechter Zeitpunkt für die Anfrage: Im »Spiegel« hatte Marcel Reich-Ranicki den Roman *Ein weites Feld* von Günter Grass ausführlich und genüsslich verrissen. Christa Wolf schrieb: »Der Umgang mit dem Buch von Günter Grass gerade in Ihrem Blatt hat mich entsetzt; ich kenne kein demokratisches Land, in dem einer der wichtigsten Autoren so behandelt würde. Meine Art zu denken und zu schreiben, auch zu sprechen paßt nicht zu dieser Grellheit.«

Ein Grund, das alles aufzuschreiben

Es waren zunächst zwei Bücher, in denen das Ausmaß jenes Bebens nachhallte, dem sich die Schriftstellerin Anfang 1993 ausgesetzt sah: In der Dokumentation *Akteneinsicht Christa Wolf*, die noch im selben Jahr erschien, präsentierte sie die oft geforderte Offenlegung ihrer Verstrickung mit dem DDR-Geheimdienst. Und in *Medea. Stimmen* suchte sie erzählend Zuflucht bei einer verfolgten und, wie sie zu zeigen versuchte, verfemten Frauengestalt der griechischen Mythologie – bei jener Medea, die der Dramatiker Euripides einst als kindermordende Rächerin hingestellt hatte. Der Roman erschien Anfang 1996 und wurde zurückhaltend aufgenommen. Christa Wolfs literarische Revision machte aus der rasenden Medea eine wenig rebellische Opferfigur.

Im Verlag Janus press, den der Ehemann Gerhard Wolf gegründet hatte, erschien 1998 ein Sammelband mit Aufsätzen zur Verteidigung von *Medea* aus vornehmlich weiblicher Sicht. Als zum Teil »männlich rührend« wurde auch meine Kritik im »Spiegel« zurückgewiesen. Allerdings war weder bei mir noch anderswo die Rede davon gewesen, Christa Wolf hätte sich nicht gegen das seit Euripides durch die Theater- und Romanwelt geisternde Bild einer mörderischen Medea auflehnen dürfen. Zur Frage stand vielmehr, ob ihre Medea-Variante Kraft genug habe, um einen eigenständigen Platz innerhalb der Literaturgeschichte zu beanspruchen. Zweifel daran lassen sich nicht ausräumen, indem der Nachweis erbracht wird, dass die Figur der Medea in schriftloser Vorzeit schon manche Umdeutung erlebt habe. Einwände gab es ja nicht allein von männlicher Seite in der Absicht, »dem Kumpel Euripides beizustehen«, wie es die Turiner Germanistin Anna Chiarloni so schön formulierte. Die Literaturkritikerin Ursula März etwa sah »zu viel betulichen Feminismus« und »ein etwas übermächtiges Wohlwollen für die Figur« im Roman. Die kanadische Schriftstellerin Margaret Atwood wiederum lobte im Vorwort zur amerikanischen Ausgabe von *Medea* die Sichtweise der Romanautorin Wolf: »Ihr Ansatz ist frontal und originell.«

Zu den interessanten Passagen des Buches aus der Janus press zählt, was Christa Wolf selbst zur Realisierung des Medea-Projekts schreibt. So lässt sie sich über die Schulter blicken, wie ihr das Computersystem »Orion« in Santa Monica immer neue Titel und Namen »aufrollte, ausdruckte, auf Querverweise verfiel, auf die ein Mensch nie käme«, sondern auch Fragen, Zweifel und anfängliche Wissenslücken spürbar wurden, wie sie im Getty Center die Suchbegriffe »Argonauten«, »Kolchis« oder »Goldenes Vlies« eingab und sie sich »per Computerdruck ganze Literaturlisten herbeizitieren konnte«, vieles davon bestellte und »mit einem Köfferchen von Auszügen« in ihre Pension zurückkehrte. Sie wäre unglücklich, erklärte sie während eines Podiumsgesprächs 1997, »wenn Sie den Eindruck von mir haben, daß ich Euripides klein machen wollte«. Sie glaube, dass seine *Medea* – »eine so große Figur in ihrer Wildheit« – nicht zu übertreffen sei.

Auch später, in ihrem 1999 veröffentlichten Prosaband *Hierzulande Andernorts* kam sie noch einmal auf ihr Amerika-Erlebnis zurück. Sie entwirft in den beiden Erzählungen *Begegnungen Third Street* und *Wüstenfahrt* ein von milder Distanz geprägtes Bild vom US-Alltag und bietet gleichzeitig Einblicke in das Seelenleben einer nach der Wende kritisch betrachteten deutschen Schriftstellerin, die in Santa Monica wie befreit unter Palmen wandert. Spät sei ihr klar geworden, schreibt sie über real existierende Sozialismusträume von ehemals, »daß auch wir bestimmt waren, in den Untergang jenes Experiments mit hineingerissen zu werden, an dessen Verwirklichung wir schon lange nicht mehr glaubten«. Die Autorin montiert in den monologischen Geschichten Stimmen von Passanten, Bettlern und Security-Leuten, verwebt Tagebuchzitate Thomas Manns aus seiner Zeit hier vor Ort und eigene Erinnerungen, wobei sie sogar eigene Erfahrungen mit der Psychiatrie in der DDR nach einer Depression andeutet. Die Wüstenfahrt mit Freunden, die gemeinsam den Vollmond sehen wollen, ist mit geradezu slapstickhafter Heiterkeit geschildert, so elegant und komisch wie kaum jemals zuvor bei ihr.

Im Herbst des Jahres wurde auf der Frankfurter Buchmesse eine große Werkausgabe präsentiert, pünktlich zu ihrem 70. Geburtstag. Das machte mir Mut, noch einmal bei ihr anzuklopfen, wir hatten am Luchterhand-Stand kurz und freundlich miteinander gesprochen. Doch sie schrieb am 22. Oktober 1999 postwendend zurück: Der Trubel, auch auf der Messe, habe ihr so zugesetzt, dass sie nun erst einmal eine ganze Weile »Ruhe und Zurückgezogenheit« brauche und auch nicht »in den Medien sein will«.

Noch einmal vergingen fast vier Jahre, bis das kleine Wunder geschah: Im Sommer 2003 stimmte sie einem Gespräch zu. Anlass war die Publikation ihres Tagebuchs aus den Jahren 1960 bis 2000. So saß ich zusammen mit meinem Kollegen Mathias Schreiber am 27. August 2003 in ihrer Wohnung am Amalienpark in Berlin-Pankow. Es werde sich zeigen, hatte sie im Begleittext zu *Ein Tag im Jahr* vorweg geschrieben, »ob die Zeit für ein solches Wagnis schon gekommen ist«. Sie habe es für eine Art Berufspflicht gehalten, diese Blätter zu publizieren: »Mir scheint unsere jüngste Geschichte, besonders die seit 1989, schon jetzt in Klischees zu erstarren.« Christa Wolf begann 1960 damit, jeweils am 27. September eine Art Jahresbilanz zu ziehen und diesen speziellen Tag mit all den alltäglichen Verrichtungen, Gedanken, Träumen, Erinnerungen zu protokollieren. Nun war daraus ein Buch von mehr als 650 Seiten geworden. Die Frage liegt also nah, ob sie dabei Stolz empfunden habe oder selbst überrascht gewesen sei?

Stolz scheide aus, antwortet sie sofort: »Das ist bei mir nicht angelegt, nicht für meine Arbeiten. Erstaunt bin ich schon darüber, dass jetzt ein so dickes Buch dabei herausgekommen ist.« Und sie fährt fort: »Mich fasziniert der Alltag unglaublich, und ich finde es sehr bedauerlich, dass man ihn fast vollständig vergisst. Wenn ich meine eigenen Aufzeichnungen heute lese, stelle ich fest, dass ich kaum noch etwas wüsste – abgesehen von einigen hervorstechenden Ereignissen. Und auch an die erinnert man sich manchmal falsch. Für mich ein Grund, das alles aufzuschreiben.« Im normalen Tagebuch, das sie ebenfalls und schon sehr viel länger führt, schreibe sie über diese Alltagsdinge kaum. Es sei sehr viel intimer und nicht zur Veröffentlichung gedacht. Noch eine Frage von uns: Sie gelte seit jeher als zurückhaltende Autorin, was die Beschreibung von Liebesdingen, auch und gerade von Sex angeht. Stimme sie zu? Sie antwortet prompt: »Das Wort ›Sex‹ mag ich allerdings überhaupt nicht. Liebe ist für mich eine Einheit von Gefühl und körperlicher Erotik – das Wort ›Sex‹ reißt das auseinander. Das gefällt mir nicht – einer meiner altmodischen Züge.« Sie lacht dabei.

Es hat sich gelohnt zu bleiben

Es ist keine Frage, dass ihre literarische Karriere eng mit der Existenz der DDR verknüpft war. Trotz mancher Auseinandersetzung mit der SED-Obrigkeit fühlte sie sich dem Staat verbunden, wenn auch zunehmend zögerlich. Noch im November 1989, wenige Tage vor dem Mauerfall, hoffte sie öffentlich auf einen sozialistischen Neubeginn. Sie war die Vorzeigeautorin der DDR, gelobt und gehätschelt lange auch im Westen, sie war Bestsellerautorin mit Sinn für Themen und Stimmungen, von ihrem Staat stets mit Zuckerbrot und Peitsche bedacht: von der Zensur behelligt, von politischen Abmahnungen gebeutelt, zugleich vertraute Gesprächspartnerin der SED-Obrigkeit, Nationalpreisträgerin und sogar eine Zeit lang Kandidatin des Zentralkomitees.

Wie nah sie dem Nobelpreis jemals war, wird sich nie mehr klären lassen. Jahrelang stand ihr Name jedenfalls auf der inoffiziellen Kandidatenliste. Als der Staat 1990 von der Bildfläche verschwand, schwanden damit auch ihre Chancen. Ausgezeichnet worden wäre sie wohl in erster Linie als Repräsentantin der DDR. Die internationale Beachtung ihres Werkes nach dem Erfolg des Romans *Nachdenken über Christa T.*, der sie 1968 berühmt machte, darf nicht darüber hinwegtäuschen, dass sie höchst achtbar vor allem eine Artistin der kleinen autobiografischen Form war, die Chronistin eines Tages, eines

Sommers, eines Krankenhausaufenthalts. Bücher wie *Störfall* und *Leibhaftig* bewiesen ihre diesbezüglichen Stärken, wie 1979 schon *Kein Ort. Nirgends*, ihre wohl beste Erzählung. In kurzen Texten wie *Juninachmittag* (1967), *Blickwechsel* (1970) und *Zu einem Datum* (1971) glänzte sie als Meisterin des Ephemeren und Exemplarischen, vor allem aber in ihrem elegischen *Sommerstück* (1989), dem kaum verschlüsselten Abgesang auf das, was sich einst bei ihr und Freunden an Hoffnungen mit der DDR verband.

Im Sommer 2010 erschien ein großer Roman, in dem die Hinterlassenschaft dieses Staates im Zentrum steht: *Stadt der Engel oder The Overcoat of Dr. Freud*. Schauplatz: Kalifornien, die Zeit: September 1992 bis Juli 1993, jene Monate, als sie Gast der Getty-Stiftung war. Es kam sogar zu einem zweiten »Spiegel«-Gespräch: wieder in der Wohnung am Amalienpark, in die das seit 1951 verheiratete Ehepaar Wolf 1988 eingezogen war. Christa Wolf saß in der Altbauwohnung, umgeben von hohen Bücherwänden: eine freundliche alte, leicht füllige Dame mit einem feschen gelben Schal um den Hals und wachen Augen. Sie war präsent und präzise in ihren Antworten, ließ sich ungern fotografieren, zumal sie nur noch mühsam auf den Beinen stand. Zum Auftakt servierte Gerhard Wolf meiner Kollegin Susanne Beyer und mir Kaffee und Erdbeerkuchen. Es war endlich eine entspannte Atmosphäre. Dieses Gespräch am 4. Juni 2010 sollte eines der letzten größeren Interviews sein, die sie gab, und der Roman, in dem sie sich ein Trauma von der Seele schrieb, das letzte Buch, das zu ihren Lebzeiten erschien. Es war ihr besonders wichtig.

Tatsächlich ist der autobiografische Roman das Resümee ihres Lebens. Und so sieht sie es in unserem Gespräch auch selbst: »Ich greife zurück bis in meine Jugend, als wir nach der Flucht aus meiner Heimatstadt quasi vor dem Nichts standen. Auf der Universität traf ich auf viele Generationsgenossen, die, nach der niederschmetternden Erfahrung des Nationalsozialismus, eine von Grund auf andere Gesellschaft erhofften. Für uns wurde es, über die Jahre hin, ein arger Weg der Erkenntnis.« Sie macht eine Pause. »Ja, und gleich fragen Sie mich wieder, was mich seit zwanzig Jahren alle immer fragen, warum ich überhaupt in der DDR geblieben bin. Das wird doch alles in meinem Buch beschrieben: die Konflikte, die ich erlebte und aus denen heraus ich schrieb. Und natürlich haben wir uns da immer wieder gefragt: Wollen wir nicht gehen?«

Und was genau habe sie gehindert? Auch das beschreibe sie doch in ihrem Roman: »wie wir damals dauernd in den Atlas geguckt haben nach möglichen Orten«. *Kein Ort. Nirgends* sei der Ausdruck für ihr Lebensgefühl gewesen. Aber sie hätten eben nicht gewusst, wohin: »Aus meinen Stasi-Akten, auf die man sich doch sonst gern bezieht, geht hervor, dass man mich keineswegs als, wie Sie sagen, verhalten oppositionell, sondern zunehmend als Gegner sah. Und dafür, dass ich dann eine der ganz wenigen Revolutionen der deutschen Geschichte miterleben durfte, hatte es sich gelohnt zu bleiben – auch das steht in meinem Buch.«

Sie spricht noch einmal das Trauma an, das sie seit Anfang 1993 verfolgt, und weist erneut auf die 42 Bände ihrer sogenannten Opferakten hin. »Und es kamen später noch die umfangreichen Telefonprotokolle dazu«, sagt sie. »Dagegen gab es dieses schmale Faszikel meiner Gespräche mit der Stasi, die über dreißig Jahre zurücklagen, über das fast ausschließlich geschrieben wurde. Als ich später, wohl als Einzige, die sogenannte Täterakte vollkommen publiziert habe, hat davon keine Zeitung, die mich vorher verurteilt hatte, auch nur Notiz genommen. Es war vielleicht gar keine so schlechte Lehre für mich: Journalisten, denen die Täterakte sofort zugänglich gemacht wurde, hätten sich ja auch für meine Opferakten interessieren können.« Aber das sei eben nicht gefragt gewesen. Sie schaut mich an: »Ich gebe zu, dass nach Ihrem Bericht noch weitaus schlimmere kamen.« Sie habe das Thema nicht umgehen wollen. »Im Gegenteil: Es war einer der Anlässe dafür, dass ich das Buch geschrieben habe.«

Den eigenartigen Titel des Romans erklärt sie so: »Er soll zunächst auch darauf hindeuten, dass es hier nicht so sehr um die Ereignisse geht, sondern darum, wie sie sich in einer Person spiegeln und wie sie auf die Personen wirken. Die psychologische Nachfrage ist für mich tatsächlich das Entscheidende, das Psychogramm.« Inzwischen sei ihr die Meinung der Nachwelt nicht mehr wichtig. »Meine Töchter und meine engen Freunde sollen mich möglichst so sehen, wie ich bin. Wie viel Missverständnis und Misskenntnis eigentlich jeden trifft, der in die Öffentlichkeit geht, das sehe ich auch an anderen.« Sie denke viel an den Tod, sagt sie dann, »und es ist mir fast jeden Tag bewusst, dass die Frist, die mir noch bleibt, kurz ist«. Während des Schreibens an dem Roman habe sie manchmal gedacht: »Na, das werden sie mich vielleicht noch zu Ende schreiben lassen.«

Das Gefühl der Verlorenheit

Anderthalb Jahre nach diesem Gespräch, am 13. Dezember 2011, stand ich auf dem ehrwürdigen Dorotheenstädtischen Friedhof in Berlin. Da wurde eine große deutsche Schriftstellerin zu Grabe getragen, eine Autorin, die für viele ihrer Leser, vor allem Leserinnen, eine Art Lichtfigur in der Düsternis der DDR-Jahre war – und gerade einmal 300 Menschen fanden sich ein, um Christa Wolf das letzte Geleit zu geben. Mit Tausenden hatte man gerechnet und umfangreiche Sicherungsmaßnahmen eingeleitet; bei Heiner Müllers Beerdigung 1996 waren es rund 2000 Besucher gewesen. Auch wenn am Abend noch eine würdige Gedenkfeier in der Akademie der Künste vor vollem Haus stattfand, so war es doch verwunderlich.

Christa Wolf hatte sich immer wieder verpflichtet gefühlt, Auskunft zu geben, über sich, über den Staat, in dem sie den größten Teil ihres Lebens verbrachte, über die Motive ihres Schreibens. Und sie wurde von einem großen Publikum geliebt, eine Seelentrösterin und Mater dolorosa. Sie war ein liebevoll-fürsorglicher Mensch, nicht nur für ihre Familie, ihre Kinder und Enkelkinder. Sie schrieb unendlich viele Briefe an Freunde, Kollegen und Leser, diszipliniert und durchdrungen von Arbeitsethos. Sie tröstete gern, machte anderen Mut. Eine Tagebuchnotiz von Brigitte Reimann, der weniger berühmten, aber kaum weniger begabten Schriftstellerin aus der DDR, sagt alles: »Und dann ihre ruhige dunkle Stimme am Telefon zu hören ... Wie sollte man diese Frau nicht lieben!«

Rund 15 000 Briefe aus sechs Jahrzehnten waren durchzusehen, bevor 2016 eine Auswahl in Buchform erscheinen konnte, ein Wälzer von mehr als 1000 Seiten, in den 483 Schriftstücke, Briefe und Karten, aufgenommen wurden. In ihrem Nachwort schrieb die Herausgeberin Sabine Wolf, stellvertretende Direktorin des Akademie-Archivs und nicht verwandt mit der Autorin, Christa Wolf habe ihre Korrespondenz wie eine Wissenschaftlerin geführt: »jederzeit rekonstruierbar, wiederverwendbar als Materialfundus, in strukturierter Ablage«. Von ihren mit der Maschine geschriebenen Briefen machte sie stets Durchschläge, für handschriftliche Schreiben nutzte sie Kohlepapier, außer den Kopien hob sie sogar Konzepte auf.

Zuvor war 2015 schon eine Fortsetzung ihres Tagebuchs *Ein Tag im Jahr* erschienen: die chronologisch anschließenden Aufzeichnungen der Jahre 2001 bis 2011, herausgegeben von Gerhard Wolf unter dem etwas umständlichen Titel *Ein Tag im Jahr im neuen Jahrhundert*. Entstanden waren diese Aufzeichnungen wiederum, wenn auch nicht ganz konsequent, jeweils am 27. September – die letzten Einträge im Krankenbett unter Schmerzen, geprägt von Müdigkeit und Resignation, konzentriert auf das nun Wesentliche: »Toilette, waschen, anziehen im Bad. Auch an diesen Kinderstatus gewöhnt man sich, wenn auch schwer. Aber: die andere ist ja eine Krankenschwester ...«

Die Aufzeichnungen am Beginn des Bandes, September 2001, stehen ganz im Bann des Terroranschlags, der gut zwei Wochen zuvor stattgefunden hat: »Ich stehe auf, ziehe den Vorhang zurück, ein trüber Tag, wie all die trüben Tage seit dem 11. September.« Das Gefühl der Verlorenheit wird bis zum Abschluss des Tagebuchs andauern. »Im Alter wäre ich gerne von Geschichte verschont geblieben«, schreibt sie. »Wie gerne hätte ich meine Enkelkinder in ein friedlicheres Jahrhundert entlassen.« Ein Gefühl der Resignation macht sich breit. Die Arbeit an ihrem letzten Roman *Stadt der Engel* wird ihr immer fragwürdiger, eine Schreibhemmung kommt hinzu, »die sich zusammensetzt aus der Einsicht in die Vergeblichkeit dieses Tuns und aus Zweifel in meine eigene Fähigkeit, diese neue Herausforderung noch zu meistern«. In älteren Tagebüchern liest sie nach, wie oft sie sich schon »des Herumtrödelns, der Faulheit, der Angst vor dem Manuskript« bezichtigt hat. Ergiebig sei ihre Arbeit nur noch, wenn »dieses langwierige Schreibwerk schier unüberwindliche Hindernisse um sich aufbaut«.

Knapp anderthalb Seiten bewältigte die 82-Jährige noch handschriftlich am 27. September 2011, die Zeilen sind hier und da verrutscht, wie ein Faksimile zeigt. Dann brechen die Notizen mit einer Zeitungsüberschrift jäh ab: »Es wird laut über dem Müggelsee«, kein Kommentar mehr, kein Punkt – Abschluss eines großen, mehr als 50 Jahre durchgehaltenen Projekts, geschrieben neben all dem Übrigen, den Romanen, Erzählungen und Essays, den unzähligen Briefen und parallel auch zu dem anderen, dem weitaus umfangreicheren Tagebuch, das bis 1945 zurückreicht und wohl noch lange Zeit unveröffentlicht bleiben wird. In dem posthum publizierten Werk ist auch nachzulesen, wie ambivalent die Publikation des ersten Bandes *Ein Tag im Jahr* für die von Selbstzweifeln durchdrungene Tagebuchschreiberin gewesen ist. Sie nimmt sich vor, »mit diesen Blättern in mein Versteck zurückzukriechen und sie nicht, sozusagen als Fortsetzung, zu veröffentlichen«.

Verstieß der Witwer mit der Herausgabe des Nachtragsbandes gegen den Willen seiner Frau? Als ich ihn nach dem Erscheinen des Buches danach fragte, erklärte mir der damals

84-jährige Gerhard Wolf am Telefon, er sei sich sicher, dass sie es trotz aller Zweifel so gewünscht hätte: »Vielleicht hätte sie noch etwas daran gearbeitet, aber bis auf zwei Jahre lag alles in Form eines Computerausdrucks fertig vor.« Im Nachlass existiere Material für noch manche Edition. Seine Frau habe »unheimlich viele Fragmente« hinterlassen, darunter 150 Seiten eines abgebrochenen Romans mit dem Titel *Preisgericht*.

Christa Wolf war eine tapfere und aufrechte Person. Sie war fleißig bis zur Erschöpfung und empfänglich bis zur Schmerzgrenze für Bitten und Probleme anderer. Dass ihr damals im Sommer 1990 nach der Publikation ihrer Erzählung *Was bleibt* vom Westen her Mutlosigkeit und Opportunismus, ja Feigheit vor der Obrigkeit vorgeworfen wurde, ist als Echo unausgesprochen auf den Tagebuchseiten präsent. Interviews gab sie bis zuletzt ungern, besonders den etablierten Blättern der alten Bundesrepublik. Wenn sie sich doch wieder einmal darauf eingelassen hatte, verfolgte sie das bis in die Nacht: »Hatte ich nötig, dieses Interview zu geben? Aus meiner Deckung herauszutreten?« Dann gingen ihr die eigenen Formulierungen durch den Kopf: »Enthüllen sie zu viel von meinen Gedanken, von mir selbst? Ist das Ganze zu politisch?« In den von ihr selbst noch zusammengestellten Sammelband *Rede, daß ich dich sehe*, der ebenfalls erst nach ihrem Tod erschien, hat sie dennoch auch jene letzten Gespräche aufgenommen, die sie 2010 und 2011 mit dem »Spiegel« und der »Zeit« führte.

Am Schluss ihres Eintrags vom 27. September 2010, notierte Christa Wolf die für sie ganz ungewöhnlichen Worte: »Ich wäre nicht untröstlich, wenn ich nicht mehr schreiben würde.« Sie wollte nicht mehr, sie konnte nicht mehr. Am 1. Dezember 2011 starb sie in Berlin. Sie hatte ihr Soll mehr als erfüllt.

DAS ERTRÄGT MAN EIGENTLICH NICHT
WALTER KEMPOWSKI

Als Walter Kempowski 1971 einen Roman mit dem merkwürdigen Titel *Tadellöser & Wolff* publizierte, war er ein schlanker Mann von Anfang vierzig. Der Roman war freundlich, sogar betont wohlwollend aufgenommen worden. Und voller Respekt und Anerkennung hatte die Kritik auch schon zwei Jahre zuvor auf Kempowskis Debüt *Im Block* reagiert. Doch von großen Auflagen, gar von Popularität war der Autor damals weit entfernt. Und wer hätte ahnen können, dass Kempowski, der große Pläne hatte, mit dem Erscheinen des neuen Romans den Grundstein für einen der erfolgreichsten Romanzyklen der deutschen Literatur gelegt hatte.

Ende des Jahres las er in einer Hamburger Bücherhalle vor knapp zwei Dutzend Zuhörern. Nach der Lesung bat ich um ein Interview. Ich war Student, Anfang zwanzig, und muss einen recht jugendlichen Eindruck auf ihn gemacht haben. Jedenfalls reagierte Kempowski reserviert: Nein, von einer Schülerzeitung wolle er sich eigentlich nicht befragen lassen. Allerdings durfte ich ihn zum Hauptbahnhof fahren, und während der Fahrt versuchte ich ihm zu erklären, dass ich hoffte, eine Zeitung oder Zeitschrift zum Abdruck des Interviews bewegen zu können. Gut, sagte er zum Abschied, falls eine richtige Zeitung für den Plan zu gewinnen sei, dürfe ich mich bei ihm melden.

Als ich ihm dann wenig später mitteilte, die Literaturzeitschrift »Akzente« habe an einem Kempowski-Gespräch Interesse, ging alles schnell. Schon am 22. Januar 1972 saß ich bei ihm in Nartum, im Obergeschoß der Dorfschule. Kempowski arbeitete noch als Lehrer; als Schriftsteller konnte er den Lebensunterhalt für sich und die Familie noch lange nicht verdienen.

Das Interview fand am Nachmittag statt. Auf Kempowskis Briefbogen stand vorsorglich hinter der Telefonnummer der Vermerk: »ab 15.30 Uhr«. Störungen zur falschen Zeit wollte er ausschließen. Dazu eine eigenwillige Kopf- und Fußleiste: Außer dem Namen Kempowski waren als Schriftband oben und unten allerlei Fehlschreibungen dokumentiert, wie »Kampowske«, »Klimbinsky«, »Kompotzki«, »Klombowske«, »Kenbosski« oder »Kompowki« – in dieser Auflistung offenbarte sich die für Kempowski auch später charakteristische Mischung aus Verärgerung und Selbstironie.

Er erzählte geduldig und konzentriert: Wie er, der Rostocker Reedersohn, zwischen 1948 und 1956 in Bautzen als politischer Häftling einsaß, wie er im Knast Verse im Rilke-Ton auf Schiefertafeln notierte, wie er dann nach seiner Entlassung in der Bundesrepublik einen nie veröffentlichten kleinen Roman à la Kafka geschrieben hatte. Er, der literarische Neuling, das Opfer von Willkürjustiz, hatte nach der Haft den Impuls, zunächst alles zusammenzutragen und um sich zu versammeln, was ihn an seine Kindheit und Jugend erinnerte: alte Fotos, Adressbücher, Zeitungen, Spielzeuge. Mitte der fünfziger Jahre begann er damit, seine Mutter, seinen Bruder und andere Verwandte vor ein Tonbandgerät zu setzen und zu befragen. Das alles wurde zur Grundlage zunächst für den Roman *Tadellöser & Wolff*, später auch für andere Teile jener Chronik des deutschen Bürgertums, mit der er berühmt werden sollte. Tatsächlich sollte das mit Fleiß zusammengetragene Material zunächst einer rein privaten Familienchronik dienen. Am Ende waren es 45 gebundene Hefte mit Abschriften und einmontierten Dokumenten, insgesamt fast 3000 Seiten, die sich heute im Kempowski-Archiv in der Berliner Akademie der Künste befinden.

Schon Anfang der siebziger Jahre war dem Schriftsteller freilich ein Problem bewusst: Das, was da weitgehend autobiografisch zum Roman wurde (Kempowski hat daraus nie ein Hehl gemacht), war ein subjektiver, sehr individueller Ausschnitt der deutschen Geschichte, das Schicksal einer, seiner Familie – und trotz der Gefängnishaft Kempowskis, seines Bruders und schließlich auch der Mutter, war es eine noch glimpflich verlaufene Geschichte aus Kriegs- und Nachkriegszeiten. Ihm stand stets vor Augen, dass es andere, viel grausamere und entsetzlichere Geschichten aus jenen Jahren zu erzählen gab. Aber wie konnten sie Eingang in sein autobiografisches Romanwerk finden?

Woher der Mut?

Als wir damals in Nartum das erste Mal miteinander sprachen, hatte Kempowski schon eine fixe Idee im Kopf. Er beabsichtige, Zeitzeugen eine einzige Frage zu stellen: *Haben Sie Hitler gesehen?* Aus den Antworten wolle er ein Buch zusammenstellen. Das klang in meinen Ohren reichlich kurios, ich war mehr als skeptisch, was diesen Plan betraf. Kempowski bat mich (wie manch anderen) um Mitarbeit – und allein die drei Stimmen, die ich aus meiner Familie zu dem Projekt beitrug, machten mir schnell klar, dass diese schlichte Frage bei den Befragten etwas in Gang setzt, das in jedem Sinne unerhört war.

Das kleine gelbe Buch mit der Frage im Titel erschien 1973: Hunderte von verblüffenden, naiven, listigen und verräterischen Stimmen waren zusammengekommen. Mag die Sammlung auch im demoskopischen Sinn nicht repräsentativ sein, so war sie doch eine entlarvende Offenbarung, ein grandioses Dokument zur Zeitgeschichte. Noch beklemmender wurde die Angelegenheit, als der Schriftsteller Jahre später noch eine andere »Schlüsselfrage« (Kempowski) stellte, eine Frage wiederum von entwaffnender Einfachheit, nämlich: *Haben Sie davon gewußt?* Gemeint waren die Konzentrations- und Vernichtungslager – und fast alle Befragten verstanden offenbar auf Anhieb, wonach da gefragt wurde. Das Ergebnis war wiederum frappierend, die 1979 publizierte Sammlung ein Ereignis.

Für Kempowski waren diese Bücher keine Nebenwerke: Er betrachtete sie – zusammen mit einem dritten Umfragebuch über Schulerfahrungen: *Immer so durchgemogelt* (1974) – als integralen Bestandteil seiner *Deutschen Chronik*. Mit diesen Aussagen im Originalton, einer Art »Oral History«, war er auf einer Spur, die ihn ins Uferlose, zumindest kaum Begrenzbare führen sollte. Die eigene Familiengeschichte hatte dem Autor einen Rahmen gesetzt, die kollektive Erfahrung dagegen war ein weites, ein unüberschaubares Feld – das sollte sich Jahre später bei der Arbeit am *Echolot* erweisen.

Zunächst freilich war die *Deutsche Chronik* abzuschließen, der Romanzyklus, der 1971 mit *Tadellöser & Wolff* fulminant gestartet war. In diesem Roman wird Kempowskis Jugend in der Zeit vom Ende der dreißiger Jahre bis Kriegsende geschildert. Es folgte schon im Jahr darauf der Roman *Uns geht's ja noch gold*, der das von der Roten Armee eingenommene Rostock der unmittelbaren Nachkriegsjahre zum Schauplatz hat und mit der Verhaftung des gerade 18-jährigen Protagonisten 1948 endet. Die sich anschließende acht Jahre während Haft in Bautzen und die Ankunft in der Bundesrepublik wird in dem Band *Ein Kapitel für sich* (1975) geschildert: eine um die Perspektive anderer Familienmitglieder erweiterte Fassung des Romandebüts *Im Block* (1969).

Ursprünglich plante Kempowski, seinen Romanzyklus mit zwei Folgebänden abzuschließen, in denen er sich der Jahre bis 1963 widmen wollte. Stattdessen griff er weit in die Historie zurück und erzählte in zwei Bänden die Vorgeschichte zu *Tadellöser & Wolff*: 1978 erschien der Roman *Aus großer Zeit*, in dem das Leben der Großeltern in der wilhelminischen Ära gezeigt wird, von der letzten Dekade des 19. Jahrhunderts bis kurz vor Ende des Ersten Weltkriegs; 1981 folgte der Roman *Schöne Aussicht*, der vor allem die zwanziger Jahre, die Geburt und Kindheit des Autors sowie den Beginn der Naziherrschaft umfasst.

Damit war der Zyklus – nach nur zehn Jahren – vorläufig abgeschlossen. Aus diesem Anlass trafen wir uns im August

1981 erneut und setzten unser Gespräch fort, dieses Mal in Frankfurt am Main, wo ich mittlerweile lebte. Kempowski war zu Besuch in der Stadt, hatte sich gemeldet und war von mir spontan zum Frühstück eingeladen worden. Es wurde ein munteres Interview. Auf der Tonbandspule von damals sind viele Nebengeräusche festgehalten, das Klappern des Geschirrs, das Aufschneiden eines Brötchens, das Aufschlagen des Frühstückseis. Und als einmal das Telefon klingelte, sagte der Gast: »Gehen Sie nur, das Tonband läuft ja. Ich beantworte Ihre Frage inzwischen.« Als ich in die Küche zurückkam, sprach er immer noch, mit dem Brötchen in der Hand. Sein Tonfall verriet, wie wichtig es ihm war, sich zu erklären und zugleich auf seinen Eigenheiten zu bestehen. Er sprach mit fester Stimme, die gar nicht recht zu dem Mann mit den schmalen Schultern passen wollte. Schmal war auch sein Gesicht, dominiert von einer feinen Goldbrille und einem dezenten Schnauzbart, der im Gegensatz zu dem von Günter Grass so gar nichts Ausladendes hatte.

»Wenn ich heute sehe«, sagte Kempowski rückblickend über die Arbeit am Romanzyklus, »was ich mir damals aufgeladen habe, in den späten fünfziger, frühen sechziger Jahren, wo ich bereits anfing, das Material zu sammeln, so ist es mir völlig unverständlich, wo ich den Mut hernahm und auch die Kraft. Wenn ich es noch einmal entscheiden müßte, würde ich sagen: Nein. Ich hätte nicht den Mut, das noch einmal anzufangen.«

Der tollkühne Plan eines kollektiven Tagebuchs

Die Anerkennung, die er zu Beginn seiner Autorenkarriere bei der Literaturkritik genossen hatte, war zunehmend ideologisch gefärbter Skepsis gewichen, die umso heftiger ausfiel, je mehr sich Kempowski zum Erfolgsautor und Publikumsliebling entwickelte, wobei die Verfilmung des Romans *Tadellöser & Wolff* für das Fernsehen eine wichtige Rolle spielte. War die

Vergegenwärtigung deutscher Geschichte als Familiengeschichte nicht zu gemütlich und harmonisierend ausgefallen?
Wurde das mit höchster Präzision rekonstruierte Alltagsleben
im bürgerlichen Ambiente kritisch oder nicht doch mit viel
Sympathie geschildert? Derlei Fragen tauchten monoton immer wieder auf. Dass ein Roman kein politischer Kommentar
ist, dass ein Autor seinen Figuren nicht ins Wort fallen und
sie nicht denunzieren soll, während er ihnen auf die Finger
schaut, vergaß manch Kritiker. Kempowski wurde als spröder
Außenseiter, spleeniger Freund alles Bürgerlichen, als besten-
falls liebenswerter Sammler verharmlost.

Ihn schmerzte das, er war empfindlich geworden. Ich hatte
das auch schon selbst zu spüren bekommen, als ihm meine Rezension über seinen Roman *Ein Kapitel für sich* nicht zustim-
mend genug ausgefallen war. So schrieb er mir im November
1975 aus Nartum (inzwischen stand nur noch sein Name im
Briefkopf, ergänzt um die Berufsbezeichnung »Landlehrer«):
»Kritik kann ich vertragen, herabsetzende fast mehr als
lobende. Ein wenig schade finde ich, dass Ihr Blick nicht tiefer reicht, wo wir uns doch so gut kennen und so oft über
alles gesprochen haben.« Er schlug vor, die Rezension einmal
»mündlich« durchzugehen, das werde vielleicht von Nutzen
sein. Dazu ist es nie gekommen, aber von heute her gesehen
kommt mir seine Reaktion verständlich vor: Es gab in meiner
Kritik einige recht kleinliche und eilfertige Einwände.

Noch in den siebziger Jahren hatte Kempowski damit begonnen, Autobiografien, Briefe und Tagebücher zu sammeln,
zunächst von Menschen aus seiner näheren Umgebung. Später, zu Beginn der achtziger Jahre, intensivierte er die Suche,
gab Annoncen in Zeitungen auf und gründete ein »Archiv
für unpublizierte Biographien«. Daraus entstand irgendwann
der tollkühne Plan eines kollektiven Tagebuchs der Jahre von
1943 bis 1949. Dank des Computers war es möglich geworden,
umfangreiche Texte zu speichern und auf Knopfdruck neu zu
kombinieren. Warum also sollte nicht eine Chronik von Tag

zu Tag entstehen können, montiert aus den unterschiedlichsten Eintragungen und Aufzeichnungen der Zeitgenossen? Kempowski muss bald klar geworden sein, dass sich sein Projekt zur Lebensaufgabe auszuwachsen begann. »Damit werde ich mich wahrscheinlich den Rest meiner Tage beschäftigen«, notierte er in seinem Tagebuch.

Endlich sah der Schriftsteller eine Möglichkeit, seiner Romanchronik eine über die autobiografische, individuelle Perspektive hinausweisende Ergänzung an die Seite zu stellen, in der die Schrecken des Krieges und das Grauen der Shoah, aber auch das Alltagsleben an der Front und daheim vielstimmig zur Sprache kommen konnten.

Viele Jahre arbeitete er ganz im Stillen daran. Er veröffentlichte weiter Romane, schrieb Kinderbücher und komponierte Hörspiele aus Originaltönen (*Beethovens Fünfte*). Als Nachzügler und endgültiger Abschluss der *Deutschen Chronik* erschien 1984 der Roman *Herzlich willkommen*, der die ersten Jahre des Erzählers in der Bundesrepublik schildert. Damit war der Romanzyklus auf sechs Bände mit zusammen rund 2500 Seiten angewachsen, die Zeitspanne von 1885 bis 1960 umfassend. Im Roman *Hundstage* (1988) tauchte dann erstmals ein Alter Ego Kempowskis auf, der Schriftsteller Alexander Sowtschick, der später noch einen Auftritt in dem Roman *Letzte Grüße* (2003) haben sollte.

Während all dieser Jahre schrieb der Unermüdliche auch noch regelmäßig und ausführlich Tagebuch. Begonnen hatte Kempowski damit bei Kriegsende. Was der Jugendliche sich über den Einmarsch der Roten Armee in Rostock notierte, wurde allerdings bei seiner Verhaftung 1948 konfisziert und galt dann strafverschärfend als »antisowjetische Einstellung«. Diese frühen Tagebücher hat er nie wiedergesehen. Nach der Haft setzte er neu an und schrieb bis an sein Lebensende. »Jeden Tag kommen zehn, manchmal auch mehr Seiten dazu«, hat er verraten. Und den Satz hinzugefügt: »Ein Schriftsteller, der kein Tagebuch schreibt, ist irgendwie schief gewickelt, mit dem stimmt etwas nicht.« Es konnte allerdings vorkommen, dass er beim Wiederlesen vor allem der frühen Notizen unzufrieden mit sich selber war – was er wiederum aufschrieb, so im April 1983: »die Tagebücher von 1956/59, eklig, kitschtriefend, weltanklagend.«

Erst spät, 1990, begann er damit, Auszüge zu veröffentlichen, zunächst den Band *Sirius* mit Aufzeichnungen vornehmlich aus dem Jahr 1983. Darin finden sich auch die ersten Hinweise auf das entstehende *Echolot*, dazu manch verzagte Äußerung: »Archiv-Arbeit. War heute mutlos, da ich sie allein nicht bewältigen kann. Die Regale füllen sich. Wie soll ich die Biografien auswerten? Was soll ich zurückschicken? Erstmal nehme ich alles und behalte alles, das weitere wird sich finden. Gerade die Offenheit allen Formen des Lebens gegenüber – auch den ›falschen‹ (also den Nazis) – garantiert, dass ich das Interessante bekomme.«

Damit hatte Kempowski ein entscheidendes Merkmal seiner Arbeit, vielleicht sogar seines Wesens ausgesprochen: Intuitiv wich er allem aus, was als »political correctness« gilt. Er war niemand, der in einem Lebensbericht zu lesen aufhörte, nur weil ihm der Verfasser anrüchig erschien. Vielmehr interessierten ihn gerade die wunden Stellen, das, was peinlich ist und peinigend. Nie verlor er das Interesse an jenen, die verzagt waren und versagt hatten. Er hörte zu, las weiter in ihren Aufzeichnungen.

Nur so konnte der gigantomanische Plan zu einer Kollektivchronik entstehen und letztlich gelingen. Ohne Neigung und Zuneigung war das nicht möglich. Mit einer Schere im Kopf ebenso wenig. Trotzdem erkannte Kempowski bald, dass sein ursprüngliches Konzept, den Zeitraum von 1943 bis 1949 in Buchform zu erfassen, nicht zu verwirklichen war: Zehntausende von Seiten wären zusammengekommen. Er entschloss sich, für eine erste Ausgabe eine bescheidenere Auswahl zu treffen, nämlich Januar und Februar 1943 – am Ende ergab auch das mehr als 3000 Seiten. Damals war sein Plan, insgesamt vier historische Komplexe aus der Masse seines Materials herauszugreifen, die er mit den Stichworten »Stalingrad«, »Invasion und 20. Juli«, »Frühjahr 1945« und »Berlin-Blockade« kennzeichnete (für die Publikation änderte er die Anordnung und Gruppierung dann noch einmal).

Nachts, wenn er nicht schlafen kann

Im Sommer 1992 schrieb mir Kempowski einen Brief und fragte an, ob ich mir einen Vorabdruck vorstellen könnte. Er dachte an einen einzigen Tag, Neujahr 1943 – fünfzig Jahre danach. Ich wechselte damals gerade von der »Zeit« zum »Spiegel«, und so war einer meiner ersten Vorschläge dort ein Artikel über das *Echolot*-Projekt mitsamt Auszügen daraus. Der Chefredaktion schickte ich ein paar Stichworte zu dem Plan. »Ein wahnwitziges Unternehmen: Schon lange sammelt der Romancier fremde Tagbücher, Aufzeichnungen, Briefnachlässe, Fotoalben in seinem Archiv. Das Projekt existiert seit Jahren als Gerücht, ausführlich vorgestellt wurde es bisher nicht. Eine Auswahl der Texte von der Jahreswende 1942/1943 bietet sich zum Jahreswechsel 1992/1993 an. Reizvoll auch die grafischen Gestaltungsmöglichkeiten: Den meisten Stimmen (es sind bekannte Persönlichkeiten darunter, vornehmlich aber gänzlich unbekannte Schreiber) ist ein Foto beigefügt – für das Projekt insgesamt eine Art bildliches Leitmotiv.«

Pünktlich zum Jahreswechsel 1992/1993 wurde die Sache ins Blatt gerückt – die erste öffentliche Präsentation von Kempowskis Weltkriegs-Memorial, zugleich eine Ankündigung der *Echolot*-Kassette, die im Herbst 1993 herauskam (übrigens dann ohne die Porträtfotos der Betroffenen). Vielleicht werde sich das *Echolot*, schrieb ich begleitend zum Vorabdruck im »Spiegel«-Schlussheft des Jahres 1992, »als eines der letzten großen Wagnisse dieses Jahrhunderts erweisen: eine kollektive Alltagschronik und -collage, gegen die sich einst die Folianten eines Arno Schmidt wie Broschüren ausnehmen könnten.«

Ich erhielt von Kempowski umgehend einen anrührenden Brief. Zitiert sei daraus, weil hier eine Saite seines Wesens anklang, die er sonst gerne verbarg. »Ich habe etwas Ähnliches noch nie zu hören gekriegt«, schrieb er am Heiligabend 1992 (das Heft war ihm vorab per Express zugestellt worden), »es kommt mir so vor, als sei ich erst jetzt angekommen. Vor genau 1 Jahr hatte ich meine schwere Krankheit, und ich habe mir in den letzten Tagen immer wieder die Frage gestellt, was hat dir dieses eine geschenkte Jahr gebracht? Jetzt weiß ich es, Sie haben für mich zusammengezogen und formuliert, zu was ich da bin und was ich bin.«

Nun wäre eigentlich zu erwarten gewesen, dass nach der »Spiegel«-Fanfare andere Kritiker dagegenhalten würden – doch nichts dergleichen geschah. In seltener Einmütigkeit priesen die Zeitungen bei Erscheinen der ersten *Echolot*-Lieferung im Herbst 1993 das Werk und seinen Magier. In der »Zeit« schwärmte Fritz J. Raddatz, Kempowskis »Riesen-Collage« habe eine solche Sprengkraft, »dass man das Gefühl hat, die Schädeldecke explodiert«; in der »Süddeutschen Zeitung« nannte Jörg Drews das *Echolot* ein »deutsches Lesebuch zur Epoche, ein Memorial von monumentalem Umfang«; und Frank Schirrmacher überbot in der »FAZ« noch das allgemeine Lob: »Wenn die Welt noch Augen hat zu sehen, wird sie, um es in einem Wort zu sagen, in diesem Werk eine der größten Leistungen der Literatur unseres Jahrhunderts erblicken.«

Endlich kam doch noch die Gegenrede, freilich eine recht matte. Johannes Willms belehrte – wiederum in der »Süddeutschen Zeitung« und unter der grimmigen Überschrift »Die Kritik in der Krise« – seine Kollegen im eigenen Blatt und andernorts, dass ein literarisches Werk unbedingt Stil und Fiktion aufweisen müsse. Davon aber könne im *Echolot* keine Rede sein. Denn die Kompilation verschiedener Texte habe naturgemäß keinen einheitlichen Stil – und ausgedacht sei das ganze ebenfalls nicht. Welch unangemessene Kriterien waren das angesichts dieses einzigartigen Werkes, das unausgesprochen eine große Lücke füllt und für jenes Epos über den Zweiten Weltkrieg steht, das zu schreiben den deutschen Schriftstellern bis heute aus naheliegenden Gründen nicht gelungen ist. Es spricht für die Demut des Schriftstellers Kempowski, sich nicht anheischig zu machen, derlei ganz aus eigener Kraft stemmen zu können, sondern sich der Originaltöne zu bedienen, ohne etwas zu erfinden oder zu stilisieren – stattdessen zeigt sich seine Kunst in der Montage der vielen Stimmen.

Selten zuvor ist diese Epoche derart nahegerückt, ungefiltert, pure Gegenwärtigkeit. Es ist die Leistung eines Künstlers, diese Stimmen so montiert zu haben, dass sie sich gegenseitig ergänzen, erhellen und kommentieren. Ganz zu schweigen von der enormen Vorleistung des Sammlers und Jägers Kempowski, das Material für diese Komposition überhaupt erst angelockt und angehäuft zu haben.

Nachts, wenn er nicht schlafen könne, sagte er mir im Sommer 1993 in Nartum, stehe er manchmal auf und blättere in seinem Archiv in fremden Tagebüchern und Biografien. Das sei tröstlich. Aber immer wieder kamen er und die beiden Mitarbeiter, die er inzwischen hatte, an ihre Grenzen, wenn es um die endgültige Auswahl und Anordnung der Texte ging. »Hier drehen wir bald alle durch«, schrieb er mir, als er die Abschrift eines Interviews mit vielen Korrekturen zurückschickte (und wie schon bei unserem allerersten Gespräch wollte er dann auch noch die überarbeitete Fassung durchsehen). Dieses Interview führten wir aus Anlass des Erscheinens der ersten *Echolot*-Kassette.

Erfahrung im Luftkrieg

Im April 1995 besuchte ich ihn erneut. Gemeinsam suchten wir wieder für einen »Spiegel«-Abdruck Texte aus noch nicht veröffentlichtem *Echolot*-Material heraus. Dieses Mal waren Stimmen zum Kriegsende gefragt, Aufzeichnungen vom 8. Mai

1945. Es war faszinierend, wie Kempowski, damals Mitte sechzig, vor seinem großen Computer saß, einem Gerät im Wert von 16000 Mark (wie er stolz erwähnte), den ihm der Verlag zur Verfügung gestellt hatte. Es war für ihn eine Genugtuung, »dass ich das in meinem Leben noch gelernt habe«. Dann las er sich an einer Stelle fest und seufzte. »Das Leid: das erträgt man eigentlich nicht.«

Über seine eigenen Kriegserlebnisse ließ er sich ungern aus. In seinem Roman *Tadellöser & Wolff* gibt es – aus Sicht des Knaben Walter – einige Andeutungen dazu. Doch ein Gespräch vor laufender Kamera zum Thema *Luftkrieg und Literatur* löste ihm die Zunge, aufgenommen im Februar 2000 in seinem Haus. Überaus anschaulich erzählte er von seinem Überlebenskampf im Hamburger Feuersturm vom Juli 1943 und von anderen Erfahrungen bis 1945.

Im Jahr zuvor, 1999, war die zweite *Echolot*-Kassette erschienen, vier Bände mit zusammen rund 3400 Seiten – sechs Jahre nach der ersten Lieferung mit ebenfalls vier Bänden und mehr als 3000 Seiten, von der inzwischen knapp 50000 Exemplare verkauft worden waren (davon etwa 18000 als Taschenbuch). Dieses Mal hatte Kempowski die Zeit vom 12. Januar bis 14. Februar 1945 im Visier, jene knapp fünf Wochen, die zwischen dem Start der sowjetischen Großoffensive auf Hitler-Deutschland und der Bombardierung Dresdens lagen.

Eine Sinfonie der Tausend: abermals tun sich Abgründe zwischen der scheinbar banalen Notiz aus dem Alltag im Nazi-reich und den Szenen von Krieg und Völkermord auf. Auch die durch die Sowjetoffensive ausgelöste Fluchtwelle der deutschen Bevölkerung bleibt nicht ausgespart – was Kempowski prompt den Vorwurf einer »neudeutschen Unbekümmertheit« (»Frankfurter Rundschau«) einbrachte. Der finstere Höhepunkt und das monumentale Schlusskapitel dieser »Fuga furiosa« (so der Untertitel), die mosaikartig komponierte Darstellung der Luftangriffe auf Dresden am 13. und 14. Februar 1945, nötigte allerdings auch dem gestrengen »Rundschau«-Kritiker noch einige Bewunderung ab: »Das sind höchst aufschlussreiche und in einer solchen geradezu epischen Verdichtung bisher noch nie zusammengefasste Dokumente.«

Mit den eigenen Schreckenserfahrungen im Bombenkrieg musste sich Kempowski noch einmal auseinandersetzen, als ich ihn drei Jahre nach der Ausstrahlung seines mündlichen Berichts (in einer von »Spiegel-TV« produzierten ZDF-Sendung im März 2000) darum bat, die schriftliche Form des Interviews zu autorisieren. Er quälte sich regelrecht damit.

»Ich habe es nun zum zweiten Mal durchgesehen«, schrieb er mir im Januar 2003, »und mir ist zum Kotzen dabei«. Solche Drastik war selten bei ihm. Es war ohnehin keine leichte Zeit für ihn. Seine Frau war bei einem Autounfall schwer verletzt worden und lag im Krankenhaus. Die Arbeit an weiteren Bänden des *Echolots* kam wieder einmal nicht voran – und nun auch noch dieses Interview.

»Wie ist es möglich, dass ein so intelligenter Mensch wie ich so saudumme, uninspirierte und gedankenarme Antworten geben kann«, so beschimpfte er sich selbst, beklagte sich allerdings zugleich darüber, dass es uns bei Abschrift und Überarbeitung nicht gelungen sei, »die Sache etwas anzuheben«. Kurz und gut: »Am liebsten wäre es mir, wenn Sie mich aus dieser Fron entließen. Ich würde gern eine Viertelstunde Gartenarbeit bei Ihnen stattdessen ableisten.« Leider hatte ich keinen Garten, und am Ende wurde doch gemeinsam eine Fassung erarbeitet, mit der er leben konnte – und in der die Kraft und Anschaulichkeit seines Erzählens spürbar wurde.

Eine Art Lebensekel

Der Schriftsteller Kempowski, Jahrgang 1929, erfuhr in seinen letzten Jahren noch eine Genugtuung besonderer Art. Der Mann, der als einstiges Opfer der Sowjet- und DDR-Justiz im intellektuellen Juste-Milieu der alten Bundesrepublik wenig gegolten hatte, auch weil er am SED-Sozialismus – anders als viele West-Linke bis hin zur SPD – kein gutes Haar ließ, wurde von jungen Autoren entdeckt, die sich, frei von ideologischen Scheuklappen, beeindruckt von Umfang und Vielfalt seiner Arbeiten zeigten. Plötzlich wurde sogar »sein Außenseitertum« – wie von Malin Schwerdtfeger (1972 geboren) – als sympathisch empfunden.

Erstaunt wurde zur Kenntnis genommen, dass ein einzelner unbeirrbarer Kopf hinter diesem literarischen Kosmos stand: vom Debüt *Im Block* bis zu den *Echolot*-Collagen, von der *Deutschen Chronik* bis zu Romanen wie *Hundstage* und *Letzte Grüße*, den federleichten und selbstironischen Berichten aus dem Leben des fiktiven Schriftstellers Sowtschick, nicht zu vergessen die umfangreichen Tagebücher. Einer der ersten jüngeren Autoren, die sich für den einstigen Dorfschullehrer begeisterten, war Benjamin von Stuckrad-Barre, Jahrgang 1975, der heimlich eines der Literaturseminare in Kempowskis Haus besuchte. Stuckrad-Barre lud den verehrten Meister 2001 mehrmals als Gast in seine Sendung »Lesezirkel« beim Musiksender MTV ein. Tanja Dückers, 1968 geboren, bekannte, von Kempowskis Arbeit »beeinflußt und beeindruckt« zu sein, und Karen Duve, Jahrgang 1961, erklärte in einem Interview unumwunden ihre Bewunderung. Selbst in Internet-Zirkeln avancierte Kempowski zur festen Bezugsgröße in den literarischen Debatten. Die »taz« sah ihn gar in der »Position eines heimlichen Klassikers und Gründungsvaters« – und einer wie Rainald Goetz, Jahrgang 1954, wurde anerkennend als »Kempowski des Pop« (»Zeit«) charakterisiert.

Im Mai 2007 wurde der schon schwer kranke Schriftsteller zu seiner Freude in Berlin mit einer großen Ausstellung geehrt: »Kempowskis Lebensläufe«. Bei der feierlichen Eröffnung am 19. Mai in der Akademie der Künste am Pariser Platz hielt der 1951 geborene Schriftsteller Martin Mosebach eine außergewöhnliche Laudatio. Kempowski, so Mosebach, sei derjenige unter den »heute rund achtzigjährigen Schriftstellern, der in der Generation der heute Vierzigjährigen die meiste Beachtung, ja Bewunderung« finde. »Alt werden heißt oft genug ein Publikum verlieren – er, der zu keinem Zeitpunkt seiner Laufbahn um Publikum verlegen war, hat in seinen vorgerückten Jahren erst die Leser gefunden, die seinen Rang entdeckten.«

Das letzte Tagebuch, das Kempowski noch selbst zum Druck vorbereiten konnte und das dann 2008 posthum erschien, trägt den schlafwandlerisch schönen Titel *Somnia* und enthält Notizen aus dem Jahr 1991. Auch darin zeigte er sich wieder launig und eigenwillig, verbittert und lebensklug – wie zuvor schon in den Tagebüchern *Sirius* (1990), *Alkor* (2001) und *Hamit* (2006). Nicht ohne Stolz notierte Kempowski in einer der vielen nachträglichen Anmerkungen (zumeist aus dem Jahr 2007, als er das Manuskript noch einmal durchsah), dass sich seine Tagebücher jeweils rund 10000 Mal verkauft haben: »Die Leser gewöhnen sich allmählich an dieses Genre.« Noch einmal erfährt sein Publikum, wie Kempowski im Jahr 1991 voller Selbstzweifel mit dem Abschluss der ersten Lieferung seiner später so erfolgreichen *Echolot*-Collage rang: »Nachmittags deprimierendes Grundgefühl, eine Art Lebensekel«, heißt es, und sogar: »Der Selbstvernichtung nahe.« Es mehren sich die Erschöpfungszeichen. Gleichzeitig notiert Kempowski tagesaktuelle Ereignisse.

Der O-Ton-Sammler streut auch eine Reihe von Kommentaren zur Wiedervereinigung in das Tagebuch ein. Jede Art von DDR-Nostalgie ist ihm zuwider: »Haben wir denn alles falsch gemacht? fragen die Leute aus der DDR. Antwort: Leider ja.« Und natürlich gibt es wieder wunderbare Alltagsbeobachtungen: »Kuh jagt vor meinem Fenster Huhn. Meine Sympathien liegen auf seiten der Kuh. Was für ein gewaltiges Gedärm müssen sie dauernd mit sich herumtragen.« Die Notizen enden am 21. Dezember mit einem Schlaganfall Kempowskis – demonstrativ setzte er das Wort »SCHLAGANFALL« in Großbuchstaben.

Ein großes, ein gewaltiges Lebenswerk hat Kempowski in vier Jahrzehnten auf die Beine gestellt, mit dem *Echolot* als wesentlichem Bestandteil – und das alles vielleicht nur, um sich möglichst genau an die eigene Kindheit und Jugend zu erinnern, auf jener ewigen Suche, wie sie viele Schriftsteller umgetrieben hat und die einer von ihnen, Marcel Proust, so genial zum Titel seines Romanwerkes gewählt hat: der Suche nach der verlorenen Zeit.

Mehr als 35 Jahre nach unserer ersten Begegnung schrieb mir Kempowski im Mai 2007 aus dem Krankenhaus mit fragiler Schrift noch eine Karte: »Werden wir noch einmal in den 4 Jahreszeiten ›speisen‹? Ich fürchte nein. Aber hinziehen kann sich mein Zustand, der Mensch ist ja zäh.« Bis zuletzt empfing er Gäste in Nartum. Er saß dann gern mit seiner Frau auf der Terrasse am Kaffeetisch und erzählte mit zunehmend leiser werdender Stimme. Er hielt sich tapfer aufrecht, viel länger, als ihm die Ärzte vorausgesagt hatten. Am 5. Oktober starb er mit 78 Jahren.

Düstere Titel hatte er seinen letzten Veröffentlichungen gegeben: *Culpa*, also Schuld, und *Alles umsonst*. Seinem Wunsch gemäß wurde am 8. Oktober 2007, bei der Trauerfeier im Kempowski-Haus »Kreienhoop«, der Psalm 130 angestimmt, mit den Zeilen: »Bei dir gilt nichts denn Gnad und Gunst, / die Sünde zu vergeben; / es ist doch unser Tun umsonst / auch in dem besten Leben.« Alles umsonst? Das war es gewiss nicht, und er muss es gewusst haben – auch wenn ihn ein bohrendes Gefühl von Schuld und Unzulänglichkeit nie zur Ruhe kommen ließ. Die enorme, bisweilen fast unheimliche Kraft, die dieser schmächtige Mensch aufbrachte, um ein derartiges Werk zu erschaffen und seine vermeintliche Schuld abzutragen, hat ihm schon zu Lebzeiten jenes große und begeisterte Publikum beschert, das er verdient hatte.

Letzte Grüße der besonderen Art: Kempowski schrieb insgeheim Gedichte. Für ihn, den »Volksdichter«, wie ihn Bundespräsident Horst Köhler bei den Feierlichkeiten in Berlin genannt hatte, war Lyrik die höchste literarische Disziplin. Einen
Band mit dem Titel *Langmut* hat er selbst noch zusammen-
gestellt, als Abschluss und Abrundung seines Riesenwerkes.
Das Buch erschien im April 2009 und enthält knappe, karge
Verse, in der Mehrzahl ohne Titel, hingehaucht wie Bleistift-
skizzen: Kein Gedicht umfasst mehr als zwölf Zeilen. Kom-
promisse machte Kempowski auch als Lyriker nicht. Er kehrte
in den Gedichten vielmehr thematisch und formal zu seinen
Anfängen zurück. Die elegischen *Langmut*-Gedichte geben
sich verschlossen, hermetisch, sie entziehen sich dem raschen
Verständnis. »Bilder hast du genug«, heißt es, »Kein Tuch da,
sie zu verhängen. / Wachsen sie nach?« Oder: »Nun leg dir die
Fessel an, / den Mund kleb dir zu!«

Es war ein Abschied am Rande des Verstummens. Kem-
powski hatte seinen Verlag gebeten, fünfzehn Exemplare vorab
zu drucken. Er wollte den Gedichtband gern noch selbst in
Händen halten und »einzelnen ihm wichtigen Weggefährten«
je ein gewidmetes Exemplar zukommen lassen, wie es im Be-
gleitbrief zur Übersendung hieß, die wenige Tage nach seinem
Tod erfolgte. Außerdem hinterließ er eine letzte Lesung auf
CD, wo er den Zuhörern nahelegte, die Gedichte vor dem
Hintergrund seiner Haftzeit zu verstehen: »Vielleicht denken
Sie an den kleinen Gefangenen, der 1948 vor seinem Unter-
suchungsrichter saß oder in der Zelle.«

Sieben Jahre nach Kempowskis Tod erschien *Plankton*, eine
Sammlung von mündlichen Zitaten, die er in fünfzig Jahren
zusammengetragen hatte. Parallel zur Eingabe der Texte für
das *Echolot* war von Kempowski und seinen tapferen Mitstrei-
tern der Computer auch mit unzähligen Äußerungen lebender Zeitgenossen gefüttert worden, Antworten auf scheinbar

triviale Fragen, die der Schriftsteller seit Anfang der sechziger Jahre Freunden, Gästen und Zufallsbekannten gestellt hatte. Er fragte nach Erinnerungen an die Kindheit oder den Tag, an dem die Mauer fiel, nach Geschwistern, der Schulzeit, dem Abiturthema, dem ersten Auto, der Ehe oder dem Lieblingsgericht. Die Antworten auf die harmlos wirkenden Fragen notierte er in einer schwarzen Kladde oder auf Zetteln. Kempowski nannte das »Plankton fischen«. Er liebte diese Jagd nach den »winzigen Erinnerungsbildern« und die Reaktionen ihm fremder Menschen, die er bei jeder sich bietenden Gelegenheit ansprach, ob in Hotelfoyers oder Zugabteilen. »Oft ist es so, daß sie direkt stolz sind«, notierte er in seinem Tagebuch. Und: »Ich hebe Erzählpartikel auf, wo immer ich sie finde.«

Ein faszinierendes künstlerisches Experiment: Das publizierte Ergebnis dieser unermüdlichen Befragungsaktion ergibt einen Wälzer von gut 800 Seiten, aus dem Nachlass herausgegeben und ergänzt von Simone Neteler. Die langjährige Mitarbeiterin Kempowskis erinnert sich heute noch gut an die gemeinsame Arbeit: »Der erste Computer – ein Olivetti ETV 260 – wurde im Mai 1987 angeschafft. Zuerst musste man lernen, mit dem Gerät umzugehen. Dann wurden damit Archivtexte für das spätere *Echolot* erfasst, und erst nach und nach wurden auch andere Texte, etwa die *Plankton*-Notizen, eingegeben, schätzungsweise ab 1988. So etwas machten wir immer zwischendurch, wenn Zeit war.« Angeordnet sind die Textpartikel nach dem Zufallsprinzip, so wie es Kempowskis Wunsch war. Er wollte als Autor und Arrangeur noch weiter in den Hintergrund treten, als es schon im *Echolot* der Fall war. Und so finden sich in *Plankton* bunt gemischte Minigeschichten. Zum Stichwort »Auto« etwa fällt einem Offizier, Jahrgang 1948, ein: »Mein erstes Auto war ein 63er Opel Rekord. Mit dem bin ich 2000 Kilometer gefahren, und dann hat mich das linke Hinterrad überholt. Ein Kamerad hatte mir den verkauft und mich angeschmiert.« Eine 1922 geborene Hausfrau erzählt über ihre Ehe: »Mein Mann ging nie mit mir weg, und wenn ich nach Hause kam, sagte er: ›Erzähl mal …‹ Dann sagte ich: ›Es lohnt sich nicht.‹ Und wenn ich dann doch was erzählte, sagte er: ›Es lohnt sich nicht …‹«

Auch Kempowskis »Archiv für unpublizierte Autobiographien«, das zunächst bei ihm daheim untergebracht war, wird heute in der Berliner Akademie der Künste verwahrt: eine einzigartige Sammlung, die rund 300000 Privatfotos und mehr als 8000 Dokumente umfasst. »Wissen Sie, ich glaube nicht, dass es einen zeitgenössischen Roman gibt, der es mit der Substanz dieses Archivs aufnehmen könnte«, sagte Kempowski 1993 stolz, als er mir seine Sammlung zeigte. Spätestens seit der Arbeit am *Echolot* war ihm bewusst, dass er sich auf einer »Expedition ins Ungewisse« befand. Er sah alles, wie Schaubilder aus seiner Hand belegen, als eine Art Gesamtkunstwerk an. Die von ihm noch konzipierte *Plankton*-Sammlung war dabei als unterste Ebene gedacht.

Von einem weiteren Riesenprojekt ahnte Kempowski selbst, dass es seine Möglichkeiten übersteigen und wahrscheinlich nie zu realisieren sein würde. Es war eine visionäre Phantasie, die er »Ortslinien« nannte. Seine Idee war, den Zeitraum von 1850 bis 2000 in einem Netz von Zitaten und Zeugnissen zu erfassen: mit Links, wie man heute sagen würde, zu historischen Ereignissen, Fotos, Filmen und Musikstücken. All sein Tun laufe auf eine »Befreiung der Literatur« hinaus, auf »die Überführung in eine andere Dimension, die erst mit neuen technischen Möglichkeiten zu erreichen ist«, notierte Walter Kempowski 1990 vorausblickend. Und er ergänzte 2005, zwei Jahre vor seinem Tod: »In den Ortslinien gehe ich noch einen Schritt weiter.« Weiter nämlich darin, sich lediglich als Initiator und Arrangeur von Texten, Dokumenten und Vernetzungen zu verstehen – und am Ende als Autor entbehrlich zu machen.

WIR HABEN NUR UNS SELBST
IMRE KERTÉSZ

Budapest, Frühjahr 1945. Ein Junge steht auf der Plattform der Straßenbahn und wird nach dem Fahrschein gefragt. Er habe keinen, sagt er dem Schaffner, und er habe auch kein Geld – er komme »aus der Fremde«. György Köves, so sein Name, kommt geradewegs aus Buchenwald. Zu Fuß, auf Lastwagen, mit der Eisenbahn (in »richtigen, für Menschen bestimmten Abteilen«), mit einem Donaudampfer hat er sich bis in seine Heimatstadt durchgeschlagen – nun, kurz vor der Ankunft daheim, wird ihm gesagt: »Wenn Sie keine Fahrkarte lösen, müssen Sie aussteigen.« Da erkennt ein anderer Fahrgast die Situation und springt ihm bei – ein Journalist, der auch fragt: »Mein Junge, möchtest du nicht über deine Erlebnisse berichten?«

In der Wohnung, in der György noch vor einem knappen Jahr gelebt hat, leben jetzt andere Menschen, die ihm die Tür vor der Nase zuschlagen. »Vor allem mußt du die Greuel vergessen«, wird ihm von ehemaligen Nachbarn geraten. Der Junge antwortet, er habe davon nichts bemerkt, und registriert die Verblüffung derer, die nicht dabei waren. Und ihn ergreift angesichts des Ratschlags, nun ein neues Leben zu beginnen, plötzlich eine Art Heimweh nach dem Lager: »Denn sogar dort, bei den Schornsteinen, gab es in der Pause zwischen den Qualen etwas, das dem Glück ähnlich war. Ja, davon, vom Glück der Konzentrationslager, müßte ich ihnen erzählen, das nächste Mal, wenn sie mich fragen.« So endet – überraschend, fürwahr – der *Roman eines Schicksallosen.*

Was für eine Wegstrecke: von jenem Tag im April 1945, als Imre Kertész, ein junger jüdischer Ungar, im Alter von 15 Jahren aus dem Konzentrationslager Buchenwald befreit wurde, bis zu einem Donnerstag im Oktober 2002, als er gegen Mittag in Berlin einen Anruf aus Stockholm entgegennahm. Kertész, nun 72, war der Nobelpreis für Literatur zugesprochen worden, verbunden mit einer Preissumme von rund einer Million Euro. Als erster Überlebender und literarischer Chronist des Holocaust überhaupt erfuhr er diese Anerkennung.

Sein Hauptwerk mit dem eigenwilligen, eingängigen Titel besitzt längst Weltgeltung: die Geschichte von György, der im Frühsommer 1944 in Budapest von Polizisten aus dem Bus geholt und später in den Zug nach Auschwitz gesetzt wird, wo ihn die selektierenden Deutschen für arbeitsfähig erklären und über das KZ Buchenwald weiter in ein Nebenlager zur Fron schicken; die Geschichte, wie er halb tot zurück nach Buchenwald auf die Krankenstation kommt und dort endlich befreit wird. Das alles wird beklemmend konsequent aus der Perspektive des zunächst arglosen Knaben geschildert, ohne jeden Jammerton und gerade dadurch unüberhörbar.

Die Stationen seines Romanhelden musste auch Kertész, Sohn aus jüdischer Bürgerfamilie, in den Jahren 1944 und 1945 durchleiden, bis er am 11. April zusammen mit anderen Überlebenden in Buchenwald befreit wurde und nach Budapest zurückkehren konnte. Was Kertész in seinem *Roman eines Schicksallosen* darstellt, ist der eigenen Geschichte nachgeschrieben. Freilich wollte er nicht einfach seine Erinnerungen zu Papier bringen. In seinen Augen kann nur ein Kunstwerk ins Innere des Erlebten vordringen, in eine Hölle, die ohne ihr Gegenteil nicht zu zeigen ist: die noch so rudimentäre Erfahrung von Glück. Kertész schildert in seinem Roman den Alltag des Lagerlebens konsequent aus dem Blickwinkel eines Jugendlichen, ohne zu moralisieren und zu werten. Dem liegt eine sehr eigenwillige poetologische Entscheidung zugrunde.

Berlin, April 1996. »Wenn ich einen autobiografischen Roman geschrieben hätte, dann hätte ich nur den Begriff Auschwitz erwähnen müssen, und jeder Leser hätte gleich, mehr oder weniger genau, gewusst, wovon die Rede ist«, erklärt er in einem Gespräch für den »Spiegel« meinem Kollegen Martin Doerry und mir. »Ich aber wollte Auschwitz vom ersten Satz an langsam entstehen lassen, ich wollte es richtig komponieren und mich auf keinerlei Vorwissen verlassen.« Anlass des Gesprächs ist eine Neuübersetzung des Romans, der sechs Jahre zuvor, so gut wie nicht beachtet, schon einmal in deutscher Sprache vorlag (unter dem Titel *Mensch ohne Schicksal*).

Erste Frage, kaum zu umgehen: wieso ist der Held ein »Schicksalloser«? »Weil er sehr jung ist«, antwortet Kertész, »weil er das alles nicht begreifen kann. Der Knabe hat diese fremde, ihm aufgezwungene Biografie durchlitten – und nun plötzlich, mit seiner Heimkehr aus dem Konzentrationslager, geht das alles zu Ende. Auf einmal gilt die ihm seit seiner Kindheit vertraute Bestimmung nicht mehr, dass er als Jude dazu da ist, ausgerottet zu werden. Nun ist er frei und weiß überhaupt nicht mehr, was er mit den ersten 15 Jahren seines Lebens anfangen, wie er sie akzeptieren soll. Und ich wollte und musste mich ganz auf die Perspektive meines jugendlichen Erzählers beschränken.«

Und wie erkläre es sich, dass der Erzähler im Roman kaum jemals über sein hartes Los klagt, nicht von seiner Verzweiflung berichtet? »Aber er begreift die Ungerechtigkeit gar nicht als solche«, sagt Kertész. »Es ist ihm ganz natürlich, dass er ausgegrenzt wird. In Ungarn gab es schon 1920 ein Gesetz, das Juden den Zugang zur Universität erschwerte.« 1939, als er zehn Jahre alt war, durfte er nur mit Ausnahmegenehmigung aufs Gymnasium.

Er habe den jungen Mann aus einer strategischen Überlegung heraus zum Erzähler gemacht: »Typisch für totalitäre

Regime wie den Nazismus oder den Stalinismus ist doch, dass man auf ein gewisses Niveau herabgedrückt wird. Der Mensch wird gebraucht und funktioniert, mehr nicht. Die Naivität des Erzählers entspricht diesem Niveau, er weiß noch nichts von all den Schrecken. Er ist noch nicht in der Lage, die entscheidenden Fragen zu stellen. Ein 15-Jähriger hat sicher noch viel mehr Vertrauen in das Leben als ein Erwachsener. Das ist wahrscheinlich der Unterschied zwischen Kindern und Erwachsenen im Konzentrationslager. Das Vertrauen wird nicht so schnell zerstört.«

Erst mehr als fünfzehn Jahre nach seiner Befreiung hatte Kertész mit der Niederschrift des Romans begonnen. Ein Kunstwerk sollte entstehen – und bestehen gegen das Grauen. »Diese Stille, dieses Nichts: wie deprimierend«, heißt es in seinem 1992 und im Jahr darauf auch in deutscher Übersetzung publizierten *Galeerentagebuch*, das parallel zum Roman entstand. »Doch etwas Mittelmäßiges würde mich noch mehr deprimieren.«

Sein Roman ist Dokument und literarisches Meisterwerk in einem – und das eine ist ohne das andere nicht zu denken. Durch die von Kertész gewählte Form wird die Welt der Lager für den Leser unberechenbar und unvorhersehbar. Die bohrende Lakonie des Erzählens hält bis zum Schluss vor. Neben Jean Améry, Primo Levi und Jorge Semprún, auch Ruth Klüger, zählt Kertész zur kleinen Schar jener Schriftsteller, denen es nach dem Albtraum gegeben war, in einem Kunstwerk Zeugnis abzulegen. Der *Roman eines Schicksallosen* ist selbst der Albtraum – weil der Held noch nicht erwacht ist und der Autor ihn mit Kunstverstand im Zustand des somnambulen Staunens verharren läßt. Der Roman rettet sich nicht in wohlfeiles Moralisieren oder Anklagen.

Im Gegenteil: von Glück ist die Rede. Wie kann das sein? Kertész erklärt es so: »Es gab dieses vegetative Glück: wenn man liegen darf und nicht geschlagen wird, wenn man essen darf und nicht hungrig ist, wenn einen die Erinnerung an einen schönen Tag zu Hause erfasst. Etwas wie Glück empfinde ich schon, wenn ich nur etwas mehr zu essen bekomme als sonst. Und dann gibt es diese unglaublich intensiven Erfahrungen, die man sein Leben lang nicht vergisst, etwa wenn man dem Tod näher ist als dem Leben. Ich war mehrmals in einem Zustand, wo ich so gut wie tot war. Das sind keine eindeutig schlechten Erfahrungen. Da waren die SS-Leute ausgeschaltet, da gab es keine Politik mehr, da gab es nur noch mich und den Tod. Was in diesen Momenten in mir geschehen ist, das ist mir unvergesslich.«

Für den Beginn der Arbeit am Roman war das Erlebnis des Stalinismus ein ausschlaggebender Faktor. »Jedenfalls hätte ich das Buch ganz sicher nicht geschrieben, wenn ich das nicht erlebt hätte«, sagt er. »In Ungarn wurde 1949 alles stalinisiert. Ich war damals ein junger Journalist und verlor sofort meinen Job. 1956 kam dann der Ungarn-Aufstand und dessen Niederschlagung. Erst dann war ich reif genug, um über Auschwitz zu schreiben, erst da wußte ich, was eine so unbarmherzige Macht mit den Menschen machen kann.«

Der Erfolg des Romandebüts stellte sich nur sehr langsam ein, zahlreiche Hürden waren zu überwinden. Als das Buch nach 13 Jahren abgeschlossen war, winkte einer der beiden großen ungarischen Staatsverlage sofort ab. Der andere druckte 1975 zwar eine kleine Auflage, stapelte sie aber heimlich in einem Lager außerhalb Budapests. »Anfangs habe ich tatsächlich geglaubt, dass mein Buch so schnell verkauft worden ist«, berichtet uns Kertész in weitgehend fehlerfreiem Deutsch und mit wohltönender Stimme. »Bis ich dann erfahren musste, dass es außerhalb Budapests große Lager gab, wo solche Bücher in riesigen Mengen gestapelt waren. Schließlich habe ich dort 200 Exemplare in ein Taxi gepackt, um sie dann selber an Freunde und Bekannte zu verteilen.« Er habe versucht, sich damit abzufinden, dass sein Werk »nicht auf fruchtbaren Boden fällt«. Über die Schwierigkeiten der Niederschrift und der zögerlichen Veröffentlichung ist manches auch in seinem folgenden Roman *Fiasko* zu erfahren, der 1988 im Original erschien und 1999 auch in deutscher Übersetzung.

Wortspiele als Instrument des Terrors

Im Mai 1999, zur Zeit des Kosovo-Krieges, trafen wir uns wieder in Berlin zu einem »Spiegel«-Gespräch. Auf die Frage nach seinen Empfindungen angesichts der Bombardierung Belgrads durch Nato-Flugzeuge, antwortete Kertész: »Das ist die furchtbare Schattenseite dieses Krieges, dass die Bevölkerung mit der Bombardierung leben muss. Das gilt besonders für die Gegner von Milošević: Sie müssen stumm sein und den Fanatismus um sich herum ertragen.« Er hatte im Zweiten Weltkrieg selbst Luftangriffe überstanden, 1944 in Budapest und später auch in Deutschland, wo er als KZ-Häftling in einer Fabrik arbeiten musste. »Es kamen amerikanische Flugzeuge, und wir suchten in einem Graben Schutz. Ich werde nie das Geheul der herabfallenden Bomben vergessen. Ein entsetzliches Gefühl!« Und gleichzeitig habe er gebetet: »Sie sollen alles kaputtmachen – selbst wenn ich dabei sterben muss!« Er könne sich gut vorstellen, dass sich in den Luftschutzkellern Belgrads Ähnliches abspielt: Mancher begrüße die Bomben und habe gleichzeitig Angst vor ihnen.

In diesem Gespräch sagte er auch: Er lebe nun, mehr als ein halbes Jahrhundert nach der Befreiung aus dem Konzentrationslager, persönlich in einem späten Glück. »Meine Situation hat sich grundlegend geändert. Die Bücher erscheinen im Ausland, wo ich bekannter bin als daheim. Ich musste ganz neue Dinge lernen: Ich hätte nie gedacht, dass ich fähig sein könnte, ein Interview zu geben oder im Radio zu lesen. Das genieße ich.« Glaube er denn am Ende des Jahrhunderts an einen Fortschritt unserer Zivilisation? Er schaute auf mit einem leicht melancholischen Blick: »Fortschritt? Der ist nie sicher. Es gibt immer den darauffolgenden Schritt. Und niemand weiß, wohin der führt. Wir leben in einer sehr verletzlichen Zivilisation, in einer Kultur, die rasch zugrunde gehen kann. Wir haben keinen Gott mehr, wir haben keine Mythen mehr. Wir haben nur uns selbst. Da muss jeder Fortschritt hart erkämpft werden.«

Deutschland habe in Europa eine neue Rolle zu spielen, war seine Meinung. »Das ist kein moralischer Imperativ, sondern schlicht eine Tatsache. Deutschland ist vereinigt worden und heute eine riesige Wirtschaftsmacht. Es hat Verantwortung für den Osten – keine leichte Aufgabe. Für die alte Bundesrepublik gab es das nicht, sie musste keine Verantwortung tragen. Es lebte sich bequem und angenehm bis zur Wende.« Im Januar 1991 hatte er im Tagebuch notiert: »Die Geschichte ist anscheinend nichts anderes als der seit Jahrtausenden währende verzweifelte Versuch des Menschen, irgendwie dem Wahnsinn zu entkommen.«

Kertész war nicht nur ein begnadeter, er war auch ein theoretisch versierter Erzähler. In seinem *Galeerentagebuch* umkreiste er wieder und wieder die scheinbare Unmöglichkeit, von Auschwitz zu erzählen, paradox zugespitzt: »Das Konzentrationslager ist ausschließlich als Literatur vorstellbar, als Realität nicht. (Auch nicht – und vielleicht sogar dann am wenigsten –, wenn wir es erleben.)« Den Titel dieser Auswahl aus seinen Tagebüchern der Jahre 1961 bis 1991 hatte er in Anlehnung an einen Satz von Camus gewählt: »Jeder Künstler ist heutzutage auf die Galeere seiner Zeit verfrachtet.« Das *Galeerentagebuch* ist das Logbuch einer unerbittlichen Selbsterforschung, einer Expedition in die größtmögliche Finsternis, aus der es kein Entkommen gibt, außer vielleicht schreibend: »Gott ist Auschwitz, aber auch der, der mich aus Auschwitz herausführte. Und der mich dazu verpflichtet, ja zwingt, über das alles Rechenschaft abzulegen, weil er hören und wissen will, was er tat.«

Auch das chronologisch anschließende Notizwerk *Ich – ein anderer*, 1997 im Original, im Jahr darauf in deutscher Sprache erschienen, ist von einer unvergleichlichen Fülle an paradoxen

Einsichten und jäh aufblitzenden Erkenntnissen, durchweg im Modus der umkreisenden Annäherung – und doch immer von durchdringender Klarheit. »Vergessen wir nicht«, heißt es da, »dass man Auschwitz keineswegs als Auschwitz liquidierte, sondern weil das Kriegsglück umschlug; auch ist seit Auschwitz nichts geschehen, was wir als Widerlegung von Auschwitz hätten begreifen können. Indessen haben wir erlebt, dass Reiche von Ideologien beherrscht wurden, die sich in praxi als bloße Wortspiele entpuppten, wobei gerade ihr Wortspielcharakter sie tauglich, das heißt zum wirksamen Instrument des Terrors machte.«

Wenn Geist, Lust und Begabung schwinden

Detektivgeschichte lautet der Titel einer Erzählung, deren deutsche Ausgabe 2004 erschien. In einem namenlosen lateinamerikanischen Staat hat sich das Militär an die Macht geputscht. Die Gefängnisse sind voll. Verhaftungen erfolgen so rasch, dass Passanten auf der Straße kaum etwas davon mitbekommen, die neue Geheimpolizei, das »Corps«, verhört die Verdächtigen nach den uralten Methoden der Diktatur: Akten werden angelegt, Verhörprotokolle aufgenommen, Spitzelberichte gesammelt, es wird gefoltert und exekutiert. Eine Detektivgeschichte? Genau genommen handelt es sich um die Geschichte eines Detektivs, erzählt von ihm selbst, von Antonio Rojaz Martens, der bei der Kripo gearbeitet hat und der Verlockung nicht widerstehen konnte, um der Karriere willen zum neuen »Corps« zu wechseln, und der am Ende selbst im Gefängnis sitzt, wo er alles aufschreibt.

Aber warum siedelte Kertész die Geschichte ausgerechnet in Südamerika an? Ganz einfach: Die Originalausgabe der *Detektivgeschichte* war in Ungarn schon 1977 veröffentlicht worden und die Darstellung geheimpolizeilicher Willkürpraxis nur durch die Verlegung der Handlung in ferne Gefilde an den kommunistischen Zensoren vorbeizusteuern. Im Vorwort zur deutschen Ausgabe erklärte Kertész diese »ungewöhnliche Herausforderung«. Zum ersten Mal habe er etwas geschrieben, was nicht aus persönlicher »existentieller Not« hervorgegangen war, und nur zwei Wochen dafür gebraucht – er, der für seine skrupulöse Schreibtechnik bekannt ist. Tatsächlich hat sich dieser Schwung auf die Erzählung übertragen, die bei aller thematischen Schwere auch als spannende, auf einen grausamen Höhepunkt zusteuernde Kriminalstory zu lesen ist. Und die ganz den Glanz einer perfekt gebauten Geschichte besitzt, in der mehrere Ich-Perspektiven virtuos miteinander verschränkt sind. Die *Detektivgeschichte* hält bis zu einem schaurigen Finale die Spannung. Sie hat jenen klassischen erzählerischen Zuschnitt, für den einst *Der Fremde* von Albert Camus den Maßstab setzte.

Noch ein Tagebuch kam 2013 heraus, die letzte deutsche Veröffentlichung zu Lebzeiten, Aufzeichnungen aus den Jahren 2001 bis 2009. Gleich zu Beginn erfährt der Leser, dass Kertész an Parkinson erkrankt ist. Das habe nun »diese bezaubernde Handschrift zur Folge«, wie er mit grimmigem Humor festhält. Bald wird er nur noch auf dem Computer schreiben. Die Gedanken kreisen um das Ende: »du stirbst und hast deine Sache noch nicht zu Ende gebracht«, der Tod sei nur »das Siegel auf dem, was ständig hinausgeschoben wird«. Der Nobelpreis? Er spricht von der Ironie, dass ihn »der Literarische Hauptgewinn« zugleich erreicht und vernichtet habe. Um das erklären zu können, wäre es aber nötig, »den lächerlichen Gegensatz zwischen meinem Leben und diesem Hauptgewinn klar zu umreißen«. Er empfindet es als Absurdität, dass seine Bücher »plötzlich zu Hunderttausenden verkauft werden«. Er müsse sich von dem in der Welt kursierenden »Kertész-Bild« abgrenzen.

Letzte Einkehr ist der Titel dieses umfangreichen Werkes. Der Schriftsteller schaut zurück, liest in alten Tagebüchern und stellt rückblickend fest, wie stark sein *Galeerentage-*

buch gekürzt, »kastriert« sei, vor allem um »Teile über das Liebesleben«. Geschehen war es mit Rücksicht auf die erste Ehefrau. So aber sei ein »reiner und lichter Text« entstanden, dem es »schmerzlich an sinnlichem Glanz« mangele. Nach dem Vorbild von Camus wolle er fortan sein Tagebuch als »offene Kreation« führen, schon »damit man sieht, was aus einem wird, wenn Geist, Lust und Begabung schwinden«. Im Juli 2009 brach Kertész sein Tagebuch ab, ein letztes großartiges Werk – mit fast optimistischem Ausklang: »noch ist nicht alles verloren, noch befallen mich ab und zu die alten bekannten Glücksanfälle«.

Und ausgerechnet in Berlin, von wo aus sich einst der Naziterror über Europa ausgebreitet hatte, wurde im Jahr der Nobelpreisverleihung ein Imre-Kertész-Archiv eingerichtet: in der Akademie der Künste. Wie ging es ihm damit? Aus Anlass der öffentlichen Präsentation führte ich am 9. November 2012, einen Tag vor seinem 83. Geburtstag, ein kurzes Telefongespräch mit ihm. Er war wie immer höflich und zuvorkommend, konnte aber nur noch mühsam sprechen, da die Parkinson-Erkrankung inzwischen weit fortgeschritten war. Doch Freude über die Eröffnung des Archivs war ihm anzuhören: Es sei eine große Erleichterung für ihn, sein Werk in guten Händen und gesichert zu wissen. »Das Schicksal geht eigene Wege. Ich habe Auschwitz überlebt, und nun ist mein Werk in Deutschland gerettet. Ich fühle mich hier besser verstanden als in meiner Heimat Ungarn. Auch bei bestem Willen könnte man dort das Material nicht so verwahren wie in Berlin, wo ich schon seit Jahren lebe.« Schreiben könne er wegen seiner Krankheit nun nicht mehr, sagte er. Aber das sei für ihn kein Problem: »Für mich ist das Werk, das so eng mit dem Holocaust verbunden ist, abgeschlossen. Ob es gelungen ist oder nicht.«

Die letzten vier Jahre verbrachte Kertész wieder in seiner Geburtsstadt Budapest, wo er am 31. März 2016 starb. Bald darauf entstand Konfusion, da die Witwe Magda Kertész, die zweite Ehefrau, eine in Ungarn geborene Amerikanerin, die Rechte am Werk kurz vor ihrem Tod (im August desselben Jahres) dem neu gegründeten Budapester Kertész-Institut vermacht hatte. Erst Anfang 2019 konnten beide Archive eine Einigung erzielen. Die Manuskripte werden weiterhin in Berlin verwahrt, die Nutzungsrechte am Werk stehen dem Budapester Institut zu.

»Wer spricht denn von Literatur?«, notierte Imre Kertész. »Die letzten Zuckungen festhalten, das ist alles.« Ein bedeutendes Werk ist daraus entstanden. Und das gibt ihm, dem Holocaust-Überlebenden, auch das Recht zu der Frage: »Wenn Gott tot ist, wer lacht dann am Ende?«

EIN ZEUGE FÜRS EIGENE LEBEN
JOHN UPDIKE

Im Oktober 2002 flog ich über Paris nach Boston, um dort John Updike wie verabredet zu einem Gespräch zu treffen. Den Termin hatten wir schon Wochen zuvor vereinbart, ein Treffen direkt nach seiner Rückkehr von einem längeren Golf-Urlaub in Frankreich. So war es zwar überraschend, aber nicht völlig abwegig, dass er in Paris ausgerechnet diese Maschine in die USA bestieg. Ich sah ihn, wie er, gut erholt, schlank, mit weißen Haaren und seinem markanten Gesicht, den Gang entlangkam. Er nahm – das war allerdings schon ein erstaunlicher Zufall – auf dem Sitz schräg hinter mir Platz. Er hatte mich weder gesehen noch erkannt. Unser letztes Treffen lag ohnehin mehr als acht Jahre zurück. Es war deshalb nicht verwunderlich, dass er mich nicht auf Anhieb als jenen deutschen Journalisten wahrnahm, der am nächsten Tag mit ihm in Boston verabredet und von dem er schon mehrmals interviewt worden war. Wahrscheinlich hatte er während seines Urlaubs ohnehin an anderes gedacht als ausgerechnet an Termine, die ihn nach seiner Rückkehr erwarteten.

Wir waren schon mehrere Stunden in der Luft, ich hatte mich längst wieder in Updikes gerade publizierten Erzählungsband *Licks of Love* vertieft, als mir von hinten ein Zettel über die Schulter geschoben wurde, auf dem mit Bleistift geschrieben stand:

> »I wanted you to know that I
> heartily approve of your reading
> matter. It cheered me up.
> John Updike
> Paris/Boston 10/14«

Lässt es sich schöner formulieren? »Ich wollte Sie wissen lassen«, so wäre es wohl zu übersetzen, »dass ich mit dem Gegenstand Ihrer Lektüre herzlich einverstanden hin. Es hat mich aufgemuntert«. Nun musste ich mich natürlich zu erkennen geben, leider auch als einer, der das neueste Updike-Buch aus professionellen Gründen, keineswegs nur zum Vergnügen las. Es war eine leicht peinliche Situation. Aber am folgenden Tag haben wir dann wie gewohnt ein anregendes Gespräch geführt.

Das erste Mal traf ich John Updike im August 1983, damals war er 50 Jahre alt, längst ein weltweit berühmter Autor und ein liebenswerter Gastgeber. Er war damals noch nicht lange stolzer Besitzer jenes herrlichen weißen Hauses im Kolonialstil, in dem er bis zu seinem Tod wohnte: in Beverly Farms mit weitem Blick über die Massachusetts Bay, etwa eine Autostunde von Boston entfernt. Im persönlichen Gespräch war er bescheiden und wirkte mitunter sogar etwas unsicher, zumal er immer fürchtete, wieder ins Stottern zu verfallen wie in früheren Jahren. Und er war ein wenig nervös, so als müsste er sich für den Luxus und die prachtvolle Aussicht entschuldigen. »Das ist nicht gerade ein bescheidenes Haus«, sagte er. Er hoffe, es werde ihm kein Unglück bringen. »Ich bin etwas ängstlich angesichts einer so schönen Umgebung.« Das war kein bisschen kokett: Updike stammte aus armen Verhältnissen und verlernte zeitlebens nicht das Staunen darüber, wie gut es ihm mit seiner Karriere als Schriftsteller ergangen war: »Ich war keiner von den jungen Amerikanern, die darangehen, sofort ein großartiges und langes Buch zu schreiben. Ich arbeitete mich langsam voran.«

Wachsen sei Treulosigkeit, heißt es in einem der Romane: »Niemand kann irgendwo ankommen, ohne irgendwo fortgegangen zu sein.« Aber ein wenig hat er die Atmosphäre seiner Heimat Pennsylvania, wo er am 18. März 1932 geboren wurde, besonders des kleinen Ortes Shillington, in dem er aufwuchs, stets mit sich getragen. Mit Mitte zwanzig hatte Updike beschlossen, in jedem Jahr mindestens ein Buch zu publizieren, nicht unbedingt jedes Mal einen Roman, es durfte auch eine Sammlung von Gedichten, Erzählungen oder Essays sein. Und daran hielt er sich. So entstand in fünf Jahrzehnten ein reiches, umfangreiches Werk, arrondiert von zahlreichen kommentierenden und theoretischen Schriften. Er war eben nicht nur ein großartiger und höchst unterhaltsamer Erzähler, er war auch ein kundiger Literaturtheoretiker, der über sich als Autor und sein eigenes Werk ebenso elegant zu schreiben verstand wie in unzähligen Buchkritiken (zumeist für den »New Yorker«) über die Arbeiten seiner Kollegen. Warum er, der wohlhabende und weltbekannte Schriftsteller, immer so fleißig sei, wurde er oft gefragt. »Angst vor Armut« war seine stehende Antwort. Tatsächlich schien sich bei ihm, dem Einzelkind aus einem Dorf in Pennsylvania, die Sorge der Eltern um das tägliche Brot tief eingegraben zu haben. Später hat er diese Prägung als positiv betrachtet. Es sei hilfreich für einen solchen Weg, keine reichen Eltern zu haben. Denn: »Wenn Geld da ist, gewöhnt man sich schnell daran.«

Für Interviews – sechs habe ich im Laufe von 23 Jahren mit ihm führen dürfen – nahm sich Updike gern Zeit und legte große Geduld an den Tag. Lieber war ihm allerdings, aus seinen Schriften zitiert zu werden statt mit noch so druckreif formulierten Äußerungen aus Gesprächen – er bevorzugte, wie er einmal in der Einleitung zu einem seiner Essaybände schrieb, »jene Worte, die an der Schreibmaschine entstanden sind und nicht auf ein Tonband geplappert«. Er hat sich dabei recht illusionslos und auch selbstkritisch gezeigt. Belletristik sei, wie das Leben, ein schmutziges Geschäft, Takt und guter Geschmack würden eine geringe Rolle dabei spielen, meinte er. »Kaum eine Geschichte geht in Druck, ohne dass ein lebendes Modell gekränkt und verletzt wird, ein Mensch, der sich nur allzu richtig wiedergegeben sieht und doch nicht richtig genug – ohne die dämpfende, beschwichtigende Komponente endlosen Verzeihens, das wir uns selbst entgegenbringen. Eltern, Ehefrauen, Kinder – je näher und lieber sie einem sind, desto gnadenloser werden sie vorgeführt. So hat meine Kunst, ebenso wie mein Glaube, eine schäbige Seite.«

Das hängt nicht zuletzt damit zusammen, dass in Updikes Werk die Spielarten der menschlichen Sexualität und ihre Auswirkungen auf die Ehe und das Familienleben eine besonders wichtige Rolle einnehmen und er ganz offenbar ein vor allem in seinen Erzählungen weitgehend autobiografisch orientierter Autor war. Sexualität war für ihn wie die Religion ein Weg, »um dem Schrecken der menschlichen Existenz gewachsen zu sein«. So hat er es gesprächsweise formuliert. »Für junge Leute ist das heute alles eine Selbstverständlichkeit, es gehört für sie einfach dazu. In meiner Generation war das noch eine phantastische Sache. Es kam mir geradezu verblüffend vor, dass es so etwas wirklich geben sollte, dass zwei Menschen das miteinander tun konnten.«

Er war ein begnadeter Menschenbeobachter: In seinen Romanen und Erzählungen vermochte er, die Ängste, Obsessionen, die alltäglichen Niederlagen und verschämten Wünsche seiner Figuren beklemmend anschaulich zu machen. Das gelang ihm, weil er mit seinen Figuren litt und keine Skrupel kannte, auch nicht bei der Offenbarung intimster und geheimster Gedanken und Gefühle. Seinen künstlerischen Mut, so heißt es in seiner Autobiografie *Selbst-Bewußtsein* von 1989, verdanke er dem »Rest von Glauben«, den er besitze: »Ich war fest davon überzeugt, dass Gott sowieso schon alles weiß und nicht schockiert werden kann.«

Die Darstellung des Sexus war seine Domäne, nicht erst seit dem 1989 veröffentlichten legendären Roman *Ehepaare*, jenem Weltbestseller, in dem Updike melancholisch-klug nach den seelischen Folgen fragte, wenn junge Paare Spaß an sexueller Abwechslung haben. Kaum jemand konnte die körperliche Liebe so konkret und gleichzeitig einfühlsam darstellen wie dieser immens fleißige und vielseitige Autor.

Der Ehebruch, der offene oder geheime Betrug des Partners war seine Domäne, literarisch natürlich kein neues Sujet, doch Updike trieb es in diesem Roman auf die Spitze, er führte Fremdgehen als Ritual einer neuen Mittelschicht vor, als inszenierten Liebesreigen bis hin zum Partnertausch. Der Roman bebildert einen inzwischen längst historisch gewordenen Augenblick, eine – in Updikes nachträglichen Worten – »verschwommen glückliche Zwischen-Zeit, nachdem Pille und Spirale den Sex von der Angst vor Schwangerschaft befreit hatten und bevor Aids ihn an die Kette der Todesfurcht legte«. Die Kunst bestand darin, ehebrecherische Liebesakte und auch solche innerhalb der Ehe konkret zu schildern, ohne sie dem pornografischen Blick auszusetzen. Das gelang ihm, indem er Sexualität als ein Körper, Geist und Seele gleichermaßen ergreifendes Phänomen darstellte und zugleich als ein menschliches Ritual unter vielen anderen des familiären und beruflichen Alltags.

Als er am 27. Januar 2009 in einem Hospiz in der Nähe seines Wohnorts Beverly Farms an Lungenkrebs starb, hatte er seit seiner ersten Veröffentlichung im Jahr 1958 gut und gern 50 Bücher geschrieben: Gedicht- und Essaybände, Erzählungen und vor allem Romane. Seinen berühmtesten Romanhelden Harry Angstrom, *Rabbit* genannt (*Hasenherz* heißt die deutsche Ausgabe des ersten Bandes), ließ er im Zehn-Jahres-Abstand in vier Romanen auftreten und in einer langen Epilog-Erzählung noch ein letztes Mal aufleben.

Seine Romane haben Updike weltberühmt und reich gemacht. Doch im Grunde fühlte er sich am wohlsten mit der kleinen Form, als Schöpfer wunderbarer Erzählungen, als Lyriker, Essayist und bis zum Lebensende als fleißiger Rezensent. In einer Note an seine vielen deutschen Leser aus dem Jahr 1987 glaubte er sogar, sein Bestes »im Sprint über zehn Seiten gegeben zu haben, bei der einen begnadeten Sitzung, bei der Auftragsarbeit, bei der sich wie im Fall von Aschenputtel herausstellte, dass im Verborgenen mehr Qualitäten blühten, als man vermuten konnte«.

Sein Debüt war einst ein Band mit Gedichten. Und so war

es vielleicht kein Wunder, dass sich unter den letzten drei Büchern, die Updike noch abschließen konnte, ein Lyrikband befindet, ein stiller, stilvoller Abschluss, ein Abschied mit dem Titel *Endpunkt.* Updike hat sich nie für einen großartigen Lyriker gehalten, aber das Schreiben von Gedichten, angeregt oft von kleinen Alltagsszenen, war ihm zeitlebens ein Vergnügen, ein Ersatz vielleicht auch für das Tagebuch, das er nie geschrieben hat. Bis wenige Wochen vor seinem Tod war er damit beschäftigt. Zuletzt waren es sehr persönliche Verse, auch solche, die er im Krankenhaus schrieb, als er längst wusste, dass der Lungenkrebs weit fortgeschritten war und er seinen 77. Geburtstag wohl nicht mehr erleben würde. Das letzte Gedicht entstand am 22. Dezember 2008, gut einen Monat vor seinem Tod.

Die Nachricht von seinem Tod kam überraschend. Noch im September 2008 war Updike auf einer ausgedehnten Russland-Reise unterwegs gewesen. Und im Oktober hatte er aus Anlass der Publikation seines letzten Romans *Die Witwen von Eastwick* wie gewohnt höflich und routiniert Interviews gegeben. Das gehörte für ihn zum Geschäft des Schriftstellers.

Die posthum publizierte Geschichtensammlung *My Father's Tears* war das dritte der von Updike noch beendeten Bücher. Der Band erschien 2009 (zwei Jahre später unter dem Titel *Die Tränen meines Vaters* auch auf Deutsch). Ein altersweiser Erzähler beschwört Erinnerungen an kurze Momente des Glücks und an Gefühle der Verlorenheit herauf. Eine der Erzählungen trägt den Titel »Archäologie in eigener Sache«, und so, als eine Art persönlicher Nachforschung, lassen sich nahezu alle diese Texte lesen. Etwa: Wie war das damals, als die eigenen Eltern alt wurden, während man mit sich selbst genug zu tun hatte, mit dem Studium und der beruflichen Karriere, mit der jungen schwierigen Ehefrau und später den Kindern? Als der eigene Vater beim Abschied am Bahnhof weinte? Jetzt, nach so vielen Jahren, versteht er die Tränen besser und kann sich seine Liebe zum Vater eingestehen. Es sei freilich leicht, sagt er sich, die

Menschen in der Erinnerung zu lieben, schwer dagegen, sie zu lieben, wenn sie vor einem stehen.

Ganz am Ende, auf der letzten Seite des Erzählungsbandes, wird das literarische Rollenspiel unauffällig aufgehoben, das Gesetz der Fiktion gewissermaßen außer Kraft gesetzt. Updike gönnt seinem Helden in der Geschichte »Das volle Glas« jenen Blick aufs Meer, den der Autor selbst mehr als zwei Jahrzehnte lang genossen hat, aus seinem weißen Haus über der Massachusetts Bay, auf die Schiffe, die aus dem Hafen von Boston auslaufen, oder die Flugzeuge am Himmel, die im Landeanflug auf Boston eine Kurve fliegen. Ein alter Mann, der auf die achtzig zugeht, schaut hinaus und hebt ein mit Wasser gefülltes Glas, um jene Pillen einzunehmen, die sein Leben verlängern sollen. Und es heißt: »Wenn ich die Gedanken dieses sonderbaren alten Kerls richtig lese, bringt er gerade einen Toast auf die sichtbare Welt aus, sein bevorstehendes Verschwinden aus ihr sei verdammt.«

Der Schriftsteller John Updike ist aus dieser Welt verschwunden, und seine elegischen Worte aus den *Tränen meines Vaters* wirken nach wie ein letzter Abschiedsgruß. Ob er je an den Nachruhm, an die Nachwelt beim Schreiben gedacht habe, fragte ich ihn im August 1994. Seine Antwort war: »Ja, etwa so wie an das Leben nach dem Tode. Man schreibt, glaube ich, mit der Absicht, etwas Bleibendes zu schaffen. Natürlich leben wir in einer Welt, wo nichts ewig ist. Und trotzdem: Man möchte gern etwas schreiben, was noch gelesen wird, wenn man selbst schon tot ist.«

Der Ausruf von Marcel Reich-Ranicki, der einer der ersten Kritiker war, die sich für Updike in Deutschland vehement einsetzten, ist nun ungehört verhallt: »Ob John Updike ein würdiger Literatur-Nobelpreisträger wäre? Wer, wenn nicht er, wann, wenn nicht jetzt?« In Updikes Erzählung *Rabbit, eine Rückkehr* heißt es: »Das Universum macht weiter, rotiert, explodiert, weiß der Teufel, was es alles macht, weiter und weiter, und irgendwann streikt es, und ich bin immer noch in der Kiste, allein und vollkommen vergessen.«

Vergessen? Das dürfte er nicht sein, solange Menschen Romane lesen. Mit John Updike mag es manchem Leser so gehen, wie er es einst für seinen Harry Angstrom formuliert hat, den bleibenden Helden der amerikanischen Literatur, nämlich »wie mit dem Tod der Eltern: Man hat einen Zeugen weniger fürs eigene Leben, wenn ein Mann stirbt, den man geliebt hat«.

Den letzten Brief schrieb er mir am 6. April 2007 und kam dabei auf unsere kuriose Begegnung im Flugzeug knapp fünf Jahre zuvor zurück. »Vage erinnere ich mich daran«, schrieb er, »dass wir einmal zusammen über den Atlantik flogen und Sie fleißig einige meiner Bücher lasen. Nicht, wie ich dachte, aus purem Lesevergnügen, sondern weil wir ein Interview verabredet hatten«.

DIE ENTWÜRDIGENDE KATASTROPHE
PHILIP ROTH

Die Jahrtausendfeier war kaum verebbt, da erschien in den USA der neue Roman eines 67 Jahre alten Schriftstellers, dessen Meisterschaft längst unbestritten war. Aber dieser Roman, *The Human Stain* von Philip Roth, überraschte in seiner Kraft und Makellosigkeit selbst die größten Bewunderer des Autors. Souverän führte Roth vor, dass auch im 21. Jahrhundert mit der Literatur als Medium des Empfindens und Erkennens zu rechnen ist. *Der menschliche Makel*, so der Titel der deutschen Ausgabe, die zwei Jahre nach dem Original erschien, ist ein Schlüsselwerk seiner Epoche, eines jener Bücher, die mit zeitlichem Abstand noch gewinnen.

Der Roman setzt ein in jenem Sommer 1998, als »Bill Clintons Geheimnis in allen demütigenden Einzelheiten enthüllt wurde«. Der geradezu besessene Furor, mit dem die Oralsex-Affäre des Präsidenten mit einer Praktikantin im Weißen Haus aufgedeckt und an die Öffentlichkeit gezerrt wurde, ist ein Menetekel für den wachsenden Verlust der Intimsphäre. Die Gefahr, die damit einhergeht, veranschaulicht Roth am Beispiel einer Universitätsdozentin, die heimlich verliebt ist: in Coleman Silk, den vormaligen Dekan der Hochschule. Er ist die Hauptfigur des Romans. Spätabends spielt die junge Frau in ihrem Büro mit dem Gedanken, per Kontaktanzeige einen Mann wie Silk zu suchen, und erstellt einige Entwürfe – doch statt danach die Löschtaste zu drücken, verschickt sie den unfertigen Text versehentlich als elektronische Rund-Mail an ihre Kollegen, unwiderruflich. Die Panik der Frau angesichts der selbstverschuldeten Preisgabe ihrer geheimen Wünsche, angesichts der Wahrscheinlichkeit, dass ihre E-Mail noch weitere Kreise ziehen wird, schildert Roth mit großer Dramatik.

»Als sie versucht, sich zu fassen und einen Plan zu entwickeln, stellt sie fest, dass denken unmöglich ist«, heißt es, »nur das Durcheinander ist möglich, die Spirale der Stumpfheit, die aus der Angst geboren ist«. Coleman Silk dagegen, der in jenem Sommer 71 Jahre alt ist, hält ein anderes Geheimnis verborgen. Seinem Freund Nathan Zuckerman gesteht er, Viagra zu nehmen, jene blaue Pille, die im Jahr 1998 frisch auf den Markt kam. *Der menschliche Makel* dürfte der erste Roman von internationalem Rang sein, in dem ein Protagonist zu diesem Mittel greift.

Als wir 2002 in New York, in den Räumen der Literaturagentur Wiley, darüber sprachen, nannte Philip Roth den Einsatz von Viagra »eine erotische Transformation von mythologischer Dimension« und sagte, dass es sich dabei »um eine der größten Revolutionen in der menschlichen Geschichte« handle. Während seine Romanfigur Silk also dank der Potenzpille keine Probleme damit hat, eine Geliebte von Mitte dreißig an sich zu binden, hat dessen sechs Jahre jüngerer Freund, jener Zuckerman, der im *Menschlichen Makel* als Ich-Erzähler fungiert und schon in vielen früheren Büchern von Roth eine Schlüsselrolle gespielt hat, nach einer Prostata-Operation längst mit seinem Liebesleben abgeschlossen. Silk aber, der Professor für klassische Literatur, trägt noch ein anderes, viel größeres Geheimnis mit sich herum als den Einsatz von Viagra, ein Lebensgeheimnis: Er gehört zu jenen Schwarzen mit heller Haut, die als Weiße durchgehen können, wenn sie wollen. Silk wollte. Er hat sich bei passender Gelegenheit die Identität eines jüdischen Intellektuellen zugelegt und so am College seinen Weg gemacht: das Versteckspiel eines Farbigen, der seine Herkunft trotz erfolgreicher Universitätslaufbahn noch 1998 verleugnen muss.

Damals kaum vorstellbar: die Wahl eines Barack Obama zehn Jahre später, im November 2008, zum Präsidenten der Vereinigten Staaten. Roth nannte Obama nach der Wahl den »wahrscheinlich intelligentesten Präsidenten seit Thomas

Jefferson«, für Obama wiederum war der Schriftsteller einer jener jüdischen Intellektuellen, die ihn immer schon stark beeinflusst hatten. Literatur kann prophetisch sein: als atmosphärische Vorwegnahme. Mit Hellseherei hat das nichts zu tun, eher mit Hellsichtigkeit. Es ist die Fähigkeit von Schriftstellern wie Roth, gesellschaftlichen Wandel frühzeitig zu erspüren, sich die späteren Auswirkungen von Ereignissen vorstellen und diese in die Zukunft verlängern zu können.

Noch deutlicher als in *Der menschliche Makel* war das der Fall im 2004 nachfolgenden Roman *The Plot Against America* (*Verschwörung gegen Amerika*, 2005): Darin wird die Wahl eines die Demokratie verachtenden Präsidenten im Jahr 1940 imaginiert, des Fliegerhelden Charles Lindbergh. Und was da in Gestalt einer alternativen Geschichtsschreibung, als *counterfactual history* daherkommt, wurde einige Jahre später durch die Wahl von Donald Trump in seiner wahren, nahezu unheimlichen prognostischen Dimension erkennbar. Roth nannte diese Wahl in einem Interview für die »New York Times«, geführt im Januar 2018, vier Monate vor seinem Tod, »die entwürdigendste Katastrophe der USA«. Und wie vorausschauend sein Roman auch immer erscheinen möge, fügte er hinzu, es gebe einen entscheidenden Unterschied: »Es ist der Unterschied des Formats zwischen einem Präsidenten Lindbergh und einem Präsidenten Trump. Charles Lindbergh mag im Leben wie in meinem Roman ein überzeugter Rassist und Antisemit und ein mit dem Faschismus sympathisierender Rechtsextremer gewesen sein, aber er war auch – wegen der außerordentlichen Leistung seines transatlantischen Alleinflugs im Alter von 25 – ein authentischer amerikanischer Held, 13 Jahre bevor ich ihn die Präsidentschaft gewinnen ließ.«

In seinem 2007 publizierten Roman *Exit Ghost* hatte Roth endgültig von Nathan Zuckerman Abschied genommen, seinem Alter Ego als Erzähler und treuem Begleiter durch zahlreiche Romanwelten. Erstmals war dessen Name 1974 in *My Life As a Man* aufgetaucht, danach noch in elf weiteren Werken, so in der Romantrilogie mit Epilog, deren erster Band *The Ghost Writer* 1979 erschien (es folgten *Zuckerman Unbound*, *The Anatomy Lesson* und schließlich 1985 *Epilogue: The Prague Orgy*). Der Titel *Exit Ghost* spielt auf die Bühnenanweisung an, die Shakespeare in verschiedenen Stücken verwendete, und ist zugleich ein Rückbezug auf den *Ghost Writer*. Anfang 2008 erschien *Exit Ghost* unter diesem Titel auch in deutscher Übersetzung – der endgültige Abgang Zuckermans.

Vom Keller in den Himmel und wieder zurück

New York, 24. Januar 2008. Seit mehr als sieben Jahren lebt Philip Roth nun wieder in der Stadt, seit er hier vor Ort Zeuge jenes Ereignisses wurde, das als 9/11 in die Geschichtsbücher eingegangen ist. Damals entschloss er sich, hierher zurückzukehren, nachdem er rund drei Jahrzehnte lang hauptsächlich in Connecticut auf dem Land gelebt und gearbeitet hatte. Und er ist geblieben. Es sei ja keine endgültige Trennung, sagt er: »Früher verbrachte ich zwei Drittel meiner Zeit auf dem Land, jetzt sind es zwei Drittel in der Stadt.« Er habe seine Bücher draußen in Connecticut gelassen, aber seinen Rhythmus weitgehend beibehalten. »Ich habe hier sogar die exakt gleichen Utensilien, den gleichen Tisch, den gleichen Stuhl, das gleiche Stehpult. Ich habe mir einfach ein zweites Set gekauft. Es ist sehr ruhig bei mir. Ich kann das Telefon ausschalten und am Ende des Tages die Nachrichten hören. Es gibt hier trotzdem mehr Ablenkung, aber das entspricht ja meiner Stimmung. Ich gehe jetzt ins Kino, gehe spazieren, und auf den Straßen sind Menschen!«

Ob ihm eigentlich bewusst sei, frage ich, wie oft er schon versucht hat, seinen Helden Zuckerman abzuschaffen? »Ich weiß nicht«, antwortet er und lacht, »wissen Sie's?« Ich zähle auf: drei Mal, zunächst in dem Roman *Täuschung*. »Oh ja, das hatte ich vergessen«, wirft er ein. Dann lasse er ihn in *Gegen-*

leben im Alter von 44 Jahren sterben, allerdings auch wieder auferstehen. Und jetzt, in *Exit Ghost*, ist Zuckerman 71 Jahre alt, und am Ende bringe sein Schöpfer ihn endgültig um. Oder etwa nicht? Roth entgegnet: »Ich töte ihn ja nicht. Ich schicke ihn nur nach Hause.« Er verschwinde, heißt es in der deutschen Übersetzung am Schluss. Und: »Er ist für immer fort.« Im Original heißt es: »Gone for good.« Auf Nimmerwiedersehen oder tot, sei das denn ein Unterschied? Aber gewiss, darauf beharrt Roth: »It certainly does.«

Zuerst aber lässt er ihn noch einmal aufleben: Zuckerman hat die Hoffnung, dass neue Behandlungsmethoden ihn von den hässlichen Folgen einer Prostata-Operation vor neun Jahren erlösen können, die da heißen Impotenz und Inkontinenz. Überdies verliebt er sich in seinem hohen Alter in eine junge Frau, was der Sache eine tragische Wendung gibt. Er kehrt für die Behandlung vom Land, wohin er sich in seinem Kummer flüchtete, in die Upper East Side von Manhattan zurück, dorthin, wo auch Roth jetzt lebt. Die Idee von Zuckermans Rückkehr in die Stadt hat für ihn von Anfang an festgestanden. »Als ich mit dem Buch begann«, sagt er, »habe ich nicht gedacht, dass es das letzte mit Zuckerman sein würde«. Die Geschichte habe sich während des Schreibens zu diesem Ende hin entwickelt. »Und so, wie sie sich entfaltete, hatte es dann etwas von Vollendung und Finale.«

Zuckerman kehrt resigniert aufs Land zurück, hängt noch eine Weile seinen unerfüllten erotischen Träumen nach. Aber sein Held wisse, sagt Roth, »dass sein Begehren eine Unmöglichkeit ist. Das Mitleiderregende an Zuckerman liegt darin, dass er zwar gestoppt wird, aber die Begierde nicht unterdrücken kann«. Wird er Zuckerman vermissen nach so vielen Jahren? »Ich glaube nicht. Aber man weiß nie. Vielleicht werde ich verzweifelt sein. Aber jetzt ist er in Zuckermans Himmel, was natürlich schon wieder nach einem Buch klingt. Oder Zuckermans Hölle.« Und wie nah hat sein fiktiver Gegenspieler ihm eigentlich gestanden, mochte er ihn? »Sie werden es ungern hören«, antwortet er, »aber Freundschaft zwischen mir und den Figuren meiner Bücher gibt es nicht«. Ihn interessiere allein, ob ein Charakter interessant genug bleibe, um das Buch auf seinen Schultern zu tragen. »Es geht doch nur um eins: Bringt er es oder nicht?«

Arbeitet er hier in der Stadt noch so viel wie auf dem Land? »Es ist ein wenig lockerer heute«, erklärt Roth. »Ich arbeite noch viel, aber ich gehe viermal die Woche schwimmen. Im New York Athletic Club. Es ist wunderbar.« Und dann gerät er noch einmal ins Schwärmen: »Wissen Sie, was das wirklich Wunderbare dort war? Das Buch, an dem ich arbeitete, verließ mich nie. Wenn ich nachts las, verlor ich es trotzdem nicht aus dem Sinn. Es war so anders, als wenn man ausgeht – was einfach die Verbindung unterbricht. Und wenn man jeden Tag so lebt und arbeitet, schafft man ganz schön viele Seiten. Ich war da draußen seit 1972.« Es sei weltentrückt, schön und totenstill dort, niemand sonst sei zu sehen. In seinen eigenen Worten, mit großer Emphase vorgebracht: »It's very remote there. It's beautiful. It's dead silent. There's nobody else to be seen.«

Auf die naheliegende Frage, ob er ein regelmäßiges Pensum habe und durchhalte, reagiert er leicht gelangweilt. Er hat sie wohl schon zu oft gehört. »Ich möchte mindestens eine Seite pro Tag schaffen. Du fühlst dich grässlich, wenn dir das nicht gelingt. Hin und wieder schaffe ich auch acht oder zehn Seiten, aber es gibt Tage, da gelingt gerade ein Absatz. Eine Seite pro Tag fühlt sich gut an, 365 Seiten pro Jahr sind ein Buch.« Und am Ende Stolz? Befriedigung? »Meine Stimmungen sind launisch und flüchtig, wenn ich schreibe. Man kommt vom Keller zum Himmel und wieder zurück, weil dies gelungen und jenes verkorkst ist, aber natürlich gibt es Freude. Sonst könnte ich's nicht. Das wahre Vergnügen liegt im Beenden, denn so wie man am Anfang nichts richtig machen kann, so kann man in der letzten Fassung nichts falsch machen, das fühlt sich sehr kraftvoll an, stark, man verliert seine Zweifel.«

Es sei gerade ein neuer Roman fertig geworden, der von Studenten während der Zeit des Korea-Kriegs handle – ein Buch, erzählte er im Januar 2008 gut gelaunt, das sich wie von selbst geschrieben habe. »Hin und wieder passiert es dir, dass dir ein Buch geschenkt wird, unbegreiflicherweise. Mir ist das zwei-, dreimal geschehen. Ich hatte die Idee, fing an, und das ganze Buch rollte sich vor mir aus.«

Verwüstungen und Verluste

Dieser Roman mit dem Titel *Indignation* erschien im Herbst 2008. Was konnte nach Inkontinenz, Impotenz, Krankheit und Tod noch kommen? In *Empörung* (so 2009 der deutsche Titel) geht Roth noch einen Schritt weiter. In diesem Roman stirbt einer, bevor er recht gelebt hat, mit 19 Jahren: Marcus Messner, von seinen Eltern zärtlich Markie genannt, ein ehrgeiziger und begabter Junge aus jüdischer Familie. Geboren ist Marcus – wie viele Roth-Helden und der Autor selbst – in Newark, einer Industriestadt in New Jersey, direkt gegenüber von New York. Der junge Mann möchte Anwalt werden, kommt mit 18 auf das Winesburg-College in Ohio, weit weg von zu Hause, wo sein Vater eine koschere Metzgerei betreibt.

Man schreibt das Jahr 1951, »als Amerika sich zum dritten Mal in einem halben Jahrhundert an einem Krieg beteiligte«. Im Korea-Krieg kämpfen chinesische und nordkoreanische Soldaten gegen die US-geführten Truppen der Vereinten Nationen. Schon Zehntausende von jungen Amerikanern sind gefallen. Allein deswegen hat Marcus den Ehrgeiz, Jahrgangsbester an seinem College zu werden: Wenn er noch eingezogen werden würde, so wenigstens als Offizier beim militärischen Nachrichtendienst, auf sicherem Posten. Der Plan scheitert dramatisch. Natürlich mischt auch die Liebe, die Sexualität dabei ordentlich mit. Olivia Hutton heißt die geheimnisvolle Kommilitonin, die gleich beim ersten Rendezvous dem unerfahrenen Marcus sexuell ungehemmt entgegentritt, was ihn völlig verwirrt. Dass sich das Mädchen schon einmal die Pulsader aufgeschnitten hat, sieht Marcus' Mutter gleich bei der ersten Begegnung. Sie verspricht dem Sohn, den ihr mittlerweile unerträglichen Vater nicht zu verlassen, wenn der Sohn die Finger von dieser jungen Frau lasse. Er könne heiraten, wen er wolle – »Hauptsache, sie hat noch nie versucht, sich mit einer Rasierklinge das Leben zu nehmen«. Die lebenskluge Frau sagt zu ihrem Sohn: »Schwache Leute sind nicht harmlos. Ihre Schwäche kann gerade ihre Stärke sein. Ein so labiler Mensch ist eine Gefahr für dich, Markie, und eine Falle.« Aber trotz seines Schwurs will der Junge seine geliebte und schwermütige Olivia, die »wie eine Göttin aussieht«, unbedingt wiedersehen, aber sie ist plötzlich verschwunden. Und niemand sagt ihm, wohin. Bald verschwindet auch er. Zunächst vom College, wo er sich ein verheerendes Rededuell mit einem Dekan geliefert hat. Beide Dialoge in diesem Buch, der mit der Mutter und der mit der College-Autorität, sind in bewährter Roth-Tradition Glanzstücke rhetorischer Kunst und Höhepunkte in diesem ungeheuer intensiven Buch. Dann, nach dem Desaster, muss der junge Romanheld doch noch als einfacher Soldat in den Krieg ziehen. Mit Gemetzel und Tod schließt sich der Kreis erbarmungslos. In *Empörung* zeigte sich Roth auf der Höhe seiner Meisterschaft. In den USA wurde der Roman auf überzeugende Weise verfilmt, die Erstaufführung fand Anfang 2016 in New York statt.

Nathan Zuckerman aber hat tatsächlich ausgespielt. Er tauchte weder in *Empörung* noch in den zwei letzten Werken auf, die im Jahresrhythmus folgten: *The Humbling* und *Nemesis*. Im ersten dieser beiden Romane, der 2009 (wie die Originalausgabe) als *Die Demütigung* in deutscher Übersetzung erschien, erzählt Roth von einem, der am Ende zu sein scheint. Der einstmals berühmte und umjubelte Schauspieler Simon Axler traut sich mit 65 plötzlich nicht mehr auf die Bühne und wird von seiner Frau verlassen, die ihn nur als erfolgreichen und beschützenden Mann ertrug, und verliebt sich – zunächst mit gebotener Skepsis, dann voller Hoffnung – in eine 25 Jahre jüngere Frau. Sie ist die Tochter von Freunden, eine eigentlich lesbische Universitätsdozentin, die es noch einmal mit einem Mann versuchen will. Sie geht die Angelegenheit forsch an, und er lässt sich in jeder Hinsicht willig aufs Kreuz legen. Wegen seiner Rückenschmerzen übernimmt sie im Bett den aktiven Part, er überhäuft sie mit Geschenken und übersieht vor lauter Verzückung die Signale ihres allzu baldigen Überdrusses. Er glaubt sogar noch, sie halten zu können, indem er zuschaut und mitspielt, als sie in seinem Bett mit einer anderen Frau schläft. Zu ihm sagt sie nur: »Es ist nicht das, was ich will. Ich habe einen Fehler gemacht«, packt ihre Sachen und verschwindet. Ihr jäher Rückzug trifft den ohnehin Angeschlagenen völlig unvorbereitet. Selten war Roth so lakonisch, fast unterkühlt, scheinbar unbeteiligt wie bei diesem Drama eines alten Schauspielers, das kein gutes Ende nehmen kann. Der Sog allerdings, den die Geschichte von der ersten Seite an entfaltet, lässt fast vermuten, dass sie dem großen Erzähler besonders nahegegangen ist.

Der alte Mann und die junge Frau: das Motiv taucht in mehreren der späten Romane auf, am deutlichsten vielleicht 2001 in *The Dying Animal* (*Das sterbende Tier*, 2003), ebenso 2006 in dem großartigen Roman *Everyman* (*Jedermann*) und natürlich in *Exit Ghost*. Die Darstellung männlicher Sexualität und deren Problematik steht ohnehin im Zentrum des Werkes. In dem schon zitierten Gespräch mit der »New York Times« hat Philip Roth es so formuliert: Über die Jahrzehnte habe er sich eine kleine Gruppe unsteter Männer ausgedacht, die »von eben solchen Entzündungskräften beherrscht werden und sie überwinden und bekämpfen müssen«. Über sich selbst, außerhalb des literarischen Spiels von Fakten und Fiktionen, hat er zeitlebens nur ungern Auskunft gegeben. Als ich ihn einmal – 1998 war das – nach dem indiskreten Buch *Leaving a Doll's House* (1996) fragte, in dem seine vormalige zweite Ehefrau Claire Bloom ein nicht eben freundliches Bild von ihm als Privatmann zeichnet, reagierte er knapp und grimmig: »Dazu habe ich nichts zu sagen.« Freundlicher hat er offenbar den 2018 veröffentlichten Roman *Asymmetrie* von Lisa Halliday aufgenommen, in dem kaum verhüllt, aber doch diskret von einer früheren Affäre der jungen Schriftstellerin mit ihm erzählt wird. Aus der Liebesbeziehung wurde später eine feste Freundschaft, die Autorin zeigte ihm das Manuskript vor der Drucklegung.

Das Alter: sein Thema? »Ja, und ich wollte das nicht, ich habe nichts dafür getan«, sagte er dazu in unserem letzten Gespräch 2008, damals 74 Jahre alt. »Man weiß ja nichts über das Alter, ehe man selbst dort ankommt. Und ehe die eigenen Freunde dort ankommen. Ehe man die Verwüstungen der Zeit und die Verluste und das Leid erlebt.« Es war unser letztes Gespräch, das sechste innerhalb von 25 Jahren, wovon zwei auf seinem Landsitz in Connecticut stattgefunden hatten. Was die Druckfassung der Interviews angeht, so hat Roth stets besondere Akribie walten lassen. Es war ihm wichtig, die Abschrift vorher genau zu kontrollieren, selbst die korrigierte Version ließ er sich noch einmal zur Autorisierung faxen.

Zwei Jahre später kehrte er mit *Nemesis*, seinem letzten Werk (2011 unter diesem Titel auch auf Deutsch), in seine Jugendzeit, in seine Geburtsstadt Newark zurück. Es wird darin von einer Polioepidemie erzählt, die im Sommer 1944 unter Jugendlichen grassiert, mit schlimmen Folgen auch für den Helden, den Sportlehrer Bucky Cantor. »Jeder Lebensweg ist dem Zufall ausgeliefert; vom Augenblick der Zeugung an« – doch diese Gewissheit hilft keinem. Es ist ein trauriges Buch, ein wehmütiger Abschied.

Was in Zukunft einmal über ihn geschrieben werde, sei für ihn nicht von Interesse. Jedenfalls behauptete Roth das im Gespräch. Ein zukünftiger Biograf habe ihn schon mehrmals aufgesucht und befragt. Doch er wolle da lieber nicht hineingezogen werden, sagte er. Keine Angst vor Peinlichkeit? Er lachte. »Man hat heute gar keine Möglichkeit, seinen Ruf zu zerstören. Man müsste schon Bestialisches im Schaufenster von Bloomingdale's anstellen, um seinem Ruf auch nur eine Delle zuzufügen.« Auch keine Angst vor einer fehlerhaften Darstellung seines Lebens? Seine Antwort: »Man fürchtet zwei Dinge. Man fürchtet das, was falsch sein wird, und man fürchtet das, was stimmen wird.« Am 22. Mai 2018 starb Philip Roth mit 85 Jahren in Manhattan.

ICH HABE DAS LANGE VERDRÄNGT
DIETER FORTE

Das erste Mal trafen wir uns auf der Frankfurter Buchmesse im Oktober 1998. Ich hatte Dieter Forte erst spät als Prosaautor für mich entdeckt; bis dahin war er mir nur als Dramatiker bekannt gewesen, vor allem als Verfasser des 1970 in Basel uraufgeführten Erfolgsstücks *Martin Luther & Thomas Münzer oder Die Einführung der Buchhaltung*. Nun wollte ich gern die Person kennenlernen, die hinter der Romantrilogie stand, deren letzter Band gerade erschienen war, und die später den Gesamttitel *Das Haus auf meinen Schultern* tragen sollte. Wir saßen in einem ruhigen Raum des »Maritim«-Hotels an der Messe, Forte, ein zarter, zurückhaltender Mann sprach mit leiser Stimme über sein Schreiben und Leben – vor allem über jene Erfahrungen, die er als Kind und Jugendlicher in den Jahren des Zweiten Weltkriegs und danach gemacht und in den letzten beiden Bänden der Trilogie literarisch umgesetzt hat.

Das zentrale Motiv, sein großes Thema und persönliches Trauma, sind die Bombennächte, die er als Knabe in Düsseldorf erlebte und durchlitt. »Ich habe nie mehr richtig geschlafen seitdem«, erzählt er ohne jeden dramatischen Unterton, »wache oft auf, höre Sirenen, habe auch lange gestottert, war in der ganzen Kindheit und Jugend schwer krank, bin auch nicht mehr gesund geworden, bin eigentlich immer noch erfüllt von Panik und Angst. Ich traue bis heute der Ordnung und Sicherheit nicht, die uns umgibt«. Seit den Tagen der Kindheit quält Forte schweres Asthma, gegen das es weder im Krieg noch in der unmittelbaren Nachkriegszeit Medikamente gab. So konnte er auch später nie einen anderen Beruf ausüben als das Schreiben, was ihm ohnehin das Liebste war – und das Notwendigste. Denn schreibend konnte er das Erlebte noch einmal heraufholen und im Text bannen. Grausame Szenen aus dem Krieg finden sich im Mittelteil der Trilogie, einem Krieg auch gegen die Zivilbevölkerung. »In der Wirklichkeit war es grausamer«, sagt er. »Ich habe einen Filter davorgeschaltet, den distanzierenden Erzähler, um es für mich überhaupt erzählbar, um es mitteilbar zu machen. Darunter gibt es eine Schicht von Angst und Grausamkeit, die ich für unbeschreibbar halte.«

Warum dieses Thema gerade jetzt, mehr als fünfzig Jahre nach Kriegsende? Auch Martin Walsers Roman *Ein springender Brunnen* war kurz vor unserem ersten Gespräch erschienen, ein autobiografisch gefärbter Roman, der während der Nazi- und Nachkriegszeit in einem kleinen Bodensee-Ort spielt und Fortes aus Großstadtperspektive erzähltes Werk gewissermaßen von der Provinz her ergänzt. Oder umgekehrt: Während Walser merkwürdig distanzlos davon berichtet, wie die Einheimischen damals befremdet auf die aus den Städten aufs Land geflüchteten Evakuierten und Ausgebombten reagierten, erinnert sich Forte an die historische Situation sowohl im Roman als auch in unserem Gespräch mit einem leisen Zorn: »Die Landbevölkerung lebte zum Teil wie im tiefsten Frieden, viele hielten Erzählungen von den Bombenangriffen für Übertreibungen. Die Leute glaubten, wir wollten uns ein schönes Leben machen. Die Mütter wurden in den süddeutschen Dörfern regelrecht gedemütigt.«

Warum also erst jetzt? »Ich habe das lange verdrängt«, sagt Forte. »Ich habe nie jemandem erzählt, was ich selbst im Krieg und danach erlebt habe, nicht einmal meiner Frau.« Am Schreibtisch dann, als er damit begonnen hatte, über seine Erfahrungen zu schreiben, sei alles wieder hochgekommen, »während des Schreibens, oder genau im Schreiben, in dem Moment, in dem die Erinnerung zu Sprache wurde« – und er selbst sei überrascht gewesen, »was da alles an detaillierter Erinnerung in der Sprache Gestalt annahm«. Die Erinnerungen hätten ihn beim Schreiben der letzten beiden Romanbände derart bedrängt, dass er mehrmals »abstürzte« und krank wurde.

Dann habe er wieder wie im Fieber geschrieben, berichtet er: »Ich wusste natürlich, dass wir ausgebombt waren. Aber erst im Schreiben kamen die verdrängten Details: wie ich mich an meine Mutter geklammert habe und ähnliches. Ganz unmittelbar. Ich hätte vorher nicht geglaubt, dass so etwas möglich ist. Als wäre es gerade geschehen.« Es ist im Gespräch zu spüren, wie jene Ereignisse aus Kindheitstagen in Forte, der zurückgezogen in Basel lebt und im deutschen Literaturbetrieb nie eine große Rolle gespielt hat, immer noch nachhallen. »Die eigene Existenz ist nachhaltig beschädigt, man kommt nicht mehr zur Ruhe. Ich könnte mir zum Beispiel schwer vorstellen, jemals ein Haus zu kaufen.«

Geboren wurde Dieter Forte am 14. Juni 1935 in Düsseldorf, der Stadt, wo die Vorfahren, die aus Italien, Frankreich und Polen stammten, irgendwann zusammenfanden. »Düsseldorf ist meine Heimat«, hat er in der Prosaskizze »Weggehen um anzukommen« notiert, »die Straßen und Plätze eines bestimmten Quartiers mit seinen unverwechselbaren Menschen und ihren tausendundeinen Geschichten, ein Bildteppich voll unerschöpflicher Erinnerungen. Ich kenne das Düsseldorf der Kriegs- und Nachkriegszeit, das Düsseldorf des Wiederaufbaus, die wundersame *Kö*, die stillen Ecken der kleinen Altstadt, die Nächte in den Jazzkellern und die langen Tage am hellen Rhein«. Düsseldorf ist auch die Stadt, in der die Fäden der Romantrilogie zusammenlaufen, wo der größte Teil der Handlung stattfindet. Der Weg vom Theater zur Prosa war durch die Stoffmasse vorgezeichnet, die es zu verarbeiten galt. »Irgendwann wusste ich: das ist ein episches Thema«, erinnert sich Forte. »Was ich erzählen wollte, war nur in Prosa zu erzählen.«

Und so heißt es denn auch an zentraler Stelle der Romantrilogie: »Die einzige Gewissheit, wie ein ewiges Licht in der Dunkelheit schimmernd, fand sich im ununterbrochenen Erzählen, im unaufhörlichen Weitererzählen über Tausende von Jahren, das irgendwann begann, als in einer Höhle oder an der

Quelle einer Oase ein Mensch anfing zu erzählen, und das seitdem die Welt darstellte, wirklicher als die Wirklichkeit war, denn das alles existierte nur, solange es erzählt wurde.«

Als wir uns 1998 trafen, war der dritte Teil *In der Erinnerung* erschienen. Forte beschwört darin eine gespenstisch, heute nahezu irreal anmutende Trümmerlandschaft. Es ist die Zeit der Kinder: Die Ruinen sind ihre Welt, ihr Spielplatz, ihr Terrain. Da kennen sie sich aus, finden Schleichwege, von denen kein Erwachsener etwas ahnt, stoßen auf Türen, hinter denen gehamsterte Schätze liegen – oder Leichen. Die Kinder springen auf die Loren der Trümmerbahn und lassen sich bis zur nächsten Straßenecke fahren, sie klettern auf Steinbergen herum, hangeln sich an verbogenen Balkongittern entlang und stehen hoch oben in leeren Fensterhöhlen. Sie bilden Banden, weichen Blindgängern aus und sind vertraut mit den Geheimnissen des Schwarzmarkts. Kein Erwachsener, der ihnen etwas vormachen oder vorschreiben könnte. Keine Regeln, keine Kontrolle, keine Schule. Und als der Unterricht doch wieder beginnt und die Schulspeisung lockt, stehen die Lehrer auf reichlich verlorenem Posten. In ungeheizten und finsteren Klassenzimmern gehen Rechen- und Turnstunden ineinander über – damit sich niemand eine Lungenentzündung holt. Weit davon entfernt, die Nachkriegswelt zu verklären, gibt Forte den Kindern ihr Reich und ihr Recht: »Sie waren die freiesten und lebendigsten Menschen, an die er sich erinnern konnte. Sie waren es, die diese Totenwelt wieder ins Leben zurückschrien.« Zu falscher Gemütlichkeit hat dieser Autor ohnehin keinen Hang. Schon sein erstes und mit mehr als 50 Inszenierungen in elf Ländern erfolgreichstes Theaterstück *Martin Luther & Thomas Münzer* war eine historisch versierte intellektuelle Provokation.

Der Roman *In der Erinnerung* ist der letzte Band der Trilogie, in der Familiengeschichte zunächst als Parforceritt durch ein europäisches Jahrtausend inszeniert wird – fast eine Art Hetzjagd von Station zu Station, die schließlich, in den Trümmern des 20. Jahrhunderts, zum Stillstand kommt: stets illusionslos und zugleich mit inbrünstiger Menschenliebe erzählt. *Das Muster* ist der Titel des 1992 publizierten ersten Bandes, gefolgt drei Jahre später von dem Roman *Der Junge mit den blutigen Schuhen* (in der einbändigen Ausgabe *Das Haus auf meinen Schultern* heißt er dann *Tagundnachtgleiche*).

Es ist eine einzige große Geschichte, die Forte in immer neuen Anläufen und atemlosen Bildern fortspinnt, eine Geschichte, in der zahllose kleine Geschichten, Haupt- und Nebenfiguren durcheinanderwirbeln. Sie hebt in grauer Vorzeit an – in der schon wunderschön leuchtende Seidenmuster gewebt werden. Die Jahreszahl 1133 ist die erste, die genannt wird: In Palermo entstand damals der Krönungsmantel von Kaiser Friedrich II. Die Weberfamilie Fontana muss bald nach dessen Regentschaft mit vielen anderen aus der Zunft Sizilien verlassen. Eine Irrfahrt durch Europa beginnt: über Lucca und Florenz führt sie nach Lyon, von dort nach Basel und schließlich nach Düsseldorf, mal auf der Flucht vor religiösen Fanatikern und Mordgesindel, mal auf der Jagd nach ökonomischem Vorteil. Nach der Ankunft in Deutschland – und im 20. Jahrhundert – verbinden sich die Fontanas mit der aus Polen stammenden Familie Lukacz, einem alten Bauerngeschlecht, das im Ruhrgebiet Arbeit und Zuflucht gesucht hat. Der südländisch unbeschwerte Fontana-Spross Friedrich und die schwerblütige, aber tatkräftige Maria heiraten 1933. Damit schließt der erste Romanband. Maria ist fortan die beherrschende Figur der Familie und eine der eindrücklichsten Charaktere der Familiensaga. Maria wird – im zweiten Band (der in der Zeit von 1933 bis 1945 spielt) – die Mutter des Helden, aus dessen Perspektive alles Folgende erzählt wird.

Marias Sohn tritt in der Romanwelt stets als »der Junge« auf, später nur noch als »er« – was gelegentlich zu grammatikalischen Webfehlern in der Feinstruktur führt, aber den Vorteil hat, dass der Erzähler wie ein Medium im Hintergrund bleibt. Forte bemüht sich nicht sonderlich, hinter seinem Stellvertreter im Roman unsichtbar zu bleiben, auch wenn er den namenlosen Jungen statt 1935 schon zwei Jahre früher zur Welt kommen lässt: rechtzeitig zum Aufdämmern der deutschen Barbarei. Der zweite und auch der abschließende dritte Teil der Trilogie führen die Folgen des Nazi-Wahns drastisch vor Augen. Da ist zunächst die gerade im Düsseldorfer Arbeiterviertel, wo die Fontanas leben, spürbare Abschnürung jeder Individualität, dann die vom deutschen Angriffskrieg provozierte Bombardierung der Zivilbevölkerung, schließlich die städtischen und seelischen Trümmerlandschaften. Erzählt wird also nicht von der Front, sondern aus dem Erlebnishorizont eines Kindes, das daheim Zeuge – und mehrfach um ein Haar Opfer – jener Tötungsmaschinerie namens Luftkrieg wird; übrigens auch wacher Beobachter anderer mörderischer Vorgänge: Ein KZ-Außenlager befindet sich mitten im Viertel, und vor aller Augen werden die Häftlinge, bewacht und drangsaliert, nach den Bombardements zu Aufräumarbeiten und zum Bergen der Leichen eingesetzt.

Forte versucht dabei keineswegs, einen kindlich-naiven Standpunkt einzunehmen oder die Sprache eines zehn- bis zwölfjährigen Jungen nachzuahmen. Gezielt greift er auch hier auf den alten Chronistenton zurück, der sich mit ruhigen, klaren Sätzen wie ein Schutzglas über das pure Entsetzen legt: »Ein dunkles Halbwissen verbreitete sich, Furcht und Angst vor den ungewissen Dingen, die da im Verborgenen geschahen und die nach dem Krieg keinen wirklichen Frieden mehr zulassen würden.« Wie dieser Frieden konkret aussah, das zeigt dann eindrucksvoll der Band *In der Erinnerung*, der die Jahre 1945 bis 1948 umfasst. Er zeigt auch, dass diese Phase alles andere als eine »Stunde Null« war, nämlich ein fast zeit- und endloser Raum, von einer – zumindest aus der Perspektive des Jungen – quälenden Gegenwärtigkeit, die nicht enden will. Marias Sohn verdämmert in einem Ruinenraum die Tage, von Hunger und Fieber geschüttelt. Er hat ein schweres Asthma- und Lungenleiden, und so kann er dem Toben der anderen Kinder draußen in der Trümmerwelt zumeist nur aus der Ferne, durch ein kleines Fenster zusehen. Er hat »den Kopf an das Bettgestell gelehnt«, und wie auf einer Bühne wandern sie vor ihm auf und ab: die Verirrten und Verlorenen, die Beinamputierten und Blinden, die Sterbenden und die Raffgierigen.

So beklemmend und genau war diese Welt von einem deutschen Autor zuvor noch nicht beschrieben worden, auch nicht von den Autoren der viel beschworenen »Trümmerliteratur« – mit Ausnahme vielleicht von Heinrich Bölls posthum ediertem Roman *Der Engel schwieg* (1992) und einigen Geschichten Wolfgang Borcherts. Einzig dem Österreicher Christoph Ransmayr ist 1995 mit seinem Roman *Morbus Kitahara* Vergleichbares gelungen – und Hans Magnus Enzensberger mit seiner Textcollage *Europa in Ruinen* (1990), einer Sammlung der Augenzeugenberichte von fast ausschließlich ausländischen Beobachtern. Ein halbwegs authentisches Bild jener Trümmerstätten und Stadtruinen war bisher hauptsächlich von Reisenden aus Amerika, Schweden oder der Schweiz zu beziehen, die – wie Max Frisch – bald nach dem Krieg durch das zerstörte Deutschland und Europa zogen und ihre Eindrücke notierten. Und nicht nur im Hinblick auf die Luftangriffe, sondern auch auf diese Nachkriegsszenerie kam W. G. Sebald 1997 in einer Poetikvorlesung zu dem Fazit: »Es gibt kaum Beschreibungen der riesigen Feuerbrände und der Steinwüsten, die aus ihnen hervorgingen, nahezu gar nicht von deutscher Seite.«

Der Roman *In der Erinnerung*, der Abschluss eines mutigen epischen Marsches quer durch die Zeiten, macht noch einmal jäh deutlich, wie fern längst jene Phase der Geschichte gerückt ist, als in den deutschen Städten das Trinkwasser aus den Hydranten kam und jedes Brot ein Wunder war, wo Sperrstunden und Stromsperren den rudimentären Alltag bestimmten und Nahrung oft nur von weither geholt werden konnte, nach langen Märschen und gefährlichen Zugfahrten ohne Fahrplan. Und plötzlich kommt dem Leser die behagliche Existenz heute nicht weniger fremd vor als das Hausen in den Trümmern damals.

»Schreibst du das auf?« So wird das Kind mitten in Ruinen einmal von seinem Großvater gefragt, und der Junge verspricht, falls er überleben sollte, »alle Geschichten noch einmal erzählen, alles noch einmal von Anfang an erzählen« zu wollen. Der Junge ist – darin Hanno Buddenbrook, dem Spross einer Lübecker Kaufmannsfamilie im 19. Jahrhundert, durchaus verwandt – der Letzte aus der Sippe: Mit ihm werden auch die Geschichten der Familie sterben. Es ist bestechend, wie Forte es vermocht hat, die in seiner Familie offenbar lange lebendig gebliebene mündliche Erzähltradition literarisch fruchtbar zu machen, ohne je in einen betulichen oder heimeligen Ton zu verfallen. Es ist ein sehr bewusstes, auch problembewusstes Erzählen, das gleichwohl bei aller Zeitgenossenschaft immer wieder auf die Sogkraft und Faszination der Überlieferung setzt.

Mit großem dramaturgischem Geschick bindet der Autor die verschiedenen Stränge zusammen, wobei die historischen Fakten von ihm genau überprüft worden sind – Fortes Ahnen lassen sich über Chroniken und Kirchenbücher bis ins Mittelalter zurückverfolgen. Fast traumwandlerisch vermag er, vom Chronistenstil in die Innenschau einer Person zu wechseln. Das über viele Seiten verteilte Porträt von Maria, die ihren Sohn mehr als einmal vor dem fast sicheren Tod bewahrt und der Mutter des Autors getreu nachempfunden ist, lässt diese Figur zu einer der großen Frauengestalten der Literatur werden. Mit Blick auf Maria versteckt Forte im Mittelteil des Werkes eine kleine Poetik, die allein schon deutlich macht, dass die Romane alles andere als flott abgespulte Autobiografie sind, vielmehr ein sorgsam kalkuliertes Geflecht von Erzählweisen und Perspektiven: »Marias Kopf spiegelte sich dann durch die offene Schlafzimmertür in den drei Spiegeln der Frisierkommode, was ein vierfaches Bild ergab. Der Junge verstellte die Spiegel, verschob sie so lange gegeneinander, bis Marias Spiegelbild nur das vervielfachte Spiegelbild eines Spiegelbilds war, für den Jungen ein Spiel aus Erstaunen und Verwunderung, mit dem er so schnell nicht zu Ende war. Aus einem Bild entstanden auf diese Weise viele Bilder, aber all die vielen Bilder waren doch nur das Bild einer Person, die sich in jeder Spiegelung anders zeigte. Für den Jungen, der inzwischen schon mit mehreren Handspiegeln vor dem dreiteiligen Frisierspiegel arbeitete, war klar, dass, wenn er einmal tausend Spiegel hätte, er aus einer Person auch tausend Bilder machen könnte, und alle diese Bilder wären nur das Bild eines einzigen Menschen.«

Gegen Ende der Trilogie wird einsichtig, dass die drei Bände im Grunde ein einziger Roman sind. In einem Epilog kehrt der Junge als Erwachsener noch einmal in seine Straße zurück, wo er erstaunt das Fenster erblickt, aus dem er einst auf die Trümmerszenerie geschaut hat: »In der Erinnerung war das Fenster viel größer, die Zeit viel länger, Kälte und Hunger ein andauernder Zustand.« Nachdem der Erzähler nun alle aus seiner Familie überlebt hat, setzt er sich in den Zug und verlässt die Stadt. Und während er aus dem Zugfenster schaut, bildet sich im Geist der Beginn des *Musters*, die ersten beiden Abschnitte der Trilogie werden wieder aufgenommen. Damit schließt sich der Kreis. Der Junge aus der Trümmerwelt hat seine Versprechen wahrgemacht. Er hat es aufgeschrieben.

Als Dieter Forte 1999 für sein Werk, insbesondere die Romane, den Bremer Literaturpreis überreicht bekam, musste er etwas tun, was ihm nicht liegt, er musste öffentlich reden. Er machte seine Hemmung zum Thema. Zurückgezogen zu leben sei heute gar nicht so einfach, sagte er. Seine Weigerung, Interviews zu aktuellen Fragen zu geben, werde ihm als »berufsschädigend« vorgehalten. Fortes Beobachtung: Es gebe eine »rasch wechselnde Meinungsfolge zu sogenannten Streitthemen, an der die Schreibenden wie an einer Pflichtübung teilnehmen«. Das Werk selbst, die geduldige, sich über Jahre erstreckende Arbeit daran, all das gelte nicht mehr viel. Er aber wolle gern an dem »altmodischen Gedanken« festhalten, »dass nur das, was in der Sprache eines Kunstwerkes seinen Ausdruck findet, mitteilenswert ist«. Und: »Der fehlende Atem hat mich davor bewahrt, mitzureden.«

Dann aber ließ er sich in Bremen doch auf ein Streitthema ein, auf eine Auseinandersetzung mit dem damals diskutierten Wunsch nach Normalität – »die ersten Stimmen der Berliner Republik?«, fragte sich Forte. In seiner sehr persönlichen Erwiderung schilderte Forte, was »Normalität« (ein Wort, das bei ihm Angst und Zorn auslöse) eben auch bedeuten konnte: Ihn, das kranke Kind, hätten die »normalen Menschen« ganz gern in den Tod geschickt, »wäre nicht der jähzornige und fast wahnsinnige Widerstand meiner Mutter gewesen«. Dann: »Es waren normale Volksgenossen, die meine Tante und meinen Onkel eines Tages abholten und an einem uns unbekannten Ort ganz einfach umbrachten.« Schließlich: »Es waren auch ganz normale Menschen, die meinen Vater, der sich von der Truppe entfernt hatte, so hart verurteilten, dass er den Krieg nicht lange überlebte.«

Am Bodensee hatte Forte als Kind zusammen mit seiner Mutter während des Krieges Zuflucht gesucht, evakuiert aus der von Luftangriffen erschütterten Stadt Düsseldorf. Doch man wollte die Gäste nicht in den Häusern aufnehmen, man brachte die beiden im Schlachthaus unter, »immer hatte ich blutige Schuhe« (daher der ursprüngliche Titel des Mittelteils der Romantrilogie). Die Folge war: »Aus der Barbarei des Biedersinns flohen die Mütter mit ihren Kindern wieder in die Barbarei des Bombenkriegs. Letztes war eher zu ertragen.« Die traumatische Erfahrung des Luftkriegs: Das ist sein Thema, auf das er immer wieder zurückkommt. Und so überwand Forte seine Scheu, in der Öffentlichkeit und vor Kameras zu reden, im Februar 2000, als ich für eine ZDF-Dokumentation zum Thema »Die Literaten und der Luftkrieg« Interviews mit mehreren Schriftstellern durchführte. Forte schilderte beklemmend, oft nach Atem ringend von seinen Ängsten im Luftschutzkeller, im Bunker – wie es ähnlich auch Wolf Biermann, Walter Kempowski, Monika Maron und andere taten. Für Minuten schien er immer wieder in die alten Zeiten und Schrecken einzutauchen.

Im Jahr zuvor hatte ich ihn dafür gewinnen können, für den »Spiegel« das Buch von W. G. Sebald zu rezensieren, das dessen Poetikvorlesung weiterführte: *Luftkrieg und Literatur*. Wer konnte dazu besser geeignet sein als der Schriftsteller Dieter Forte? Prompt kam eine äußerst sorgfältig gearbeitete, kritische Analyse – klar argumentierend, aber durchwebt wiederum von Erinnertem und Aufgewühltem. »Ich glaube nicht«, schrieb er, »dass man sich in einem Universitätsseminar über die restlichen Fakten beugen kann, um mit fast naturwissenschaftlichem Interesse nachzuschauen, wie das damals so war.« Einspruch gegen Ton und Methode, aber Respekt vor der Befassung mit einem Stoff, den Sebald (1944–2001) nicht aus eigener Anschauung kannte.

In seinem 2004 veröffentlichten Roman *Auf der anderen Seite der Welt* beschreibt Forte das Leben in der jungen Bundesrepublik, im wachsenden Wohlstand, der das nachhallende Weltkriegsgrauen bald überdeckte. Fast amüsant beginnt die Reise zu einer namenlosen Nordsee-Insel, in einer Zeit, als die Lokomotiven noch weiße Dampfwolken ausstoßen, »die sich in der Luft verzettelten«. Doch der Ausflug endet vorerst in der Abgeschiedenheit eines Lungensanatoriums, in einem dem Tode nahen Stillstand. Der moribunde Held versäumt schon bald, seine Armbanduhr aufzuziehen oder nachts die Ziffern mit den Leuchtpunkten zu betrachten, dann legt er sie ganz weg und hat sie irgendwann einfach vergessen. Es gibt kein Radio, kein Telefon; allein ein Mitpatient, der im Leben draußen als Börsianer gearbeitet hat, darf beim Chefarzt gelegentlich telefonieren: für seine guten Tipps und damit er den Kontakt zur Börse nicht ganz verliert.

Der Roman lässt sich bei aller Eigenständigkeit mit Fug und Recht als Fortschreibung der Trilogie verstehen. Vertraut ist vor allem der namenlose junge Mann, der eben noch, im dritten Band des Romanzyklus, ein kleiner Junge war und nun 18, 19 Jahre alt ist. Wieder verlässt er seine Heimatstadt, in der er als Kind in den Bombennächten gezittert und um Atem gerungen hat, ein Trauma, das ihn – wie auch den Autor Forte – nie mehr loslassen sollte. Auch in *Auf der anderen Seite der Welt* sind sie unterschwellig präsent, die »vielen Tage und Nächte, die einmal sein Leben waren im explodierenden Todesstrudel der Bomben, im erstickenden Tod des versagenden Atems«.

Auch Forte musste in jungen Jahren schier endlose Zeit im Sanatorium verbringen (die Kurklinik Utersum auf der Insel Föhr ist reales Vorbild für das im Roman geschilderte windumtoste, von Nebeln eingehüllte Haus), und er hat ebenso aus der lebensbedrohlichen Erkrankung zurück ins Leben und den Weg zur Literatur gefunden. Der Roman ist zugleich ein gewaltiges Panorama und figurenreiches Gemälde der deutschen Nachkriegsepoche. Der namenlose Held ist der Chronist, er hört die Stimmen der anderen. Von ihm ist nur in der dritten Person die Rede, mit einer Ausnahme, wo das spätere Erzähler-Ich sich kurz einschaltet: »Ich sehe die Person, die ich bin, die ihr Leben erkennt in den ungeschriebenen Geschichten der Toten ...« Der junge Mann aber wird überleben und am Ende auf der Rückseite eines Blattes mit seiner Fieberkurve das Erzählen, sein Schreiben beginnen – und in die ihm unverständliche Wirtschaftswunderwelt zurückkehren: »mit dem erschrockenen Blick des Fremden, des Nichtdazugehörenden«. Forte zielt in seinem Roman darauf ab, dass nur noch Bruchstücke möglich seien und keine »ausgeformte, sinnvolle Erzählung« mehr, da es in der geschilderten Welt keine Idee gebe, »die große Geschichten ermöglichte und zusammenhielt«. Am Ende bleibt nur noch ein kurzatmiger Erzähler, der Bruchstücke sammelt, bleibt »eine Stimme, die sprach, es war unwichtig, wer erzählte, es kam darauf an, eine Stimme zu hören, die eine Stimme, die die Erinnerung war«.

Das Labyrinth der Welt heißt das Buch, in dem Forte die Methode Jahre später noch einmal zuspitzen sollte. Kein Roman mehr, keine Autobiografie, kein Tagebuch, als Genrebezeichnung nur »Ein Buch«: so der Untertitel des 2013 publizierten Prosawerkes. Es geht ihm um Überlieferung und

Tradition, um Schriftkultur, Malerei und Handwerk. Forte beschreibt sein Staunen angesichts dessen, was Menschen vermögen und was ihnen misslingt. Der Maler Markus Lüpertz wird mit dem Satz zitiert: »Die Wahrheit zählt zu den schönsten Erfindungen des Menschen.« Eine Bezugsperson ist auch Johann Amos Comenius, aus dessen Buch *Das Labyrinth der Welt und das Paradies des Herzens* (1631) der selbstgewisse Satz stammt: »Lieber Leser, das, was du in diesem Buch lesen wirst, sind Begebenheiten, durch die du das Leben erkennen und verstehen wirst.« Das war zeitlebens eine Hoffnung Fortes: dass die Bücher von Nutzen und Dauer sind.

Unser letzter Kontakt fand wenige Wochen vor seinem Tod per E-Mail statt. Seine Frau war einige Jahre zuvor an Alzheimer erkrankt, Forte hatte sie bis zu ihrem Tod gepflegt. »Danach brach ich zusammen«, teilte er mit: »Musste einige sehr schwere Operationen überstehen. Jetzt geht es wieder. Geschrieben habe ich immer.« Einige Tage danach schickte er noch eine Nachricht hinterher: »Mittwoch bekomme ich einen Herzschrittmacher. Die Freuden des Alters.« Im Februar 2019 war das, und er blickte dem Erscheinen seines Buches *Als der Himmel noch nicht benannt war* entgegen. »Das hält einen aufrecht«, schrieb er. Es sollte seine letzte Veröffentlichung zu Lebzeiten werden. Nicht einmal 100 Seiten, 24 Prosastücke, in denen noch einmal das Wissen der Menschheit im Mittelpunkt steht und die Frage, was wohl davon in den Bibliotheken dieser Welt bewahrt werden kann. Dieter Forte konnte noch ein fertiges Exemplar in Händen halten, bevor er, 83 Jahre alt, am 22. April 2019 in Basel starb.

JEDES BUCH MUSS FÜR SICH EINSTEHEN

JOYCE CAROL OATES

Altwerden heißt Abschiednehmen. Im Mai 2003 erhielt Joyce Carol Oates die Nachricht vom Tod ihrer Mutter, an der sie sehr hing; im Februar 2008 starb ihr Ehemann, Raymond Smith, mit dem sie von 1961 an verheiratet war. Altwerden bedeutet aber nicht notwendig Verlust von Kreativität und Produktivität. Nicht bei ihr. Ihr 2005 in den USA, drei Jahre später in deutscher Übersetzung publizierter Roman *Du fehlst*, in dem sie den Verlust der Mutter verarbeitet, zeigt die 1938 im Staat New York geborene Erzählerin, Essayistin und Universitätsdozentin ganz auf der Höhe ihrer Erzählkunst; der Originaltitel lässt deutlicher werden, worum es ihr in diesem Buch geht: *Missing Mom*.

Der Roman setzt ein im Mai des Jahres 2004, am Muttertag. Aus diesem Anlass hat die 56 Jahre alte Gwen Eaton elf Gäste zu sich eingeladen, Freunde, Verwandte, Bekannte und natürlich ihre beiden Töchter Nikki und Clare. Sie hat gekocht, Brot gebacken, ist eifrig um das Wohl der Gäste bemüht. Die beiden erwachsenen Töchter hätten die Mutter an diesem Tag lieber zum Essen eingeladen. Doch die bescheidene Gwen findet diese Geldausgabe überflüssig. Sie will lieber anderen eine Freude bereiten, sie möchte nett sein. »Nett«, das sei, so sieht es Nikki, »Richtmaß in Mutters Leben«.

Joyce Carol Oates hat kein Geheimnis daraus gemacht, dass Gwen Eaton »einschließlich ihrer äußeren Erscheinung« der eigenen Mutter nachgebildet ist: Carolina Oates, Jahrgang 1916. Und doch handelt es sich bei *Du fehlst* um einen Roman, der in wesentlichen Details von den autobiografischen Fakten abweicht. Auch die beiden Töchter im Buch haben nur entfernt Ähnlichkeit mit der Schriftstellerin und ihrer Schwester Lynn Ann, die 1943 geboren wurde.

Nikki, die jüngere der beiden Schwestern im Roman, Anfang dreißig, fungiert als Ich-Erzählerin. Sie ist Mitarbeiterin bei einem Lokalblatt und stets das Sorgenkind gewesen: liiert mit einem verheirateten Mann und immer für eine Überraschung gut. Selbst ihre 13-jährige Nichte ist begeistert angesichts von Nikkis Outfit und deren Kurzhaarfrisur (»stachliges kastanienbraunes Haar«). Wenn Nikki in den Spiegel blickt, fragt sie sich allerdings, ob es tatsächlich verführerisch oder doch eher »albern und peinlich« ist, »dass mein enges schwarzes Top in der Taille schnell nach oben rutschte und einen Streifen Haut freigab«. Ihr Schwager Rob jedenfalls wirft ihr sehnsuchtsvolle Blicke zu.

Zwei Tage nach dieser Zusammenkunft im Haus am Deer Creek Drive, irgendwo in der amerikanischen Provinz, versucht Nikki vergeblich, ihre Mutter zu erreichen. Gwen geht nicht ans Telefon und ruft auch nicht zurück. »Gefunden: Mutter« ist dieses dramatische Kapitel überschrieben. Als Nikki besorgt nach ihr schaut, findet sie die Mutter blutüberströmt in der Garage. Sie rennt zu Nachbarn, wählt den Polizeiruf 911, von Blut besudelt. Sie hat die sterbende Gwen noch im Arm gehalten. Als die Polizei und bald darauf auch ihre Schwester Clare eintreffen, ist Nikki am Boden zerstört: »Mein Kopf war wie leergefegt. Ich konnte nicht klar denken. Ich drückte meine stachligen Haare, für die ich mich heftig schämte, nach unten.«

Nur zwanzig Stunden später ist der Täter überführt: am Schluss des ersten Kapitels. Es folgen noch vier weitere. Zunächst wird von der Beerdigung erzählt, vom Leichenschmaus in großer Runde, wo Nikki sich ins Gästebad flüchtet, bis ihre Schwester anklopft und sie ermahnt: »Mom hätte gewollt, dass wir uns wenigstens wie Erwachsene benehmen.« Der Roman verlagert den thematischen Schwerpunkt mehr und mehr vom Tod der Mutter weg auf das Porträt der beiden Schwestern, die mit dem Verlust unterschiedlich umgehen. Die alten familiären

Muster treten dabei wieder zu Tage: Nikki, die Journalistin, und Clare, Mutter und Hausfrau, geraten bei der Durchsicht der Hinterlassenschaft heftig aneinander. Im Haus, das verkauft werden soll, sind nicht nur die Möbel, Kleider und privaten Gegenstände der Mutter zu entsorgen, sondern auch noch die Hinterlassenschaften des schon Jahre zuvor gestorbenen Vaters, Erinnerungsstücke, von denen die Witwe sich nie hat trennen können.

Clare wird ungeduldig, wenn Nikki etwas zu lang und verträumt in der Hand hält. Die scheinbar tatkräftige und entschlussfreudige Schwester unterteilt alles rasch nach den Kategorien: Verkauf, Spende, Müll. Überraschend und doch einleuchtend dann ihr Zusammenbruch. Die große Schwester, die wackere Clare, stellt plötzlich das eigene Leben in Frage: Sie schäme sich für ihren Mann, will nur noch weg von ihm, zumindest eine Trennung auf Zeit. Und so ist Nikki plötzlich allein mit sich und dem alten Kram. Ohne recht zu wissen, warum, vielleicht nur, weil es praktisch ist, zieht sie wieder ins Elternhaus, das sie mit 18 verlassen hat. Ganz ohne schwesterlichen Druck durchstreift sie die Räume und den Dachboden. Sie entfernt sich dabei immer mehr von ihrem bisherigen Leben, auch von ihrem älteren Geliebten. Da sind die Fotos: die Eltern in jungen Jahren, die Mutter »in Jeans, Shorts, T-Shirt und Turnschuhen«; die alten Schallplatten, die Postkarten, Weihnachtsgrüße; auch eine Karte der jungen Nikki ist dabei – alles hat die Mutter aufgehoben. Nikkis verlassener Schwager Rob kommt vorbei, weint sich aus, will aber eigentlich mit ihr ins Bett. Sie weist ihn ab, obgleich er ihr eigentlich gefällt und sein Begehren ihr guttut.

Das alles wird von Joyce Carol Oates mit der ihr eigenen Detailversessenheit und Anschaulichkeit erzählt. Wie stark der Tod ihrer Mutter sie getroffen haben muss, zeigt auch, dass ein Jahr nach *Missing Mom* in den USA ein weiteres Buch erschien, das mit dem unerwarteten Tod einer Mutter anhebt, ein Jugendbuch: *After the Wreck, I Picked Myself Up, Spread My*

Wings, and Flew Away (in deutscher Sprache 2008 entsprechend unter dem Titel *Nach dem Unglück schwang ich mich auf, breitete meine Flügel aus und flog davon*). Hier ist es ein Autounfall, bei dem eine 15-Jährige verletzt überlebt und sich für den Tod der Mutter verantwortlich fühlt, weil Jenna glaubt, ihr, von einem auffliegenden Vogel erschreckt, ins Steuerrad gegriffen zu haben. Vom geschiedenen Vater mit neuer Familie will sie nach ihrer Genesung nichts wissen, und so kommt sie bei einer Tante unter, ein problematisches Unterfangen, da sie zunächst jeden Trostversuch trotzig zurückweist. Auch im Genre des Jugendbuchs bewegt sich die Schriftstellerin mit sicherer Hand und bewerkstelligt es, dass Sprachschatz und Klugheit der jugendlichen Ich-Erzählerin anspruchsvoll sind, ohne dabei altklug oder unglaubwürdig zu wirken – eine feine Gratwanderung, die auch gewisse sentimentale Momente einschließt, die sich die Autorin hier erlaubt.

Selbst für erfahrene und bedeutende Schriftsteller stellt die Totenklage eine große Herausforderung dar: Plötzlich helfen Routine und Schreiberfahrung nur bedingt weiter. Auch über den Tod ihres Ehemanns, des Verlegers Raymond Smith, hat Joyce Carol Oates 2011 ein Buch veröffentlicht. In ihren Erinnerungen *Meine Zeit der Trauer*, noch im selben Jahr auch in deutscher Übersetzung publiziert, gelingt ihr ein Doppelporträt: Sie schreibt nicht nur über den Toten, sondern auch über sich als Witwe nach 47 Ehejahren, im Alter von 73 – wiederum trifft der Originaltitel *A Widow's Story* es genauer: Sie will so viel wie möglich von ihrer Situation, ihrem Leben nach dem Tod des Mannes festhalten. Von daher mag sich der enorme Umfang erklären, der geradezu überbordende Charakter dieses autobiografischen Unternehmens, schwankend zwischen Nachruf und Selbstbefragung. Ist es überhaupt angemessen, über privates Leid zu schreiben und das Ergebnis auch noch zu publizieren? Sie fragt: »Wie soll ich beschreiben, was sich in meinem Kopf, dem einer Romanschriftstellerin, abspielt?« Memoiren seien stets »ein Aufbruch, eine Erkundung«, bisweilen eine Pilgerreise. Sie zeigt sich in ihrer Trauer und beobachtet sich selbst dabei, »eitel, wie die Witwe (insgeheim) ist«. Chronik und Protokoll: Alles wird aufgesogen, mitgenommen, zitiert, ein Nachruf auf ihren Mann ebenso wie die Kondolenzbriefe von Freunden und Kollegen, viele in Form von E-Mails. Dazu kommen eigene Tagebuchnotizen.

Hilft das Schreiben über den Verlust hinweg? Stärkt die Schriftstellerexistenz in solchen Momenten? Sie stellt fest: »Es ist ein trauriger Trost, und weit trauriger als tröstlich zu wissen, dass die Bücher, die man geschrieben hat und die übersetzt, in vielen Ländern verkauft und vermutlich sogar gelesen werden, auch wenn das eigene Leben in Trümmern liegt.« Befremdlich, fast absurd kommt ihr die Nachricht vor, die sie im März 2008 erreicht, dass eine schon länger geplante Ausstellung über ihr Werk an einer kalifornischen Universität demnächst eröffnet werde. Titel: *Joyce Carol Oates – das Frauenwunder der amerikanischen Literatur*. Sie kann sich nur wundern. In der Ankündigung liest sie zudem, sie habe in einem Zeitraum von vier Jahrzehnten »über 115 Bücher, 55 Romane, über 400 Kurzgeschichten, mehr als ein Dutzend Essaybände, acht Gedichtbände und über dreißig Stücke geschrieben«.

Natürlich weiß sie, wie erstaunlich das ist. Sie hat es immer wieder hören müssen, und selten als Lob. Schon Ende 1973, gut zehn Jahre nach ihrer ersten Buchveröffentlichung, zeigte sie sich selbst erstaunt angesichts der Zahl ihrer Publikationen: »alle in kurzer Zeit«. Und wie aus großer Distanz stellt sie fest: »Das ist wirklich zu viel. Wann habe ich alle diese Sachen geschrieben …?« Nicht einmal ihr Mann fand offenbar die Zeit, alles von ihr zu lesen. Ray, so hat sie ihn ohne Groll entschuldigt, habe als Professor und Herausgeber einer Literaturzeitschrift (bei der sie freilich auch emsig tätig war) genug zu tun: »Er hat wirklich nicht die Zeit, meine Arbeiten zu lesen.«

Joyce Carol Oates scheint wirklich alles zu können – und alles zugleich. Sie schreibt gewissermaßen in Serie, im Grunde ununterbrochen, und doch ist nichts von dem, was entsteht, ein Serienprodukt. Ihre Produktivität ist einschüchternd, viele Leser haben längst den Überblick verloren. Sie erwartet auch von Kritikern nicht, ihr Gesamtwerk zu überblicken. Sie weiß aber, dass manche Rezensenten sich inzwischen scheuen, ihre Bücher zu besprechen, weil sie diesen Überblick nicht haben. Das müsse auch niemand, hat sie deswegen in einem Interview gesagt. Es sollte keine Rolle spielen, ob ein Buch das erste des Autors sei oder das zwanzigste oder fünfzigste. »Denn jedes Buch ist eine Welt für sich und muss für sich allein einstehen.« Um neu wahrgenommen zu werden, hat sie auch unter anderen Namen (Rosamond Smith und Lauren Kelly) Bücher publiziert. Und zugleich hat sie sich immer wieder gegen die naheliegende Legende verwahrt, sie mache nichts außer lesen und schreiben. Einem 2007 veröffentlichten Tagebuch ist zu entnehmen, dass sie gemeinsam mit ihrem Mann viele Reisen unternommen, Gäste empfangen, Freunde und Kollegen besucht hat. Sie hat zeitlebens zuverlässig Briefe beantwortet, immer wieder Interviews gegeben, an der Universität gelehrt, Jogging betrieben, im Garten gearbeitet, gekocht, Klavier gespielt und gelesen, viel gelesen. Und manchmal, so behauptet sie, einfach gar nichts getan.

The Journal of Joyce Carol Oates heißt der erste, die Jahre 1973 bis 1982 umfassende Band ihrer Tagebücher, herausgegeben von Greg Johnson, der schon 1999 eine Biografie über sie veröffentlichte. Publiziert wurde das Buch noch vor dem Tod ihres Mannes. Und so heißt es in *Meine Zeit der Trauer* über das im Jahr zuvor publizierte Buch, sie könne sich nicht überwinden, einen Blick hineinzuwerfen: »Jeder Eintrag, die meisten davon atemlos, rasch getippt und nie durchgesehen, das Dokument einer Zeit in meinem Leben, in der ich jünger, glücklicher und blinder war, kommt mir im ausgehenden Winter, zeitigen Frühjahr 2008 wie Hohn vor.« Am 1. Januar 1973, im Alter von 34, begann sie damit, regelmäßig Tagebuch zu schreiben, neben allem anderen. Im Archiv der Syracuse University in Princeton, an der Joyce Carol Oates Jahrzehnte als Dozentin gearbeitet hat und auch ihre übrigen Manuskripte verwahrt werden, lagen zur Zeit dieser ersten Publikation aus den Tagebüchern schon mehr als 5000 einzeilig beschriebene Seiten vor. Sie selbst ist schon in jungen Jahren eine leidenschaftliche Leserin von Journalen gewesen, auch von Biografien und Briefbänden. Zwar sei das, was in Tagebüchern steht, bald wieder vergessen, schreibt sie, aber sie verschlinge solche Bücher mit dem größten Vergnügen. Es sei nicht zu erwarten, dass andere dem, was man geschaffen hat, denselben Wert beimessen wie man selbst, »dass irgendjemand sonst die Gefühle erfassen kann, die man investiert hat«.

Sowohl im Tagebuch als auch in den Erinnerungen an ihren Mann sind großartige Porträts von Kollegen enthalten. Mit John Updike verband sie seit 1977 eine enge Freundschaft. Bis zu dessen Tod haben sie »gut und gern Hunderte von Briefen und Karten gewechselt«. Und sie charakterisiert ihn mit den Worten: »Von allen amerikanischen Autoren ist John Updike wohl der häuslichste und der, dem es das größte Glück ist, zu Hause zu arbeiten.« Und angesichts von Philip Roth, mit dem sie ebenfalls freundschaftlichen Umgang pflegte, notiert sie: Sie selbst könnte es nicht ertragen, so allein zu leben, wie er es seit der Auflösung seiner Ehe mit Claire Bloom tue. »Ein Leben, völlig aufs Schreiben und Lesen konzentriert, ein abgekapseltes Leben, nur hin und wieder ein Abend mit Freunden und (offenbar kurzlebige) Liebschaften mit jüngeren Frauen. Ein tapferes Leben, ein stoisches Leben ...«

Das gilt natürlich ebenso für Joyce Carol Oates. Zwei Mal, 1983 in Princeton und 1987 in Hamburg, wo sie zu Besuch war, habe ich ihr gegenübergesessen, dieser zarten, zerbrechlich wirkenden Frau, die geduldig und gewissenhaft alle Fragen beantwortete. In Hamburg, im damaligen Hotel »Interconti« an der Außenalster, schaute sie aufs Wasser hinunter, es hing eine düstere Wolkendecke über der Stadt, und als Erstes sagte sie, es sei wenigstens nicht so heiß wie daheim. »Man müsste hier gut arbeiten können!«

Die Hingabe an das Schreiben, heißt es in ihrem Tagebuch, erfordere eine klare Lebensstruktur und vertraute Umgebung, eine sorgfältige Balance zwischen Privatleben und öffentlichem Auftritt. Und natürlich charakterisiert sie sich selbst, wenn sie Nikki, die Journalistin aus dem Roman *Du fehlst*, sagen lässt, schreiben bedeute vor allem umschreiben. Denn dafür ist Joyce Carol Oates bekannt: dass sie an ihren Manuskripten schier endlos feilt.

ABER ICH BIN DOCH NICHT NUR ICH
PETER HANDKE

Eine Liebesgeschichte, anders kann man es kaum nennen. Alles dabei: Trennungsängste und Versöhnungsrituale, Zumutungen, Drohungen und Krisen, Freude über einen Neubeginn und Angst vor Liebesentzug, Quälerei, Sehnsucht und Dankbarkeit, viele Missverständnisse, viel Wut, Empörung und Entfremdung. »Was hast Du noch vor Dir!«, schreibt der eine. »Du fehlst mir schon hin und wieder«, der andere. Den einen macht ein Brief »sehr glücklich«, der andere dankt für zwei Tage, »die Du mir geschenkt hast«. Fragt sich der eine vor einer Begegnung bang: »Würden wir uns trennen?«, donnert der andere: »Die Zeit der Lügen muss ein Ende haben.«

Der vermeintlich Stärkere in dieser Beziehung, der Verleger, der über die Annahme eines Buches, über Auflagen und Honorare entscheidet, gerät im Laufe dieser Beziehung mehr und mehr in die Rolle des Bittenden, ja Flehenden und zuweilen Gedemütigten. Siegfried Unseld, der 2002 im Alter von 78 starb, zählte zu den größten Verlegergenies des 20. Jahrhunderts. Er, Kaufmann und Literaturbesessener, Frauenheld und selbst Autor einiger Bücher, wollte den bewunderten Schriftsteller um fast jeden Preis im Suhrkamp Verlag halten, den er seit 1959 leitete. Zehn Jahre nach seinem Tod erschien die Korrespondenz zwischen ihm und dem Schriftsteller Peter Handke als Buch.

Zwischen den beiden begann es, wie es meistens beginnt: frohgemut und erwartungsvoll. Er freue sich, heißt es in Unselds erstem Brief vom August 1965, »dass wir nach genauer Lektüre Ihres Manuskriptes uns entschieden haben, Ihre Arbeit in den Suhrkamp Verlag zu übernehmen«. Die Rede ist von Handkes erstem Roman *Die Hornissen*. Der Autor ist

22 Jahre alt und schreibt beglückt aus Österreich an den damals noch in Frankfurt am Main residierenden Verlag: »Die Ehre für mein Manuskript, die ihm geschieht, indem es in Ihrem Verlag erscheint, freut mich so, daß das Ereignis mir noch jetzt nicht ganz geheuer ist.« Und Unseld dann wieder: »Ich bin überzeugt, daß Sie mit diesem Manuskript am Anfang einer achtbaren Laufbahn stehen.« Nach der ersten Begegnung in Wien notiert er sich: »Ich glaube, wir haben da einen hochinteressanten Autor gewonnen.«

Und einen, der schon bald übermütig wird und sich in einem Brief über andere Verlagsautoren beklagt und erhebt. Neue Bücher von Martin Walser und Peter Weiss sind für ihn ein Rückschritt, »von Max Frisch ganz zu schweigen«. Handke ist schon bald auch ein Publikumsliebling, er gilt als Pop-Autor und Provokateur, der sich den seinerzeit üblichen gesellschaftskritischen Erwartungen entzieht. Sechs Jahre später, 1971, erreicht die Buchausgabe seines Theaterstücks *Publikumsbeschimpfung* eine Auflage von 100000 Stück, seine Erzählung *Die linkshändige Frau* steht 1976/77 fünf Monate lang auf der Bestsellerliste. Buchtitel wie *Wunschloses Unglück*, *Die Angst des Tormanns beim Elfmeter* oder *Die Stunde der wahren Empfindung* werden sprichwörtlich.

Seit Ende des Jahres 1967 sind Unseld und Handke per du. Und beste Freunde: »Lieber Peter, ich habe an Deinem 25. Geburtstag doch sehr herzlich an Dich gedacht.« Bald darauf aber folgt die erste Enttäuschung. Handke ist in Frankfurt gewesen und hat sich nicht gemeldet. Der junge Autor erklärt es seinem Verleger mit Scheu. Er brauche sich keineswegs zu rechtfertigen, schreibt Unseld gleich zurück. Er habe eher seine Melancholie bekunden wollen, »die ja bekanntlich fast so etwas wie eine nächtliche Schwester der Zuneigung ist«. Das ist noch in der Flirtphase.

Zehn Jahre darauf beginnt Handke das Fremdgehspiel: 1977 übergibt er erstmals ein Manuskript dem österreichischen Residenz Verlag, seine Notizsammlung *Das Gewicht der Welt*.

Unseld tobt: »Mit Deiner Entscheidung hast Du dem Verlag und mir Schaden zugefügt. Ich weiß, Du hörst das nicht gerne und siehst mir diesen Satz auch nicht nach. Aber es ist so.« Doch noch im selben Jahr kommt von ihm eine Versöhnungsgeste im Ton eines Liebesbriefs: »Ich werde Geduld haben, weil ich sicher bin, daß Du wirklich Bedeutendes schaffst. Während ich dies diktiere, ist Sonntag, draußen ein herrlicher blauer erfüllter Herbsthimmel.«

Mehr als 600 Briefe und Karten werden zwischen 1965 und 2002 gewechselt. Für Unseld eine große Kraftanstrengung. Es wollen ja schließlich auch noch andere anspruchsvolle Verlagsautoren wie Thomas Bernhard und Uwe Johnson, Max Frisch und Martin Walser gepflegt werden. Handke aber bleibt das gehätschelte Sorgenkind. In seiner Verlagschronik erwähnt Unseld einmal ein besonders unangenehmes Telefonat: »Immer wieder seine zarte Gewalt, der zärtliche Terrorist.« Er habe sich seines Vorsatzes erinnern müssen, »mich nicht mehr kränken lassen zu wollen«. Und unermüdlich lobt Unseld, aus vollem Herzen: »Ich kann es kaum erwarten, bis ich das Buch in Händen halten kann. Dieses Buch wird Deinen Ruhm für alle Zeit festigen.« In diesem Fall geht es um Handkes *Kindergeschichte* (1981): »Als ich sie heute früh bekam, habe ich mich gleich wieder festgelesen.« Umso unerbittlicher der Hammer, der Anfang 1981 auf Unseld niedersaust. Die Zeit der Lügen müsse ein Ende haben, tobt Handke: »Unsere Wege trennen sich hiermit, unwiderruflich.« Ein Grund: Er hat bei Unseld daheim ein Buch des namentlich nicht genannten Kritikers Marcel Reich-Ranicki liegen sehen, mit einer »Widmung an Dich, meinen Verleger«.

Erst anderthalb Jahre später, im August 1982, treffen die beiden anlässlich einer Handke-Uraufführung bei den Salzburger Festspielen wieder persönlich aufeinander. Handke habe seine Entscheidung, »bei Suhrkamp auszutreten«, mit dem Hinweis korrigiert, triumphiert der Verleger in der Chronik, »er würde für die Zukunft nur für Suhrkamp schreiben«. Und als Unseld später eigens nach Salzburg reist, wo sein Autor für ein paar Jahre wohnt, und ihm persönlich das erste Exemplar des neuen Buches *Der Chinese des Schmerzes* übergibt, ist wieder Honeymoon angesagt: »Ich vergesse dir das nicht.« Unseld allerdings bleibt skeptisch: »Dankbarkeit gegenüber dem Verleger?« In der Chronik, wo er all das festhält, glaubt er nicht daran. Dann wiederum ist es Handke, der Sehnsuchtstöne anstimmt: »Lieber Siegfried, wann sehen wir uns wieder, und wo?« Und er schmeichelt dem Freund: »Es war auch eine Freude, Dich so geistesgegenwärtig, freudig und kindlich zu sehen. In all dem bist Du im Lauf der Jahre immer stärker geworden.«

Natürlich bleibt es nicht dabei. In der ersten Hälfte der neunziger Jahre folgt wieder eine Reihe von Missverständnissen. Gegenseitige Entfremdung: Unseld konstatiert im April 1993 »die Stimmung eines Dissenses, einer Unlust, ein Nicht-mehr-Wollen«. Und wie ein letzter Versuch kommt in demselben Brief endlich jener Satz, auf den Handke vielleicht immer gewartet hat: »Für mich bist Du der wichtigste Autor des Verlages.« Aber es hilft nicht mehr, beide sind lustlos. »Es ist schwierig mit ihm«, hält Unseld im Juni 1994 in seiner Chronik fest. »Er verträgt immer weniger Widerspruch.« Nicht nur der Verleger leidet unter den Launen des Autors. Auch Verlagsmitarbeiter werden nicht verschont. Fühlt Handke sich hinter- oder übergangen, kennt er keine Gnade. Unseld versucht, es ihm mit fast therapeutischer Behutsamkeit beizubringen: »Du machst uns durch Deine Reaktionen unsicher, und aus solcher Unsicherheit heraus entstehen dann bei uns Schwächen und Fehler.« Auch über ihr gegenseitiges Verhältnis spricht er in dem langen Brief ganz so, als wäre man in einer paartherapeutischen Sitzung: »Du nimmst alles gleich persönlich, und ist man nicht Deiner Meinung, bist Du beleidigt, fühlst Dich mißverstanden und abgewertet.« Doch es kommt noch schlimmer. Der neue Roman *Mein Jahr in der Niemandsbucht* (1994) wird zu früh außer Haus gegeben, Handke beschimpft den Verleger als Lügner und dessen Mitarbeiter als Verbrecher.

Das Blatt wendet sich noch einmal. Alte Gefühle werden reaktiviert. Man trifft sich im September 1996 in Paris (Handke wohnt inzwischen in einem Vorort der Stadt), in Montparnasse. Der gemeinsame Abend, so beschwört es der Autor hinterher in einem Brief, »war, wie vielleicht kaum je, einer des Einvernehmens zwischen uns, jenseits jeder Rolle, und ich habe an Dir eine Solidarität gespürt, die auch wiederum jenseits von Autor, Verleger, Erfolg usw. spielte – ein Da-Sein, mit dem andern Sein, voll Ruhe, Deinerseits, wie ich mir das wohl immer gewünscht habe und mir nur weiter wünschen kann«. Als der Schriftsteller reihum wegen seiner serbienfreundlichen Kommentare im Zusammenhang mit dem Kosovo-Krieg kritisiert wird, hält sein Verleger zu ihm und publiziert die Texte ohne Wenn und Aber.

»Und das ist mein letztes Wort an Sie«

Jeder, der sich Peter Handke nähert, kennt das: seinen Wankelmut, seine Unberechenbarkeit, seine Wutausbrüche wie auch sein sanft-freundliches Wohlwollen – als Literaturjournalist ließ sich dem kaum entgehen. Im März 1972, als ich noch Student war und er schulterlanges Haar trug, sich gern mit Sonnenbrille zeigte und mit der Aura des jungen wilden Dichters umgab, traf ich zum ersten Mal mit ihm zusammen. Außer meinem Interesse an einem Interview konnte ich damals in Hamburg nicht viel vorweisen, war mithin auf seine Sympathie angewiesen. Am Vorabend hatte er aus seinem neuen Buch *Der kurze Brief zum langen Abschied* gelesen, dem ersten seiner Prosawerke, das eine fesselnd erzählte Geschichte bot.

Am Morgen im Hotel »Prem« an der Außenalster, wo wir verabredet waren, zeigte sich der Dichter allerdings recht ungnädig, zumal ihn seine kleine Tochter Amina, die mit ihm gereist war, sehr in Anspruch nahm. Aber wir kamen dann doch gut ins Gespräch. Zweifellos trug dazu bei, dass ich ihm meine Begeisterung über die Erzählung vermitteln konnte, in der Handke die Phase seiner Sprachexperimente hinter sich gelassen hatte. Er sei jetzt der Meinung, sagte er denn auch, »dass eine Fiktion nötig ist, eine reflektierte Fiktion, damit die Lesenden sich wirklich identifizieren können«. Und Identifikation wolle er jetzt erreichen. Rücksicht auf die Erwartung des Publikums? »Insofern als ich mich selbst auch als Leser betrachte«, antwortete er. »Weil ich das Bedürfnis habe, mich in Fiktionen zu lesen. Ich würde mich nicht mehr dafür interessieren, bloß grammatikalische Ableitungen oder einzelne Sätze zu lesen.« Aber, so fügte er gleich hinzu, das bedeute nicht, dass die Geschichte, die Fiktion jetzt das Wichtigste sei. »Die Sätze stellen sich jetzt nicht mehr so selber vor, wie ich das früher immer gemacht habe. Es erscheint mir jetzt zu aufdringlich, dass man immerzu zeigt: So, jetzt schaut euch mal diesen Satz an!«

Er trug an dem Tag ein knallrotes Hemd unter einem gestreiften taubenblauen Sacco, nahm gern das Angebot an, zum Flughafen gefahren zu werden, und erlaubte dort noch ein paar Fotos: Handke mit Tochter auf dem Arm. Ich schickte ihm später Abzüge davon. Und es kam ein gut gelaunter handschriftlicher Brief zurück: »Vielen Dank, die Fotos sind schön und ich habe wieder richtig Lust gekriegt, das rote Hemd anzuziehen.« Am Interview hatte er nur wenige Korrekturen angebracht.

Jahre später erhielt ich einen Brief von ihm, der getippt war und ganz anders klang. Ich hatte im Herbst 1986 als frisch installierter Literaturredakteur der »Zeit« Handke um Mitarbeit gebeten und erhielt eine schroffe Absage. Einige Wochen zuvor war eine Rezension seines Romans *Die Wiederholung* im Blatt erschienen, »wohl schon unter Ihrer Verantwortung«, die er als »unverantwortlich und geradezu skandalös« empfunden habe. Und nun wolle ich einen Beitrag von ihm? »Einerseits könnte man zu dem allen humorvoll schweigen, andererseits will ich doch sachlich sagen, daß es nicht recht ist, wie Ihre Zeitung, was die Literatur angeht, aggressiv wird.« Und es folgte noch – in typischer Handke-Manier – ein weit ausholender Empörungsruf: »Ihr Burschen habt eine Verantwortung; und statt Glossen und hämische Fertigsätze zu reihen, habt Ihr mit den Texten, ihren Voraussetzungen und Wetten mitzuspielen und dann zu arbeiten; andernfalls, so Ihr nicht mehr mit der Kunst mitspielen wollt und könnt, schweigt still.«

Glücklicherweise blieb es nicht das letzte Wort. Schon ein halbes Jahr später, nachdem eine überaus wohlwollende Kritik seiner autobiografischen Erzählung *Nachmittag eines Schriftstellers* bei uns erschienen war, drückte Handke – in roter Tinte geschrieben – unverblümt seine Freude darüber aus: »Es tut halt einem Autor wohl, ab und zu eine schöne Nachzeichnung dessen zu erleben, was ihm in der Arbeit vorgeschwebt war.« Er zeigte sich wieder mit dem Blatt versöhnt. Seine Wut habe sich zwar nicht gelegt, schrieb er, aber er begrüße doch »den wiedergefundenen Ernst, mit dem in Ihrer Zeitung die Literatur vorkommt«. Und zum Schluß: »Es gibt doch nichts Vergnüglicheres und Erquicklicheres als den Ernst (den leichtfüßigen).«

Im Herbst 1988 sollte André Müller, der zuvor schon drei Interviews mit Handke geführt hatte, den Schriftsteller erstmals im Auftrag der »Zeit« in Salzburg treffen. Doch der sagte ihm kurzfristig ab: »Lassen wir das Gespräch lieber bleiben. Es gibt viele Gründe dagegen, aber kaum einen dafür. ›Die Zeit‹ ist in ihrem Feuilleton fast nur noch ein Szeneblättchen, aus dem alle Diskussion des Poetischen, worum es dort doch in der Mitte gehen sollte, verschwunden ist.« In einem Telefongespräch aber ließ er sich wieder umstimmen. Im Interview sprach er dann davon, gern Lügen über sich zu erzählen. »Ich hab' schon so viel gelogen«, sagte er zu Müller, »und ich freu' mich immer, wenn solche Lügen dann in Biografien als Tatsachen stehen.« Nach dem Gespräch, bei einem Bier im Restaurant, entschuldigte er sein anfängliches Zögern mit den Worten: »Vorher ist es mir immer ein Horror, wenn Journalisten kommen. Aber dann sind sie da, und ich gewinne sie lieb aus dem einzigen Grund, weil ich vorher den Horror hatte.« Müller veröffentlichte die vier Gespräche mit Handke später in einem eigenen Buch. Er ist nicht der einzige Journalist, der so handelte. Es gibt mehrere buchfüllende Langinterviews, in dem einen oder anderen Fall mit beigefügter CD zum Abhören des jeweiligen Gesprächs. Handke garantiert einfach freche Formulierungen und überraschende Wendungen, das erfreut jedes Journalistenherz.

Anfang der neunziger Jahre konnten wir dann auch wieder einige Beiträge von ihm in der »Zeit« drucken, alle kamen sie im wörtlichen Sinne als Manuskript an, also handschriftlich. »Ich bin noch nicht zurückgekehrt zur Schreibmaschine«, schrieb er uns dazu, das »Handschreiben« habe er sich beim Reisen angewöhnt. Falls etwas nicht zu lesen sei, sollten wir doch bitte bei seinem Lektor um Rat fragen. Das war allerdings nicht nötig, da Handkes Schrift mit einiger Übung gut zu entziffern ist. Im Dezember 1991 schrieb er mir sogar, wohl in Erinnerung an unsere allererste Begegnung: »Vielleicht treibt es mich doch wieder an die Landungsbrücken Ihrer Hafenstadt? Mein Kind von damals ist gerade hier, und ich höre das Klicken des Kassettenwechselns, grausam.«

So freundschaftlich blieb der Ton natürlich nicht, das war auch kaum zu erwarten. Drei Jahre danach – ich arbeitete inzwischen für den »Spiegel« – gab es erneut Anlass zu Klage und Wut. Auf einer Postkarte, geschrieben einen Tag nach der Veröffentlichung einer in der Tat verletzenden Kritik, verdammte er sich selbst: »Was für ein dummes Individuum ich bin, immer noch eine Art Vertrauen zu haben.« Da der Beitrag anonym erschienen war (damals im »Spiegel« noch die Regel), konnte er sich nur an den wenden, der ihm bekannt war. Und wieder hieß es, nun noch endgültiger: »Sie sind verantwortlich, und was Sie scheinheilig, achtlos, bieder, feig, zulassen, grenzt ans Verbrecherische. Und das ist mein letztes Wort an Sie.«

War es nicht. Ich bat ihn einige Monate später unerschrocken um ein Interview, und er gab sich versöhnlich, nicht ohne hinzuzusetzen, sein »Geschimpfe« hätte ich als »Spiegel«-Redakteur allerdings verdient: »Nichts für ungut, lieber langjähriger Leser.« Schon in unserem Gespräch 1972 hatte er den Wunsch geäußert, eines Tages einen umfangreichen Roman zu schreiben: »Später, vielleicht in zehn Jahren. Vielleicht schaffe ich das dann.« Aber es dauerte dann doch mehr als zwanzig Jahre, bis es ihm gelang: Handke, der 1990 in Chaville, einem Vorort von Paris, ein Haus erworben hatte, brachte dort innerhalb eines Jahres sein Buch *Mein Jahr in der Niemandsbucht* zu Papier (»Januar bis Dezember 1993« heißt es auf der letzten Seite), ein Buch, das tatsächlich etwas mehr als 1000 Seiten umfasst – wobei der Verlag etwas nachgeholfen hat, indem er das Mammutwerk in wohltuend großer Schrift setzen ließ. Kein Roman, sondern laut Untertitel ein »Märchen aus den neuen Zeiten«. Schauplatz: ein Vorort von Paris. Zeit: nahe Zukunft, »gegen Jahrhundertende«, genauer gesagt 1997. Handlung: kaum eine. Thema: die Entstehung eines Buches mit dem Titel *Mein Jahr in der Niemandsbucht*. Immer wieder glaubt man als Leser, hinter dem Erzähler den realen Autor ausmachen zu können. Handke treibt ein souveränes Spiel mit der autobiografischen Suggestion. Die Abweichungen von der eigenen Biografie sind oft nur haarfein, aber eben vorhanden.

Darüber sprachen wir, mein Kollege Mathias Schreiber und ich, als Handke uns im November 1994 in Chaville zu einem »Spiegel«-Gespräch empfing. Zunächst zeigte er uns den Garten hinter der Gründerzeitvilla, die ehemals einem französischen General gehört hatte und jetzt durch immergrüne Hochbepflanzung gegen den Lärm der dicht bebauten Kleinstadt und den kläffenden Nachbarshund abgeschirmt war. Alle Räume standen offen, bis auf Handkes Arbeitszimmer im Souterrain. Er war gut aufgelegt und erklärte während des Interviews: »Ich selbst kann ein Buch nur lesen, wenn ich ein Ich spüre. Wie steht dieses Ich zu sich und zu den anderen? Nur indem ich bei mir bleibe, kann ich von der Welt erzählen. Das Ich muss so tief in sich hineingehen, dass es anonym wird.

Je mehr ich nach innen gehe, desto weiter werde ich.« Er sei ein lyrischer Erzähler. »Das ist auch mein Problem«, sagte er. »Weil es zum Überschwang verführt, zur Unpräzision, zur Gefühlsduselei, nicht durch Sprache beglaubigt.« Ob er viele Notizen aus seinem Tagebuch übernommen habe, wollten wir wissen. Er trenne das streng, war seine Antwort. »Das Tagebuch ist keine Leistung. Natürlich ist es wichtig. Würde das Haus hier brennen, dann würde ich als Erstes die Lebewesen hinauszuschaffen versuchen – danach aber, noch vor den Bildern, mein Tagebuch.«

Chaville sei der ideale Ort für einen Autor, »der aus der Welt gefallen ist«, fuhr er fort. Es sei die Gemeinde, in der die Kommunikation unter den Bürgern, verglichen mit den anderen Pariser Vorstädten, am schlechtesten funktioniere. »Ich fühle mich hier deswegen besonders wohl. Hier sind alle Einzelgänger – Gestörte, Flüchtlinge, in sich verhakte Heimgärtner. Ich kenne kaum jemanden persönlich.« Also endlich der richtige Ort für ihn? Er lachte: »Ich bin doch nicht heimisch geworden. Sind Sie wahnsinnig! Ich werde nirgendwo heimisch sein. Ich bin auch nicht heimatlos. Ich bin hier am Platz, in meiner irgendwann geschehenen Trennung von dem, was man Welt nennt. Diese Trennung passierte mir im Internat: beilhiebartig. Vielleicht kommt sie auch aus den Angstwochen nach dem Krieg und aus jenen zwölf Jahren, als ich staatenlos war. Wenn ich zwei-, dreimal im Jahr in meine österreichische Geburtsheimat reise, komme ich mir ansässiger vor als die meisten Leute, die geblieben sind. Die dort Gebliebenen sind sozusagen im Exil, lauter Entwurzelte: so ist unsere Welt.«

Es gibt viele Deutschland-Bezüge in seiner *Niemandsbucht*, und offensichtlich spielte für Handke bei der Konzeption des Buches die späte Entdeckung eine Rolle, dass sein leiblicher Vater ein Deutscher gewesen ist. Erst im Alter von 17 erfuhr er es. »Ich hatte plötzlich die Vorstellung: Der Ehemann meiner Mutter kann nicht mein Vater sein. Ich fragte meine Mutter. Sie brach in Tränen aus und hat mir die Geschichte erzählt.

Ich habe dann meinen richtigen Vater aufgesucht, der in der Nähe von Hamburg wohnte. Er ist im vergangenen Jahr mit 86 gestorben. Da ist noch etwas zu erzählen.«

Auch ein Verleger taucht in der *Niemandsbucht* auf, der recht viel Ähnlichkeit mit Siegfried Unseld aufweist. Schon der geplante Titel gefällt ihm nicht: Das Wort »Niemand« wirke negativ und abschreckend; außerdem sei es unzeitgemäß, die Haupthandlung in einer abgelegenen Vorstadt anzusiedeln, »eine Geschichte von heute« habe in den Zentren zu spielen. Und anscheinend sei der Autor immer noch vornehmlich mit sich selbst beschäftigt, und das werde nun wohl wieder so ein Buch, in dem es um die Schriftstellerei geht. Verleger wissen: Das Publikum schätzt derlei nicht besonders. Wahrlich ein hübsches selbstreferentielles Spiel Handkes, der sich gleich doppelt mokieren kann: über Unseld und über sich selbst. Real handelte er seinem Verleger einen hohen Ladenpreis für sein voluminöses Werk ab. Der hatte vorgeschlagen, *Mein Jahr in der Niemandsbucht* für 58 Mark auf den Markt zu bringen. Das war Handke entschieden zu wenig. Er wünschte, dass sein Buch 98 Mark kosten soll, damit die Leute »auch wissen, was sie da haben«. Schließlich traf man sich in der Mitte: bei 78 Mark.

Gleich nach Veröffentlichung unseres Interviews über die *Niemandsbucht* kam eine freundliche Postkarte aus Frankreich. Handke war zufrieden und spaßte: »Zwar wurde bei der Wiedergabe unseres Gesprächs ordentlich manipuliert, aber eben ordentlich. Mir war's recht. Vielleicht in zehn oder 22 Jahren wieder?« Doch schon ein Vierteljahr später scheiterte erneut ein Versuch, ihn zu einem Beitrag zu überreden: »Ich gehöre nicht mehr in den ›Spiegel‹ als Autor.«

Und auch dabei blieb es nicht. So folgte Handke im November 2008 einer Einladung, sich zur Präsidentenwahl in den USA zu äußern. Er schickte über Nacht ein handgeschriebenes Fax: »Mag ja sein, dass die Wahl Barack Obamas nur ein Symbol bleibt und dass die Sach-, Geld- und Machtzwänge immer weiter zwingend bleiben. Aber ein Symbol ist eben nicht nur ein Symbol. Als Symbol hat es Realität und wird, so oder so, weiterwirken. Deswegen kann die Welt nicht bloß erst einmal erleichtert sein und aufatmen, sondern auch frisch durchatmen. Unser Planet erscheint so neu als eine weltweite Bucht, und die wird, hoffentlich, keine Wiederholung der Schweinebucht sein.«

Wie geboren für Entsetzen und Erschrecken

Selbstdarstellung und Verstellung, Offenbarung und Tarnung gleichermaßen: Handke hat es darin früh zu großer Meister-schaft gebracht. Er hat sich mit Spiegeln und Zerrspiegeln um-stellt, in seiner Fiktion autobiografische Hinweise versteckt, Spuren gelegt, parallele Lebensläufe erfunden, in Interviews und eigenen Texten offen oder vermeintlich offen über sich und seine Vergangenheit gesprochen, er hat sich immer wieder selbst kommentiert, oft genug bloßgestellt bis zur Lächerlich-keit: eine Menge Bruchstücke, Mosaikteilchen, Hinweise, die schwer zu einem Bild zusammenzusetzen sind.

Da ist zunächst der frühe Eindruck vom Krieg und seinen Folgen. Handke, Jahrgang 1942, wies selbst an verschiedenen Stellen darauf hin: Die erste Erzählung entstand, nachdem er 1963 in der Nähe von Graz auf einen unterirdischen Bunker gestoßen war. Eine seiner Figuren, wie geboren »für Entsetzen und Erschrecken«, erinnert sich darin, als Kind »vor den ame-rikanischen Bombern« ins Haus getragen worden zu sein. An anderer Stelle wird über Erfahrungen in der Trümmerwelt des unmittelbaren Nachkriegs-Berlin erzählt. Von solchen Prägun-gen bis hin zu Handkes Beschreibung der internationalen Frie-denstruppe 1996 im ehemaligen Jugoslawien, mit ihren »Jeeps und Tanks« samt Besatzung (»meist schwarze US-Soldaten«), läßt sich ein aufschlussreicher Bogen ziehen.

Dann die lange Liste seiner legendären Wutausbrüche: schon bei einer ganz frühen Lesung 1965 in Wien, als er durch

»blöde Fragen« aus dem Publikum »in eine fürchterliche Wut« geriet und den Zuhörern sein »Aus!« entgegenschleuderte; und noch als Mann in den Fünfzigern, 1996, als Handke einen Journalisten während einer öffentlichen Diskussion über den Krieg in Jugoslawien anpöbelte, er möge sich seine Betroffenheit »in den Arsch« stecken. Es soll auch vorgekommen sein, dass der Schriftsteller einen Journalisten ohrfeigte. Das alles sagt natürlich nichts über die Literatur aus, die einer schreibt, aber als Biograf sollte man sich dem Mann nicht unbedingt auf sanften Pfoten nähern. Handke ist im Übrigen auch niemand, der solche Haltung erwarten oder schätzen würde, zumal er mit sich selbst in den publizierten Notizbüchern nicht eben zimperlich umgeht, etwa wenn es um Sexualität geht. »Plötzlich dachte ich: Ich möchte wirklich nicht mehr meinen edlen Schwanz in so eine Frau hineinstecken!, und ich lächelte sie versonnen an, und sie lächelte zurück«, heißt es in einem seiner publizierten Notizbücher.

Wer sich Handkes Leben und Werk nähert, muss wissen, dass bei ihm die Frage nach dem autobiografischen Kern besonders schwer zu beantworten ist. Dazu sind des Dichters Spieltrieb und seine Lust am Versteckspiel zu ausgeprägt. Den Vorwurf, er beziehe alles nur auf sich, konterte er einmal mit den Worten: »Aber ich bin doch nicht nur ich.« Und: allein im »epischen Lebensgefühl« sei er ganz er selbst. Was also ist das für ein Mensch, der sich als Liebhaber bloßstellt? Und den nicht ganz unbeträchtlichen Mut aufbringt, derlei zu notieren und auch noch zu publizieren?

Die erste Biografie über ihn erschien 2002, sieht man von Adolf Haslingers zehn Jahre zuvor publizierter Studie *Peter Handke, Jugend eines Schriftstellers* ab, die sich ganz auf Kindheit und Jugendjahre beschränkt. Der Autor Georg Pichler, der den Versuch unternimmt, Handkes Leben und Wirken umfassend darzustellen, scheitert ehrenvoll, wobei ihm Forscherfleiß nicht abzusprechen ist. Nach Angaben seines Verlags basiert *Die Beschreibung des Glücks* nicht zuletzt auf Gesprächen des Autors mit Handke. Und der soll zu ihm gesagt haben: »Machen Sie doch, was Sie wollen!« Das hat Pichler aber offenbar eher eingeschüchtert. Brav und streng chronologisch referiert er die bekannten Stationen von Handkes Leben: die Kindheit, die Jahre im Internat, das Jurastudium, die vielen Wohnorte (Kärnten, Berlin, Graz, Düsseldorf, Kronberg, Paris, Salzburg, Chaville), die Erfolge auf dem Theater und die Bücher, zwischendrin die späte Begegnung mit dem leiblichen Vater, die Ehen und die ehelichen Töchter. Und natürlich die kleinen oder größeren Skandale, vom schüchtern-antiautoritären Auftritt bei der Gruppe 47 im Jahre 1966, als er den versammelten erfolgsverwöhnten Kollegen ihre »völlig läppische und idiotische Literatur« vorgehalten hatte, bis hin zur Streitschrift *Gerechtigkeit für Serbien* dreißig Jahre später.

Zaghaft die Beschreibung des Privatmanns Handke: kaum ein Versuch, sein kompliziertes Verhältnis zu Frauen zu beschreiben, auch wenn kleine Pikanterien nicht verschwiegen werden – wie etwa, dass Handke seiner früheren Geliebten, der Schauspielerin Jeanne Moreau, die an sie gerichteten Briefe heimlich wieder entwendete, oder was eine ehemalige Gefährtin, die Schauspielerin Marie Colbin, mit der er von 1983 bis 1987 liiert war, über ihn geschrieben hat: »Ich höre noch meinen Kopf auf den Steinboden knallen. Ich spüre wieder den Bergschuh im Unterleib und auch die Faust im Gesicht.«

Fünf Jahre nach der nur bedingt gelungenen Biografie Pichlers, pünktlich zu Handkes 65. Geburtstag am 6. Dezember 2007, erschien eine fundierte Rowohlt-Monografie, geschrieben von Hans Höller, der aus einer freundschaftlichen Perspektive viel Unbekanntes zutage förderte. Er konnte für seine knappe, nach bewährtem Reihenstandard übersichtliche Lebens- und Werkdarstellung auf unveröffentlichte Quellen zurückgreifen, etwa auf Reisenotizen von Handkes Verleger Unseld und auch auf Tage- und Notizbücher des Schriftstellers selbst. Demnach befand sich Handke Ende 1978 offenbar in einer monatelangen

Existenzkrise. Er fürchtete, nie mehr schreiben zu können, er habe, so Handke in den eigenen Aufzeichnungen, »auch kein Recht mehr zu reden«. Erstmals wird in dieser schmalen Biografie schlüssig aufgezeigt, wie die als Kind erfahrene Schreckenszeit von Krieg und Nachkrieg Handkes Leben und vor allem sein Schreiben geprägt hat. Und so erscheint hier auch manches, was selbst für treue Leser schwer nachvollziehbar war, in milderem Licht: die ausführlichen Einlassungen zum Kosovo-Krieg, die einseitige Parteinahme für die serbische Position. Selbst Handkes gewundene Sätze zum Völkermord von Srebrenica werden verständnisinnig verteidigt.

Handke hatte 2007 auch eine umfangreiche neue Erzählung abgeschlossen: *Die morawische Nacht*, eines jener raffinierten Werke, die vornehmlich um das Erzählen selbst, um das Schreiben und Schreibleben kreisen. Wenn es gilt, sich und die eigene Lebensform zu verhöhnen, macht ihm ohnehin niemand etwas vor. Als wollte er einen Katalog der Vorwürfe und Einwände anlegen, die gegen ihn je laut geworden sind, zählt er in dem Anfang 2008 publizierten Buch seine vermeintlichen Schwächen auf: »Daß er allein dem Abseitigen nachgegangen war. Daß er die Augen geschlossen hatte vor der Realität … Schicksale, Charaktere, Aktionen: nichts für ihn.« So geht es weiter: kein Herz »für seine Zeitgenossen« und »entsprechend abseitig er selber«. Fazit: »Auch die Gutgesinnten müssen Angst um diesen Unglücksritter haben.« Freilich ist hier nicht unbedingt von ihm selbst die Rede, das wäre zu einfach, das alles gilt einem Alter Ego, einem namenlosen Schriftsteller, der – im Gegensatz zum Verfasser der *Morawischen Nacht* – mit dem Schreiben schon lange aufgehört hat.

Im Rahmen dieser Fiktion wird auch der Umgang mit Frauen zum Thema. Nur einmal, so heißt es, hat dieser Ex-Autor das Schreiben und die Liebe zugleich ertragen: »An dem Zwiespalt, als Beruf den des Schreibers, oder Aufschreibers, auszuüben, ausüben zu sollen, und andererseits Liebhaber oder Geliebter zu sein, war dann nichts mehr zu genießen. Es war eine Schuld. Es war die Schuld. Beides zusammen, das war die Strafwürdigkeit.« Die Überzeugung von Handkes Helden: Das Schreiben verlange »ein Leben jenseits der Geschlechterliebe«. Als ihn eine spätere Freundin wiederholt beim Schreiben gestört habe, sei es eines Nachts dazu gekommen, dass er »auf die Frau, ohne sie überhaupt anzuschauen, losstürzte und auf sie einprügelte«. Wer denkt da nicht unwillkürlich an die Worte Marie Colbins?

In der Literatur müsse »sprachlich die Suchbewegung drin sein«, es müsse »Ausbrüche geben, ein beherrschtes Sichgehenlassen«. So äußerte sich Handke in einem Interview, als im Frühjahr 2011 die kürzere Erzählung *Der Große Fall* herauskam. Dieses Mal wetterte er in bewährter Manier gegen das angeblich »rezepthafte Schreiben« amerikanischer Erzähler. Jonathan Franzen folge einem Strickmuster, und auch Philip Roth sei »letzten Endes nur ein Conférencier«.

Die Suchbewegung des Schreibens sichtbar zu machen: das ist Handkes Absicht seit eh und je. So kommt sein tastendes, stolperndes, sich selbst ins Wort fallendes Erzählen zustande. Und oft genug hat er es verstanden, dadurch eine innere Spannung aufzubauen. *Der Große Fall* hebt an mit einem verlockenden Satz: »Jener Tag, der mit dem Großen Fall endete, begann mit einem Morgengewitter.« So könnte ein Krimi beginnen. Hier aber geht es um eine Wanderung von der Peripherie ins Zentrum einer großen Stadt, querfeldein, oder wie es hier heißt: »querwaldein«. Am Morgen erwacht Handkes Held, ein namenloser Schauspieler, durch einen lauten Donnerschlag in einem fremden Bett. Die Frau, mit der er die Nacht verbracht hat, ist leise gegangen, um ihn nicht zu wecken. Mehr erfährt der Leser darüber nicht, immerhin macht sich der Held einige Gedanken über seine Lieblosigkeit. »Er liebte die Frau nicht, hatte es ihr auch gesagt, am Anfang, später noch einmal, und dann hatte es sich wohl erübrigt.« So wandert er allein los, ins Selbstgespräch vertieft, das er sich zu verbieten sucht: »Still! Nicht so. Überhaupt nichts sagen!«

Aber was ist der Tag eines Schauspielers gegen den *Nachmittag eines Schriftstellers*? Diese Erzählung Handkes aus dem Jahr 1987 begeisterte einst sogar John Updike, der von einem »überaus empfindsamen Sprachregister« schwärmte und davon, »dass wir wie in eine übernatürliche Dimension einzutreten scheinen«. Diese Dimension fehlt im *Großen Fall* ganz und gar, auch der Leser, nicht nur der Wanderer ermüdet im Verlauf des Tages. Am Ende erschlafft sogar das Interesse an der Frage, was es mit dem geheimnisvollen Titel auf sich hat. Dabei ist es ganz einfach: Geschrieben hat Handke die Erzählung in Amerika, im Sommer 2010, der Name der Stadt in Montana: Great Falls. Doch nicht alles, was groß sein will, ist es dann auch. Nicht einmal bei ihm.

Immer wieder hat Handke von Kollegen Zuspruch erhalten. Nicht nur Updike, auch die Amerikanerin Joyce Carol Oates schwärmte von seinem Schreibideal und seiner eigenartigen Sichtweise, sie habe auf Anhieb »eine starke Identifikation« bei der Lektüre von *The Weight of the World* gespürt (der 1984 in den USA publizierten Übersetzung des Notizwerkes *Das Gewicht der Welt*). Als die Österreicherin Elfriede Jelinek 2004 den Nobelpreis zugesprochen bekam, war ihre erste Reaktion, ihr Landsmann hätte den Preis »viel mehr verdient«, und von Botho Strauß stammt die Einschätzung (2006 in einem Beitrag für die »FAZ« formuliert), Handke sei »der sprachgeladenste Dichter seiner Generation«.

Natürlich gab es auch ganz andere Stimmen, vor allem Günter Grass tat sich gelegentlich als Gegner hervor. So sagte er – durchaus nicht unbegründet – in einem »Zeit«-Gespräch, Handke habe immer die Neigung gehabt, »mit unsinnigsten Argumenten eine Gegenposition einzunehmen«. Das war im Sommer 2006. Handke ließ sich wenige Wochen später die Gelegenheit nicht entgehen, vollmundig gegen Grass zurückzuschlagen, als der bekannte, in der Waffen-SS gedient zu haben. Im österreichischen Magazin »News« nannte er Grass »eine Schande für das Schriftstellertum«. Mit 17 habe man wissen können, dass die Nazi-Ideologie »grundböse« sei: »ein ewiger Makel eines empörenden Menschen«. Der *Blechtrommel*-Autor sei »drei Jahre seines Lebens ein Genie« gewesen, danach nur noch »ein Genienachahmer mit Hilfe einer toten Sprache«. Da brach wie in einem Nebengefecht ein Konflikt zwischen zwei Generationen auf, deren Wortführer beide – der eine damals in den Sechzigern, der andere bald 80 – längst zu den etablierten Autoren gehörten.

Eine glänzend geschriebene Biografie Handkes erschien 2011 unter dem Titel *Meister der Dämmerung*. Malte Herwig erzählt darin souverän und eigenständig vom Leben und Wirken. Auch er konnte für sein bestens recherchiertes Buch auf unveröffentlichtes Material und persönliche Informationen zurückgreifen. Eine Vielzahl von Gesprächen bilden die Grundlage, darunter nicht nur mehrere mit Handke selbst, sondern auch mit ihm nahestehenden Personen, engsten Vertrauten und Geliebten. So kommt Herwig zu dem Ergebnis: »Kein Handke-Freund und keine Handke-Frau, die nicht schon einmal vorm Standgericht des Dichters in Grund und Boden gehauen wurde.« Gerade die engsten Freunde hätten immer wieder von Qualen berichtet, »die langes Verstummen, ein vernichtender Blick oder eine scharfe Zurückweisung des Dichters in seiner Umgebung auslösen«. Handkes Tochter Amina wird sogar mit den Worten zitiert: »Er hat es trainiert.« Aber ebenso ist auch von Ermunterung und freundschaftlicher Unterstützung die Rede. So resümiert der Filmregisseur Wim Wenders, der verschiedentlich mit Handke gearbeitet hat: »Mein Leben hätte sicher einen anderen Verlauf genommen, wenn ich ihn nicht kennengelernt hätte. Mit seiner Art hat Peter mir unglaublich Mut gemacht.«

Und Herwig gelang es im März 2009 sogar, dem Schriftsteller einen Kommentar zum oft zitierten Vorwurf der Schauspielerin Colbin abzuringen. Seinen Gewaltakt ihr gegenüber bedauerte Handke zwar, bezeichnete ihn aber als Notwehr: »Außerdem war es nicht in den Magen, ich habe ihr einen Tritt in den Arsch gegeben. Ich glaube, ich hab' ihr auch eine heruntergehauen. Ich wollte einfach arbeiten, und das ging nicht.« Das ist wahrlich originaler Handke-Ton.

Das Privatleben war gelegentlich sogar für die Boulevardpresse interessant, zumal Handkes Partnerinnen, diejenigen jedenfalls, mit denen er sich öffentlich zeigte, durchweg Schauspielerinnen waren: Libgart Schwarz, Jeanne Moreau, Marie Colbin, Sophie Semin und Katja Flint. Zwei hat er geheiratet, 1967 Libgart Schwarz, 1995 Sophie Semin, und mit beiden jeweils eine Tochter: Amina, 1969 geboren, und Léocardie, 1991 geboren. Mit beiden Ehefrauen lebte Handke nur wenige Jahre zusammen. Ligbart Schwarz und er trennten sich 1974. Sophie Semin bewohnte gemeinsam mit ihm von 1990 bis 2001 das Haus in Chaville, dann zog die Juristin und Schauspielerin zurück nach Paris. Anfang 2008, als der »Spiegel« sie in einer Bildzeile irrtümlich als Freundin von Handke bezeichnet hatte, berichtigte Madame Semin-Handke das postwendend: »getrennt, aber immer noch verheiratet«, schrieb sie und legte ein kleines Foto von sich und Handke auf dem Standesamt bei.

Der Lärm der Gesellschaft und die produktive Stille

Eine ganz andere Möglichkeit, sich der Person des Schriftstellers zu nähern, ist die Lektüre seiner fünf *Versuche* mit ihrer Mischung aus Erzählung und Essay, aus Selbstreflexion und Erinnerung. *Versuch über die Müdigkeit*, das erste dieser schmalen Bücher, erschien 1989. Es folgten im Jahresrhythmus *Versuch über die Jukebox* und *Versuch über den geglückten Tag*, dann mit einem Abstand von elf Jahren *Versuch über den Stillen Ort* und im Jahr drauf, 2013, *Versuch über den Pilznarren*, das umfangreichste dieser eigenwilligen Werke.

Sie sind alle faszinierend, diese fünf Prosawerke, herausragend jenes über den *Stillen Ort*: Da hat man Handkes schillernde Autorenpersönlichkeit in nuce. Es geht hier zunächst tatsächlich um das, was der Titel suggeriert: um jene Errungenschaft der menschlichen Zivilisation, über die, wenn überhaupt, zumeist eher andeutungsweise und verblümt geredet wird. Handke, den solche Bedenken und Befangenheiten nicht scheren, fragt danach, was es auf sich hat mit der euphemistischen Bezeichnung als »stiller Ort« einerseits und der banalen Existenz von Aborten überall auf der Welt andrerseits, von all den Bahnhofs-, Eisenbahn- und Flugzeugtoiletten. Es fällt ihm dazu eine Szene aus der Kindheit ein: wie er im katholischen Internat das Klosett als »Asylort« nutzte, um sich dem Lärm, dem Gedränge und dem Befehlston, der dort herrschte, zu entziehen. Mehr als zwanzig Jahre ging ihm das Thema im Kopf herum. Doch alles Sammeln von Material half ihm nicht weiter, weder Bildbände mit Fotos von den »Toiletten der Welt« noch ethnologische Facharbeiten, nicht einmal das Fotografieren von »pittoresken, mondänen, versnobten, rudimentären, erbärmlichen, weltverlassenen« Aborten. Unergiebig blieb auch das Befragen eigener Erinnerung an konkrete Toiletten im Nachkriegs-Berlin, im Haus des bäuerlichen Großvaters oder in späteren Wohnungen.

Im Grunde aber zielt Handke in seinem *Versuch über den Stillen Ort* auf etwas anderes ab, auf den Moment des Aufatmens, wenn die Toilettentür hinter ihm zufällt und verriegelt ist: »Endlich allein!« Und wichtig ist auch der Übergang in die Gegenrichtung: nach einiger Zeit, die er »regelmäßig überzog und auszukosten versuchte«, zurück in das »Getöse der Räume«. Manch kostbare Stille ist für ihn auch ganz woanders zu finden gewesen: im Krankenzimmer des Internats oder im Beichtstuhl, wo das Gegenüber hinter einem Gitter verschwindet. Und es kann zu viel an Stille geben, auf einem Friedhof etwa oder in einer leeren Kirche. »Fast eine Befreiung, dann wieder durch den Krach der Straßen zu stromern«, schreibt Handke. Stille wird für ihn erst dann zur wahren Wohltat, wenn sie begleitet wird von den Geräuschen der Außenwelt im Hintergrund, von »vorbeifahrenden Zügen, Fernlastern, Straßenbahnen, sogar Polizei- und Ambulanzwagensirenen«.

Aber Handke ist kein Kaffeehausliterat, der überall loslegen kann, keiner, der mit dem Laptop auf dem Schoß vor einem Flug am Gate noch rasch den Anfang eines Romans eingibt. Er schreibt am liebsten mit Bleistift; und es gibt eine sehr edle Faksimile-Edition der ersten *Versuche* in seiner Handschrift. »Ich muss kurz verschwinden«: das heißt für ihn Rückzug, um dem Verstummen vorzubeugen, der gefürchteten Sprachlosigkeit. In der Stille erfährt der »eben noch für allezeit Verstummte« das Glück: »Die Sprach- und Wörterquelle springt frisch auf.« Wem das zu pathetisch klingt, der mag mit Lichtenberg spotten, der vor mehr als 200 Jahren schrieb: »Viele sogenannte berühmte Schriftsteller, in Deutschland wenigstens, sind sehr wenig bedeutende Menschen in Gesellschaft.«

Handke, der Österreicher, gibt sich redlich Mühe, den Eindruck zu vermeiden, das »Aufsuchen der Stillen Orte« – also auch seine Schreibtätigkeit – sei Ausdruck von »Gesellschaftswiderwilligkeit, von Geselligkeitsüberdruss«. Auf die produktive Stille folgt die Lust auf das »Grölen, Gellen, Toben und Kreischen draußen«. Und am Schluss ermuntert sich der Erzähler: »Los, auf, zurück zu den andern, vielsilbig, voll von der Redelust.« Wer das nicht als selbstironisch, als Spiel mit den eigenen Lebensmustern und Marotten lesen will, hat selber Schuld. Peter Handke, das übersieht man gern, ist ein Mann von Humor.

Und ein guter Geschäftsmann offensichtlich auch. So gelang ihm der Coup, seinen Vorlass auf zwei Staaten und Archive zu verteilen. Der Österreichischen Nationalbibliothek verkaufte er diverse Handschriften, darunter das Manuskript der *Niemandsbucht*, und dem Deutschen Literaturarchiv Marbach überließ er seine Notizbücher. Aus Wien erhielt er eine halbe Million Euro dafür, aus Marbach eine ungenannte Summe, wahrscheinlich wohl in ähnlicher Höhe, in beiden Fällen durch Spenden und staatliche Zuwendungen ermöglicht. Die

Notizbücher, insgesamt 221 Stück, wurden in zwei Etappen übergeben: 2007 zunächst jene aus der Zeit von 1975 bis 1990, zehn Jahre später dann, 2017, folgten Aufzeichnungen, die zwischen 2007 und 2015 entstanden sind. In einem Handke gewidmeten »marbacher magazin« beschrieb das deutsche Archiv 2018 die Anschaffung stolz als »größtenteils noch unbekannte Text- und Bild-Landschaft von mehr als 33000 Seiten voller Beobachtungen und Zeichnungen, Beschreibungen und Sprachspielen, Selbstgesprächen und Lektüre-Notizen«.

Proben daraus hatte Handke in Abständen publiziert, erstmals 1977 in dem Band *Das Gewicht der Welt*, dessen Erscheinen damals noch manche Kritiker verstörte. Da war von »Beliebigkeit« die Rede und von »himmelschreienden Banalitäten«. Tatsächlich zeigte Handke sich einmal mehr in seiner ganzen Widersprüchlichkeit, stellte die Palette seiner Verzagtheit und Empörungslust, seiner Selbstzweifel und seines Größenwahns aus – das alles ungeschützt und, wenn man ihm glauben darf, weitgehend unbearbeitet, ohne nachträgliche Selbstzensur. Was für andere heute das Smartphone mit Diktierfunktion in der Jackentasche ist, sind für ihn stets auf allen Wegen Stift und Papier gewesen (»Gefühl der Vollständigkeit«). Der ersten Auswahl folgten bald zwei weitere dieser Art: 1982 *Die Geschichte des Bleistifts* und 1983 *Phantasien der Wiederholung*. Daran schloss sich dann viele Jahre später, 1998, die Sammlung *Am Felsfenster morgens* chronologisch an, die Aufzeichnungen aus den Jahren 1982 bis 1987 enthält, gefolgt 2005 von *Gestern unterwegs*, womit Handke die Reihe zunächst als beendet ansah: Aufzeichnungen bis zum Sommer 1990, als er in Chaville sesshaft wurde.

Abertausende von Prosablöcken sind es: poetische Kommentare, meditative Stenogramme, Reisenotizen und Zeichnungen, manchmal auch nur reizvolle Erzählkürzel. Die Politik, die Nachrichtenwelt bleibt weitgehend außen vor. So lässt Handke den Mauerfall im November 1989 nur mit einem knappen Zitat von drei Zeilen vorkommen. Und wie schon in den frühen Briefen an seinen Verleger hat Handke Vergnügen daran, über die Größen seines Faches zu lästern. In *Gestern Unterwegs* stören ihn wieder einmal alle: »das Muttersöhnchen Proust, der aufgeblasene unreine Musil, der Schreibakteur Joyce – von Th. Mann zu schweigen – der Heiratsschwindler Kafka«. Und fast rührend wirkt daneben die Beobachtung: »Wie unvollständig, und auch unappetitlich, wirken doch viele Männer ohne Frauen!«

Das alles und noch ein Vielfaches davon ist nun im Original im Deutschen Literaturarchiv bewahrt und für Forschungszwecke einzusehen. Handke, der 2016 unter dem Titel *Vor der Baumschattenwand nachts* noch einen umfangreichen Ergänzungsband mit Notaten aus der Zeit von 2007 bis 2015 publiziert und nachgereicht hatte, sprach im Oktober 2018 in Marbach mit Ulrich von Bülow, dem Leiter der Handschriftenabteilung, wobei er betonte, dass es sich keineswegs um intime Tagebücher handelt: »Ich war nicht einmal je in Versuchung, irgendetwas Privates aufzuschreiben.«

Was in dieser öffentlichen Veranstaltung auch deutlich wurde: Anspielungen, Abkürzungen, rasch hingeworfene Einfälle, zusammenhanglose und unleserliche Stellen werden die Forscher dereinst vor manche Rätsel stellen. In Marbach konnte der Autor auf die Frage nach dem häufig auftauchenden Kürzel »u. S.« immerhin selbst Auskunft geben: Das stehe für »unwillkürliches Selbstgespräch«. Er lese Tagebücher nicht gern, erklärte Handke zudem. »Tagebücher, auch meine eigenen Notizbücher, geben mir keine Befriedigung des Gemachten.« Für ihn sei das keine Leistung. Es schmerze ihn zwar, dass zwei oder drei seiner Notizhefte verloren gegangen seien, »aber es ist kein Werk, das fehlt«.

Ebenfalls noch 2018, mehr als fünfzig Jahre nach dem ersten Briefkontakt mit Siegfried Unseld, wurde das Werk Handkes, wie es der Tradition des Hauses Suhrkamp entspricht, in einer Gesamtausgabe ediert, einschließlich jener Bücher, die der Autor zunächst in anderen Verlagen hatte veröffentlichen lassen. Der Umfang der Ausgabe ist selbst für denjenigen beeindruckend, der dieses Werk von den ersten Tagen an wahrgenommen und begleitet hat – und den umgekehrt dieses Werk begleitet hat, Buch um Buch. Die erste Abteilung umfasst Prosa, Gedichte und Theaterstücke: in neun Bänden von insgesamt mehr als 7000 Seiten; die zweite enthält Aufsätze und Zeitungsbeiträge, soweit sie zuvor in Buchform veröffentlicht wurden: zwei Bände, knapp 1800 Seiten; die dritte versammelt die publizierten Notizbücher, die Journale: drei Bände, gut 2600 Seiten.

Erstaunlich darf man diese Produktivität schon jetzt nennen, da das Werk noch nicht abgeschlossen ist. Erstaunlich gerade für einen Autor, der sich und seine Arbeitsweise einmal in dritter Person (im *Nachmittag eines Schriftstellers*) so charakterisiert hat: »Zwar lebte er, schon seit Jahrzehnten, auf sein jeweiliges Schreibziel hin; doch bis heute kannte er dafür kein verläßliches Wie; alles an ihm war so vorläufig geblieben wie einst an dem Kind, wie später dem Schüler, wie noch später dem Anfänger.« Peter Handke ist einer, der immer neu beginnt.

DER SINN FÜR VERMISSEN
BOTHO STRAUSS

Ein letzter Gang durch die Räume der Jugend. Und eine Rückschau: Botho Strauß besucht noch einmal die Stätten von einst,
versichert sich seiner Herkunft, sinnt den frühen Stationen des
Erwachsenwerdens nach. Der äußere Anlass ist die Auflösung
des mütterlichen Haushalts im Jahre 1997. Die Wohnung
in Bad Ems muss entrümpelt werden. Die alte Dame, fragil,
freundlich, mit leiser Stimme, zieht in ein Seniorenheim. So
schaut sich der Schriftsteller ein letztes Mal in den Zimmern
um, die die Eltern Mitte der fünfziger Jahre bezogen hatten.
Der Sohn, ein Einzelkind, wurde damals gerade elf.

Das ist der Ort, wo Strauß aufwuchs, »zwischen Fluss, Kur-
anlagen und Berg«. Die Familie kam aus dem Osten. Der Vater
war in Naumburg Mitinhaber einer pharmazeutischen Firma,
wurde enteignet und flüchtete 1950 mit Frau und Kind aus der
DDR, zunächst nach Remscheid. Eduard Strauß musste mit
60 Jahren noch einmal ganz neu anfangen. Das zarte Buch mit
dem schlichten Titel *Herkunft*, keine 100 Seiten stark, in dem
Botho Strauß davon erzählt, ist eine Huldigung an diesen Vater
und zugleich, fast zwangsläufig, ein Selbstporträt des Dichters,
der im Alter teils befremdet, teils erfreut ein väterliches Echo
im eigenen Leben ausmacht: »Es scheint mir bisweilen, dass er,
den ich täglich schreiben sah, mich nötigte, diese gebeugte Haltung zu übernehmen und nachahmend ihn mir zu erhalten.«

Der Vater starb 1971, als Strauß sich gerade anschickte, zum
Schriftsteller und Dramatiker zu werden. Erst Jahre später
konnte der längst erfolgreiche Sohn die Trauer zulassen und
hineinwachsen in »diesen umfassenden Sinn für Vermissen«.
Die biografische Skizze, die den Hauptteil von *Herkunft* ausmacht und zunächst nicht zur Publikation gedacht war, ent-

stand im Umfeld des 9. April 1990, des Tages, an dem der Vater hundert geworden wäre – publiziert wurde das Buch erst 2014.

Eduard Strauß, wie der Sohn ihn schildert, war ein Mann von großer Disziplin, der auf Formen achtete und nicht zufällig Thomas Mann verehrte. Mit rührender Sorgfalt rüstete er sich jeweils für den Tag, den er doch fast nur am Schreibtisch zubrachte, stets akkurat gekleidet mitsamt Manschettenknöpfen und perlenbesetzter Krawattennadel. Der promovierte Chemiker, der gern Arzt geworden wäre, schrieb Gutachten für die Pharmaindustrie. Und er hatte schriftstellerischen Ehrgeiz: als Herausgeber eines ausschließlich von ihm verfassten zeitkritischen Periodikums (nach dem Vorbild von Karl Kraus) und als Autor eines Buches mit dem kuriosen Titel »Nicht so früh sterben!«, das den Weg zu einem gesunden und erfüllten Leben weisen sollte. Wenn er dem Sohn aus seinen Schriften vorlas, musste er erleben, dass der sich »von seinen reaktionären Bosheiten abgestoßen fühlte«. Überhaupt war die Erscheinung des Vaters für den Heranwachsenden oft genug eine Bürde, er hätte ihn lieber normaler gehabt, weniger auffällig.

»Dass ich auf seine schriftstellerische Tätigkeit nichts gab, wird ihn besonders gekränkt haben«, vermutet Strauß im Rückblick. »Denn ich war schließlich durch ihn zum Leser erzogen worden.« Der Vater muss ein anregend-liebevoller Gesprächspartner für ihn gewesen sein. Und alles andere als ein strenger oder engstirniger Erzieher: Auf Wunsch des Sohnes gab es im Hause schon früh einen Fernseher, einen der ersten im Ort. Zur jugendlichen Lieblingslektüre zählten – ohne elterlichen Einspruch – »Bravo« und »Tarzan«-Comics. Allerdings versuchte sich der 14-Jährige auch an einem mythenhaften Roman, der Fragment blieb.

Unterschwellig korrespondiert *Herkunft* mit einem zweiten Strauß-Werk, das deutlich autobiografische Züge trägt: *Die Fehler des Kopisten* aus dem Jahr 1997. Es gibt übereinstimmende Motive, verwandte Formulierungen. Damals beobachtete der Schriftsteller sich selbst in der Vaterrolle, wie er mit seinem demnächst schulpflichtigen Sohn die Uckermark durchstreift, die inzwischen zu seiner Heimat geworden war, und sich überlegt, was er dem Kind mit auf den Weg geben kann, »damit es nicht beim ersten Stoß aus der Bahn geschmissen wird«.

In *Herkunft* zeigt er sich als dankbarer Sohn, voller Respekt, Verehrung und Liebe – und Verwunderung: »Man altert, trotz der sozialen Bedeutungslosigkeit von Tradition, immer noch geradewegs in das hinein, was man einst als rettungslos veraltet empfand.« Sentimentale Erinnerungsprosa ist es dennoch nicht geworden. Denn er weiß, ganz im schillerschen Geist: »Fügt sich Erinnerung, so schwindet sie schon.« Auch in diesem Buch beobachtet er sich selbst: wie ihm beim Gang durch die Stadt seiner Jugend, beim letzten Blick in die Wohnung mit den sieben Türen Vergangenheitspartikel zufliegen. Er inszeniert Erinnerung nicht, er erfährt sie. Mit seinem reichen Wortschatz und der intellektuellen Durchdringung sind ihm genaue Differenzierungen möglich.

Er spricht ja ungern über sich, öffentlich schon gar nicht. Bestärkt hat ihn in seiner Scheu jene Erfahrung, die er 1993 mit seinem legendären »Spiegel«-Essay gemacht hat. Er hatte mir Monate davor, im Oktober 1992, auf einem Spaziergang durch Berlin erstmals eine Andeutung gemacht. Wir hatten uns in den gut zwölf Jahren seit unserer ersten Begegnung (Anfang 1980 für ein Porträt im »FAZ-Magazin«) immer wieder einmal getroffen, auch ohne journalistische Absichten. Ich erlebte ihn oft ganz ungezwungen, in Plauderlaune. »In den nächsten Tagen muss ich Türen und Fenster aussuchen«, sagte er dieses Mal. Sein Haus in der Uckermark war zu der Zeit noch ein Rohbau, und er stöhnte darüber, wie mühsam das Bauen sei. »Ich verstehe überhaupt nichts davon und habe Angst, übers Ohr gehauen zu werden. Aber es muß ja gemacht werden.« Dann stellte ich doch noch eine professionelle Frage: Ob er nicht einmal etwas für den »Spiegel« schreiben sollte? Nein, das könne er nicht, sagte er. Das sei ja wie Fernsehen! An der nächsten Straßenecke rückte er plötzlich damit heraus, die Idee eines längeren Essays mit sich herumzutragen: zur desolaten Lage deutscher Intellektueller. Da müsse er aber vorher noch vieles lesen. »Das reizt mich und das schreckt mich zugleich.«

Und dann erschien wenige Monate später tatsächlich im »Spiegel« dieser Essay mit dem unvergesslichen, oft parodierten Titel: »Anschwellender Bocksgesang«. Um die ganze Aufregung zu verstehen, muss man sich noch einmal in die Zeit von damals zurückversetzen: Es war im Februar 1993, knapp zweieinhalb Jahre nach der Wiedervereinigung. Der Kalte Krieg war vorbei. Die politische Landschaft ließ sich plötzlich nicht länger so einfach in links und rechts, gut und böse, progressiv und reaktionär unterteilen. Es galt, sich neu zu orientieren.

Strauß sagte den Zeitgenossen eine ungemütliche Zukunft voraus. Es hieß: »Zwischen den Kräften des Hergebrachten und denen des ständigen Fortbringens, Abservierens und Auslöschens wird es Krieg geben.« Krieg? Archaische Glaubenskraft versus westliche Wohlstandsgesellschaft mit ihrem technisch-innovativen Standard? Davon wollte damals niemand etwas wissen, das konnte sich kaum jemand vorstellen. Strauß aber sah Konflikte heraufziehen, »die sich nicht mehr ökonomisch befrieden lassen«. Im selben Monat noch, am 26. Februar, gab es einen ersten, noch nicht sehr spektakulären und inzwischen fast vergessenen islamistischen Anschlag auf das World Trade Center in New York.

Strauß hatte bis dahin als Linksintellektueller gegolten, mit Leitfiguren wie Adorno und Bloch. Und nun sprach er in seinem Beitrag ohne Abgrenzungsgeste vom »Rechten« und spielte diesen Rechten gegen das etablierte Linksmilieu aus, das sich doch wie selbstverständlich bis weit in die SPD hinein als Gewissen der Nation empfand. Zwar war von Strauß mit »rechts« ausdrücklich nicht »die verzerrte Visage des Fremdenhassers« gemeint, nicht einmal eine rechte Politik, eher eine konservative Denktradition – aber es half ihm nichts:

Das Reizwort und einige seiner Spitzen gegen die Linke (»Wie blind und hilflos erscheinen jetzt die kritisch Aufgeklärten«) provozierten wütende, ja denunziatorische Reaktionen. Fast panisch und von Pathos getragen reagierte damals sogar der als besonnen geschätzte, 2005 gestorbene SPD-Intellektuelle Peter Glotz auf den Essay von Strauß: »Notiert euch den Tag, Freunde, es war die ›Spiegel‹-Ausgabe vom 8. Februar 1993. Es wird ernst.« Strauß erschien Glotz als »gefährlicher Wirrkopf«.

Natürlich war er das nie. »Nur in Details lag Strauß falsch«, schrieb zwanzig Jahre später der Schriftsteller Wolfgang Büscher, nach einer Neulektüre. Tatsächlich ist der Essay, der längst zur deutschen Kulturgeschichte des 20. Jahrhunderts gehört, ein intuitiv vorausgreifender Kommentar zu vielem, was inzwischen eingetroffen ist. Ungewöhnlich in seiner Weitsicht, tastend im Ton, mutig in den Gedanken. Treffend resümierte Büscher: »Kein Manifest war der ›Bocksgesang‹. Eher eine Verlustanzeige.«

Eine intellektuelle Affekthandlung

Berlin, Januar 2013. Botho Strauß ist aus privaten Gründen für ein paar Tage in die Stadt zurückgekehrt, wo er einst an der Schaubühne am Halleschen Ufer als Dramatiker seine großen Erfolge feierte und sich heute nur noch selten aufhält. Mitte der neunziger Jahre, bald nach dem Aufruhr um seinen »Bocksgesang«, hatte er sich in die uckermärkische Einsamkeit zurückgezogen, wo er in einem Haus mit weitem Blick in die Landschaft lebt und arbeitet. Er freut sich über den Zuspruch, der jetzt von verschiedenen Seiten kommt. Er mag damals ja geahnt haben, dass er mit der Publikation ausgerechnet im »Spiegel« ein Risiko einging. Was ihm dann allerdings entgegenschlug, war mehr, als er sich je hätte ausmalen können.

Jahrelang hat Strauß sich nicht mehr zu seinem »Bocksgesang« geäußert. Auch jetzt zögert er. »Das war eine intellektuelle Affekthandlung aufgrund der deutschen Wiedervereinigung«, sagt er behutsam, ein wenig stockend. Als Manifest sei der Text tatsächlich nie gedacht gewesen. »Es gab diese Unruhe in mir. Da war der Kommunismus in die Knie gegangen, da gab es einen geschichtlich einzigartigen Vorgang am Ende eines an Katastrophen reichen Jahrhunderts – und es sollte alles bei den linken Konventionen bleiben?« Eine Erschütterung sei das gewesen, ganz so, als würden sich heute Süd- und Nordkorea vereinigen. Inzwischen habe er zwar ein entspanntes Verhältnis zu der »Bocksgesang«-Episode, die ihn aber gleichwohl geprägt und sein Bild in der Öffentlichkeit nachhaltig verändert hat. Damals aber, nach dem Sturm, der über ihn hereinbrach, hatte er das Gefühl, über Nacht zum »missliebigsten Autor der Republik« geworden zu sein.

Ein zurückgezogen lebender, unnahbar wirkender Schriftsteller war Strauß eigentlich immer. Seit er 1972 mit dem Theaterstück *Die Hypochonder* debütierte, hat er sich dem öffentlichen Auftritt verweigert, selbst bei Premieren seiner Stücke. Bis heute: keine Talkshow-Teilnahme, keine Lesungen, weder in Buchhandlungen noch in Literaturhäusern. Nicht aus Hybris, sondern weil ihn das verlegen und unsicher macht. Auch das Gespräch mit Journalisten meidet er. Selten macht er eine Ausnahme. So wie jetzt, wo ein neues Buch von ihm erscheint, sein Prosaband *Die Fabeln von der Begegnung*. Das widerspricht eigentlich seiner Überzeugung. Der literarische Text soll für sich sprechen. Aber es reizt ihn eben doch hin und wieder, ungezwungen und ungeschützt über das Schreiben, das Theater, den Geschlechterkampf oder die Politik zu reden. Und unter vier Augen ist Strauß keineswegs schwierig oder unnahbar, sondern ein unterhaltsamer Gesprächspartner.

Lange ist es her, dass er mit seiner Prosa hohe Auflagen erzielte. Wie 1977 mit der Liebes- und Trennungsgeschichte *Die Widmung* – danach erwartete der Kritiker Marcel Reich-Ranicki von ihm den »Roman seiner Generation«. Oder wie 1981 mit dem Prosaband *Paare, Passanten*, der damals zum

Kultbuch einer Generation wurde. Strauß zeigte sich darin als Chronist der unmittelbaren Gegenwart, als Flaneur, der zuhört und beobachtet, notiert und in erzählerische Form bringt, was um ihn herum geredet und aufgeführt wurde, und er bietet zudem Denkstücke von großem Eigensinn.

Strauß war damals vielgerühmt und populär, auch und vor allem als Bühnenautor. Stücke wie *Groß und klein* und *Kalldewey, Farce*, später *Schlußchor* und *Das Gleichgewicht* waren Publikumsrenner. Die Theater rissen sich um jede Uraufführung. Dann der Bruch: Die Prosabände nach Erscheinen des »Bocksgesangs« vermeiden zunehmend die »Accessoires des Zeitgenössischen«, wie Strauß es jetzt angesichts seines neuen Buches formuliert. Sein Bemühen gelte heute einer »nichtepischen Struktur«.

Die Idioten der Liebe

Seine *Fabeln von der Begegnung* sind literarische Konzentrate, geheimnisvoll, traumhaft, bisweilen kunstvoll verworren. Kurze Prosastücke, das längste knapp fünf Seiten, nur durch Sternchen voneinander getrennt.

Da kann es dann vorkommen, dass ein Wassertropfen spricht, der an einer Klippe hängt und sich überlegt, wie es wäre, auf die Badenixe mit dem schwarzen einteiligen Badeanzug unter sich zu fallen und auf ihrer Haut zu verdunsten und so, statt im Meer unter seinesgleichen unterzugehen, Teil jener Welle zu werden, die das Mädchen »ganz umrundet und es überall berührt«. Ohne lange Vorrede setzen die Fabeln ein, mit verblüffenden, spannungsgeladenen Anfängen: »Hier ist der Jüngling, bei dem nichts stimmt.« Oder: »Ein Frauenbeseeler war er, ein Wandler, der aus einer fleißigen Spediteursgattin eine große Passionskreatur machte.« Die Geschichte einer vergeblichen Verführung beginnt so: »Hören Sie meine Erzählung, bevor Sie sich weiter entkleiden!« Mit diesen Worten weist ein Mann »die Frau seines Wohltäters« zurück, die heimlich in sein Zimmer schleicht. Das ist auch in diesem Buch das große Thema des erotischen Erzählers Strauß: die Lust und das Begehren, das Fehlgehende in der Liebe. Da blitzen bühnenreife Dialoge oder Monologe auf, wie der einer Ehebrecherin, die ihren am Fenster stehenden Mann beobachtet: »Von einem Fremden geliebt, brachte ich fremde Schönheit nach Haus. Ich liebe den Betrogenen, weil er der Idiot der Liebe ist.«

Idioten der Liebe: Es sind die Männer, die im Kampf der Geschlechter unterlegen sind, wenn Frauen die »unberechenbare, allseitig bereite, sprunghafte Lust« suchen. Selbst Don Juan stellt hier im Alter von sechzig fest, »dass er sein Leben lang die falschen Frauen verführte«. Auch er ist eine der traurigen Männerfiguren: »Ein wenig Humor nur, und er wäre ein Liebender geworden.« Es sind solche Formulierungen und Wendungen, die das Buch so reizvoll machen.

Strauß legt Wert darauf, dass hier keine Sammlung von Texten aus vielen Jahren vorliegt. Er habe die *Fabeln* gleich als Buch konzipiert und konzentriert daran geschrieben. Jeden Tag von morgens um zehn bis nachmittags um drei. Erst mit der Hand, dann – »viel zu früh!« – mit dem Computer. »Man kann so viel ausprobieren«, sagt er. »Das würde kein Schriftsteller mit der Hand machen. Niemals!« Er weiß, dass ihm keine große Leserschaft mehr folgen wird, zu jenseits von allem gängigen Erzählstoff und opulenten Romanwerken ist das, was er schreibt. Und auch als Theaterautor ist er schon lange nicht mehr gefragt. Er, der einmal zu den erfolgreichsten Dramatikern Deutschlands zählte (knapp 30 Stücke gibt es mit insgesamt rund 500 Inszenierungen in mehr als 30 Ländern). Er wird ja kaum noch gespielt.

Ausgerechnet die Hollywood-Schönheit Cate Blanchett hat ihm unlängst mit einer Neuinszenierung von *Groß und klein* zum Bühnen-Comeback verholfen. Als das Stück 1978 an der Berliner Schaubühne unter Peter Stein uraufgeführt wurde, war Strauß Mitte dreißig. Mit der Hauptfigur Lotte, damals gespielt von Edith Clever, schuf Strauß seine größte Frauenrolle, eine der größten der deutschen Theaterliteratur überhaupt. Und nun also Cate Blanchett: Sie hatte einst im Studententheater eine Nebenrolle in dem Stück gespielt, heute leitet sie neben ihrer Arbeit für Hollywood zusammen mit ihrem Mann die Sydney Theatre Company. Nicht nur in Sydney, wo es zu mehr als 40 Aufführungen von *Big and Small* kam, sondern auch auf einer anschließenden Europatournee spielte sie vergangenes Jahr vor ausverkauften Häusern: in Paris, London, Wien und zuletzt bei den Ruhrfestspielen in Recklinghausen.

»Und das mit diesem kreuzdeutschen Stück«, sagt Strauß, der sich die Inszenierung sogar selbst ansah und von Cate Blanchett hingerissen war. »Man kennt sie aus dem Film als disziplinierte Darstellerin«, sagt er. »Auf der Bühne fegt sie alles weg, was sonst noch da ist. Und gleichzeitig hat sie eine so ungeheure Formkraft, die mich verblüfft hat.« In Paris traf er sie nach einer Aufführung in einer Bar, später noch einmal in Wien. Strauß wird es ihr nicht vergessen, dass sie der Welt noch einmal gezeigt hat, was in seinem Stück steckt. Er formuliert es nur anders, bescheidener: Der Erfolg habe ihn gefreut. Gleichzeitig glaube er aber auch, »dass sich damit der Vorhang für mein Theaterleben schloss«. Und er sagt: »Ein schönes Finale.« Er sagt es, so will es jedenfalls scheinen, ohne allzu großes Bedauern.

ZURÜCK IN DIE EIGENE GESCHICHTE
CHRISTOPH RANSMAYR

Vier Jagdflugzeuge fegen mit einem Höllenlärm im Tiefflug über die drei Wanderer hinweg, die gerade einen Berghang erklimmen. Ein Schriftsteller aus Österreich, eine italienische Ärztin und ein deutscher Biologe sind unterwegs am Rande eines Stausees. Es ist ein Tag im Juli 1980, es liegt Schnee im bolivianischen Hochland. Die Militärflugzeuge sind offenbar eine Machtdemonstration des neuen Diktators, der sich gerade an die Spitze des Staates geputscht hat. Wütend und ohne viel zu überlegen, streckt die Ärztin aus Bologna den Fliegern die Faust entgegen und ruft ihnen »No pasarán!« nach: Ihr werdet nicht durchkommen. Eine hilflose Geste, scheinbar ins Leere. Doch dann schert eine der Maschinen aus, fliegt in einer steilen Kurve zurück und beschießt die drei Menschen, die keinerlei Deckung haben und sich ohne viel zu überlegen auf den Boden werfen, Einschläge direkt neben sich. Getroffen werden sie nicht. Ob es pures Glück ist oder der Pilot sie nur erschrecken wollte, bevor er wieder abdreht, bleibt offen.

Wien, 26 Jahre später, an einem angenehm warmen Septemberabend 2006: Christoph Ransmayr, der hochgewachsene Österreicher, der sich dem Literaturbetrieb, ja der Zivilisation immer wieder entzieht, nicht selten über Monate hinweg, mag ein scheuer Mensch sein, doch wenn er ins Plaudern kommt, fällt ihm eine Geschichte nach der anderen ein. Wir sitzen im »Vestibül«, dem Restaurant des Burgtheaters, wo in der kommenden Woche auf der großen Bühne eine Lesung aus seinem neuen Roman *Der fliegende Berg* stattfinden soll.

Es ist sein vierter, erschienen elf Jahre nach dem Vorgängerroman *Morbus Kitahara*, der zeitenthoben in einer ahistorischen Nachkriegswelt spielt, und mehr als zwanzig Jahre nach dem Romandebüt mit dem eingängigen Titel *Die Schrecken des Eises und der Finsternis*, dem fiktiven Reisebericht auf den Spuren einer historischen Eismeerexpedition. Dazwischen, 1988, erschien jener Roman, der den Autor international bekannt, geradezu berühmt gemacht hat: *Die letzte Welt*, die phantastische Erzählung auf den Spuren Ovids und dessen *Metamorphosen*.

Nun also die Bergwelt des Himalaja. Mit zwei gravitätischen Worten hebt der Roman an: »Ich starb«, dann eine neue Zeile: »6840 Meter über dem Meeresspiegel«. Der Romanheld, der das von sich berichtet, meldet sich nicht etwa aus dem Totenreich zu Wort, sondern als jemand, der dem Tod gerade noch von der Schippe gesprungen ist, der bei minus 30 Grad in einer Art Wachkoma überlebt hat. Und so kann der Ich-Erzähler berichten, wie ihm jede zeitliche und örtliche Orientierung in den »jagenden Eisfahnen« abhandenkam. »Ich starb hoch über den Wolken«, heißt es, »und hörte die Brandung.« Es ist der ihn begleitende ältere Bruder, der den Erzähler aus dem Zwischenreich wieder ins Leben zurückholt, indem er ihn nach dem Schneesturm mit atemloser Rede »Satz für Satz in unser Leben zurückzog« – der Bruder, der ihn zum Aufstieg überredet hat und bald darauf selbst in einer Lawine ums Leben kommen wird.

»Das hat mich schon als Kind fasziniert«, erklärt Ransmayr jetzt, »dass die Höhenangaben auf der Erde stets vom Meeresspiegel ausgehen, selbst in Regionen, die weit vom Wasser entfernt liegen.« Im Roman kehrt der namenlose Überlebende allein vom Transhimalaja in die Zivilisation Irlands zurück. Dort, auf Höhe des Meeresspiegels, entdeckt er auf der Festplatte eines Computers Aufzeichnungen des toten Bruders. *Der fliegende Berg*, der Passagen von leuchtender Intensität enthält, ist ein Buch des Übergangs. Und das in vielfacher Weise: von der Prosa in die freie Form des Versepos; von der unmittelbaren Gegenwart in eine nahe Zukunft; von der virtuellen Welt des Computers in die bedrohliche reale; von der Ebene des

Meeresspiegels in die Sphäre größtmöglicher Höhe, in die archaische Gipfelwelt, und umgekehrt; von der Geborgenheit in den Armen einer Frau in die Verlorenheit des Bergsteigens. Die Liebe einer Nomadin aus dem Land Kham in Osttibet hat den Helden nicht davon abhalten können, seinem Bruder auf dem todbringenden Aufstieg jenseits der erkundeten Bergrouten zu folgen.

Was der Autor in unserem Gespräch gleich klarstellen möchte: Der Roman erzähle nicht die Geschichte seines Freundes Reinhold Messner, mit dem er oft gemeinsam auf Bergtour war. Natürlich kennt er jene Tragödie, die sich 1970 im Himalaja abspielte und bei der ein Bruder Messners ums Leben kam. Er durfte sogar unveröffentlichte Aufzeichnungen einsehen. Solch tödliches Bruderdrama, sagt Ransmayr, sei gar nicht selten in der Welt der Bergsteiger. Kein Schlüsselroman also, vielmehr – ein Kapitel verweist darauf: »Alleingänge. Ein Hüter seines Bruders« – die moderne Variante der Geschichte von Kain und Abel, die für Ransmayr, seit er sie als Kind erstmals hörte, ein Faszinosum geblieben ist, besonders die freche Rückfrage Kains an Gott, als er nach dem Verbleib des anderen gefragt wird: »Bin ich der Hüter meines Bruders?«

Er weiß natürlich, dass die Form des Werkes, der linksbündige Flattersatz, ungewöhnlich ist. Seine Erklärung dafür ist entwaffnend einfach: Für ihn ist die gedruckte Fassung nur eine Möglichkeit der Publikation, eine gleichwertige sei das von ihm selbst gelesene Hörbuch. »Das orale Erzählen ist doch viel älter«, sagt er in Wien. »Was sind die Jahrhunderte des gedruckten Worts gegen die Tradition mündlicher Überlieferung?« Und nun, mit den neuen digitalen Medien, könne man den Dichter endlich wieder hören, nicht nur im kleinen Kreis. Wenn er öffentlich liest, dann nie aus dem gedruckten Buch, sondern stets von Manuskriptseiten, in denen er sich die Zeilenlänge nach Sinneinheiten eingerichtet hat. Und dieses Mal sei der Roman gewissermaßen gleich so gedruckt worden.

Das lebensbedrohliche Drama 1980 im Hochland von Bolivien, geschildert auf sechs Seiten in der Erzählung »Luftangriff«, ist ein Höhepunkt im *Atlas eines ängstlichen Mannes*, der auf den Roman *Der fliegende Berg* sechs Jahre später, 2012, folgte: eine Reise um die Welt in siebzig Bildern. Die weit gestreuten Ziele würden auf einer Weltkarte eine beträchtliche Anzahl von Stecknadeln erfordern. Es finden sich im Buch nur selten Jahreszahlen oder genaue Zeitangaben. Ebenso wenig spielt der zeithistorische Hintergrund eine große Rolle, auch wenn die politischen Hintergründe der bereisten Länder erkennbar sind – wie der Putsch des Generals García Meza in Bolivien.

Es sind nicht gerade Komforttouren, die hier in hinreißende autobiografische Erzählungen verwandelt sind. Ransmayr ist zu Fuß mit Zelt und Rucksack unterwegs, legt lange Strecken im Auto zurück, erreicht seine Ziele per Flugzeug oder Schiff. Er erlebt tragische und komische Situationen, Todesnähe und Lebensfreude. Er begegnet trauernden und tanzenden, gastfreundlichen und befremdlichen Menschen. In Griechenland erlebt er ein Erdbeben, in Sydney einen totalen Stromausfall, in Indien ein Pogrom. Mal liegt der Reisende mit einer Infektion darnieder oder überlebt knapp einen Autounfall, mal steht er ratlos vor einem geschlossenen Flughafengebäude oder einem zerstörten Hotel.

Einmal wandelt der Schriftsteller auf eigenen Spuren: Er betritt erstmals das Kaiser-Franz-Joseph-Land in der Arktis, den Schauplatz seines Debütromans über jene österreichisch-ungarische Polarexpedition im Jahr 1873, die dem Archipel damals den Namen gab. Nun ist er an Bord eines russischen Eisbrechers hierhergekommen, mitten im Packeis ruht das atomgetriebene Schiff. Der erste Offizier hat ihm und einem namentlich nicht genannten Freund die Erlaubnis erteilt, ohne Begleitmannschaft hinaus in die endlose Schneelandschaft zu marschieren, in Richtung eines vereinbarten Treffpunkts. Dort soll ein Hubschrauber sie später wieder in Empfang nehmen. Plötzlich kreuzt eine Eisbärin mit zwei Jungen den Weg der beiden Wanderer. Das Raubtier ist glücklicherweise an ihnen nicht interessiert und wendet sich ab. Als aber wie verabredet der Helikopter auftaucht, bricht kurz vor der Landung ein Rotorblatt, und die Maschine kracht zu Boden. Der Pilot überlebt das Unglück. Gemeinsam warten die drei auf den zweiten Helikopter, der sie sicher an Bord des Eisbrechers zurückbringt.

Tatsächlich fand die hier beschriebene Reise im Juli 2002 statt. Was sich Ransmayr in seinem ersten Roman aufgrund von Aufzeichnungen und Dokumenten imaginiert hatte, erfuhr er rund zwanzig Jahre nach der Niederschrift am eigenen Leib, weit mehr als ein Jahrhundert nach der Expedition: die Glücksmomente, Strapazen und Gefahren auf dem »Weg durch eine stillstehende Zeit«. Bei dem Freund, mit dem Ransmayr dieses Abenteuer bestand, handelt es sich um niemand anderen als Reinhold Messner. Im *Atlas* findet sich noch eine weitere Geschichte mit ihm: eine gemeinsame Bergbesteigung im westlichen Himalaja, eine Wanderung ohne Weg und Spur durch den Tiefschnee in einer unwirtlichen und betörenden Landschaft. »Mit unseren schweren Rucksäcken versanken wir bis an die Knie, manchmal bis an die Hüften im Schnee«, erinnert sich Ransmayr in seiner Erzählung »Die Ankunft«. Ein Aufstieg unter Lebensgefahr: Es scheint nicht einmal sicher, ob am Ziel, einem 4000 Meter hoch gelegenen Dorf im Grenzgebiet zwischen Nepal und Tibet zu dieser Jahreszeit überhaupt Menschen anzutreffen sind. Die Verabredung der beiden Wanderer lautet, dass jeder seine Geschwindigkeit selbst bestimmt. »Also stieg und stapfte bald jeder allein«, heißt es lapidar. »Mein Freund war nach einer Stunde außer Sichtweite, erschien gelegentlich als kleiner werdende Gestalt hoch in den Steilhängen, verschwand schließlich in den Wolken.«

Ob im westlichen Himalaja, an der Ostküste von Sumatra oder der Pazifikküste Costa Ricas, ob in der Bucht von Sydney, der jemenitischen Hafenstadt Al Hudayah oder auf der griechischen Insel Lenos (zur Zeit der Militärdiktatur) – im *Atlas eines ängstlichen Mannes* sind die Erfahrungen, Erlebnisse und Begegnungen aus mehreren Jahrzehnten zusammengetragen. Nicht alle Erzählungen sind von Gefahr und Strapaze geprägt, aber sämtlich durch ein unscheinbares episches Signal verkettet. Jede dieser Geschichten hebt mit den Worten an: »Ich sah«. Was eintönig sein könnte, erzeugt auf Dauer einen regelrechten Sog. »Ich sah eine rote Schwimmweste am Rand eines wogenden Treibgutfeldes im Indischen Ozean«, heißt es. Oder: »Ich sah sieben Brautpaare an einer Straßensperre vor dem Roten Platz in Moskau.« Oder: »Ich sah einen nackten Mann im Fernglas aus meiner Deckung hinter staubigen Feuerdornsträuchern.« Oder auch: »Ich sah eine Henkerschlinge auf der haushohen Plakatwand, die das flache Gebäude einer Grenzstation überragte.« Und einmal als kleine Selbstparodie: »Ich sah Gespenster.«

In einem einzigen Fall erzählt Ransmayr eine Episode, die er nur vom Hörensagen kennt. Ein kleines Mädchen, irgendwo in Österreich, ist im Winter auf dem Weg zur Dorfschule und sucht die Hand ihres größeren Bruders, der sie gewöhnlich begleitet. Nun aber ist er, verstört vom elterlichen Gezanke daheim, ganz und gar unwillig, die von ihm geforderte Rolle als Beschützer zu übernehmen. Die Schwester bleibt allein in Schnee und Nebel zurück, verloren, verängstigt durch einen bellenden Hund und ein herannahendes Gewitter. Die Geschichte geht am Ende gut aus, der Bruder kommt zurück und ergreift ihre Hand. Die erwachsene Frau allerdings, die ihrem damaligen Lebensgefährten Ransmayr Jahre später von dieser Begebenheit ihrer Kindheit erzählte, lebt inzwischen nicht mehr. Die Erzählung »Mädchen im Wintergewitter« ist ein Epitaph auf jene Johanna, mit der der Autor annähernd zwanzig Jahre zusammengelebt hat und oft auch gemeinsam gereist ist.

Atlas eines ängstlichen Mannes: Christoph Ransmayr kann das alles gerade deshalb so instruktiv und intensiv erzählen, weil er kein lebensmüder Abenteurer ist, sondern auf die glückliche Rückkehr hofft, jenen Augenblick, wo er seine Notizen in die endgültige Form bringen kann, die das aufhebt, was er gesehen hat, gesehen mit den wachen Augen eines Menschen, der sich aussetzt und seine Ängste immer wieder neu überwindet, um berichten zu können. Er leistet es sich, jahrelang geduldig an einem Buch zu arbeiten. Die eigentliche Schreibarbeit findet oft viel später, in Ruhe und Abgeschiedenheit statt.

Ein sprachloser Narr, ein Fremder unter Fremden

Der Bestsellererfolg seines Romans *Die letzte Welt* erlaubte ihm früh, sich den Erwartungen des Marktes nach regelmäßiger Produktion und Präsenz zu entziehen. Der große Publikumserfolg gelang ihm damals, 1988, ausgerechnet mit einem Roman, der im alten Rom spielt und einen antiken Dichter zum Helden hat: Ovid, den Schöpfer der *Metamorphosen*, den ein eitler Kaiser ins Exil verbannt. Ransmayr, der sich lange Zeit mit dem Gedanken trug, die *Metamorphosen* des Ovid (43 v. Chr.–um 18 n. Chr.), das Buch der Mythen und Verwandlungen, neu zu übersetzen, fragte sich eines Tages: Was würde uns fehlen, wenn dieses Werk der Weltliteratur nie geschrieben worden oder aber verschollen wäre? So abwegig ist der Gedanke nicht, denn Ovid wurde einst aus Rom verbannt und warf aus Wut darüber seine *Metamorphosen* ins Feuer. Allerdings nur die Abschrift. Wie von weit her, aus einer fernen Zukunft, kommt diese *Letzte Welt* daher – als ob bei einer Zeitmaschine die Feinabstimmung nicht richtig funktionieren würde: Echos aus verschiedenen Epochen überlagern sich. Der historische Ort ist nicht exakt zu bestimmen. Ein Rom zu Beginn unserer Zeitrechnung, in dem es Telefone gibt? Ransmayrs Roman geht frei mit historischen Fakten und literarischen Vorbildern um.

Als wir im November 1990 in Hamburg zusammentrafen und über seinen Roman sprachen, erklärte Ransmayr, der Ovid in seinem Roman sei alles andere als ein Held, sondern ein »luxussüchtiger, beifallsüchtiger Mann«. Doch die Größe seiner Dichtung bleibe von seiner »kindischen, maßlosen Eitelkeit« unberührt. Ransmayr selbst ist zweifellos niemand, der sich in den Vordergrund spielen oder gar ins Rampenlicht rücken möchte. Es war damals nicht leicht, ihn zu einem Gespräch zu überreden, zu einem Treffen ja, aber möglichst ohne Recorder. Er begründete das so: »Da schreibt einer ein Buch, und dann will man das, was er geschrieben hat, gefälligst noch einmal aus seinem eigenen Mund hören.« Er habe das Gefühl, man wolle der literarischen Arbeit »das Hermetische, das Unangreifbare, vielleicht auch das Endgültige« wieder nehmen und den Autor, der sich bis zur Behauptung und Erfindung einer eigenen Welt vorgewagt und sich dafür alle Zeit genommen und sogar eine eigene Sprache gefunden habe, wieder zurückholen »auf eine Ebene, auf der er zu stottern beginnt und verlegen wird«.

Nicht zuletzt um diesen Ritualen zu entkommen, reise er ja: »Alles, was eben noch so schwer und bedeutsam erschien, so beladen, auch die eigene Arbeit, bleibt plötzlich zurück, verliert an Gewicht. Wenn Sie in Bombay aus dem Flugzeug steigen oder irgendwo in Borneo, spüren Sie doch, dass Sie etwas hinter sich gelassen haben, nicht die wirklich wichtigen Dinge, aber doch vieles, das nur dort Bedeutung hat, wo Sie eben herkommen.« Und im günstigsten Fall sei später an den Schreibtisch das Bewusstsein davon zu retten, »wie sehr und wie dramatisch man sich selber verändert, wenn man die Trägheit oder Verzagtheit überwindet und immer wieder dorthin aufbricht, wo alles anders und neu ist, wo man nicht mehr verstanden wird und nichts mehr versteht, sondern sich als Fremder unter Fremden bewegt, als sprachloser Narr, der nichts hat als seine Augen und seine Ohren«. Und er setzte hinzu: »Es gibt doch keinen größeren Luxus, als Zeit zu haben und mit einer Arbeit über Jahre hinweg allein zu sein.«

Er gestattete damals dann doch eine Aufzeichnung während unseres Gesprächs, und er überarbeitete und autorisierte die Abschrift des Interviews sogar Jahre später: als 1997 ein Buch über ihn mit dem Titel *Die Erfindung der Welt* erschien, herausgegeben von seinem damaligen Lektor Uwe Wittstock. Da hatte Ransmayr längst eine gewisse Routine im Umgang mit den »Ausfragern«, wie die neugierigen Journalisten von Thomas Mann genannt wurden. Inzwischen war, sieben Jahre nach der *Letzten Welt*, der dritte Roman erschienen: *Morbus Kitahara*, eine zeithistorische Phantasie über einen alternativen Verlauf der europäischen Nachkriegsgeschichte in der zweiten Hälfte des 20. Jahrhunderts. Wir trafen uns im September 1995 in München, um darüber zu sprechen. Entgegen aller Befürchtung, den literarischen Text durch unpräzises Reden zu verraten, verstand Ransmayr es wieder meisterlich, das Geschriebene mündlich zu ergänzen, die Hintergründe zu erläutern, die Erfahrungen während der Arbeit zu schildern – und das alles in nahezu druckreifen Formulierungen.

Ein Vierteljahrhundert umfasst der Roman, der in mitleidlos klarer, nie prunkender Sprache erzählt wird. Erst nach mehr als 25 Jahren endet in *Morbus Kitahara* der Weltkrieg: Die Atombombe fällt auf die japanische Stadt Nagoya. Ransmayr verschiebt das aus der Realität Bekannte nicht beliebig: Nagoya war 1945 tatsächlich als alternatives Ziel der Amerikaner im Gespräch. Weder der Name Hiroshima noch der von Auschwitz fällt im Roman. Aber das, was damit verbunden und vom geläufigen Gebrauch der Begriffe mittlerweile fast verdeckt ist, wird in kaum einem Werk der deutschen Nachkriegsliteratur so präsent wie in diesem Roman.

Der Titel erklärt sich so: Ein blinder Fleck lässt eine Romanfigur, einen Leibwächter, den Verlust des Sehvermögens fürchten. Ein Sanitäter versucht den Mann zu beruhigen. Das sei ein vorübergehendes Augenleiden namens Morbus Kitahara, benannt nach einem japanischen Augenarzt. Ransmayr selbst hat, wie er erzählt, diese Erfahrung Anfang der achtziger

Jahre machen müssen. Und schon damals habe sich die Idee in ihm festgesetzt, einmal über einen Leibwächter zu schreiben, der zu erblinden fürchtet. Den Roman habe er dann während langer Reisen durch Brasilien und Irland geschrieben. Seinen Hauptwohnsitz hatte er damals von Wien nach Dublin verlagert, was, wie er freimütig einräumte, auch steuertechnische Gründe hatte.

Gänge in die Finsternis

Unsere nächste Begegnung fand im Juli 2001 statt, wieder in Hamburg und dieses Mal von vornherein als »Spiegel«-Gespräch vereinbart. Anlass war die bevorstehende Uraufführung des ersten Bühnenstücks *Die Unsichtbare* durch Claus Peymann bei den Salzburger Festspielen: Heldin ist eine Theatersouffleuse, die am liebsten ins Kino geht und einen wunderbaren Monolog über ihre Erfahrungen am Theater hält. Sie beschreibt es als pure Katastrophe, als »Wrack in Seenot«, und sie schimpft über »sechs Stunden Liebesschwüre und nur zwei Pausen« oder Abende, wo »vögelnde Kardinäle« auf der Bühne ihr Unwesen treiben.

Scheint ihm das Theater dem Untergang geweiht zu sein? Ransmayr weicht aus: »Das kann ich nicht sagen, dafür kenne ich zu wenig vom Theater.« Er selbst sei eindeutig »ein Kinogeher«. Und im Theater lasse er keine anderen Bedingungen gelten: »Ich habe kein Bedürfnis, mich an einem geweihten Ort mit noblen Leuten im Namen der klassischen Bildung zu versammeln und mich dafür auch noch festlich zu kostümieren. Ich gehe dorthin, um gepackt, vielleicht auch bloß unterhalten zu werden, reines Lustprinzip. Und ich nehme mir auch die Freiheit, das Theater ebenso zu verlassen wie das Kino: Auch dort will ich ja jederzeit aufstehen und gehen können.«

Und wo schreibt er inzwischen am liebsten? In seinem Haus in Irland? »Nicht nur dort, aber auch«, antwortet er. Er führe seine »halbnomadische Existenz« deshalb, weil er geradezu süchtig nach neuen Geschichten, nach dem »Schauspiel, das auf der Straße, einem Platz oder von der Reling irgendeiner Fähre aus, am Strand oder am Ufer eines Flusses zu sehen ist: Abschiedsszenen, Glücksdramen, Tragödien, Grotesken«. Das sei ein ziemlich starker Magnetismus, dem man als Geschichtensüchtiger folge. Auch eine Art von Flucht vielleicht? Seine Antwort, ganz entspannt: »Eine Flucht hat doch nicht bloß die negative Bedeutung, dass man vor etwas oder vor irgendwem davonläuft, sondern man bewegt sich doch auch immer auf etwas zu.« Selbst im entlegensten Winkel könne er etwas finden, »was mich bewegt und fasziniert, unter Umständen auch verwirrt oder verletzt, mich zurückweist oder weitertreibt«.

Diese Erfahrung verbindet ihn offenbar mit seinem Freund Reinhold Messner. Nach Lektüre des Debütromans *Die Schrecken des Eises und der Finsternis* schrieb der ihm einst einen Brief. »Er hielt mich für einen Eiswanderer, einen Abenteurer«, erzählt Ransmayr. Das sei eine Verwechslung gewesen: »Ich gehe zwar gern durch Landschaften, auch menschenleere, in die Wüste oder die Berge, aber verglichen mit dem, was er macht oder gemacht hat, bin ich ein Spaziergänger.« Die beiden trafen sich, es wurde eine Wende in seinem Leben, wie Ransmayr feierlich beteuert. »Durch ihn fand ich wieder Anschluss an Wege, die ich in der Kindheit mit meinem Vater gegangen bin, im Toten Gebirge oder im oberösterreichischen Höllengebirge. Mit Messner ging es dann weiter in den Himalaja, nach Nepal und Tibet, Südchina, in den Jemen und nach Nordindien.« Diese Reisen mit Messner hätten ihn zum Teil an die Grenzen seiner Kräfte geführt: »Ich habe ja keinerlei sportlichen Ehrgeiz.« Aber es sei einfach faszinierend, in ein Tal zu gehen, das nur über einen hohen Pass zu erreichen ist. »Schließlich entdeckt man auf solchen Wegen vieles wieder, was schon verloren schien, Bilder aus der eigenen Erinnerung, die dann diesen tibetischen oder nepalesischen Bildern auf frappierende Art gleichen. Dann habe ich das Gefühl, nicht nur in ein fremdes Land oder Hochtal, sondern gleichzeitig zurück in die eigene Geschichte zu gehen und bin so auf eine Art bei mir selbst, wie ich es abseits dieser Wege vielleicht nur noch im Schreiben bin.«

Freundschaften sind für Ransmayr meist mit gemeinsamen Wegen verbunden, immer wieder auch im ganz wörtlichen Sinne. Nicht nur mit Messner, auch mit Peymann ist er auf Wanderschaft oder Spaziergängen unterwegs gewesen. Später kam der Maler und Bildhauer Anselm Kiefer dazu. Im Oktober 2001 veröffentlichte Ransmayr im »Spiegel« einen großen literarischen Essay (»Gänge in die Finsternis«) über dessen Ateliergelände im südfranzösischen Barjac auf La Ribaute, wo von 1993 an ein Ensemble aus Glasbauten, Skulpturen, großformatigen Gemälden und wilder Landschaft entstanden ist. Kiefer hatte durch einen gemeinsamen Freund bei Ransmayr anfragen lassen, ob er bereit sei, zu einer Ausstellung einen Text zu schreiben, völlig frei in Form und Inhalt, keinesfalls dem üblichen »Kataloggeschwafel« verpflichtet. Bevor er zusagte, besuchte er im Spätsommer des Jahres 2000 und im folgenden Frühjahr Kiefers Ateliergelände in Frankreich. »Ich bin dann zwei oder drei Tage durch dieses wunderbare, zum Teil unterirdische Labyrinth gewandert, gemeinsam mit Kiefer, dann wieder allein und ohne Wegweiser oder Reiseleiter.«

Daran erinnert er sich, als wir im Juni 2008 miteinander telefonieren: Anlass ist die überraschende Nachricht, dass Anselm Kiefer in dem Jahr den Friedenspreis des Deutschen Buchhandels erhalten wird, ein Künstler, der selbst nie ein Buch geschrieben, immerhin aber eine Skulptur mit Büchern aus Blei geschaffen hat. Ransmayr ist rasch bereit, sich zur Problematik dieser Entscheidung zu äußern. »Es ist doch wohl ein Fortschritt«, verteidigt er die Jury, »wenn sich die Anerkennung einer künstlerischen Arbeit auf ihre Inhalte bezieht und weniger auf die olympische Disziplin, in der sie erkämpft wird. Selbst ausgesprochenen Bücherfreunden muss ja erlaubt sein, auf allen Feldern der Kunst nach Ehrenmännern zu suchen.«

Kiefer habe ein leidenschaftliches Verhältnis zu Büchern, besonders zur Literatur. »Seine bleierne Bibliothek schlägt wie nur wenige Werke der bildenden Kunst eine Brücke zu jenem Medium Buch, das uns auf fast magische Weise erlaubt, über Jahrhunderte oder Jahrtausende hinweg in einer Art Gespräch miteinander verbunden zu bleiben.« Er bewundere, wie Kiefer »die Anmutung bedruckter Buchseiten, die ein bloßer Luftzug, ja selbst der Atem des Lesers umzublättern vermag, mit dem Gewicht des Bleis verbindet und so gleichzeitig an das Abgründigste, Untragbarste und Unerträglichste dieser Welt erinnert«. Und er schwärmt geradezu am Telefon: »Flatternde, verfliegende Seiten aus Blei!«

In seiner Wohnung in Wien (das Haus in Irland hat er geräumt) steht eine von Kiefers Buchskulpturen. Die sei allerdings nicht aus Blei, erklärt Ransmayr, »sondern aus Leinen und sehr harter, bemalter und mit Rebenzweigen bestückter Pappe – ein Geschenk, das Kiefer meiner Frau Judith und mir zur Hochzeit gemacht hat«. Mit Schriftzeichen? »Nur auf der ersten Seite, ein Celan-Zitat, dem Seite für Seite Bilder folgen von schriftlosen, beschneiten und eisbedeckten Feldern.«

Die Frage muss erlaubt sein, worüber sich zwei Künstler unterhalten, wenn sie gemeinsam unterwegs sind. Über die Kunst? Ransmayr antwortet ein wenig belustigt, nein, ernsthafte Gespräche über Kunst seien meist sterbenslangweilig. »Mir ist hier das assoziative Geplauder, selbst die Blödelei lieber, jeder Ton, der selbst zu den schwierigsten, ja finstersten Abschnitten künstlerischer Arbeit wieder eine spielerische, heitere, vor allem aber selbstironische Distanz herstellt.« Er schätzt die ihm oft zugesprochene Rolle des in großer Ruhe an seinen raren Werken arbeitenden Eremiten nicht besonders. Er weist auf die Reihe von Prosabänden hin, die seine Romane ergänzen, schmale, in einheitlicher Aufmachung präsentierte Schriften, Reden, Reportagen, kleine Erinnerungen, darunter auch sein einziges Theaterstück *Die Unsichtbare* und der Aufsatz über Kiefer, der 2002 unter dem Titel *Der Ungeborene*

oder Die Himmelsareale des Anselm Kiefer in dieser Reihe
erschien.

Christoph Ransmayr, der Vielseitige, der Umtriebige, der
Reisende und überragende Stilist: Der Impuls, sich immer
wieder vom Schreibtisch zu erheben, die Behausung und das
Vertraute zu verlassen, entspringt weniger Reise- und Aben-
teuerlust als einer tiefen Sehnsucht nach dem Ungewissen und
Ungesicherten, nach intensivem Entdecken, Empfinden und
Erzählen. Alles zugleich und alles in einem.

NACHBEMERKUNG

Die Porträts gehen überwiegend auf Veröffentlichungen des Autors in »Zeit« und »Spiegel«, auf Radiosendungen und Buchbeiträge zurück; sie wurden erweitert, in einigen Fällen neu kombiniert und aktualisiert. Einzelne Beiträge wurden für dieses Buch geschrieben. Dem »Spiegel«-Verlag ist besonders für die Genehmigung zu danken, im »Spiegel« publizierte Titelgeschichten (Günter Grass, Franz Kafka, Thomas Mann) aufnehmen zu dürfen.

Penguin Random House Verlagsgruppe FSC® N001967

1. Auflage
Genehmigte Taschenbuchausgabe Februar 2022
btb Verlag in der Penguin Random House Verlagsgruppe GmbH,
Neumarkter Straße 28, 81673 München
Copyright © 2019 Wallstein Verlag, Göttingen
Umschlaggestaltung: semper smile, München
nach einer Vorlage des Wallstein Verlags
Druck und Einband: GGP Media GmbH, Pößneck
Klü · Herstellung: sc
Printed in Germany
ISBN 978-3-442-77095-3

www.btb-verlag.de
www.facebook.com/btbverlag

Volker Hage

Des Lebens fünfter Akt

Roman

320 Seiten, btb 77044

**Liebe, Literatur und Leid:
Arthur Schnitzlers letzte Lebensjahre**

Er ist auf dem Gipfel seines Ruhms. Seine Werke sind
gesucht, er verkehrt mit Künstlern wie Hugo von
Hofmannsthal, Thomas Mann, Gerhart Hauptmann oder
Stefan Zweig, und die Frauen umschwärmen ihn auch in
seinem fortgeschrittenen Alter noch. Eigentlich hat der
66-jährige Arthur Schnitzler im Sommer des Jahres 1928
alles erreicht. Doch dann begeht seine erst 18 Jahre alte
Tochter Lili in Venedig Selbstmord, und mit ihr verliert
Schnitzler jenen Menschen, der ihm auf eigentümliche
Weise am nächsten stand.
Volker Hages biografischer Roman ist ein intimes Porträt
Arthur Schnitzlers, dessen letzte Jahre von Unsicherheiten
und widersprüchlichen Gefühlen geprägt waren:
von tiefer Melancholie ebenso wie vom Glück einer
späten Liebe.

btb

Saša Stanišić

Fallensteller

Erzählungen

288 Seiten, btb 71579

**Zaubern im Gemeindesaal,
Kommoden zersägen in leiser Wut,
in merkwürdigen Wettkämpfen glorios gewinnen,
irrlichtern durch die Welt:
Erzählungen von Saša Stanišić**

»Ein genialer Erzählungsband.
Von dem wird man lange reden.«
Denis Scheck

»Saša Stanišić ist ein Poet und Revolutionär.«
Rolling Stone

btb

Terézia Mora

Alle Tage

Roman

432 Seiten, btb 73496

Abel Nema, ein junger Mann, kann nicht mehr in seine
osteuropäische Heimat zurückkehren – dort wird Krieg
geführt. Er lebt am gesellschaftlichen Rand einer großen
deutschen Stadt, trauert seiner verlorenen Liebe nach und
ist ein Genie im Überleben: Er erlernt im Handumdrehen
Sprachen, er trifft eine Frau, die er heiratet, dennoch
ist sein Leben am neuen Ort eine Höllenfahrt und eine
Passionsgeschichte in einem.

Terézia Mora hat mit *Alle Tage*, ihrem ersten Roman, einen
Großstadtroman geschrieben, der in der deutschsprachigen
Literatur seinesgleichen sucht, ein Prosa-Labyrinth von einer
großen Sprachkraft und einem ebenso großen Reichtum
an Bildern. In diesem Roman steht unsere Gegenwart im
buchstäblichen Wortsinn auf dem Kopf.

»Ein wahres Wunderbuch […] Moras eigene Sprache ist
einmalig. […] Die Leute wollen das lesen. Die Leute müssen
das lesen. Ein Buch, das spricht. Fremd und neu.«
Frankfurter Allgemeine Sonntagszeitung, Volker Weidermann

btb

Haruki Murakami

Von Männern,
die keine Frauen haben

Roman

256 Seiten, btb 71425
Aus dem Japanischen von Ursula Gräfe

Von Männern, die keine Frauen haben versammelt
sieben neue Erzählungen Murakamis –
»long short stories«, die wohl zum Zartesten
und Anrührendsten zählen, das je von ihm zu lesen war.

»Murakamis Geschichten sind Orte, an denen Neues
beginnt, Knotenpunkte, wo sich das Gewöhnliche und
das Unerhörte begegnen, wo man von der Routine ins
Abenteuer umsteigen kann.«
Die Welt

btb

Helmut Böttiger

Die Jahre
der wahren
Empfindung

Die 70er – eine wilde
Blütezeit der deutschen
Literatur

473 S., 37 Abb., geb.,
Schutzumschlag
ISBN 978-3-8353-3939-2

Helmut Böttiger zeichnet ein differenziertes, bunt schillerndes Bild
der politischen, kulturellen und literarischen Prozesse der 70er Jahre
zwischen Aufbruch und Desillusionierung.

»Böttigers Stärke ist das Autorenportrait, die Charakterisierung des
Schriftstellers vor dem Hintergrund der Zeitgeschichte, die Differenz
zwischen Erfahrung und Ausdruck.«
Thomas Combrink, FAZ

www.wallstein-verlag.de